Autonomia &
Defensoria Pública
Aspectos Constitucionais, Históricos e Processuais

Coordenadores
Bheron Rocha
Maurilio Casas Maia
Rafael Vinheiro Monteiro Barbosa

Autonomia &
Defensoria Pública
Aspectos Constitucionais, Históricos e Processuais

2018

www.editorajuspodivm.com.br

www.editorajuspodivm.com.br

Rua Mato Grosso, 164, Ed. Marfina, 1º Andar – Pituba, CEP: 41830-151 – Salvador – Bahia
Tel: (71) 3045.9051
• Contato: https://www.editorajuspodivm.com.br/sac

Copyright: Edições *Jus*PODIVM

Conselho Editorial: Eduardo Viana Portela Neves, Dirley da Cunha Jr., Leonardo de Medeiros Garcia, Fredie Didier Jr., José Henrique Mouta, José Marcelo Vigliar, Marcos Ehrhardt Júnior, Nestor Távora, Robério Nunes Filho, Roberval Rocha Ferreira Filho, Rodolfo Pamplona Filho, Rodrigo Reis Mazzei e Rogério Sanches Cunha.

Capa: Ana Caquetti

B238a		Rocha, Bheron; Maia, Maurilio Casas; Barbosa, Rafael Vinheiro Monteiro.
		    Autonomia e Defensoria Pública: Aspectos Constitucionais, Históricos e Processuais. rev., ampl. e atual. – Salvador: Ed. JusPodivm, 2017
		    400 p.
		
		    Bibliografia
		    ISBN 978-85-442-1788-7.
		
		    1. Autonomia e Defensoria Pública 2. Direito Constitucional. I. Rocha, Bheron; Maia, Maurilio Casas; Barbosa, Rafael Vinheiro Monteiro. II. Título.
		
		                                                                                            CDD 341.2

Todos os direitos desta edição reservados à Edições *Jus*PODIVM.

É terminantemente proibida a reprodução total ou parcial desta obra, por qualquer meio ou processo, sem a expressa autorização do autor e da Edições *Jus*PODIVM. A violação dos direitos autorais caracteriza crime descrito na legislação em vigor, sem prejuízo das sanções civis cabíveis.

Sobre os autores

AMILTON BUENO DE CARVALHO

Doutor Honoris Causa pela Faculdade de Ciências Sociais de Florianópolis (CESUSC). Desembargador aposentado do Tribunal de Justiça do Estado do Rio Grande do Sul. Membro do Instituto dos Advogados do Rio Grande do Sul, da Associação dos Juízes para a Democracia e do Conselho Científico do Instituto Latinoamericano de Altos Estudos Colômbia. Professor Visitante em cursos de pós-graduação em Direito Penal e Processo Penal. Autor e coautor de diversos livros.

BRUNO DE ALMEIDA PASSADORE

Defensor Público do Estado do Paraná e Mestre em Direito Processual (USP).

CARLOS ALBERTO DE MORAES RAMOS FILHO

Doutor em Direito Tributário pela PUC-SP. Mestre em Direito pela Universidade Federal de Pernambuco (UFPE) e pela Universidade Federal de Santa Catarina (UFSC). Vice-Diretor da Faculdade de Direito da Universidade Federal do Amazonas – FD-UFAM. Professor de Direito Constitucional e Direito Financeiro da FD-UFAM. Procurador do Estado do Amazonas. Representante Fiscal no Conselho de Recursos Fiscais da Secretaria de Fazenda do Estado do Amazonas.

CARLOS ALMEIDA FILHO

Mestrando em Direito pela Faculdade Autônoma de Direito - FADISP. Diretor da Escola Superior da Defensoria Pública do Estado do Amazonas. Defensor Público titular da Especializada em Atendimento de Interesses Coletivos. E-mail: <carlosalmeidafilho@gmail.com>.

CLEBER FRANCISCO ALVES

Doutor em Direito, Defensor Público e Professor do Mestrado/Doutorado em Direito da UFF.

DANIEL SARMENTO

Professor de Direito Constitucional da UERJ. Mestre e Doutor em Direito Público pela UERJ. Pós-doutor na Yale Law School.

DIOGO ESTEVES

Defensor Público do Estado do Rio de Janeiro, Mestre e Doutorando em Sociologia e Direito pela Universidade Federal Fluminense (PPGSD/UFF). Professor da Fundação Escola Superior da Defensoria Pública do Estado do Rio de Janeiro (FESUDEPERJ).

EARL JOHNSON JR.

Magistrado/desembargador aposentado do Tribunal de Apelação do Estado da Califórnia e professor visitante na University of Southern California Law School.

EDILSON SANTANA GONÇALVES FILHO

Bacharel em Direito e especialista em Direito Processual, atualmente no exercício das funções de Defensor Público Federal. Antes de ingressar no serviço público federal, esteve como Defensor Público do Estado do Maranhão, tendo, anteriormente, exercido a advocacia. Professor de curso preparatório para carreiras jurídicas e autor das obras "Defensoria Pública e a Tutela Coletiva de Direitos – Teoria e Prática", "A Eficácia Horizontal dos Direitos Fundamentais: sua vinculação às relações particulares", " Dicionário de Ministério Público" e "CPC/2015: Perspectiva da Defensoria Pública", as duas últimas em coautoria.

ÉLIDA LAURIS

Doutora em Pós-colonialismos e Cidadania Global pelo Centro de Estudos Sociais e Faculdade de Economia, da Universidade de Coimbra.

FRANKLYN ROGER ALVES SILVA

Mestre e Doutorando em Direito – Universidade do Estado do Rio de Janeiro (UERJ). Defensor Público do Estado do Rio de Janeiro. Professor da Universidade Candido Mendes (UCAM) e da Fundação Escola Superior da Defensoria Pública do Estado do Rio de Janeiro (FESUDEPERJ).

JOHNY FERNANDES GIFFONI

Defensor Público do Estado do Pará. Pós-Graduando em Direito da Criança e do Adolescente pela Universidade do Estado do Pará-UFPA. Membro do Instituto Brasileiro de Advocacia Pública. Graduado pela Pontifícia Universidade Católica do Rio de Janeiro (2005). Vem atuando nas áreas de Direito Constitucional, Direitos Humanos, Direito Indigenista, Direito da Criança e do Adolescente e Direito do Consumidor. Como Defensor Público vem atuando na defesa das pessoas em situação de Vulnerabilidade, pela garantia de direitos frente aos projetos desenvolvimentistas realizados no Estado do Pará. Atua no Núcleo de Direitos Humanos e também como palestrante nas áreas acima mencionadas em organizações sociais dentro e fora do Estado do Pará. Autor, dentre outros dos artigos: "A Defensoria Pública e a Defesa das Populações Indígenas". In: Adriana Fagundes Burger; Patrícia Kettermann; Sérgio Sales Pereira Lima. (Org.). DEFENSORIA PÚBLICA: O RECONHECIMENTO CONSTITUCIONAL DE UMA METAGARANTIA. 1ed.: , 2015, v. , p. 94-149; "A aplicação das 100 regras de Brasília como fundamento de interpretação para a proteção dos direitos indígenas: A Defensoria Pública e a Convenção 169 da OIT". In: XII Congresso Nacional de Defensores Públicos - Tema: DEFENSORIA COMO METAGARANTIA: transformando promessas constitucionais em efetividade, 2015, Curitiba/PR. Teses e Práticas Exitosas, 2015; e "A Defesa dos Vulneráveis: Cumprimento das 100 regras de Brasílias nas comunidades de Paragominas e Tomé-Açu". In: XI Congresso Nacional de Defensores Públicos, 2013, Vitória/ES. Livro de Práticas e Teses, 2013. Vencedor do Concurso de Práticas Exitosas do XI Congresso Nacional de Defensores Públicos, 2013, Vitória/ES.

JORGE BHERON ROCHA

Doutorando em Direito Constitucional (UNIFOR). Mestre em Ciências Jurídico-criminais pela Faculdade de Direito da Universidade de Coimbra, Portugal, com estágio na Georg-August-Universität Göttingen, Alemanha. Pós-graduado em Processo Civil pela Escola Superior do Ministério Público do Ceará. Sócio fundador do Instituto Latino Americano de Estudos sobre Direito, Política e Democracia – ILAEDPD. Membro da Associação Norte e Nordeste de Professores de Processo – ANNEP e da Associação Brasileira de Direito Processual – ABDPro. Defensor Público do Estado do Ceará. Professor de Penal e Processo Penal e Civil da Graduação e Pós-Graduação. Professor da Escola Superior da Magistratura do Estado do Ceará - ESMEC. Membro do Conselho Editorial da Boulesis. *E-mail*: bheronrocha@gmail.com/ *Lattes*: http://lattes.cnpq.br/5464447160393013

JULIANA MIEKO RODRIGUES OKA

Assistente Jurídico da Defensoria Pública do Estado do Amazonas. Membro do Núcleo de Estudos em Processo da Universidade Federal do Amazonas - NEPRO/UFAM

MARCO AURÉLIO VELLOZO GUTERRES

Defensor Público do Estado do Pará. Especialista em Direito Público pela Universidade do Sul de Santa Catarina -UNISUL, Direito Processual Civil pelo Instituto de Ensino Superior COC e Direito da Criança e do Adolescente pela Universidade Federal do Pará. Conselheiro Superior da Defensoria Pública do Estado do Pará biênio 2016-2018. Membro do Instituto Brasileiro de Advocacia Pública -IBAP. Graduado pela Universidade Federal do Maranhão (2007). Integrante do Grupo de Trabalho "Regularização fundiária e Moradia" do Núcleo de Defesa dos Direitos Humanos da Defensoria Pública do Estado do Pará. Atuou como Defensor Público Agrário no período de 2014-2015. Autor dos artigos: A Defensoria Pública e a luta contra a reserva do possível. Revista Jurídica da Defensoria Pública do Estado do Pará. , v.01, p.49 , 2014. A Defesa dos Vulneráveis: Cumprimento das 100 regras de Brasílias nas comunidades de Paragominas e Tomé-Açu". In: XI Congresso Nacional de Defensores Públicos, 2013, Vitória/ES. Livro de Práticas e Teses, 2013. Vencedor do Concurso de Práticas Exitosas do XI Congresso Nacional de Defensores Públicos, 2013, Vitória/ES.

MARIANA URANO DE CARVALHO CALDAS

Mestranda pelo Programa de Pós-Graduação em Direito da Universidade Federal do Ceará (PPGD/UFC). Graduada em Direito pelo Centro Universitário Christus (Unichristus). Advogada. *E-mail*: mariana_urano@hotmail.com.

MAURILIO CASAS MAIA

Doutorando em Direito Constitucional e Ciência Política (UNIFOR) e Mestre em Ciências Jurídicas pela Universidade Federal da Paraíba (UFPB). Pós-Graduado lato sensu em Direito Público: Constitucional e Administrativo; Direitos Civil e Processual Civil. Professor de carreira da Universidade Federal do Amazonas (UFAM) e Defensor Público (DPE-AM). Colunista no sítio eletrônico Empório do Direito. E-mail: <mauriliocasasmaia@gmail.com>.

PATRICIA CARLOS MAGNO

Defensora Pública do Estado do Rio de Janeiro desde 2001 e está Titular da 20ª DP do Núcleo do Sistema Penitenciário. Mestre em Direito pela Universidade do Estado do Rio de Janeiro – UERJ, pós-graduada em 100 Reglas de Brasilia y Sistema Interamericano de Derechos Humanos. É articuladora do Fórum Justiça e professora de Direitos Humanos na FESUDEPERJ e na RPJ Cursos. Lattes: <http://buscatextual.cnpq.br/buscatextual/visualizacv.do?id=K8004403T4>.

RAFAEL VINHEIRO MONTEIRO BARBOSA

Doutor e mestre em Processo Civil pela Pontifícia Universidade Católica de São Paulo – PUC-SP. Professor Assistente de Direito Processual Civil da Universidade Federal do Amazonas – UFAM. Defensor Público no Estado do Amazonas. Secretário-geral Adjunto do Estado do Amazonas do Instituto Brasileiro de Direito Processual – IBDP. Membro da Associação Brasileira de Direito Processual – ABDPro. Coordenador do Núcleo de Estudos em Processo da Universidade Federal do Amazonas – NEPRO/UFAM.

TIAGO FENSTERSEIFER

Doutor e Mestre em Direito Público pela PUC/RS (Ex-Bolsista do CNPq), com pesquisa de doutorado-sanduíche junto ao Instituto Max--Planck de Direito Social e Política Social de Munique, na Alemanha (Bolsista da CAPES). Professor-convidado de diversos Cursos de Especialização em Direito Constitucional e Direito Ambiental (PUC/SP, PUC/Rio, PUC/RS, Fundação Escola Superior do MP/DF, Escola Paulista da Magistratura). Autor das obras *Direitos Fundamentais e Proteção do Ambiente* (Porto Alegre: Livraria do Advogado, 2008), *Defensoria Pública, Direitos Fundamentais e Ação Civil Pública* (São Paulo: Saraiva, 2015) e *A Defensoria Pública na Constituição Federal de 1988* (Rio de Janeiro: GEN/Forense, 2017); coautor, juntamente com Ingo W. Sarlet, das obras *Direito Constitucional Ambiental* (5.ed. São Paulo: Revista dos Tribunais, 2017, no prelo), *Direito Ambiental: Introdução, Fundamentos e Teoria Geral* (São Paulo: Saraiva, 2014), obra finalista do prêmio Jabuti 2015, e *Princípios do Direito Ambiental* (2.ed. São Paulo: Saraiva, 2017, no prelo); e coautor, juntamente com Ingo W. Sarlet e Paulo Affonso Leme Machado, da obra *Constituição e Legislação Ambiental Comentadas* (São Paulo: Saraiva, 2015). Defensor Público do Estado de São Paulo.

Apresentação

"Mas, para afirmar a existência objetiva do direito, não basta conhecer seu conteúdo normativo, é necessário, antes, saber se o conteúdo normativo tem lugar na vida, ou seja, nas relações sociais"[1]. Com esta frase, Evguéni Pachukanis procura nova formulação para uma teoria do direito até então inexistente: sob a perspectiva do comunismo, então produto da Revolução Russa de 1917. O livro é de 1924 e rapidamente desencadeou a curiosidade internacional. De início, como uma curiosidade intelectual; mais tarde, como uma contribuição que a concepção materialista poderia conferir à disciplina jurídica[2]. Um dos pontos importantes do debate é aquele do contexto social, das tensões nas relações; os quais seriam os elementos ausentes na teoria do direito até o momento.

Qual a razão de obra e sua reflexão serem inovadoras? A Revolução Russa protagonizou estrutural mudança nas relações econômicas, a demandar que outra compreensão surgisse sobre os fenômenos econômicos, sociais e políticos; entre estes o jurídico. Após a Revolução Francesa, outro movimento de impacto mundial punha em cheque o desenvolvimento capitalista, a exigir reformulação do papel do Estado. Não surpreende que as ideias do chamado *Welfare State* surjam logo após a Primeira Guerra Mundial e consolidem-se após a Segunda Guerra. No centro do Estado do Bem-Estar Social remanesce o amplo acesso a direitos para mais largas camadas da população como exigência. E entre estes direitos, aquele do acesso à justiça.

Não me parece exagerado reconhecer que os pobres no Brasil somente passam a dispor concretamente de seus direitos, no âmbito formal e normativo, com o Estado Novo e a mais significativa de suas obras, a Consolidação das Leis do Trabalho, de 1º de maio de 1943. Antes disso, a "questão social", de acordo com as palavras de Washington Luís Pereira de Souza – último Presidente do Brasil antes de Getulio Vargas e do Estado Novo –, era uma "questão de polícia". Foi com Vargas que a reivindicação dos pobres se transformou em agenda de governo, e não mais

---

1. Evguiéni B. Pachukanis: *Teoria Geral do Direito*: São Paulo: Boitempo Editorial, 1917, p. 99.

2. O registro é de Antonio Negri no seu "Relendo Pachukanis: notas de discussão", apresentado à edição acima referenciada da "Teoria Geral do Direito e Marxismo" (p. 50).

em "questão de polícia". Depois disso, a Constituição Federal de 1988 trouxe o acesso à justiça como direito fundamental e, racionalizando o constitucionalismo de 1988, incluiu-se a Defensoria Pública como instituição garantidora do amplo acesso à justiça, com a Emenda Constitucional nº 80 de 2014.

Neste panorama, deve ser muito bem recebida a reflexão coletiva que se publica nesta obra coletiva. O trabalho organizado traz textos sobre os aspectos constitucionais, históricos e processuais da Defensoria Pública. Em outras palavras, a organização sistemática do livro satisfaz requisitos importantes: como nada há fora da historicidade, a recuperação da história da Defensoria Pública traduz a materialidade de sua luta pelo reconhecimento constitucional como instrumento de realização de direitos para quem tem dificuldades de arcar com sua subsistência. No Brasil, bem se sabe a extensão demográfica desta condição! Por outro lado, quando a obra também se insere na discussão constitucional, reconhece que o direito fora de suas relações sociais pouco representa, já que todos os problemas a serem resolvidos somente o serão no concreto. Não há problemas no abstrato: tudo se resolve discursivamente nesta instância. Por fim, o aspecto processual revela o manejo jurídico da complexidade normativa, sem o qual se perderiam os argumentos em divagações normativas meramente especulativas, mas com capacidade de bloqueio a novos direitos. Reafirma-se aqui a relevância de uma leitura dialógica do direito, a que me referi no começo destas palavras.

No livro, encontramos experimentados e respeitados autores a oferecer suas lúcidas contribuições. São textos sobre os desafios da Defensoria Pública entre nova e velha ordem jurídica; sua autonomia e singularidade, vistas sob uma visão não tradicional; o papel da Defensoria nas Cortes Superiores; o real significado de autonomia financeira; a essência do acesso igualitário à justiça (em valiosa contribuição estrangeira); a relação da Defensoria Pública com a Ordem dos Advogados do Brasil; ação da Defensoria Pública e redução da pobreza.

Percebe-se que na centralidade da obra está a discussão sobre a autonomia da Defensoria Pública e suas implicações: autonomia administrativa, financeira e de ação. E com razão o tema geral da autonomia acha-se nesta condição. Não há como se pensar em autonomia fora das relações econômicas e políticas para a atuação de uma grande estrutura burocrática do Estado. Evidente que a autonomia da Defensoria Pública desperta a ação dos que não a desejam com tanta autonomia, já que as disputas no interior de qualquer organização do poder geral do Estado não representam a menor surpresa até para um desatento observador. Não fossem os próprios integrantes da Defensoria Pública, seus aliados do campo da política democrática, e alguma mobilização de destacados atores sociais, creio ser impossível que organismos com a Defensoria Pública atingissem o patamar constitucional que hoje ostentam.

O livro procura compreender este intrincado projeto de relações, que são relações de poder político. Este é mais um motivo que torna necessária a leitura do trabalho que ora se publica: compreender sem idealismos e ingenuidades o que significou para a democracia a corporificação de um ator constitucional a representar e defender quem quase nunca teve acesso à justiça formal no Brasil. Para além disso, a obra permite que se compreenda ainda que a tarefa de defesa dos direitos de qualquer um de nós, de forma igualitária, não cairá dos céus: é tarefa cotidiana, onde a Defensoria Pública terá importante função.

Serra de Ubajara, julho de 2017.

Prof. Dr. Martonio Mont'Alverne Barreto Lima[3]

---

3. Professor titular da Universidade de Fortaleza (Unifor), doutor em Direito pela Universidade de Frankfurt. Procurador do município de Fortaleza.

Prefácio

Algumas palavras sobre a autonomia constitucional da Defensoria Pública e os direitos fundamentais dos indivíduos e grupos sociais necessitados

A Constituição Federal de 1988 (CF/88) está prestes a completar seus trinta anos de existência. No plano normativo-constitucional, a "certidão de nascimento" da Defensoria Pública coincide com esse mesmo marco histórico-temporal – muito embora a instituição já estivesse presente em alguns Estados da Federação antes disso, como é o caso emblemático da Defensoria Pública do Estado do Rio de Janeiro. Ocorre que, não obstante as suas quase três décadas de existência, a Defensoria Pública ainda é um "capítulo novo" no âmbito do nosso Sistema de Justiça (para além do capítulo novo e exclusivo inserido na nossa Lei Fundamental pela Emenda Constitucional n. 80/2014, desvinculando-a do capítulo reservado à Advocacia Privada onde se encontrava até então).

Isso se revela diante do cenário ainda incipiente da criação da instituição e do efetivo provimento de estrutura e cargos em diversos Estados da Federação e mesmo no plano federal, bem como dos avanços extremamente significativos ocorridos no seu regime constitucional mais recentemente (posteriores a 1988). A autonomia constitucional – e todos os reflexos organizacionais e procedimentais dela decorrentes – é talvez o exemplo mais expressivo desse avanço progressivo do regime institucional da Defensoria Pública no plano constitucional.

Mediante a Emenda Constitucional n. 45/2004 (Reforma do Poder Judiciário), a CF/88 passou a estabelecer novo regime constitucional para a Defensoria Pública, assegurando à instituição, conforme preconizado no seu art. 134, § 2º, *autonomia funcional e administrativa*, bem como a iniciativa de sua proposta orçamentária dentro dos limites estabelecidos na lei de diretrizes orçamentárias e subordinação ao disposto no art. 99, § 2, da CF/88.

A inovação constitucional em questão, como já pontuado anteriormente, revela o aprimoramento progressivo da instituição no nosso Sistema de Justiça e a aposta constitucional no modelo público de assistência jurídica aos necessitados. Num primeiro momento, a consagração da autonomia institucional alcançou apenas as Defensorias Públicas Estaduais (EC 45/2004), mas, posteriormente e como não poderia deixar de ser, o texto constitucional também contemplou a Defensoria Pública do Distrito Federal (EC 69/2012) e a Defensoria Pública da União - DPU (EC 74/2013)[1], disponibilizando à instituição (de forma equiparada ao regime constitucional atribuído ao Ministério Público) importante garantia para alcançar os seus objetivos de forma plena e independente no plano da efetivação dos direitos fundamentais das pessoas necessitadas.

No plano infraconstitucional, é importante assinalar, a mesma renovação do regime institucional da Defensoria Pública também já está em curso há algum tempo. A Lei Complementar 132/2009 operou, nesse sentido, verdadeira "reforma" na Lei Orgânica Nacional da Defensoria Pública (Lei Complementar 80/94), estabelecendo um rol completamente renovado de atribuições institucionais no seu paradigmático art. 4º. Somente para exemplificar, dispõe o inciso X do dispositivo citado ser atribuição institucional da Defensoria Pública: "promover a mais ampla defesa dos *direitos fundamentais* dos necessitados, abrangendo seus *direitos individuais, coletivos, sociais, econômicos, culturais e ambientais*, sendo admissíveis todas as espécies de ações capazes de propiciar sua adequada e efetiva tutela".

Vale observar que mesmo antes da LC 132/2009, outra importante inovação legislativa havia sido processada pela Lei nº 11.448/2007, que incluiu a Defensoria Pública no rol dos entes legitimados para a propositura de ação civil pública (art. 5º, II, da Lei 7.347/1985), o que foi ratificado pelo Supremo Tribunal Federal por ocasião do julgamento da ADI 3.943/DF. Seguindo na trilha do fortalecimento do regime constitucional da Defensoria Pública brasileira, não se pode deixar de registrar a recente EC 80/2014, como o desfecho mais importante da renovação institucional, reconfigurando por completo o art. 134 da CF/88.

Entre várias outras inovações importantes trazidas pela nova redação do *caput* do art. 134 da CF/88, verifica-se o reconhecimento da Defensoria Pública "como expressão e instrumento do regime democrático" e o papel que lhe cumpre exercer na "promoção dos *direitos humanos* e a defesa, em todos os graus, judicial e extrajudicial, dos *direitos indivi-*

---

1. Muito embora a conquista em sede constitucional da autonomia da DPU, registra-se o ajuizamento pela Presidência da República da ADI 5.296 em face do § 2º do art. 134 da CF/88, incorporado por meio da EC 74/2013, ainda pendente de julgamento final, em que pese o indeferimento da medida cautelar pleiteada pelo autor da ação.

PREFÁCIO

duais e *coletivos*", além, como já assinalado anteriormente, a consagração de seção própria para a Defensoria Pública (Seção IV), separando-a da Advocacia Privada (Seção III).

Todas essas inovações na esfera das atribuições institucionais trazem implicações importantes na relação institucional travada entre a Defensoria Pública e os poderes estatais, especialmente frente ao Poder Executivo. Isso em razão de, muitas vezes, a instituição litigar (extrajudicial e judicialmente; individual e coletivamente) em face dos entes federativos, momento em que a autonomia institucional assegura plena independência para a Defensoria Pública cumprir o seu mister legal. No Brasil, são as pessoas de baixa renda os usuários habituais dos serviços públicos essenciais em todos os planos federativos. Como decorrência lógica disso, a omissão ou atuação insuficiente do Estado (normalmente, o Estado-Administrador) na promoção de políticas públicas em tais áreas sociais reflete diretamente na violação a direitos fundamentais de pessoas necessitadas. Isso, por sua vez, acarreta na reivindicação extrajudicial e judicial dos direitos sociais pela Defensoria Pública em favor dos indivíduos e grupos sociais privados de tais direitos. Não são poucas as ações individuais (e, cada vez mais, também as coletivas) ajuizadas pela instituição para fazer valer direitos sociais (saúde, educação, moradia, alimentação, saneamento básico, transporte púbico, previdência e por aí vai) de titularidade dos indivíduos e grupos sociais necessitados.

Tais situações implicam, muitas vezes, negar a tais pessoas os mais básicos direitos fundamentais, ou seja, o seu *direito-garantia ao mínimo existencial*, inviabilizando o seu ingresso no pacto social firmado por meio da nossa Lei Fundamental de 1988. A Defensoria Pública, por sua vez, coloca-se como uma peça-chave nesse cenário, correspondendo à opção vinculativa do Constituinte de 1988 no sentido de criação de uma organização e procedimentos voltados à efetividade dos direitos fundamentais para todos, no sentido, aliás, de um acesso universal e igualitário.

Por tal razão, a Defensoria Pública, assim como ocorre com o Ministério Público, integra o conjunto das instituições essenciais ao Sistema de Justiça e assume a condição de uma garantia institucional fundamental (inclusive protegida pelo regime constitucional das cláusulas pétreas). Para tanto, a Defensoria Pública necessita de sua autonomia, sob pena de restar fragilizada e dificultada ainda mais a árdua tarefa de defender os direitos daqueles que mais necessitam da salvaguarda estatal para afirmar a sua condição cidadã de sujeito de direitos, com destaque para os direitos humanos e fundamentais.

Não por outra razão, esse é o tema condutor do projeto editorial que mobilizou diversos estudiosos e resultou nesta paradigmática obra coletiva que ora tenho a honra de prefaciar. Temos a convicção de que os textos que integram a presente coletânea serão de grande utilidade não apenas para os integrantes da valorosa Defensoria Pública, mas também para os demais atores da cena judiciária (advogados públicos e privados, juízes, integrantes do Ministério Público), bem como acadêmicos dedicados ao estudo da assistência jurídica aos desamparados, da efetividade do processo e dos direitos fundamentais e mesmo os observadores e estudiosos da própria instituição da Defensoria Pública. Por isso, estão de parabéns os coordenadores e autores da obra, que está fadada desde logo ao sucesso.

Porto Alegre, inverno de 2017.

Ingo Wolfgang Sarlet[2]

---

2. Professor Titular de Direito Constitucional da Faculdade de Direito da PUCRS. Coordenador do Programa de Pós-Graduação em Direito da PUCRS. Desembargador do TJRS.

Sumário

CAPÍTULO 1

Defensoria Pública: entre o velho e o novo

Amilton Bueno de Carvalho 21

CAPÍTULO 2

A Autonomia integral da Defensoria Pública sob
a ótica do novo Constitucionalismo

Jorge Bheron Rocha e Mariana Urano de Carvalho Caldas 25

CAPÍTULO 3

A singularidade da Defensoria Pública para a Autonomia
Institucional pós-88: Uma Promessa constituinte
e um débito histórico (quase) quitado

Maurilio Casas Maia 57

CAPÍTULO 4

Autonomia da Defensoria Pública: uma análise não tradicional

Franklyn Roger Alves Silva e Diogo Esteves 79

CAPÍTULO 5

Autonomia da Defensoria Pública: uma análise à luz da teoria
crítica dos direitos humanos e de Resoluções da OEA

Patricia Carlos Magno 145

CAPÍTULO 6

A Autonomia Financeira da Defensoria Pública

Carlos Alberto de Moraes Ramos Filho 175

CAPÍTULO 7

A autonomia da Defensoria Pública e o Supremo Tribunal
Federal: o papel desempenhado pela Corte na proteção ao
direito fundamental à assistência jurídica gratuita

Edilson Santana Gonçalves Filho 195

CAPÍTULO 8

The Essence of equal Justice: Truly Independent Counsel for The Poor!

Earl Johnson Jr. 219

CAPÍTULO 9

A Essência do Acesso Igualitário à Justiça: Patronos verdadeiramente independentes para os pobres

Earl Johnson Jr. (Tradução de Cleber Francisco Alves)..221

CAPÍTULO 10

A consagração constitucional do modelo de Assistência Jurídica aos necessitados e a autonomia da Defensoria Pública em face da Ordem dos Advogados do Brasil

Tiago Fensterseifer..225

CAPÍTULO 11

A autonomia da Defensoria e os reflexos no Processo Coletivo

Carlos Almeida Filho...263

CAPÍTULO 12

A Autonomia da Defensoria Pública e a Súmula 421 do STJ: uma análise a partir de sucessão de erros de nossos tribunais

Bruno de Almeida Passadore...275

CAPÍTULO 13

Defensoria Pública, autonomia e a eterna polêmica dos honorários

Rafael Vinheiro Monteiro Barbosa e Juliana Mieko Rodrigues Oka...................307

CAPÍTULO 14

Defensoria Pública: Autonomia, modelos de atuação e a missão de reduzir a pobreza

Élida Lauris...327

CAPÍTULO 15

Autonomia e Vulnerabilidade: da opressão ao empoderamento

Johny Fernandes Giffoni e Marco Aurélio Vellozo Guterres.....................343

CAPÍTULO 16

Parecer: Autonomia da DPU e Limites ao Poder de Reforma da Constituição

Daniel Sarmento..377

POSFÁCIO 395

CAPÍTULO 1

Defensoria Pública:
entre o velho e o novo

Amilton Bueno de Carvalho

Para Henrique Marder da Rosa, Rafael Pinheiro Machado, Carlos Almeida Filho, Patricia Kettermann, Marta Beatriz Tedesco Zanchi, Baiano Fabio Jr, Clarice Binda, Helon Nunes, Daniel Lozoya, Claudia Thedin, Cristina Emy Yokaichiya, Igo Sampaio, Caio Paiva, Joaquim Neto.

Estou a escrever no momento em que a atuação da Defensoria Pública sofre ataques judiciais oriundos de forças que, desde meu olhar, têm dificuldade de entender o novo abalador do antigo modelo. Um pouco mais direto: os amantes do passado, as viúvas do antigo (exemplos: a busca de deslegitimar a Defensoria para proposição de ação civil pública; ação de improbidade administrativa proposta contra Defensores que "ousaram" defender em juízo uma delegada de polícia; ataques judiciais à autonomia da Defensoria).

Desde algum tempo, em muito, o papel da Defensoria Pública desperta em mim agressivo interesse. As razões? Não tenho clareza. Mas, no momento unicamente consciente imagino que tudo se deu porque, como magistrado, tive oportunidade de testemunhar o desenvolvimento da Defensoria Pública gaúcha desde sua "inexistência", quando não estruturada, até o momento em que, via concursos sérios, transformou-se espetacularmente com a vinda de defensores absolutamente qualificados (evidente que, por óbvio, em ambos os momentos exceções se fazem presentes) – a partir desse momento, notou-se que os "esgualepados" começaram a ser defendidos com toda dignidade possível (não reside aí a causa da ira despertada nos amantes do velho? Ora, diriam: "só falta isso: defesa digna para os "indignos" de viver").

Em tal contexto, e o faço desde o olhar do direito penal (por favor, eventual leitor, que isso fique claro), tenho que a Defensoria pode representar o novo no espetáculo jurídico: se sabe para que (não) veio o

Judiciário, se sabe para que (não) veio o Ministério Público, mas para que virá a Defensoria? Será efetivamente o novo ou será mais um ente burocrático, um nada que levará a lugar nenhum a não ser dar alguma projeção e razoáveis subsídios aos seus integrantes? Será que ela vai ambicionar ficar perto do "trono" – o poder sempre procura cooptar aqueles que lhe pode arranhar -, mas diz Nietzsche, como já denunciei no meu "Direito Penal a Marteladas", "com frequência a lama se acha no trono – e, também com frequência, o trono se acha na lama" (p. 27)?

Aliás, a Defensoria que sonho não quer ser poder, não quer estar ao lado do poder, não quer chegar próximo do poder, não pode ser poder, ela tem claro que todo o poder tende insuportavelmente ao abuso, que o poder "imbeciliza" (Nietzsche), que o poder não suporta a alteridade, que o poder necessita, em consequência, de verdade absoluta (Bauman), que o poder necessariamente é mentiroso (Heidegger). Ao contrário, a Defensoria deve ser contrapoder (Daniel Lozoya), limitadora do abuso do poder, parceira do débil!

Também não pode se transformar em instituição meramente assistencialista (ingênua, por certo), que tem o povo com coitadinho, necessitando de espelhos e esmolas – inibindo a luta da população excluída para que ela por si mesma possa ser a construtora de sua história. Essa é a militância do "bom" burocrata: mantenedora inconsciente da alienação-dominação.

Talvez (para mim a vida tem se constituído apenas em "talvezes") o norte para aqueles que buscam abandonar o velho, seja a lição do precioso pensador francês André-Jean Arnaud: "Se tens uma teoria, se estás disposto a correr riscos, se és militante, então és um jurista do século XXI" ("Magistratura e Direito Alternativo", p. 137, 7ª. Ed.).

Militância, na linha de Arnaud, parece ser um dos caminhos do Defensor. Mas, militância em que sentido?

Nietzsche dá um sentido para essa palavra-chave: "Não temos nenhum direito de viver hoje se não formos militantes, militantes que preparam um século vindouro, do qual podemos adivinhar alguma coisa em nós através de nossos melhores instantes: pois esses instantes afastam-nos do espírito de 'nosso' tempo: em tais instantes sentimos algo dos tempos que virão" ("Wagner em Bayreuth", p. 27, trecho de carta a Gersdorff).

O devir, preparadores do futuro (pontes entre o homem e o além-do-homem na linguagem nietzschiana), lutadores para que o valor vida digna se faça presente para todos, absolutamente todos, e não apenas para alguns adocicados perfumados – asquerosos mantenedores, conscientes ou não, da dominação e da demonização do débil que impera no espaço judicial e busca manter tudo rigorosamente como está.

O que essa militância gera? Riscos diz Arnaud, por certo riscos, mas isso é o que demonstra a seriedade e a correção da atuação dos Defensores Públicos. Imaginar que uma Defensoria digna possa receber aplausos dos que estão ao redor do "trono", é tê-la como incompetente, ineficiente, indigna: mais uma instituição asquerosa.

A militância gera sim sofrimento, angústia, mal-estar, incompreensão. Mas, se não for para isso, melhor voltar ao passado quando os "defensores" sequer eram concursados. Tais dores, porém, são as do parto, da gestação de novas possibilidades democratizantes. Nietzsche, vez mais, demonstra a necessidade do sofrimento que alcança o homem que é "corda" entre o macaco e o além-do-homem e imposição da resistência:

"A tais homens, 'que me importam de algum modo', eu desejo sofrimentos, abandono, doença, abuso, desonra – desejo que o mais profundo desprezo de si, o martírio da desconfiança em relação a si, a miséria do superado não permaneçam desconhecidos para eles: não tenho nenhuma compaixão por eles, porque lhes desejo a única coisa que pode demonstrar hoje se alguém possui VALOR ou não – QUE ELE RESISTA..." (Fragmentos Póstumos, 1885-1887, p. 423).

Ou seja, há o desprazer do prazer, por isso penso que ser Defensor não é o caminho para qualquer-um, talvez um profissional do amanhã, que nasceu póstumo. Alguma pista que busco em Nietzsche talvez possa apontar para a missão defensiva (aqui alcança também todo o advogado criminal).

Ser homem? Não, diz ele: "Eu não sou homem, eu sou dinamite" (Ecce Homo, p. 144).

Ser conivente com a fúria persecutória que assola nossa realidade ou destruidor de tal lógica? "- e quem quiser ser um criador, no bem e no mal, tem de ser, antes de tudo, um destruidor e arrebentar valores." (p. 145).

Entregar-se ao discurso da covardia dos que enxergam "eles" como os maus a serem destruídos via cárcere para que os "nós, bons" sejamos "felizes"? Ora, " – quanto mais mediano, mais fraco, mais submisso e covarde é um homem, tanto mais coisas ele estipulará como 'más': para ele, o reino do mal é o mais abrangente. O homem mais baixo verá o reino do mal (isto é, do que lhe é proibido e hostil), por toda parte." (Fragmentos Póstumos, 1885-1987, 9(138), p. 342).

Agressões deverão vir (não se espere que "bondade" venha do trono, ou venha daqueles que estão acocorados ao seu redor), mas que venham e que venham cada vez mais: eis o sinal que o caminho está sendo seguido corretamente.

E não esperem covardia, pois na: "Na luta contra os 'grandes homens' há muita razão. Esses homens são perigosos, acasos, exceções, tempestades, eles são fortes o suficiente para colocar em questão o que foi lentamente construído e fundamentado, homens que se mostram como pontos de interrogação com vistas àquilo em que se acredita firmemente." (Fragmentos Póstumos, 1887-1889, p. 435).

Amilton, outono de 2015.

CAPÍTULO 2

A Autonomia integral da Defensoria Pública sob a ótica do novo Constitucionalismo

Jorge Bheron Rocha
e Mariana Urano de Carvalho Caldas

Sumário: 1. Introdução; 2. Estado da arte da Assistência Jurídica Gratuita no período da Constituinte; 3. Os debates na Assembleia Nacional Constituinte sobre o modelo de Assistência Jurídica; 4. Feição institucional da Defensoria Pública; 5. Autonomia integral da Defensoria Pública no Direito Constitucional contemporâneo; 6. A ADI Nº 5296/DF e as limitações ao Poder de Reforma Constitucional; 7. Conclusão; 8. Referências

1. INTRODUÇÃO

A Constituição Cidadã adveio de longos debates concernentes ao papel das instituições na busca pelo desenvolvimento socioeconômico do País. O constitucionalismo contemporâneo, entre outras mudanças, ampliou o elenco dos direitos e deveres fundamentais, que precisam ser interpretados a partir de indagações jurídicas e filosóficas, em fiel observância aos anseios do Estado Democrático de Direito e da nova hermenêutica constitucional.

Contudo, o sistema de justiça brasileiro não tem seguido inteiramente esses ditames, o que fragiliza o conteúdo da Constituição Federal de 1988. Esta, no art. 134, garante assistência jurídica integral e gratuita a todos os hipossuficientes, ao mesmo tempo em que ela resta inviável em muitas localidades brasileiras. A Defensoria Pública, instituição criada para a prestação desse serviço, não recebe do Estado a devida atenção, sem embargo da imprescindibilidade do fortalecimento dessa função essencial à justiça para o pleno exercício da cidadania.

No presente trabalho, empreende-se, primeiramente, a análise das origens do serviço hodiernamente oferecido pelo aludido órgão estatal, seguindo-se para o exame dos debates travados pela "Comissão dos Notáveis" e pela Assembleia Nacional Constituinte (ANC) quanto à sua previsão na CRFB/1988. Após essa investigação histórica, discorre-se sobre a feição institucional da Defensoria Pública e a autonomia implicitamente garantida pelo constituinte originário.

Estuda-se a relação existente entre a autonomia da Defensoria Pública, explicitada pelas Emendas Constitucionais nº 45/2004 e nº 74/2013, e os fins do Direito Constitucional contemporâneo, explanando-se, posteriormente, a respeito das características do poder constituinte derivado reformador, visto que, por duas vezes, ele foi o responsável pela imputação formal de autonomia funcional, administrativa e financeira à instituição em comento.

Empós, examina-se os argumentos expostos na Ação Direta de Inconstitucionalidade nº 5296/DF, proposta em face da EC nº 74/2013, investigando-se ainda os possíveis prejuízos que o seu fim poderá trazer para a sociedade. Trata-se de estudo bibliográfico e documental, de cunho exploratório, apresentando-se alternativas à interpretação obsoleta por vezes conferida às limitações ao poder de reforma constitucional.

2. ESTADO DA ARTE DA ASSISTÊNCIA JURÍDICA GRATUITA NO PERÍODO DA CONSTITUINTE

A opção brasileira pelo modelo de assistência judiciária ofertada obrigatoriamente pelo poder público começou a se desenhar e a se fortalecer com a Constituição de 1934, que a incluiu entre os direitos e garantias individuais dos cidadãos. No art. 113, ela aduzia que cometia à União e aos Estados o dever de criar órgãos especiais para assegurar aos necessitados o referido serviço, consagrando-se o modelo do *salaried staff*.

Essa Carta Constitucional foi fortemente influenciada pelas Constituições mexicana de 1917 e alemã de 1919, em que, nas palavras de Loewenstein, o "Estado assumiu completamente, pelo menos no papel, a responsabilidade social para garantir uma existência digna a cada um de seus cidadãos"[1]. Elencou-se, ao par de garantias nitidamente liberais, dispositivos que impunham uma conduta positiva do Estado para a consecução dos direitos fundamentais de que os indivíduos eram titulares.

---

1. LOEWENSTEIN, Karl. **Teoria de la Constitución**. 2. ed. Barcelona: Ariel, 1970, p. 401.

Com fundamento no aludido mandamento constitucional, alguns estados criaram estruturas próprias, a exemplo de São Paulo, que fundou seu órgão especial em 1935, e do Ceará, que, por meio do Decreto Estadual nº 1.560, de 10 de maio de 1935, passou a determinar a nomeação de titulados em Direito para o exercício da assistência judiciária e, excepcionalmente, ainda admitia aos adjuntos de promotor a manutenção das atribuições para o patrocínio dos necessitados na seara cível.

Nacionalmente, o Código de Processo Civil de 1939 contava com um capítulo inteiramente dedicado à questão da assistência judiciária e ao benefício da justiça gratuita, seguido pelo Código de Processo Penal brasileiro que, apesar de não fazer referências expressas e claras aos institutos da assistência judiciária e da gratuidade, prevê, no art. 263, que, se o acusado não tiver advogado, "ser-lhe-á nomeado defensor pelo juiz"; contudo, se "não for pobre, será obrigado a pagar os honorários do defensor dativo". Também o art. 32 traz regra sobre assistência judiciária aos que não podem custear advogado, dessa feita, entretanto, para quem deseja ajuizar queixa-crime em ação penal privada.

O dever de o poder público conceder assistência judiciária aos necessitados e a menção ao benefício da justiça gratuita retornaria, de forma expressa, para a sede constitucional com a Constituição de 1946, em seu art. 141, § 35, sendo disciplinados, posteriormente, pela Lei nº 1.060/50, que foi, inclusive, recepcionada pela Constituição de 1988. Entretanto, a Carta Constitucional de 1946 não faz qualquer referência à necessidade de existência de órgãos especialmente criados para esse fim.

Naquele momento de viragem constitucional histórica[2], plasmado na existência de uma Assembleia Nacional Constituinte, o *salaried staff*, embora fortalecido pelas disposições de constituições anteriores, que reconheciam a importância da assistência judiciária gratuita, ainda disputava espaço no ordenamento jurídico com os modelos *pro bono* e *judicare*. O próprio *salaried staff* se apresentava em modalidades distintas:

1) a que se dava na seara das Procuradorias dos estados federados, ou seja, no âmbito do órgão competente para a defesa e a promoção dos interesses (notadamente administrativos, tributários e fazendários) do ente público federado, onde se criou uma Procuradoria Especial, voltada

---

2. ROCHA, Jorge Bheron. O Histórico do Arcabouço Normativo da Defensoria Pública: da Assistência Judiciária à Assistência Defensorial Internacional. In: **Os Novos Atores da Justiça Penal**. 1. ed. Coimbra: Livraria Almedina, 2016, p. 265 a 315.

ao apoio judiciário dos necessitados; eram os procuradores do Estado na função de assistência judiciária (*verbi gratia*, a Procuradoria de Assistência Judiciária de São Paulo);

2) no âmbito das Secretarias de Justiça, com a criação de órgão voltado para a assistência judiciária realizada por servidores com inscrição na Ordem dos Advogados, por advogados concursados ou, ainda, por advogados contratados, mas com vencimentos fixos, comumente chamados de "advogados de ofício", como ocorria quanto à Caixa de Assistência Judiciária do Estado do Ceará;

3) na seara da União, especificamente na Justiça Militar, com a utilização da nomenclatura "advogados de ofício", com a previsão de provimento do citado cargo por meio de concurso público entre os diplomados em direito que contassem com mais de dois anos de prática forense;

4) na esfera da Defensoria Pública, como instituição e carreira oriundas do Ministério Público, mas já com certa autonomia, especializada na função de assistência jurídica, por meio da criação de cargos específicos para o apoio Judiciário, tomando-se, como exemplo lapidar, a Defensoria Pública do Rio de Janeiro.

O sistema do *salaried staff* adotado na Defensoria Pública era o que mostrava a um maior desenvolvimento institucional e uma maior capacidade de atendimento aos assistidos:

> A partir do início dos anos 70, como resultado da experiência vitoriosa do antigo Estado do Rio de Janeiro, e por a década de 1980, o direito de acesso dos pobres à Justiça foi objeto de vários debates em congressos, simpósios e outros tipos de encontros jurídicos, inclusive com o decisivo apoio da Ordem dos Advogados do Brasil – OAB, concluindo, todos eles, pela necessidade de a nova Constituição Federal, que estava por vir, criasse, expressamente, o tão reclamado órgão da Defensoria Pública, por intermédio do qual o Estado passaria, também, a garantir, aos juridicamente necessitados, um Defensor Público para o patrocínio de suas causas em juízo, além da assistência técnica em pretensões extrajudiciais e do aconselhamento jurídico[3].

Importante notar que a Defensoria Pública do Rio de Janeiro já detinha, entre suas funções, além da assistência jurídica individual, a defesa dos direitos dos consumidores, de nítida índole coletiva, dentre os chamados "novos direitos", bem como a conciliação das partes antes de se promover a ação, a demonstrar a capacidade de a instituição promover

---

3. SILVA, José Fontenelle Teixeira da. **Defensoria Pública no Brasil** – Minuta Histórica. Disponível em: <http://www.jfontenelle.net/publicados4.htm>. Acesso em: 25 fev. 2015.

o acesso à justiça na linha das três "ondas" descritas por Cappelletti e Bryant[4] e de se adaptar às novas necessidades da sociedade.

3. OS DEBATES NA ASSEMBLEIA NACIONAL CONSTITUINTE SOBRE O MODELO DE ASSISTÊNCIA JURÍDICA

Após 21 anos de Ditadura Militar, assumia, em 15 de março de 1985, um presidente civil. Ele tinha, como principal responsabilidade, a transição pacífica e segura do País para um regime democrático, o que demandava, prioritariamente, a promulgação de uma Constituição, tendo em vista que a anterior[5] havia sido elaborada nos "Anos de Chumbo". A nova Constituição, além de ser resultado de um instante volitivo da população e da classe política de então, deveria, nos dizeres de Bonavides, conferir "dimensão jurídica às instituições produzidas pela razão humana"[6].

Era, aliás, uma promessa da campanha eleitoral para a Presidência da República do candidato vitorioso Tancredo Neves, que, por infortúnio, não a assumiu em decorrência de prematura morte, a elaboração de uma nova Constituição que resultasse de uma profunda reflexão nacional, correspondendo a um amplo consenso dos setores componentes da sociedade civil brasileira, e não de um açodamento político[7].

Em 18 de julho de 1985, o Presidente da República baixou o Decreto nº 91.450, em que instituiu uma Comissão Provisória de Estudos Constitucionais – a "Comissão dos Notáveis", presidida por Afonso Arinos de Mello Franco – a fim de elaborar um Anteprojeto de Constituição. Posteriormente, fora encaminhada ao Congresso Nacional a Proposta de Emenda à Constituição nº 43, positivada, em 27 de novembro de 1985, como Emenda Constitucional nº 26. Essa teve, como principal ponto, a convocação de uma Assembleia Nacional Constituinte, a partir do dia 1º de fevereiro de 1987.

O esforço da "Comissão dos Notáveis" foi concluído um ano e dois meses depois. Contudo, o Chefe do Executivo não teve força política para utilizar o anteprojeto como texto base para as discussões da ANC,

---

4. CAPPELLETTI, Mauro; GARTH, Bryant. **Acesso à Justiça**. Tradução de Ellen Gracie. Porto Alegre: Fabris, 1988.

5. Na verdade, a Emenda Constitucional nº 1/1967, que, entretanto, alterou inúmeros artigos, sendo considerada por muitos como, de fato, uma nova Constituição.

6. BONAVIDES, Paulo. **Curso de Direito Constitucional**. 15. ed. São Paulo: Malheiros, 2004, p. 145.

7. FERREIRA FILHO, Manoel Gonçalves. **O anteprojeto dos notáveis**. São Paulo: Saraiva, 1987, p. 1.

sendo este "encaminhado aos constituintes como mero subsídio, tendo sido praticamente ignorado"[8]. A Assembleia Nacional Constituinte, não obstante tenha nascido de uma Emenda Constitucional, era soberana, e não se subordinava a nenhum limite ou orientação advinda do Poder Executivo.

Estava em plena gestação o Estado Democrático de Direito, com a promessa de previsão expressa no texto constitucional de todos os direitos e garantias já delineados em tratados e convenções internacionais, bem como no ordenamento jurídico de países mais socialmente avançados. Os rumos políticos, sociais e jurídicos indicavam a construção de uma Carta que asseguraria a subordinação do Estado à vontade soberana do povo e à promoção do bem-estar social. Conforme ensina Canotilho, um Estado Democrático é:

> [...] uma ordem de domínio legitimada pelo povo. A articulação do "direito" e do "poder" no Estado constitucional significa assim, que o poder do Estado deve organizar-se e exercer-se em termos democráticos. O princípio da soberania popular é, pois, uma das traves mestras do Estado constitucional, no qual o poder político deriva do "poder dos cidadãos"[9].

Nas disposições constantes no Anteprojeto dos Notáveis encontrava-se, mesmo que de modo insipiente, menção à Defensoria Pública e à carreira dos defensores públicos:

> Art. 53 – Todos os necessitados têm direito à justiça e à assistência judiciária pública; a União e os Estados manterão quadros de defensores públicos organizados em carreira e, na falta ou insuficiência deles, remunerarão o defensor dativo, diretamente ou indiretamente, mediante convênio, conforme se dispuser em lei.
>
> [...]
>
> Art. 75 – Compete á União Federal e aos Estados a legislação comum sobre:
>
> [...]
>
> XXVII – assistência judiciária e defensoria pública.

Na ANC, o tema Defensoria Pública foi debatido inicialmente na Subcomissão do Poder Judiciário e do Ministério Público, que fazia parte da

---

8. BARROSO, Luís Roberto. **Vinte anos de Constituição Brasileira**: o Estado a que chegamos. Disponível em: <http://www.luisrobertobarroso.com.br/wp-content/themes/LRB/pdf/vinte_e_um_anos_da_constituicao_brasileira_o_estado_a_que_chegamos_pt.pdf>. Acesso em: 12 ago. 2015.

9. CANOTILHO, José Joaquim Gomes. **Direito constitucional**. 3. ed. Coimbra: Livraria Almedina, 1999, p. 94.

Comissão da Organização dos Poderes e Sistema de Governo, figurando, como relator, o deputado Plínio de Arruda Sampaio. Na ocasião, foram ouvidos representantes do sistema de justiça, juristas, líderes de diversos segmentos sociais e dirigentes de colégios profissionais e sindicatos em cerca de sessenta horas de depoimentos, centenas de documentos, memórias e propostas enviadas à Comissão.

Na Subcomissão do Poder Judiciário e do Ministério Público, foram apresentadas diversas emendas tratando do modelo de assistência jurídica a ser adotado na Constituição vindoura. Dentre elas, destacou-se a Emenda nº 300103·2, exposta pelo deputado Fábio Raunheti[10], que previa, sob o título "Da Defensoria Pública", além de outras disposições, a de que "A Defensoria Pública é o órgão do Estado incumbido da assistência, da postulação e da defesa de direitos, em todas as instâncias, dos juridicamente necessitados", e explicitava, na justificação:

> A prestação de assistência judiciária, como instrumento de acesso da população carente à Justiça, constitui, na sociedade moderna, dever-função do Estado.
>
> Cabe ressaltar que a assistência judiciária, como garantia constitucional, vem sendo contemplada em todas as Constituições, a contar da de 1934, exceção feita à Carta de 1937, no capítulo dos direitos e garantias individuais.
>
> Todavia, não basta tão-somente a forma enunciativa da garantia constitucional, sem que exista o órgão do Estado apto a realizá-la, ampla e eficazmente. Daí a necessidade de institucionalização de órgão do Estado incumbido da assistência, da postulação e da defesa de direitos, em todas as instâncias dos juridicamente necessitados, dotado de estrutura programática e da necessária independência, autonomia, organizado em carreira própria, com ingresso nos cargos iniciais, mediante concurso público de provas e títulos.
>
> A inserção da Defensoria Pública como órgão do Estado, na Constituição Federal, tendo em vista a relevante missão que desempenha na sociedade, representará um marco importante no contexto de modernização da ordem econômico-social do país, além de constituir fator de segurança e valorização do indivíduo, diante das diferenças sociais que afetam a sociedade brasileira.

Convém esclarecer que outras propostas de modelos para a assistência jurídica também foram apresentadas e discutidas, na tentativa de se afastar o modelo de Defensoria Pública, que começava a ganhar corpo e solidez entre os constituintes. Por oportuno, lembra-se que, "como

---

10. O deputado esclarece que o "projeto foi elaborado por um grupo de Defensores Públicos do Estado do Rio de Janeiro".

instituição organizada, a Defensoria Pública é, de certa forma, um fenômeno recente. A compreensão, no entanto, de que aos hipossuficientes se deve garantir o acesso à Justiça e o direito à igualdade [...] remonta às mais antigas organizações sociais"[11].

Dentre as discussões parlamentares de modelos alternativos, havia aquelas que propunham incorporar às atribuições do Ministério Púbico a assistência judiciária, tais como a apresentada pelo constituinte Benedicto Monteiro, em que:

> [...] os promotores públicos, além de suas atribuições legais e processuais, exercerão a Defensoria Pública dos legalmente necessitados, nos municípios ou nas capitais onde forem lotados, na forma que dispuser a lei de assistência judiciária.

Outras incumbiam às Procuradorias do Estado a missão, como se pode perceber na proposta exibida pelo deputado Daso Coimbra:

> A assistência judiciária de que trata o inciso XXX, este artigo, será prestada, nas jurisdições da União, dos Estados, dos Territórios e do Distrito Federal, por defensores públicos organizados em quadro de carreira, na Procuradoria Geral da Assistência Judiciária, de conformidade com o que a lei estabelecer.

O deputado Michel Temer sugeriu que o modelo de assistência judiciária poderia ser uma decisão de cada ente federativo, que escolheria a Defensoria Pública ou a prestação do serviço por meio da Procuradoria do Estado:

> A prestação dos serviços de assistência jurídica e judiciária poderá ser atribuída, pelos Estados e pelo Distrito Federal, a suas Procuradorias, observados os mesmos princípios, estabelecidos nesta Constituição, aplicáveis às Defensorias Públicas.

Outras propostas entregavam completamente à Advocacia Privada a realização desse múnus, como a exposta pelo senador Ronan Tito, em que a assistência judiciária a carentes seria prestada gratuitamente por advogado designado e pago pela Ordem dos Advogados do Brasil, que poderia firmar convênios com os entes federativos na forma da lei.

Após intensos debates, as Comissões Temáticas consolidaram os relatórios apresentados pelas Subcomissões, que, por sua vez, também o foram, confeccionando a Comissão de Sistematização o primeiro Projeto de Constituição. Nessa fase, sugeriram-se inúmeras emendas, sendo

---

11. GONÇALVES, Rogério de Melo. Do assistencialismo à assistência jurídica integral na Constituição Federal de 1988: breves notas históricas e recomendações. In: **Constituição de 1988**: o Brasil 20 anos depois. Brasília: Senado, 2008, p. 545.

Cap. 2 • A AUTONOMIA INTEGRAL DA DEFENSORIA PÚBLICA SOB A ÓTICA DO NOVO CONSTITUCIONALISMO

algumas populares. Por conseguinte, o texto do Projeto de Constituição sofreu muitas alterações, inclusive no que concernia à redação referente à Defensoria Pública[12].

O que resta claro da análise das emendas apresentadas é que, a partir de determinado ponto, os pareceres dos relatores passaram a rejeitar veementemente as propostas que tendiam a eliminar ou suprimir a Defensoria Pública do texto constitucional[13] e a acolher aquelas que entendiam "se ajustar às normas adotadas pela Comissão de Sistematização", nomeadamente buscando a técnica legislativa e redacional para conceituar e situar o órgão estatal de forma concisa e coerente com o sistema de justiça e com as demais instituições que o formavam.

Foi com esse espírito que os movimentos sociais e políticos apoiaram a introdução da Defensoria Pública na Constituição, pela primeira vez e de forma expressa, como a instituição responsável pela prestação de assistência judiciária e, consequentemente, corroborando com o acesso à justiça, que já havia sido tratado como direito e garantia fundamental em Cartas anteriores. Hodiernamente, este é encarado "como o requisito fundamental – o mais básico dos direitos humanos de um sistema jurídico moderno e igualitário que pretenda garantir, e não apenas proclamar o direito de todos"[14].

Seguramente, sendo o Brasil um país onde as classes mais carentes expressam a grande maioria da sociedade, é fundamental que o Estado proporcione o seguinte:

---

12. São exemplos: "Art. 239 – É instituída a Defensoria Pública para a defesa, em todas as instâncias, dos juridicamente necessitados. § 1º Ao Defensor Público são asseguradas garantias, direitos, vencimentos, prerrogativas e vedações conferidas, por esta constituição, aos membros do Ministério Público. § 2º - Lei complementar organizará a Defensoria Pública da União, do Distrito Federal e dos Territórios e estabelecerá normas gerais para a Organização da Defensoria Pública dos Estados; "Art. 148 – É instituída a Defensoria Pública para a orientação jurídica e a defesa, em todos os graus, dos necessitados. Parágrafo único – Lei complementar organizará a Defensoria Pública da União, do Distrito Federal e a dos Territórios e estabelecerá normas gerais para a organização da Defensoria Pública dos Estados, assegurado o mesmo regime jurídico do Ministério Público quando em dedicação exclusiva"; "Art. 177 – É instituída a Defensoria Pública para a orientação jurídica e a defesa, em todos os graus, dos necessitados. Parágrafo único – Lei complementar organizará a Defensoria Publica da União, do Distrito Federal e a dos Territórios e estabelecerá normas gerais para a organização da Defensoria Pública dos Estados".

13. Entre outros, o parecer à Emenda 00624, de autoria de Francisco Amaral (PMDB/SP); ou, ainda, o parecer à Emenda 01627, do constituinte Gerson Peres (PDS/PA), indicando a rejeição desta, pois não merecia acolhida a emenda que pretendia evitar a criação da Defensoria Pública mediante a supressão do art. 155 e seu parágrafo único.

14. CAPPELLETTI, Mauro; GARTH, Bryant, op. cit., p. 12.

[...] uma mais independente e eficiente assistência judiciária aos necessitados, para que, por seu intermédio, possam ser melhor controlados os abusos de autoridade e melhor preservados os direitos e liberdades individuais[15].

A redação que chegou ao Plenário do Congresso Nacional para ser submetido a dois turnos de votação dispunha:

> Art. 155 – A Defensoria Pública é o órgão incumbido da orientação jurídica e da defesa, em todos os graus, dos necessitados.
>
> Parágrafo único – Lei complementar organizará a Defensoria Pública da União, do Distrito Federal e dos Territórios e estabelecerá normas gerais para a organização da Defensoria Pública dos Estados, assegurado aos seus integrantes, quando em dedicação exclusiva, o regime jurídico do Ministério Público.

Frise-se que o texto aprovado em primeiro turno e submetido à votação no segundo era:

> Art. 139 – A Defensoria Pública é instituição essencial à função jurisdicional do Estado, incumbindo-lhe a orientação jurídica e a defesa, em todos os graus, dos necessitados, na forma do art. 5º, LXXVI.
>
> Parágrafo único – Lei complementar organizará a Defensoria Pública da União e do Distrito Federal e dos Territórios, e prescreverá normas gerais para sua organização nos Estados, em cargos de carreira, providos, na classe inicial, mediante concurso público de provas e títulos, assegurada a seus integrantes a garantia da inamovibilidade e vedado o exercício da advocacia fora das atribuições institucionais.

A redação final, que não destoa muito dessa, com a qual foi promulgada em 5 de outubro de 1988 a Constituição da República Federativa do Brasil, que pretendia recuperar como cidadãos milhões de brasileiros[16], onde a Defensoria Pública foi citada diretamente nos arts. 21, XIII; 22, XVII; 24, XIII; 33, §3º; 48, IX; 61, §1º, II, d; 134; 35, VII; e, no Atos das Disposições Constitucionais Transitórias, no art. 22, constitui exemplo nítido e palpitante da feição cidadã da nova Carta Constitucional, confirmando que:

> [...] o Estado social e democrático de Direito caracteriza-se pela intervenção do Estado em setores fundamentais e pela ampliação da cidadania, o que culmina por destacar a indispensabilidade no fornecimento de um serviço de assistência jurídica aos cidadãos, não como

---

15. MACEDO, Dimas. **Política e Constituição**. Rio de Janeiro: Lumen Juris, 2003, p. 60.

16. Discurso de Ulysses Guimarães em 24 de julho de 1987. ANDRADE, Paes de; BONAVIDES, Paulo. **História constitucional do Brasil**. 3. ed. Rio de Janeiro: Paz e Terra, 1991, p. 466.

serviço particular custeado pelo Estado, mas como serviço público, travando-se entre os sujeitos relação jurídico-administrativa[17].

Com a promulgação da CRFB/1988, a dignidade humana passou a fundamentar a própria República Federativa do Brasil, revelando a busca pelo pleno gozo dos direitos e garantias fundamentais dos cidadãos[18]. E, como ensina Sarlet,

> [...] temos por dignidade da pessoa humana a qualidade intrínseca e distintiva reconhecida em cada ser humano que o faz merecedor do mesmo respeito e consideração por parte do Estado e da comunidade, implicando, nesse sentido, em um complexo de direitos e deveres fundamentais que assegurem a pessoa tanto contra todo e qualquer ato de cunho degradante e desumano, como venham a lhe garantir as condições existenciais mínimas para uma vida saudável, além de propiciar e promover sua participação ativa e co-responsável nos destinos da própria existência e da vida em comunhão com os demais seres humanos[19].

Tendo em conta a evolução dos mecanismos e das concepções relativas ao acesso à justiça, a proposta de construção de uma Defensoria Pública, nos moldes como está prevista sua atuação no Brasil, garantida, desde o nascedouro, a autonomia da Instituição e de seus membros, acumula diferentes vantagens potenciais: universalização do acesso por meio da assistência prestada por profissionais formados e recrutados especialmente para esse fim; assistência jurídica especializada para a defesa de interesses coletivos e difusos; diversificação do atendimento e da consulta jurídica para além da resolução judicial dos litígios, através da conciliação e da resolução extrajudicial de conflitos; e, ainda, atuação na educação para os direitos[20].

4. FEIÇÃO INSTITUCIONAL DA DEFENSORIA PÚBLICA

Ante esse sumário histórico, algumas notas reflexivas são necessárias.

---

17. PINTO, Ana Karoline dos Santos. Os avanços e desafios da Defensoria Pública nos 25 anos de nova ordem constitucional brasileira. In: **Direito Constitucional**: os 25 anos da Constituição Federal de 1988: homenagem do Programa de Pós-Graduação em Direito da Universidade Federal do Ceará. Fortaleza: Expressão, 2014, p. 279.

18. ROCHA, Jorge Bheron, op. cit., p. 266.

19. SARLET, Ingo Wolfgang. **Dignidade da pessoa humana e direitos fundamentais na Constituição de 1988**. 3. ed. Porto Alegre: Livraria do Advogado, 2004, p. 60.

20. SANTOS, Boaventura de Sousa. **Para uma Revolução Democrática da Justiça**. 3. ed. São Paulo: Cortez, 2011, p. 32.

Primeiramente, de que a inclusão da instituição na Constituição Federal garantiu o direito fundamental à assistência jurídica gratuita[21], a ser fornecida diretamente pelo Estado, fixando-se o modelo de *salaried staff*, mais precisamente aquele originado na assistência judiciária do Rio de Janeiro, com garantias, deveres e vedações muito semelhantes às do Ministério Público, e com grande autonomia em relação aos Poderes Executivo e Judiciário.

Se, de um lado, não se logrou incluir expressamente na Constituição a autonomia da instituição, foi-lhe conferido um tratamento jurídico estatutário semelhante ao do Ministério Público e da Magistratura; firmou-se a sua natureza jurídica e a sua envergadura em várias referências do texto constitucional; deu-se a ela topologia autônoma em relação aos Poderes e aos demais órgãos estatais; e conferiu-se tratamento remuneratório assemelhado à Magistratura, conforme descrito no art. 135.

Durante os debates da ANC, evidenciou-se que, ao adotar a Defensoria Pública como modelo de assistência jurídica gratuita fornecida pelo Estado, isso se dava ao mesmo tempo garantindo uma paridade de armas à instituição, moldando-a à feição do Ministério Público e do Poder Judiciário, como se pode verificar nas palavras do deputado constituinte Silvio Abreu:

> Alguns Estados deste País, como as minhas Minas Gerais, já avançaram e evoluíram sob esse aspecto, porque contam com um grande instrumental que se denomina Defensoria Pública. A razão da Defensoria Pública se fortalece a partir do momento em que passamos a examinar o instrumental da própria Justiça, que se constitui por um Juiz que preside, que questiona, que analisa, que ao final decide, ou por um representante do Ministério Público, que se encarrega de defender os postulados da, sociedade, e agora, em alguns Estados, como já disse, por uma Defensoria Pública, igualada e niveladas ao próprio Ministério Público, porque, se este se encarrega de defender os postulados de uma sociedade, aquela se encarrega de defender os direitos dos réus pobres ou das partes carentes de recursos financeiros, envolvidas nos autos ou no processo.
>
> Este é o postulado maior de uma Justiça igual, de uma Justiça voltada e facultada a todos os segmentos de nossas comunidades. Daí por que, quem sabe? seria o caso de que, em preliminar, ser levantada até a hipótese de modificação regimental, para que, a partir do entendimento de uma Justiça moldada num tripé – um juiz a presidi-la, de um representante do Ministério Público a defender a sociedade e de um repre-

---

21. GONÇALVES, Rogério de Melo, op. cit., p. 565.

sentante da Defensoria Pública a defender o carente e o miserável, mas que também tem direito ou deve ter direito a uma Justiça igual – passasse esta Comissão a se denominar do Poder Judiciário, do Ministério Público e da Defensoria Pública[22].

Ademais, a instituição em estudo encontra-se, claramente,

> [...] fora dos Capítulos destinados ao Legislativo, Executivo e Judiciário, em Capítulo próprio destinado às Funções Essenciais à Justiça, ao lado do Ministério Público e da Advocacia Privada, como a demonstrar de forma visual, topológica, sistêmica, literal que não está subordinada aos ditames destes Poderes ou de qualquer outra instituição, sob qualquer destes aspectos[23].

Como ensina Moreira Neto, resta imperiosa a percepção de que,

> [...] ao recolher, na evolução teórica e prática do constitucionalismo dos povos cultos, novíssimas expressões institucionais, como o são a participação política e as funções essenciais à justiça, o Constituinte de 1988 deu um passo definitivo e, oxalá, irreversível, para a preparação do Estado brasileiro do segundo milênio como um Estado de Justiça, aspiração, como se expôs, mais ambiciosa do que a realização de um Estado Democrático de Direito, que naquela se contém e com ela se supera[24].

A inclusão da Defensoria Pública no Capítulo "Das Funções Essenciais à Justiça", na forma descrita, significa a completa desvinculação em relação a qualquer outra instituição democrática, o que implica em elevado grau de autonomia institucional. Ainda, há de se verificar que a referência direta do art. 135 ao §1º do art. 39, que determina "a isonomia de vencimentos para cargos de atribuições iguais ou assemelhados do mesmo Poder ou entre servidores dos Poderes Executivo, Legislativo e Judiciário", denota igualdade de vencimentos com os magistrados e membros do Ministério Público, um traço de autonomia financeira em relação ao Poder Executivo.

Perceba-se que a Constituição Federal, ao pensar nos atores do sistema de justiça, dentro do Título reservado à Organização dos Poderes, distribuiu-os segundo funções e papeis distintos; Poder Judiciário, Ministério Público, Defensoria Pública, Advocacia Pública e Advocacia Privada, cada um com suas funções e missões, não obstante se toquem e,

---

22. Ata da reunião para eleição do Presidente e do Vice-Presidente, em 7 de abril de 1987 – Notas taquigráficas.

23. ROCHA, Jorge Bheron, op. cit., p. 305.

24. MOREIRA NETO, Diogo de Figueiredo. As Funções Essenciais à Justiça e as Procuratorias Constitucionais. **Revista de Informação Legislativa**, Brasília, ano 29, n. 116, out./dez. 1992, p. 81.

em alguns casos especiais, possam ter áreas de atuação concorrentes[25]. Isso se deu para que não houvesse vácuos de promoção e defesa dos direitos e garantias dos cidadãos. Em síntese,

> Parece inequívoco que a sistematização adotada pela Constituição Federal brasileira de 1988, no que se refere ao Título da Organização dos Poderes, quis indicar a conveniência de que tais órgãos, especificamente o Ministério Público e a Defensoria Pública, não sejam mais considerados como formalmente integrantes do Poder Executivo. Essas entidades devem ser revestidas de efetiva autonomia, em razão de sua condição peculiar de órgãos detentores de uma parcela da soberania do Estado, no desempenho de seu múnus constitucional[26].

É nesse ponto que se compreende a importância e a envergadura da Defensoria Pública, ombreada com carreiras tradicionalmente fortes e altivas. Relativamente ao Poder Judiciário, ao Ministério Público e à Defensoria Pública, observamos que o constituinte originário os dotou de uma maior similitude, em um nítido paralelismo[27]. Logicamente, não se está aqui argumentando uma maior importância dessas três carreiras em relação à Advocacia Pública ou Privada, ambas igualmente essenciais à função jurisdicional. O que se está a dizer é que, dentro da organização estatal, onde não se enquadra a Advocacia Privada, o constituinte originário entendeu por bem consagrar e garantir a atuação tríplice do Estado-Juiz-Acusador-Defensor, entre outras razões, como forma de assegurar o devido processo legal e efetivar a garantia à ampla defesa e ao contraditório nos processos penais, para aplicação do *jus puniendi*, direito exclusivo do Estado, onde, em regra, não há interesse dos órgãos administrativos, o que afasta a atuação da Advocacia Pública.

---

25. Em sentido diverso, entendendo que não há concorrência, mas complementariedade: ROCHA, Amélia Soares da. **Defensoria Pública**: fundamentos, organização e funcionamento. São Paulo: Atlas, 2013, p. 49.

26. ALVES, Cleber Francisco. **Justiça para Todos!** Assistência Jurídica Gratuita nos Estados Unidos, na França e no Brasil. Rio de Janeiro: Lumen Juris, 2006, p. 309.

27. Assim, a Constituição determina que, juntamente com a instalação de órgãos judiciários de primeira e segunda instância nos Territórios Federais com mais de cem mil habitantes, também sejam nomeados os membros do Ministério Público e defensores públicos federais (art. 33, § 4º). Da mesma forma, há previsão no Ato das Disposições Constitucionais Transitórias de que, quando da criação de um novo estado-membro, em cada comarca, o primeiro juiz de direito, o primeiro promotor de justiça e o primeiro defensor público serão nomeados diretamente pelo governador (art. 235, VII). O constituinte reformador seguiu essa orientação inicial e aprofundou esta similitude, nomeadamente nas Emendas Constitucionais nº 41/2003, 45/2004 e, mais recentemente, 80/2014, *verbi gratia*, o mesmo teto remuneratório, autonomia institucional, repasse de duodécimos.

Trata-se de carreiras estatais essenciais à prestação jurisdicional e destinadas às pessoas do povo, que necessitam de recurso contra as violações ou ameaças de violações aos seus direitos, ou ainda, da urgente promoção de direitos por meio de ações individuais ou coletivas e da sua defesa em processos penais, impondo-se a imediata instalação de suas estruturas mínimas em caráter prioritário e urgente.

No que se refere à competência legislativa, a menção sempre lado a lado com o Ministério Público e Poder Judiciário dá a dimensão exata da importância da Defensoria Pública, inclusive consolidando a ideia da imprescindível e inafastável existência do tripé institucional jurídico básico, simbolizando a essencialidade e a autonomia institucional.

Ademais, as referências à existência mínima necessária de órgãos judiciários, membros do Ministério Público e defensores públicos federais nos Territórios e às nomeações do primeiro juiz de direito, do primeiro promotor de justiça e do primeiro defensor público nas comarcas dos estados recém-criados traduziram a exigível igualdade de tratamento e de dignidade entre as carreiras, bem como a autonomia sob o prisma funcional.

A novidade que a ampla institucionalização de direitos e garantias fundamentais das pessoas, de forma individual e coletiva, representou no ordenamento jurídico pátrio levou o constituinte ao efetivo enfrentamento de problemas como o acesso à justiça, o que se fez por meio de instrumentos como a assistência jurídica gratuita, bem como, de forma mais genérica, das instituições anteriormente citadas[28].

Frise-se que a prática das normas fundamentais está diretamente "vinculada à interpretação da Constituição e dos valores superiores deferidos pelo texto básico"[29]. A Carta Constitucional conferiu novo *status* à Defensoria Pública, o que, incontestavelmente,

> [...] implica o estabelecimento de uma nova sistemática na prestação do serviço, cabendo a esse órgão a prerrogativa da autonomia funcional, administrativa e financeira asseguradas pela Carta Magna para estruturação de seu funcionamento e para definição de sua política institucional[30].

---

28. GUERRA FILHO, Willis Santiago. **Processo Constitucional e Direitos Fundamentais**. São Paulo: Celso Bastos Editor, 1999, p. 33.

29. BARACHO, José Alfredo de Oliveira. **Teoria geral da cidadania**: a plenitude da cidadania e as garantias constitucionais e processuais. São Paulo: Saraiva: 1995, p. 61.

30. ALVES, Cleber Francisco, op. cit., p. 309.

O constituinte originário, portanto, intentando fazer cumprir o objetivo da redução das desigualdades e da erradicação da pobreza (art. 3º, III, CRFB/1988), garantindo, a todos, o acesso à justiça (art. 5º, XXXV, CRFB/1988), como forma de construir uma sociedade livre, justa e solidária (art. 3º, I, CRFB/1988), independente de origem, cor, raça, posição social, gênero ou orientação sexual, convicção filosófica, política ou religiosa, idade, entre outros (art. 3º, IV, CRFB/1988), erigiu, em favor dos necessitados (art. 5º, LXXIV, CRFB/1988), uma instituição, já autônoma em seu nascedouro, especialmente dedicada à sua orientação, defesa e promoção jurídicas: a Defensoria Pública (art. 134, *caput,* CRFB/1988).

5. AUTONOMIA INTEGRAL DA DEFENSORIA PÚBLICA NO DIREITO CONSTITUCIONAL CONTEMPORÂNEO

Com a superação da mera igualdade jurídica prometida pelo Estado Liberal e a ascensão da igualdade material[31], o acesso à justiça passou, finalmente, a receber o devido valor. Nesse ínterim, trouxe-se à baila temas como isonomia e garantia da cidadania, viabilizando-se o enfrentamento de seus obstáculos de forma mais efetiva[32]. Restou claro que, além de permitir a apresentação dos anseios da sociedade ao Poder Judiciário, o Estado precisa propiciar a todos o gozo de uma ordem jurídica justa[33].

A igualdade material visa assegurar aos indivíduos as mesmas oportunidades, conferindo liberdade àqueles que o "Estado de Direito da burguesia fizera paradoxalmente súditos"[34]. O novo conceito de acesso à justiça, advindo do constitucionalismo contemporâneo, denota explícita repulsa à adoção da riqueza como elemento diferenciador dos cidadãos[35].

Direcionado à persecução da justiça social, por meio da já aludida redução das desigualdades (art. 3º, III, da CRFB/1988), o Estado Democrático de Direito brasileiro atribui à Defensoria Pública o monopólio

---

31. BONAVIDES, Paulo, op. cit., p. 340.

32. CAPPELLETTI, Mauro; GARTH, Bryant, op., cit., p. 31.

33. ROCHA, Jorge Bheron. Estado Democrático de Direito, acesso à justiça e Defensoria Pública. **Revista Jurídica da Defensoria Pública do Estado do Ceará**, v. 1, n. 1, jan./dez. 2009, p. 104.

34. BONAVIDES, Paulo, op. cit., p. 379.

35. ROBERT, Cinthia; SÉGUIN, Elida. **Direitos humanos, acesso à justiça**: Um olhar da Defensoria Pública. Rio de Janeiro: Forense, 2000, p. 180.

da prestação da assistência jurídica integral e gratuita[36] fornecida pelo poder público. Esse serviço, reconhecido como corolário do acesso à justiça[37], é um direito fundamental e precisa urgentemente ser posto ao alcance de todos os necessitados.

Para tanto, faz-se indispensável a devida estruturação dessa novel função essencial à justiça, considerada por Sadek o mais importante veículo de transformação dos mandamentos igualitários em realidade[38]. Entretanto, frise-se que, somente após a promulgação da EC nº 74/2013, que deu origem ao § 3º do art. 134 da atual Carta Constitucional, a instituição pode ser considerada integralmente autônoma, reconhecendo o poder reformador a autonomia funcional, administrativa e financeira das Defensorias Públicas da União e do Distrito Federal, que já se encontrava implícita desde a promulgação do texto original, em 5 de outubro de 1988.

A EC nº 45/2004, que ocasionou a "Reforma do Judiciário", havia explicitado apenas a autonomia das Defensorias Públicas Estaduais. Utilizou-se, na ocasião, o mencionado instrumento do processo legislativo com vistas à compatibilização da ordem normativa superior com a realidade social[39], mas de modo parcial. Como ressalta Oliveira Neto, o Estado deve propor mudanças que o induzam a servir a sociedade em sua integralidade, e não a apenas uma parte dela[40], máxima que foi ignorada pelo constituinte derivado em pleno século XXI.

Remetendo-se ao marco filosófico do novo constitucionalismo, qual seja, o pós-positivismo, e diante da crise de efetividade da Constituição, deve-se atentar para a necessidade de uma leitura moral do Direito[41]. A nova hermenêutica constitucional e a consequente assimilação dos

---

36. LIMA, Frederico Rodrigues Viana de. **Defensoria Pública**. Salvador: JusPodivm, 2010, p. 56.

37. KIRCHNER, Felipe. Os Métodos Autocompositivos na Nova Sistematização Processual Civil e o Papel da Defensoria Pública. In: DIDIER JÚNIOR, Fredie (Org.). **Coleção Repercussões do Novo CPC**. V. 5. Salvador: Juspodivm, 2015, p. 234.

38. SADEK, Maria Tereza Aina. Defensoria Pública: a conquista da cidadania. In: RÉ, Aluisio Iunes Monti Ruggeri (Org.). **Temas aprofundados da Defensoria Pública**. Salvador: JusPodivm, 2013, p. 20.

39. BONAVIDES, Paulo, op. cit., p. 208.

40. OLIVEIRA NETO, Emetério Silva de. **Acesso à justiça**: a insuficiência da via judicial para a sua efetivação. 2015. 159 f. Dissertação (Mestrado em Direito) – Universidade Federal do Ceará, Fortaleza, 2015, p. 49.

41. BARROSO, Luís Roberto. Neoconstitucionalismo e constitucionalização do Direito (O triunfo tardio do direito constitucional no Brasil). **Revista Direito Administrativo**, Rio de Janeiro, abr./jun. 2005, p. 5.

direitos fundamentais sob um novo prisma exige a construção de uma ordem jurídica mediada por uma interação comunicativa, em constante obediência aos fins da reviravolta linguístico-pragmática[42].

Foi a partir da eleição de uma nova atitude interpretativa que o poder reformador brasileiro, enfim, reconheceu que a proteção dos direitos e garantias fundamentais pressupõe a existência de uma Defensoria Pública integralmente autônoma, especialmente quando se pleiteia contra o Estado. A percepção da necessidade de conferir aparência normativa sólida, ao que, nas entrelinhas, já havia sido firmado pelo constituinte originário, demonstra que construir instituições em "um país que se atrasou na história exige energia, idealismo e imunização contra a amargura"[43].

O sentido do Estado Democrático de Direito se dá mediante o reconhecimento e a consolidação dos valores, que exigem a realização de ações legislativas, administrativas e judiciais[44]. De fato, o Direito Constitucional contemporâneo não preconiza a indiferença, e sim a edificação de uma sociedade justa e solidária, nos moldes do art. 3º, inciso II, da CRFB/1988[45].

A Constituição Cidadã denota clara preocupação de ordem ético-filosófica ao encontro dessa perspectiva. Todavia, mesmo com o reconhecimento da sua força normativa[46], as autoridades públicas continuam descumprindo vários deveres constitucionais, como o previsto no art. 98 do Ato das Disposições Constitucionais Transitórias. Esse dispositivo, oriundo da EC nº 80/2014, vindica a existência da função essencial à justiça em comento em todas as unidades jurisdicionais, o que parece distante de ser materializado.

O diálogo entre as exigências do novo constitucionalismo e o Estado para o efetivo atendimento dos anseios sociais é fundamental. Sublinhe-se que, uma vez desrespeitados, eles se tornam os grandes responsáveis

---

42. ALBUQUERQUE, Felipe Braga; CAMPOS, Juliana Cristine Diniz. Nova hermenêutica constitucional e (in)segurança jurídica: características e crítica da virada linguística no interpretar da Constituição. **Quaestio Juris**, Rio de Janeiro, v. 8, n. 2, 2015, p. 778.

43. BARROSO, Luís Roberto, 2005, op. cit., p. 42.

44. VERDÚ, Pablo Lucas. **O Sentimento Constitucional**: aproximação ao estudo do sentir constitucional como de integração política. Tradução de Agassiz Almeida Filho. Rio de Janeiro: Forense, 2004, p. 178.

45. STRECK, Lenio Luiz. Contra o neoconstitucionalismo. **Revista da Academia Brasileira de Direito Constitucional**, Curitiba, n. 4, jan./jul. 2011, p. 17.

46. BARROSO, Luís Roberto, 2005, op. cit., p. 5.

pela desestabilização das Cartas Constitucionais, sobretudo em países de economia instável, como o Brasil[47]. Por conseguinte, mostra-se imperiosa a afirmação institucional da Defensoria Pública, que, conforme a atual redação do já citado art. 134, além de essencial à função jurisdicional do Estado, é expressão e instrumento do regime democrático.

Compete à Defensoria Pública o rompimento de situações caracterizadas por desigualdades cumulativas[48],

> [...] não necessariamente através do Poder Judiciário, haja vista a atuação do defensor público em sede de processo administrativo; a promoção prioritária da solução extrajudicial dos litígios, por meio da mediação, conciliação, arbitragem e demais técnicas de composição de administração de conflitos; e a promoção da difusão e da conscientização dos direitos humanos, da cidadania e do ordenamento jurídico[49].

Veja-se que, com o agravamento da conjuntura política e econômica nos últimos anos, a demanda pela assistência dos órgãos estatais, especialmente a Defensoria Pública, aumentou vertiginosamente. E, sem embargo das suas limitações orçamentárias, o Estado,

> [...] que se construiu historicamente como um verdadeiro inquisidor, agora deve se transformar, também, em um Estado defensor, que sirva como freio e contrapeso (check and balances) às situações de violência estatal, na promoção dos direitos humanos. O projeto normativo é de construção de um Estado que não se limite a acusar e julgar os seus cidadãos, mas que efetivamente os enxergue, acolha, entenda, proteja e defenda[50].

Não se mostra admissível a esterilização do poder público, principalmente no que se refere à sua missão de organizar as relações entre ele e a sociedade, que se encontram muito distantes da realidade cambiante brasileira[51]. Isso posto, tem-se que a integralidade da assistência jurídica prestada pela Defensoria Pública não consegue ser consolidada sem o seu devido aparelhamento[52], retirando a sua escassez numérica

---

47. BONAVIDES, Paulo, op. cit., p. 380.

48. SADEK, Maria Tereza Aina, op. cit., p. 26.

49. ROCHA, Jorge Bheron, 2009, op. cit., p. 104.

50. KIRCHNER, Felipe, op. cit., p. 137.

51. BUCCI, Maria Paula Dallari. O conceito de política pública em direito. In: BUCCI, Maria Paula Dallari (Org.). **Políticas Públicas**: reflexões sobre o conceito jurídico. São Paulo: Saraiva, 2006, p. 2.

52. ALVES, Cleber Francisco. Assistência Jurídica Integral da Defensoria Pública no Novo Código de Processo Civil. In: DIDIER JÚNIOR, Fredie (Org.). **Coleção Repercussões do Novo CPC**. V. 5. Salvador: JusPodivm, 2015, p. 106.

e operacional a força que a CRFB/1988 deseja imprimir. E esse quadro não mudará sem o enfrentamento de inúmeros obstáculos, o que pode, até mesmo, "apresentar os contornos de uma verdadeira luta política e de confronto com outros órgãos do Estado e instituições do sistema de justiça"[53].

O Estado que concedeu autonomia integral à instituição é o mesmo que tem se omitido quanto ao seu crescimento, o que dá azo a uma evidente dualidade política. O poder constituinte originário, ao promulgar a Constituição Federal de 1988, o fez com nítida intenção de conferir-lhe caráter vinculativo[54], não obstante posicionamentos contrários, como os expostos na ADI nº 5296/DF.

A elaboração de um bom texto constitucional "não é suficiente para que o ideário que o inspirou se introduza efetivamente nas estruturas sociais, passando a reger com preponderância o relacionamento político de seus integrantes"[55]. E a ADI em alusão elucida essa conclusão, posto que levanta questionamentos antagônicos ao perfil social do novo constitucionalismo e aos deveres atribuídos em razão dele ao Estado Democrático de Direito, como será examinado a seguir.

6. A ADI Nº 5296/DF E AS LIMITAÇÕES AO PODER DE REFORMA CONSTITUCIONAL

Como já se pode mencionar em tópicos anteriores, o processo constituinte, nos países democráticos, pressupõe um momento volitivo, levando o expressivo desejo de se configurar a existência dos membros da sociedade a uma racionalização jurídico-política, representada pela Constituição[56].

De início, esclareça-se que o poder constituinte, "cujo exercício representa a positivação da vontade da Nação"[57], estabelece a Constituição, sendo essencialmente político. Já o poder constituído, que abrange o hoje denominado poder constituinte derivado reformador, ostenta

---

53. SANTOS, Boaventura de Sousa, op. cit., p. 33.

54. BARROSO, Luís Roberto, 2005, op. cit., p. 6.

55. GUERRA FILHO, Willis Santiago. **Processo Constitucional e Direitos Fundamentais**. São Paulo: Celso Bastos Editor, 1999, p. 24.

56. VERDÚ, Pablo Lucas, op. cit., p. 72.

57. CAMPOS, Juliana Cristine Diniz. As origens da teoria do poder constituinte: um resgate da obra de Sieyès e suas múltiplas releituras pela doutrina publicista continental. **Revista da Faculdade de Direito da UERJ**, v. 1, n. 25, 2014, p. 166.

caráter jurídico, pois conhece limitações impostas pela própria Carta Constitucional[58].

A teoria do poder constituinte vincula-se ao conceito formal de Constituição e assinala o advento das Cartas Constitucionais rígidas[59]. Essa solidez resulta na relativa imutabilidade do texto constitucional, que, se levada ao excesso, "colide com a vida, que é mudança, movimento, renovação, progresso, rotatividade"[60]. De fato, impedir-se a reforma pacífica de seu conteúdo transfere às revoluções e aos golpes de Estado a solução das crises[61], o que vai de encontro à almejada estabilidade política.

Sobre o poder reformador brasileiro, que elaborou a EC nº 74/2013, incidem algumas restrições. A Constituição Cidadã, em relação à sua modificação, apresenta limitações formais, alusivas aos órgãos competentes e aos procedimentos a serem cumpridos (art. 60, *caput*, I, II e III; e §§ 2º, 3º e 5º); circunstanciais, embasadas por normas aplicáveis em situações de extrema gravidade (art. 60, § 1º); e materiais, referentes às cláusulas pétreas (art. 60, § 4º)[62].

A CRFB/1988 instituiu uma subseção própria para a regulamentação do processo de feitura de suas emendas, separando-as das demais espécies normativas. Com efeito, dotadas de aptidão para modificar preceitos formulados pelo poder constituinte originário, as reformas à Constituição exigem um tratamento bastante cuidadoso. Mas isso não pode levar à petrificação do conteúdo constitucional[63] e ao desprezo pelos avanços sociais, especialmente quando as limitações ao poder reformador são mal interpretadas, hipótese que se revela na ADI nº 5296/DF.

A ADI nº 5296/DF, cumulada com pedido de medida cautelar, foi apresentada em observância ao art. 102, I, *a*, da Constituição Federal de 1988, que atribui ao Supremo Tribunal Federal (STF) o exercício do controle de constitucionalidade em ações de sua competência originária[64]. Em que pese a citada autorização normativa, lembre-se que esse tipo de

---

58. BONAVIDES, Paulo, op. cit., p. 146.
59. Ibid., p. 145.
60. Ibid., p. 197.
61. Ibid., p. 197.
62. NOVELINO, Marcelo. **Direito Constitucional**. 3. ed. São Paulo: Editora Método, 2009, p. 78.
63. HESSE, Konrad. **Manual de Derecho Constitucional**. 2. ed. Madrid: Marcial Pons, 2001, p. 9.
64. BARROSO, Luís Roberto, 2005, op. cit., p. 7.

demanda possui um teor extremamente agressivo[65], predicado frequentemente ignorado pelos seus propositores.

A ex-Presidente da República Dilma Rousseff interpôs a ADI representada pelo ex-Advogado-Geral da União Luís Inácio Lucena Adams. Entretanto, nos moldes do art. 103, § 3º, da Carta Constitucional, a este agente caberia defender o texto impugnado na ação, como salientaram alguns membros da sua instituição no Ofício nº 010/2015/AGU/SGCT/EAGUCD. Destaque-se ainda que o ordenamento jurídico conferiu capacidade plena ao Chefe do Executivo para o ajuizamento de ADI (art. 103, I, da CRFB/88, e art. 2º, I, da Lei nº 9.868/99), manifestando-se, em 22 de março de 2017, a Advogada-Geral da União Grace Maria Fernandes Mendonça pela improcedência do pedido.

Propôs-se a ADI nº 5296/DF em face da EC nº 74/2013, que, conforme o exposto no tópico anterior deste trabalho, concedeu explícita autonomia integral à Defensoria Pública. Em tese, a ausência de participação do Poder Executivo na PEC nº 82/2011, apresentada pelo Senado Federal, teria infringido a CRFB/1988, posto que caberia à então Presidente da República iniciar processo legislativo atinente ao regime jurídico dos servidores públicos (art. 61, § 1º, II, *c*). Consequentemente, estar-se-ia violando frontalmente o princípio da separação dos Poderes, previsto como cláusula pétrea (art. 60, § 4º, III, da CRFB/1988).

Todavia, uma limitação formal que sequer existe não pode ser desobedecida. A própria Constituição Federal é explícita ao autorizar a sua modificação mediante proposta da Câmara dos Deputados, do Senado Federal, do Presidente da República ou das Assembleias Legislativas (art. 60, *caput*, I, II e III), desde que respeitados os devidos quóruns. Não há hipótese de iniciativa privativa aplicável às emendas constitucionais[66], que, como informa o Direito Constitucional contemporâneo, são hierarquicamente superiores às leis.

Caberá ao STF a formulação de uma resposta hermeneuticamente adequada ao ordenamento jurídico[67]. E a CRFB/1988, ao criar um extenso rol de preceitos a serem cumpridos no processo de elaboração de suas emendas, denotou que as já analisadas limitações formais, circuns-

---

65. BONAVIDES, Paulo, op. cit., p. 307.

66. SARMENTO, Daniel; SOUZA NETO, Cláudio Pereira de. **Direito Constitucional**: teoria, história e métodos de trabalho. Belo Horizonte: Fórum, 2012, p. 287.

67. STRECK, Lenio Luiz. Hermenêutica, Constituição e autonomia do Direito. **Revista de Estudos Constitucionais, Hermenêutica e Teoria do Direito**, jan./jun. 2009, p. 76.

tanciais e materiais não podem ser ampliadas ao alvedrio dos Poderes. Decerto, a atribuição de qualquer privilégio à Chefia do Executivo no que concerne à propositura das reformas constitucionais vai de encontro ao próprio sistema democrático.

Ocorre que muitos membros do sistema de justiça brasileiro não parecem dispostos a acompanhar a evolução paradigmática do Direito[68]. Remanesce certa resistência ao giro linguístico, o que dá azo à aplicação de velhas teses positivistas acerca da interpretação, entendendo-se, frequentemente, a Constituição "como estatuto meramente regulador do exercício do poder"[69].

Dessarte, corrobora-se para uma concretização restrita e excludente dos preceitos constitucionais, não obstante a redução das desigualdades sociais ser um dos objetivos da República Federativa do Brasil. Faz-se essencial, portanto, a superação do paradigma metafísico que permeia o imaginário dos juristas, o que os induziria a realizar uma análise acerca do "sentido do constitucionalismo e do papel histórico-social que lhe foi destinado nestes tempos"[70].

A jurisdição constitucional "está longe de assumir o papel que lhe cabe no Estado Democrático de Direito, mormente se for entendido que a Constituição brasileira tem um nítido perfil dirigente e compromissório"[71]. E o STF, ao julgar a ADI nº 5296/DF, precisará compreender aquela como "processo de vivificação da Constituição na sua materialidade"[72], o que exige grande esforço por parte de todas as instituições.

A EC nº 74/2013 surgiu com o intuito de promover o realinhamento da estrutura da função essencial à justiça em estudo, e não de modificar o regime jurídico de seus servidores. Por meio dela, corrigiu-se a errônea disparidade normativa existente entre as Defensorias Públicas da União e dos Estados desde o aparecimento da EC nº 45/2004. Esta, assim como a EC nº 80/2014, adveio do interesse do Poder Legislativo em fortalecer

---

68. COURA, Alexandre de Castro; ZANOTTI, Bruno Taufner. (Pós)positivismo jurídico e a teoria do direito como integridade de Ronald Dworkin. **Revista Nomos**, Fortaleza,v. 34, n. 2, jul./dez. 2014, p. 54.

69. STRECK, Lenio Luiz. Bases para a compreensão da hermenêutica jurídica em tempos de superação do esquema sujeito-objeto. **Revista Sequência**, n. 54, jul. 2007, p. 35.

70. STRECK, Lenio Luiz, op. cit., 2009, p. 380.

71. Ibid., p. 72.

72. Ibid., p. 72.

a instituição, sublinhando-se ainda que, ao se julgar procedente a ADI nº 5296/DF, as outras emendas citadas, também decorrentes de iniciativa parlamentar, teriam a sua constitucionalidade contestada.

Quanto ao princípio da separação dos Poderes, limitação material cominada ao poder constituinte derivado reformador, ressalte-se que ele não veda o aprimoramento do desenho institucional da Defensoria Pública. Esse órgão estatal precisa ser instrumentalizado "para o fiel cumprimento de seu mister constitucional na defesa dos direitos e das liberdades das pessoas economicamente hipossuficientes", como expôs o Procurador-Geral da República Rodrigo Janot Monteiro de Barros em parecer atinente ao requerimento de medida cautelar.

A autonomia da Defensoria Pública foi reconhecida pela Assembleia Nacional Constituinte, que, se, de um lado, não logrou incluí-la expressamente na Constituição, por outro, a deixou implicitamente fixada nas várias referências do texto constitucional, nomeadamente no que concerne à sua localização nele[73] e à determinação de sua organização por meio de lei complementar própria, a dar maior envergadura à procuratura dos necessitados, tendo em vista a elevada importância da missão institucional que lhe destinou, complementando os princípios básicos enunciados[74]. As funções essenciais à justiça figuram ao lado dos Três Poderes, em uma relação de interdependência[75], e não de subordinação.

Logo, desarrazoado se mostra o desejo do Executivo de sujeitar o debate a respeito da almejada autonomia à sua conveniência e oportunidade, o que certamente adiaria ainda mais a fruição dos direitos fundamentais por parte dos necessitados e, desse modo, violaria a essência da Carta Constitucional brasileira. Como afirma Galliez,

> [...] é justamente pela importância do papel da Defensoria Pública e sua direta influência no atual quadro social que a instituição, não raras vezes, se depara com poderosos inimigos que, pertencentes às fileiras de opressores e antidemocráticos, não pretendem qualquer mudança na situação social presente. [...] Preocupa-os, portanto, a ideia de uma Defensoria Pública forte, independente e transformadora, capaz

---

73. ROCHA, Jorge Bheron. **Defensoria Pública autônoma é escolha consciente e coerente da Assembleia Nacional Constituinte de 1987-88**. Disponível em: <http://emporiododireito. com.br/defensoria-publica-autonoma/>. Acesso em: 20 mar. 2017.

74. ROCHA, Jorge Bheron. **Defensor público não é e nunca foi um advogado**. Disponível em: <http://www.conjur.com.br/2017-abr-04/tribuna-defensoria-defensor-publico-nao-nunca-foi-advogado>. Acesso em: 04 abr. 2017.

75. ROCHA, Amélia Soares da, op. cit., p. 49.

de exercer com altivez sua missão constitucional, livre de ingerências políticas[76].

Felizmente, o Plenário do STF, sob a relatoria da Ministra Rosa Weber, no dia 18 de maio de 2016, além de exteriorizar certa preferência pelo não acolhimento do pedido principal da ADI, por razões semelhantes às expostas nesta investigação, indeferiu o pedido de medida cautelar vinculado a ela. Entendeu-se, de forma majoritária, que, ao contrário do que foi defendido pelos requerentes, não existem precedentes favoráveis ao acolhimento do pleito, assim como não se vislumbra iminente risco de lesão ao erário público.

Os precedentes citados na peça inicial[77] dizem respeito a limitações ao poder constituinte derivado decorrente, a quem cabe a reforma das Constituições Estaduais. E a aplicação das respostas hermenêuticas obtidas durante o julgamento deles a objeto diverso[78], no caso, ao poder constituinte derivado reformador, exigiria uma interpretação congruente com a história jurídico-institucional do passado e as exigências da atualidade[79], o que certamente não foi idealizado pelos integrantes do polo ativo da ADI nº 5296/DF.

Com o fenecimento da autonomia integral da Defensoria Pública, anos depois da entrada em vigor da EC nº 74/2013, haveria manifesto retrocesso institucional e democrático, impossibilitando-se, nos dizeres de Kirchner, a inclusão dos excluídos e a defesa dos indefesos[80]. Dessarte, a dignidade da pessoa humana, que exige o reconhecimento e a proteção de todos os direitos fundamentais, seria reduzida da condição de valor fundamental a mera falácia.

Adotando-se também um enfoque internacional, constata-se que entidades como a Associação Interamericana de Defensorias Públicas

---

76. GALLIEZ, Paulo. **Princípios Institucionais da Defensoria Pública**. Rio de Janeiro: Lumen Juris, 2001, p. 2.

77. Precedentes citados na ADI nº 5296/DF: STF, ADI nº 2024/ES, Rel. Ministra Ellen Gracie, DJ de 08.04.2005; STF, ADI nº 3295/AM, Rel. Ministro Cezar Peluso, DJ de 05.08.2008; STF, ADI nº 4154, Rel. Ministro Ricardo Lewandowski, DJ de 18.06.2010; STF, ADI nº 637/MA, Rel. Ministro Sepúlveda Pertence, DJ de 01.01.2004; STF, ADI nº 691/TO, Rel. Min. Sepúlveda Pertence, DJ de 19.06.1992; STF, ADI nº 1946/DF, Rel. Min. Sydney Sanches, DJ de 14.09.2001.

78. LOPES FILHO, Juraci Mourão. Precedente e norma: usam-se precedentes judiciais como se aplicam normas legislativas? **Revista Opinião Jurídica**, Fortaleza, ano X, n. 14, 2012, p. 236.

79. STRECK, Lenio Luiz. Porque a discricionariedade é um grave problema para Dworkin e não é para Alexy. **Revista Direito e Práxis**, vol. 4, n. 7, 2013, p. 361.

80. KIRCHNER, Felipe, op. cit., p. 239.

(AIDEF) e a Organização dos Estados Americanos (OEA) se mostram igualmente avessas ao objeto da ADI nº 5296/DF. A primeira, em reunião ocorrida no Chile em setembro de 2015, apresentou moção de apoio à autonomia das Defensorias Públicas da União e do Distrito Federal. Já a segunda, desde 2011, aponta sua preocupação em conferir amplo acesso à justiça a todos os indivíduos por meio da Defensoria Pública[81].

Sobre o tema, a Assembleia Geral da OEA aprovou as Resoluções nº 2656/2011, nº 2714/2012, nº 2801/2013, nº 2821/2014 e nº 2887/2016. Por oportuno, veja-se um trecho do conteúdo da mais recente, que resolve o seguinte:

> [...] FOMENTAR que as Defensorias Públicas desenvolvam, no âmbito da sua autonomia, instrumentos destinados à sistematização e ao registro de casos de denúncia de tortura e de outros tratamentos desumanos, cruéis e degradantes, que possam funcionar como ferramentas para estratégias e políticas de prevenção, tendo, como objetivo fundamental, evitar violações dos direitos humanos das pessoas privadas de liberdade, reconhecendo que os defensores públicos são atores cruciais na prevenção, na denúncia e no acompanhamento das vítimas (tradução nossa)[82].

Quanto aos direitos humanos, aludidos na citação suprarreferida, vale salientar que, com o advento da EC nº 80/2014, sua proteção passou a ser explicitamente atribuída aos defensores públicos, em prol da cooperação internacional (art. 4º, IX, da CRFB/1988). Frise-se ainda que, com o mesmo intento de consolidá-los, a EC nº 45/2004 já havia conferido status formalmente constitucional aos tratados internacionais sobre direitos humanos aprovados nos moldes previstos no § 3º do art. 5º da CRFB/1988[83].

O Brasil, signatário de diversos tratados atinentes ao assunto, assumiu o compromisso de respeitar e efetivar esses direitos. Entendidos como universais, eles pertencem a todos os membros da espécie humana,

---

81. FARIAS, José Vagner de; ROCHA, Jorge Bheron. Acesso à justiça e o papel do defensor público interamericano na Corte Interamericana de Direitos Humanos. In: ÁVILA, Flávia de; TAVARES NETO, José Querino; PIMENTA, Paulo Roberto Lyrio. **Acesso à justiça**. Florianópolis: CONPEDI, 2015, p. 216.

82. ORGANIZAÇÃO DOS ESTADOS AMERICANOS. **AG/RES. 2887 (XLVI-O/16)**. Disponível em: <http://aidef.org/wp-content/uploads/2016/07/AG-Res-2887-%C3%B3mnibus.pdf>. Acesso em: 10 fev. 2017.

83. MELO, Daniela Vieira de. Os reais contornos da Defensoria Pública brasileira: exercendo função de *ombudsman* em defesa dos direitos humanos. **Revista Defensoria Pública da União**, Brasília, n. 9, jan./dez. 2016, p. 21.

sem distinção "de sexo, raça, cor, origem étnica, nacional ou social, nacionalidade, idade, religião, orientação sexual ou qualquer outra condição"[84].

Melo explica que as mencionadas resoluções da OEA, por ostentarem íntima relação com o direito humano de acesso à justiça, têm força cogente[85]. E, diante de todos os argumentos trazidos à baila, resta evidente que a ADI ora criticada, além de ir de encontro aos dos desígnios do Estado Democrático de Direito brasileiro, ainda se contrapõe aos engajamentos deste na seara internacional.

7. CONCLUSÃO

A autonomia da Defensoria Pública no Brasil e de seus membros foi garantida desde o nascedouro da Constituição de 1988, posto que foi adotado o modelo vitorioso em curso no Rio de Janeiro. Este assegurava a evolução dos mecanismos e das concepções relativas ao acesso à justiça, em suas três ondas: universalização do acesso por meio da assistência prestada por profissionais formados e recrutados especialmente para esse fim; assistência jurídica especializada para a defesa de interesses coletivos e difusos; diversificação do atendimento e da consulta jurídica para além da resolução judicial dos litígios, através da resolução extrajudicial de conflitos; e, ainda, atuação na educação para os direitos.

O reconhecimento da autonomia da Defensoria Pública é indispensável para a concretização constitucional, manifestando-se a viabilização do acesso amplo à justiça aos hipossuficientes essencial para a efetivação dos antigos e dos novos direitos fundamentais. Daí a percepção da necessidade de se conferir aparência normativa sólida ao que, nas entrelinhas, já havia sido firmado pelos constituinte originário.

Deixados à margem dos avanços de sua geração, os necessitados merecem desfrutar das conquistas oriundas do novo constitucionalismo, que, em sua essência, ostenta grande preocupação com os reclames sociais. Mas a Carta Constitucional brasileira não gerará, por si só, a assunção de direitos e o cumprimento de deveres por parte da sociedade e, sobretudo, do Estado. Muitos indivíduos nem mesmo possuem a instrução necessária para a sua compreensão, mostrando-se a assistência jurídica integral e gratuita ao encontro da superação desse obstáculo.

---

84. PORTELA, Paulo Henrique Gonçalves. **Direito Internacional Público e Privado**: Incluindo Noções de Direitos Humanos e Direito Comunitário. 2. ed. Salvador: JusPodivm, 2010, p. 617.

85. MELO, Daniela Vieira de, op. cit., p. 21.

Por outro lado, ilustres juristas parecem negar os progressos advindos da nova perspectiva conferida à hermenêutica constitucional. Muitos deles aplicam o ordenamento jurídico em desconformidade com as conquistas histórico-sociais, postura que, em prol da própria convivência democrática e da cooperação internacional, se espera que não seja adotada pelo STF ao julgar a ADI nº 5296/DF.

A EC nº 74/2013 surgiu com a pretensão de garantir às Defensorias Públicas do País o reconhecimento de um tratamento equânime, formalizando a sua independência perante o Executivo. Além disso, sublinhe-se que aquelas instituições foram intituladas pela própria Constituição Federal "funções essenciais à justiça", não se exigindo grande esforço interpretativo para se alcançar o sentido dessa expressão. Tanto o poder constituinte originário quanto o reformador declaram expressamente a importância delas para a consecução da igualdade material, o que impõe aos argumentos levantados na ADI em alusão um caráter infundado e retrógrado.

8. REFERÊNCIAS

ALBUQUERQUE, Felipe Braga; CAMPOS, Juliana Cristine Diniz. Nova hermenêutica constitucional e (in)segurança jurídica: características e crítica da virada linguística no interpretar da Constituição. **Quaestio Juris**, Rio de Janeiro, v. 8, n. 2, p. 774 a 792, 2015.

ALVES, Cleber Francisco. Assistência Jurídica Integral da Defensoria Pública no Novo Código de Processo Civil. In: DIDIER JÚNIOR, Fredie (Org.). **Coleção Repercussões do Novo CPC**. Vol. 5. Salvador: JusPodivm, 2015.

_____. **Justiça para Todos!** Assistência Jurídica Gratuita nos Estados Unidos, na França e no Brasil. Rio de Janeiro: Lumen Juris, 2006.

ANDRADE, Paes de; BONAVIDES, Paulo. **História constitucional do Brasil**. 3. ed. Rio de Janeiro: Paz e Terra, 1991.

BARACHO, José Alfredo de Oliveira. **Teoria geral da cidadania**: a plenitude da cidadania e as garantias constitucionais e processuais. São Paulo: Saraiva, 1995, p. 61.

BARROSO, Luís Roberto. Neoconstitucionalismo e constitucionalização do Direito (O triunfo tardio do direito constitucional no Brasil). **Revista Direito Administrativo**, Rio de Janeiro, p. 1 a 42, abr./jun. 2005.

_____. **Vinte anos de Constituição Brasileira**: o Estado a que chegamos. Disponível em: <http://www.luisrobertobarroso.com.br/wp-content/themes/LRB/pdf/vinte_e_um_anos_da_constituicao_brasileira_o_estado_a_que_chegamos_pt.pdf>. Acesso em: 12 ago. 2015.

BONAVIDES, Paulo. **Curso de Direito Constitucional**. 15. ed. São Paulo: Malheiros, 2004.

BUCCI, Maria Paula Dallari. O conceito de política pública em direito. In: BUCCI, Maria Paula Dallari (Org.). **Políticas Públicas**: reflexões sobre o conceito jurídico. São Paulo: Saraiva, 2006.

CAMPOS, Juliana Cristine Diniz. As origens da teoria do poder constituinte: um resgate da obra de Sieyès e suas múltiplas releituras pela doutrina publicista continental. **Revista da Faculdade de Direito da UERJ**, v. 1, n. 25, p. 153 a 174, 2014.

CANOTILHO, José Joaquim Gomes. **Direito Constitucional**. 3. ed. Coimbra: Livraria Almedina, 1999.

CAPPELLETTI, Mauro; GARTH, Bryant. **Acesso à Justiça**. Porto Alegre: Sergio Antonio Fabris Editor, 2002.

COURA, Alexandre de Castro; ZANOTTI, Bruno Taufner. (Pós)positivismo jurídico e a teoria do direito como integridade de Ronald Dworkin. **Revista Nomos**, Fortaleza,v. 34, n. 2, p. 53 a 69, jul./dez. 2014.

DEFENSORIA PÚBLICA DA UNIÃO. **DPU participa de reunião do Conselho Diretivo da Aidef no Chile**. Disponível em: <http://www.dpu.gov.br/noticias-defensoria--publica-da-uniao/27694-dpu-participa-de-reuniao-do-conselho-diretivo-da-aidef-no-chile>. Acesso em: 10 jun. 2016.

FARIAS, José Vagner de; ROCHA, Jorge Bheron. Acesso à justiça e o papel do defensor público interamericano na Corte Interamericana de Direitos Humanos. In: ÁVILA, Flávia de; TAVARES NETO, José Querino; PIMENTA, Paulo Roberto Lyrio. **Acesso à justiça**. Florianópolis: CONPEDI, 2015.

FERREIRA FILHO, Manoel Gonçalves. **O anteprojeto dos notáveis**. São Paulo: Saraiva, 1987.

GALLIEZ, Paulo. **Princípios Institucionais da Defensoria Pública**. Rio de Janeiro: Lumen Juris, 2001.

GONÇALVES, Rogério de Melo. Do assistencialismo à assistência jurídica integral e gratuita na Constituição Federal de 1988: breves notas históricas e recomendações. In: **Constituição de 1988**: o Brasil 20 anos depois. Brasília: Senado, 2008.

GUERRA FILHO, Willis Santiago. **Processo Constitucional e Direitos Fundamentais**. São Paulo: Celso Bastos Editor, 1999.

HESSE, Konrad. **Manual de Derecho Constitucional**. 2. ed. Madrid: Marcial Pons, 2001.

KIRCHNER, Felipe. Os Métodos Autocompositivos na Nova Sistematização Processual Civil e o Papel da Defensoria Pública. In: DIDIER JÚNIOR, Fredie (Org.). **Coleção Repercussões do Novo CPC**. V. 5. Salvador: JusPodivm, 2015.

LIMA, Frederico Rodrigues Viana de. **Defensoria Pública**. Salvador: JusPodivm, 2010.

LOEWENSTEIN, Karl. **Teoria de la Constitución**. 2. ed. Barcelona: Ariel, 1970.

LOPES FILHO, Juraci Mourão. Precedente e norma: usam-se precedentes judiciais como se aplicam normas legislativas? **Revista Opinião Jurídica**, Fortaleza, ano X, n. 14, p. 231 a 252, 2012.

MACEDO, Dimas. **Política e Constituição**. Rio de Janeiro: Lumen Juris, 2003, p. 60.

MELO, Daniela Vieira de. Os reais contornos da Defensoria Pública brasileira: exercendo função de *ombudsman* em defesa dos direitos humanos. **Revista Defensoria Pública da União**, Brasília, n. 9, p. 3 a 29, jan./dez. 2016.

MOREIRA NETO, Diego de Figueiredo. As Funções Essenciais à Justiça e as Procuratorias Constitucionais. **Revista de Informação Legislativa**, Brasília, ano 29, n. 116, out./dez. 1992.

NOVELINO, Marcelo. **Direito Constitucional**. 3. ed. São Paulo: Editora Método, 2009.

OLIVEIRA NETO, Emetério Silva de. **Acesso à justiça**: a insuficiência da via judicial para a sua efetivação. 2015. 159 f. Dissertação (Mestrado em Direito) – Universidade Federal do Ceará, Fortaleza, 2015.

ORGANIZAÇÃO DOS ESTADOS AMERICANOS. **AG/RES. 2887 (XLVI-O/16)**. Disponível em: <http://aidef.org/wp-content/uploads/2016/07/AG-Res-2887-%C3%B3mnibus.pdf>. Acesso em: 10 fev. 2017.

PINTO, Ana Karoline dos Santos. Os avanços e desafios da Defensoria Pública nos 25 anos de nova ordem constitucional brasileira. In: **Direito Constitucional**: os 25 anos da Constituição Federal de 1988: homenagem do Programa de Pós-Graduação em Direito da Universidade Federal do Ceará. Fortaleza: Expressão, 2014.

PORTELA, Paulo Henrique Gonçalves. **Direito Internacional Público e Privado**: Incluindo Noções de Direitos Humanos e Direito Comunitário. 2. ed. Salvador: JusPodivm, 2010.

ROBERT, Cinthia; SÉGUIN, Elida. **Direitos humanos, acesso à justiça**: Um olhar da Defensoria Pública. Rio de Janeiro: Forense, 2000.

ROCHA, Amélia Soares da. **Defensoria Pública**: fundamentos, organização e funcionamento. São Paulo: Atlas, 2013.

ROCHA, Jorge Bheron. **Defensor público não é e nunca foi um advogado**. Disponível em: <http://www.conjur.com.br/2017-abr-04/tribuna-defensoria-defensor-publico-nao-nunca-foi-advogado>. Acesso em: 04 abr. 2017.

_____. **Defensoria Pública autônoma é escolha consciente e coerente da Assembleia Nacional Constituinte de 1987-88**. Disponível em: <http://emporiododireito.com.br/defensoria-publica-autonoma/>. Acesso em: 20 mar. 2017.

_____. Estado Democrático de Direito, acesso à justiça e Defensoria Pública. **Revista Jurídica da Defensoria Pública do Estado do Ceará**, v. 1, n. 1, p. 78 a 105, jan./dez. 2009.

_____. O Histórico Arcabouço Normativo da Defensoria Pública: da Assistência Judiciária à Assistência Defensorial Internacional. In: **Os Novos Atores da Justiça Penal**. 1. ed. Coimbra: Livraria Almedina, 2016, p. 265 a 315.

SADEK, Maria Tereza Aina. Defensoria Pública: a conquista da cidadania. In: RÉ, Aluisio Iunes Monti Ruggeri (Org.). **Temas aprofundados da Defensoria Pública**. Salvador: JusPodivm, 2013.

SANTOS, Boaventura de Sousa. **Para uma Revolução Democrática da Justiça**. 3. ed. São Paulo: Cortez, 2011.

SARLET, Ingo Wolfgang. **Dignidade da pessoa humana e direitos fundamentais na Constituição Federal de 1988**. 3. ed. Porto Alegre: Livraria do Advogado, 2004.

SARMENTO, Daniel; SOUZA NETO, Cláudio Pereira de. **Direito Constitucional**: teoria, história e métodos de trabalho. Belo Horizonte: Fórum, 2012.

SILVA, José Fontenelle Teixeira da. **Defensoria Pública no Brasil** – Minuta Histórica. Disponível em: <http://www.jfontenelle.net/publicados4.htm>. Acesso em: 25 fev. 2015.

STRECK, Lenio Luiz. Bases para a compreensão da hermenêutica jurídica em tempos de superação do esquema sujeito-objeto. **Revista Sequência**, n. 54, p. 29 a 46, jul. 2007.

_____. Contra o neoconstitucionalismo. **Revista da Academia Brasileira de Direito Constitucional**, Curitiba, n. 4, p. 9 a 27, jan./jul. 2011.

_____. Hermenêutica, Constituição e autonomia do Direito. **Revista de Estudos Constitucionais, Hermenêutica e Teoria do Direito**, p. 65 a 77, jan./jun. 2009.

_____. Porque a discricionariedade é um grave problema para Dworkin e não é para Alexy. **Revista Direito e Práxis**, vol. 4, n. 7, p. 343 a 367, 2013.

VERDÚ, Pablo Lucas. **O Sentimento Constitucional**: aproximação ao estudo do sentir constitucional como modo de integração política. Tradução de Agassiz Almeida Filho. Rio de Janeiro: Forense, 2004.

CAPÍTULO 3

A singularidade da Defensoria Pública para a Autonomia Institucional pós-88: Uma Promessa constituinte e um débito histórico (quase) quitado

Maurilio Casas Maia

Sumário: 1. Introdução; 2. Elementos indicativos da singularidade da Defensoria Pública para recebimento da autonomia por Emenda Constitucional e sua compatibilidade com o texto originário da Constituição; 2.1. A autonomia enquanto promessa do constituinte originário; 2.2. O nascedouro da Defensoria enquanto órgão de procuratura de Justiça por defesa pública; 2.3. O defensor público e o Tribuno da Plebe da República romana; 2.4. Um retorno ao presente; 2.4.1. A autonomia da Defensoria Pública no Direito Comparado: modelos autônomos internacionais; 2.4.2. A autonomia do Estado Defensor no Pacto Republicano, na OEA e no MERCOSUL; 2.4.3. A inamovibilidade enquanto característica originária dos membros dos órgãos do Sistema de Justiça nacionalizado e interiorizado (Juízes, membros do MP e Defensores Públicos) – um prenúncio à autonomia da Defensoria?; 2.4.4. O Conselho Nacional da Defensoria Pública (CNDP) e eventuais abusos da autonomia; 2.4.5. O ladear constitucional com a Advocacia (art. 133) e autonomia defensorial; 3. Notas Conclusivas; 4. Referências

1. INTRODUÇÃO

A Defensoria Pública é a aposta constitucional para fins de inclusão social via acesso à Justiça em prol dos segmentos sociais excluídos, marginalizados e vulneráveis em sociedade, de modo que tanto a teoria jurídica[1], quanto a jurisprudência (em especial vide: no STF – ADI n. 3943 e

---

1. "(...) na melhor compreensão do Texto Constitucional e na linha do que venho defendendo, insuficiência de recursos não significa apenas insuficiência de recursos financeiros. A Defensoria Pública deve ser vista como Instituição essencial à função jurisdicional que deve prestar

RExt 733433-RG –, e na Corte Especial do STJ – EREsp n. 1192577), vem reconhecendo sua atuação institucional para tais categorias.

Certamente, a defesa social e jurídica de categorias estigmatizadas e marginalizadas encontra seu preço e custo político. Nesse sentido, é notória a dificuldade de estruturação que a Defensoria Pública brasileira encontra desde a nacionalização e ordem de interiorização do modelo em 1988. A dificuldade foi tamanha que foram engendrados esforços para a concessão da autonomia e retirá-la do jugo do Estado-Executivo, este que é muitas vezes o grande violador dos direitos dos mais necessitados – daí uma das razões da concessão autonomia do Estado Defensor, iniciada pelas Defensorias estaduais em 2004 (Emenda Constitucional-EC n. 45/2004).

Por outro lado, sabe-se que a autonomia do Estado Defensor foi recentemente desafiada via ADI n. 5296 – em específico quanto à concessão da autonomia da Defensoria Pública da União (EC n. 74/2014) –, a ponto de se questionar a possibilidade de tal concessão de autonomia.

Nesse cenário, o presente texto tem por objetivo apresentar *singularidade* da Defensoria Pública para fins de percepção da *autonomia* por Emenda Constitucional, inclusive através de elementos prévios à Constituição, de traço histórico e jurídico, justificadores da *necessidade* de uma Defensoria Pública autônoma em relação aos demais órgãos públicos brasileiros.

A fim de se cumprir o desiderato aqui proposto, em um primeiro momento será exposto o debate constituinte sobre a autonomia da Defensoria Pública, assim como a origem dos defensores públicos enquanto membros da Procuradoria de Justiça. Em seguida, será apresentado o Tribuno da Plebe em sua feição político-jurídica na República Romana e como o mesmo serve de inspiração remota ao atuar defensorial. Avançando nos estudos, serão apresentados elementos do Direito Comparado, Resoluções da OEA, do MERCOSUL, além dos Pactos Republicanos brasileiros e sua incidência sobre a questão da autonomia defensorial. A inamovibilidade dos defensores públicos, recebida no texto originário da Constituição, também será avaliada enquanto possível fator impactante na temática da autonomia defensorial. Ao fim, será discutida a

---

assistência jurídica não apenas a pessoas individuais que demonstrem alguma carência de recursos, entendidos não apenas em seu sentido financeiro, mas, *inclusive, grupos minoritários e desprotegidos que não tem condição de se fazer ouvir nas demandas sociais e jurídicas"*. (Ommati, José Emílio Medauar. *Uma teoria dos Direitos Fundamentais*. 4ª ed. Rio de Janeiro: Lumen Juris, 2017, p. 188, g.n.).

Cap. 3 • A SINGULARIDADE DA DEFENSORIA PÚBLICA PARA A AUTONOMIA INSTITUCIONAL PÓS-88

relação entre a Ordem dos Advogados do Brasil e a Defensoria Pública, além da finalidade de possível criação de um Conselho Nacional da Defensoria Pública (CNDP) como coroação da maturidade da autonomia do "Estado Defensor".

Obviamente, a exposição presente não esgotará a temática aqui proposta. Entretanto, propõe-se lançar novas luzes e esclarecer pontos pouco conhecidos do modelo constitucional de Assistência Jurídica brasileira (a Defensoria Pública), incidentes no debate da concessão de sua autonomia institucional.

2. ELEMENTOS INDICATIVOS DA SINGULARIDADE DA DEFENSORIA PÚBLICA PARA RECEBIMENTO DA AUTONOMIA POR EMENDA CONSTITUCIONAL E SUA COMPATIBILIDADE COM O TEXTO ORIGINÁRIO DA CONSTITUIÇÃO

Com finalidade de perquirir a singularidade da Defensoria Pública para o recebimento da autonomia institucional por Emenda Constitucional, realizar-se-á incursão de cunho histórico e também jurídico, perpassando pela Assembleia Nacional Constituinte, pela origem dos defensores públicos brasileiros e também por seus antepassados. A seguir, serão observados elementos do Direito Comparado e ainda da ordem jurídica em vigor.

2.1. A autonomia enquanto promessa do constituinte originário

Embora pouco divulgado, a verdade é que a *autonomia da Defensoria Pública* foi objeto de promessa do constituinte brasileiro – promessa essa consumada através das Emendas Constitucionais n. 45/2004[2] e n. 74/2013[3].

Mas por que se falar em *autonomia defensorial* enquanto *promessa constituinte?*

A promessa de *autonomia defensorial* emanou das declarações de do constituinte Plínio de Arruda Sampaio[4] em debate na Assembleia Na-

---

2. CRFB/88, "Art. 134 (...)§ 2º Às Defensorias Públicas Estaduais são asseguradas autonomia funcional e administrativa e a iniciativa de sua proposta orçamentária dentro dos limites estabelecidos na lei de diretrizes orçamentárias e subordinação ao disposto no art. 99, § 2º."

3. CRFB/88, "Art. 134 (...)§ 3º Aplica-se o disposto no § 2º às Defensorias Públicas da União e do Distrito Federal."

4. Subcomissão do Poder Judiciário e do Ministério Público. Ata da 9ª Reunião Extraordinária, realizada em 23/05/87, Presidente José Costa, p. 239.

59

cional Constituinte (ANC) – declarou Sampaio ao se referir à autonomia da Defensoria Pública: *"Se amanhã ela se mostrar realmente fundamental e necessária, apresentaremos emenda constitucional nesse sentido"*.

Noutro passo, o constituinte Nelson Carneiro[5] (26ª reunião extraordinária da ANC, em 14/9/1987) mencionou o *"Projeto Bernardo Cabral"*, aduzindo: "Projeto Bernardo Cabral (...) proclama a necessidade da Defensoria Pública como órgão autônomo dentro do corpo do Poder Judiciário (...)".

Certamente, o Estado Defensor foi encontrou (e encontra) dificuldades em obter recursos para efetivação do projeto de *assistência jurídica integral* (art. 134 c/c inc. LXXIV do art. 5º, CRFB/88) – sendo esse um dos motivos para o cumprimento da *promessa constituinte* ser cumprida.

Nessa quadra, os debates sobre a autonomia do Estado Defensor regressaram por ocasião da *Reforma do Poder Judiciário* (EC n. 45/2004). No referido contexto, o então Senador e primeiro relator da Reforma do Judiciário Bernardo Cabral – também *constituinte originário* –, pronunciou-se: "A atribuição da autonomia funcional e administrativa às Defensorias Públicas, e o poder de iniciativa de sua proposta orçamentária, conferirá a essas instituições uma *importante* desvinculação do Poder Executivo, com o qual **não** guardam qualquer relação de afinidade institucional, além de propiciar um fortalecimento da instituição e da *conseqüente* atuação institucional".

Naquele momento histórico, configurava-se de modo claro o desrespeito do Poder Público o respeito à *estipulação constitucional mínima* das unidades do Sistema de Justiça, ao menos quanto à presença de defensores públicos. É que, constitucionalmente, cada unidade do Sistema de Justiça deveria ser integrada por um *juiz*, um *promotor de justiça* e um *defensor público* (CRFB/88, art. 235, VII[6]). Tal *configuração mínima* foi reforçada por meio da EC n. 80/2014 (ADCT, art. 98[7]), a qual registrou

---

5. Diário da Assembleia Nacional Constituinte (Suplemento "B"), 27 Jan. 1988, p. 619.

6. Para tal conclusão, bastaria uma interpretação isonômica e universalizante do seguinte dispositivo da Constituição: "Art. 235. Nos dez primeiros anos da criação de Estado, serão observadas as seguintes normas básicas: (...) VII – em cada Comarca, o primeiro Juiz de Direito, o primeiro Promotor de Justiça e o primeiro Defensor Público serão nomeados pelo Governador eleito após concurso público de provas e títulos;"

7. ADCT-CRFB/88, "Art. 98. O número de defensores públicos na unidade jurisdicional será proporcional à efetiva demanda pelo serviço da Defensoria Pública e à respectiva população. § 1º No prazo de 8 (oito) anos, a União, os Estados e o Distrito Federal deverão contar com defensores públicos em todas as unidades jurisdicionais, observado o disposto no caput deste

Cap. 3 • A SINGULARIDADE DA DEFENSORIA PÚBLICA PARA A AUTONOMIA INSTITUCIONAL PÓS-88

de modo muito mais claro a referida obrigação estatal, olvidada por governantes de todo país por mais de duas décadas de descumprimento de *preceito fundamental*[8] *e estruturante* da República Brasileira, representando nos mandamentos constitucionais decorrentes do art. 134 c/c inc. LXXIV do art. 5º.

Portanto, a imprescindibilidade de autonomia defensorial se revelou indubitável por força do descaso estatal e de sua dificuldade de atuação junto aos demais órgãos do Sistema de Justiça, tais como Judiciário e o Ministério Público.

A questão a partir daqui apresentada é: Para além das razões de índole prática derivada da promessa constituinte, *haveria motivo histórico anterior para justificação da autonomia?*

2.2. O nascedouro da Defensoria enquanto órgão de procuratura de Justiça por defesa pública

Um elemento de pouquíssima divulgação – porém com impacto no debate sobre a autonomia defensorial –, é o fato de o *modelo constitucional de assistência jurídica* (Defensoria Pública) ser derivado e originário do âmbito de órgão de *Procuradoria de Justiça*.

Regressando ao dia *21 de julho de 1954*,[9] no antigo e grande estado do Rio de Janeiro, a Lei n. 2.188/1954 criou 6 (seis) cargos de *defensores públicos* no âmbito da *Procuradoria Geral de Justiça*. Sim: no passado, defensores públicos e promotores dividiram o mesmo espaço institucional,

---

artigo. § 2º Durante o decurso do prazo previsto no § 1º deste artigo, a lotação dos defensores públicos ocorrerá, prioritariamente, atendendo as regiões com maiores índices de exclusão social e adensamento populacional". (*Incluído pela Emenda Constitucional nº 80, de 2014*)

8. A autonomia da Defensoria Pública, aliás, já foi reconhecida enquanto preceito fundamental do Sistema Constitucional brasileiro: "(...) 2. *A autonomia administrativa e financeira da Defensoria Pública qualifica-se como preceito fundamental, ensejando o cabimento de ADPF,* pois constitui garantia densificadora do dever do Estado de prestar assistência jurídica aos necessitados e do próprio direito que a esses corresponde. Trata-se de norma estruturante do sistema de direitos e garantias fundamentais, sendo também pertinente à organização do Estado. (...)". (STF, ADPF 307 MC-Ref, Rel. Min. DIAS TOFFOLI, Tribunal Pleno, j. 19/12/2013, p. 27/3/2014).

9. Antes mesmo da referida data, desde a Lei n. 216/1948 do antigo Distrito Federal, o termo *defensor público* era utilizada para designar membros do *Ministério Público* na fase inicial da carreira, quando atuavam na defesa em *assistência judiciária*. Tal situação denota, por mais uma vez, que o modelo constitucionalmente eleito de Assistência Judiciária (Defensoria Pública) é vocacionado à *promoção de justiça via defesa pública*. Para maiores detalhes sobre o histórico da Defensoria Pública, vide: Esteves, Diogo. Silva, Franklin Roger Alves. *Princípios Institucionais da Defensoria Pública*. 2ª ed. Rio de Janeiro: Forense, 2017, p. 58-63.

61

sendo ambos chefiados pelo *Procurador Geral de Justiça*. Nesse contexto, *acusação pública e defesa pública* eram notoriamente vistas enquanto instrumentos de promoção de justiça.

Poder-se-ia indagar: por qual motivo foi tão difícil reconhecer à Defensoria Pública enquanto mecanismo de procuratura de Justiça com semelhantes garantias e prerrogativas?

Na época da Assembleia Nacional Constituinte Brasileira, inexistia *uniformidade,* entre os estados brasileiros, no quesito *assistência jurídica estatal.* Assim, exemplifica-se a existência do modelo de *Defensoria Pública* (originada na Procuradoria de Justiça, no Rio de Janeiro), de *Advocacia Pública na assistência judiciária* (ex.: São Paulo, quando os procuradores do estado também prestavam assistência aos carentes) e de *Advocacia de Ofício* (ex.: Amazonas, quando advogados do Poder Público poderiam se dividir entre a assistência aos carentes e seus escritórios particulares) – tudo sem citar a possibilidade de advocacia *pro bono* e os convênios com a Ordem dos Advogados do Brasil.

A falta de *uniformidade* mencionada no parágrafo anterior resultou na incompreensão de alguns constituintes quanto às garantias defensoriais necessárias à atuação institucional. Muitos constituintes não conseguiam perceber a distinção funcional entre um advogado e um defensor público porque simplesmente desconheciam o modelo do Rio de Janeiro e seus potenciais. Não sem dificuldade, a *inamovibilidade* foi aprovada em prol da independência de defensores pública na *redação originária* da Constituição, mas a autonomia foi circunscrita à *promessa do constituinte* para o futuro defensorial.

Enfim, o breve histórico acima exposto demonstra que a *Defensoria Pública* (art. 134, CRFB/88), enquanto *modelo constitucional de Assistência Jurídica* (art. 5º, LXXIV), é um modelo vocacionado à autonomia e à procuratura de justiça via defesa pública. E tudo isso apesar de a grande massa doutrinária e jurisprudencial em geral ainda ignorar que a *escolha constituinte* remonta aos defensores públicos do Rio de Janeiro na década de 1950 e que fator não poderia ignorado na *hermenêutica* da autonomia defensorial na atualidade.

Por outro lado, poder-se-ia indagar se o "Estado Defensor" e seus agentes, os *defensores públicos,* poderiam ser conectados, analogicamente, a algum germe histórico ainda mais remoto que os defensores públicos do Rio de Janeiro. Nessa senda, far-se-á um salto histórico maior, remetendo-se o leitor à *República Romana.*

2.3. O defensor público e o Tribuno da Plebe da República romana

Os defensores públicos não defendem o *Poder Público* – missão reservada aos *advogados públicos* (art. 131-132, CRFB/88) –, ou a *ordem jurídica* e democrática – função do *Ministério Público* (art. 127-130, CRFB/88), não sendo profissionais liberais do ramo jurídico, como são os *advogados privados* (art. 133, CRFB/88). Com efeito, os defensores públicos são arautos defensivos dos necessitados e dos direitos humanos, incumbindo-lhe ser *expressão e instrumento do regime democrático* (art. 134, CRFB/88).

Nessa quadra, o defensor público deve ser mecanismo de *expressão e inclusão social e democrática* principalmente dos segmentos sociais marginalizados, necessitados, vulneráveis e excluídos, carentes de inclusão no cenário democrático de exercício do poder. Exatamente nesse ponto, o "Estado Defensor" vem conquistando alcunhas que, alegoricamente, tentam expor sua função – sendo designado de guardião dos vulneráveis (*"Custos Vulnerabilis"*[10-11]), "amigo da comunidade" (*"Amicus Communitas"*[12] ou *"Amicus Communitatis"*[13]) ou, ainda, amigo ou protetor da plebe (*"Amicus Plebis"*[14]).

---

10. Casas Maia, Maurilio. Custos Vulnerabilis constitucional: o Estado Defensor entre o REsp nº 1.192.577-RS e a PEC nº 4/14. Revista Jurídica Consulex. Brasília, ano XVIII, nº 417, jun. 2014, p. 55-57.

11. Catalogou-se pioneira e fundamentada decisão monocrática no Tribunal de Justiça do Amazonas pela qual o Defensor Público Geral do Amazonas (DPG-AM) foi admitido como *"Custos Vulnerabilis"* em *Revisão Criminal* - segue trecho do referido decisório: "(...) a Defensoria Pública guarda papel constitucional de defesa dos segmentos sociais vulneráveis (Constituição, art. 134), daí a nomenclatura *'Custos Vulnerabilis'*, para sua intervenção constitucional, de cunho subjetivo à luz das necessidades humanas. (...) Com efeito, para garantir *paridade* na formação de precedentes entre acusação pública e a defesa pública, cada uma em seu papel constitucional respectivo, entendo por bem, por *simetria*, em deferir o requerimento de oitiva do Defensor Público-Geral do Estado do Amazonas (...). Diante de todo o exposto, intime-se pessoalmente o Defensor Público-Geral do Amazonas (DPG-AM), na condição de *'Custos Vulnerabilis'* (e não de representante processual-postulatório), para fins de apresentação de sua posição institucional de defesa dos *direitos humanos* dos vulneráveis (art. 134, CF e art. 4º, XI, LC n. 80/1994)". (TJ-AM, Revisão Criminal n. 4002158-79.2017.8.04.0000, decisão monocrática, Des. *Ernesto Anselmo Queiroz Chíxaro*, j. 15/8/2017).

12. Gerhard, Daniel. Casas Maia, Maurilio. O defensor-hermes, o amicus communitas: a representação democrática dos necessitados de inclusão discursiva. Informativo Jurídico In Consulex, Brasília, v. 22, p. 11-12, 1 Jun. 2015.

13. Vinicius Alberto Fonseca arguiu como tradução para "amigo comunitário" a expressão *"amicus communitatis"*, em razão do uso do genitivo.

14. Zufelato, Camilo. A participação da Defensoria Pública nos processos coletivos de hipossuficientes: da legitimidade ativa à intervenção ad coadjuvandum. In: Ré, Aluísio Iunes Monti Ruggeri. Temas aprofundados de Defensoria Pública. V. 1. 2ª ed., 2ª tir. Salvador: Jus Podivm, 2014, p. 303-332.

Aportando-se à concepção exposto por Camilo Zufelato[15], da Defensoria Pública enquanto amiga e protetora da plebe ("*Amicus et Custos Plebis*"), o Estado Defensor é instituição voltada à inclusão social, jurídica e democrática, em projeto emancipatório dos cidadãos. Assim, a "plebe", no sentido de segmento social excluído politicamente ou marginalizado socialmente, merece um braço protetor no *Estado Democrático de Direito*. E neste ponto, segue-se para Roma.

Na era pré-republicana de Roma, a *plebe* era um segmento marcado pela ausência de cidadania e exercício do poder político. Na época pré-republicana, a plebe sequer possuía um *magistrado*[16] *para sua representação e proteção político-jurídica. Ou seja, tratava-se de segmento em quadro de hipossuficiência política e jurídica.* Neste ponto, inicia-se a relação entre os necessitados defensoriais de hoje e a plebe da República romana; entre o defensor público e o Tribuno da Plebe – conforme estudos iniciados ao lado de Amélia da Rocha[17].

Com a chegada da *República Romana*, a plebe – em sua luta por cidadania e direitos –, conquista o direito a um magistrado, enquanto via de proteção política e jurídica, chamado *Tribuno de Plebe*.

O Tribuno da plebe, por seu turno, é personagem de índole político-jurídica nascida na República Romana[18], sendo considerado magistrado[19] dos plebeus[20], cuja missão seria "*proteger os plebeus face à prepotência dos cônsules*"[21], sendo dotado de poderes *negativos* de intercessio para vetar atos de outros magistrados e *positivos*, a fim de garantir inviolabilidade e o exercício da *intercessio* enquanto função do Tribuno.

---

15. *Idem, ibidem.*

16. No contexto romano, a expressão magistrado não assumia a necessária significância de órgão julgador. Magistrados, em Roma, eram autoridades que exercitavam o poder.

17. Rocha, Amélia Soares da. Casas Maia, Maurilio. Do Tribuno da Plebe Romano à Defensoria Pública: breves palavras sobre o *Amicus e Custus Plebis. Prática Jurídica*, Brasília, v. 172, p. 38-40, 31 jul. 2016.

18. Giordani, Mário Curtis. Iniciação ao Direito Romano. 5ª ed. Rio de Janeiro: Ed. Lumen Juris, 2003, p. 137.

19. No contexto histórico romano, a expressão "magistrado" supera a função de órgão julgador.

20. "A maior conquista da plebe é a criação dos tribuni plebis (...). Criados em 494, eram magistrados plebeus, invioláveis, sagrados (sacrosancti)". (Cretella Jr., J. Curso de Direito Romano. Rio de Janeiro: Forense, 2001, p. 31).

21. Giordani, Mário Curtis. Iniciação ao Direito Romano. 5ª ed. Rio de Janeiro: Ed. Lumen Juris, 2003, p. 137.

Com efeito, defensores públicos[22]-[23] e tribunos da plebe dividem a missão de *inclusão político-jurídica* de segmentos sociais com dificuldades inclusivas e, nesse ponto, pode-se visualizar no *Tribuno da Plebe* uma semente da função *coletiva* da Defensoria Pública na atualidade – não sendo, portanto, estranho que se fale no "defensor público" enquanto *agente político*[24]-[25] *de transformação social*[26] *ou simplesmente agente político*[27] *do estado*[28] - obviamente *agente político não mandatário* e não *partidário* –, atuante no reforço da cidadania, democracia e progresso social na questão das *necessidades* humanas – sendo legítima *garantia institucional* dos direitos humanos e da defesa dos necessitados[29].

---

22. "Percebe-se, pois, que a falta de acesso à Justiça é um dos grandes obstáculos à constituição de uma *cidadania* robusta, o que torna imperativa a atuação do Estado no sentido de trazer tais indivíduos e grupos sociais para dentro do pacto social. A assistência jurídica integral e gratuita a tais pessoas, prestada pela Defensoria Pública, cumpre justamente esse papel. Por meio da tutela e promoção dos direitos dos vulneráveis, a instituição defensorial proporciona um quadro comunitário de maior *igualdade*, especialmente em questões atinentes aos direitos fundamentais e à dignidade dos indivíduos e grupos sociais vulneráveis. Assegura aos mesmos, desse modo, o seu *status político-jurídico de cidadão* – o direito a ter direitos. Vê-se, assim, que a assistência jurídica gratuita igualmente possui inegável *dimensão político-democrática*". (González, Pedro. A dimensão político-democrática do Acesso à Justiça e da Assistência Jurídica Gratuita. In: Alves, Cleber Francisco. González, Pedro. *Defensoria Pública no século XXI*: novos horizontes e desafios. Rio de Janeiro: Lumen Juris, 2017, p. 114).

23. "Em razão do maior protagonismo atribuído ao sistema de justiça no Estado Democrático de Direito, assume *especial destaque a relevância política e democrática da Defensoria Pública*" (RMS n. 34.594, decisão monocrática do Rel. Min. Luiz Fux, j. 13/6/2017, p. 6, g.n.).

24. Souza, Francisco Bastos Viana de. O defensor público como agente político do Estado. *Revista de Direito da Defensoria Pública*, Rio de Janeiro, ano 9, n. 11, p 49-52. 1997.

25. Vangelotti, Andreia Gonçalves. Defensor Público: Agente Político; Agente Administrativo ou uma classe de agentes especiais do Estado? *Revista de Direito da Defensoria Pública*, Rio de Janeiro, ano 9, n. 11, p. 251-256, 1997.

26. Galliez, Paulo. *Princípios Institucionais da Defensoria Pública*. 5ª ed. Rio de Janeiro: Ed. Lumen Juris, 2010, p. 95-97.

27. Cunha Jr., Dirley. *Curso de Direito Administrativo*. 11ª ed. Salvador: Jus Podivm, 2012, p. 262.

28. Aguiar, Jean Menezes de. Considerações acerca do Defensor Público como Agente Político do Estado – a vez de todos. *Revista de Direito da Defensoria Pública*, Rio de Janeiro, p. 173-180, ano 7, n. 10, 1997.

29. "A Defensoria Pública, ou seja, a criação de uma instituição pública para conferir condições fáticas necessárias para o exercício do direito fundamental à assistência jurídica pode ser compreendida como expressão da dimensão (ou perspectiva) *organizacional* do mesmo. Mas também reflete a caracterização de uma *garantia institucional*. (...) Atrelado ao reconhecimento do direito à assistência jurídica (art. 5º, LXXIV), a CF/88 tratou de estabelecer uma *garantia institucional* concretizadora de tal direito fundamental, no caso a Defensoria Pública (art. 134), estabelecendo um regime público para a sua proteção e efetivação" (Fensterseifer, Tiago. Defensoria Pública na Constituição Federal. Rio de Janeiro: Forense, 2017, p. 240-241).

Ao fim, esclareça-se que a figura do Tribuno da Plebe era tão incômoda em sua luta em prol da plebe, que os titulares de seus cargos chegavam a ser assassinados em momentos de comoção política. Na atualidade, os ataques geralmente ganham contornos políticos, tais como a propositura da ADI nº 5296 para retirada da autonomia ou a busca da vinculação obrigatória à Ordem dos Advogados do Brasil.

2.4. Um retorno ao presente

Após os aportes históricos sobre a origem do modelo constitucional de assistência jurídica (na Procuradoria de Justiça do Rio de Janeiro), sobre os debates constituintes (e uma promessa de autonomia institucional) e sobre um "antepassado" remoto da Defensoria Pública (Tribunato da Plebe), retorna-se ao presente a fim de incursionar-se brevemente no Direito Comparado, nos Pactos Republicanos do Brasil, nos documentos internacionais da OEA e do MERCOSUL, finalizando-se com os impactos da concessão da *inamovibilidade* no texto originário da Constituição, com a possibilidade de criação de um CNDP e na relação entre Defensoria Pública e Ordem dos Advogados do Brasil.

2.4.1. A autonomia da Defensoria Pública no Direito Comparado: modelos autônomos internacionais

Um dos pontos permissivos da visualização da *normalidade* constitucional da *autonomia* da Defensoria Pública é buscar a análise comparada[30], ainda que exemplificativamente.

Na Argentina, a ideia de paridade entre *acusação pública e defesa pública* ocorre até mesmo no nome. Naquele país, existem o *Ministério Público Fiscal* e o *Ministério Público de la Defensa* – os quais seriam equivalentes, de certo modo, aos Ministério Público e Defensoria Pública brasileiros. O *Ministério Público de la Defensa* é *autônomo* e ombreia o MP fiscal em nível institucional.

Acrescente-se: a Defensoria Pública brasileira possui ainda a legitimidade extraordinária para Ação Civil Pública, legitimando-a à defesa das *coletividades necessitadas*. Nesse sentido, somando-se o atuar jurídi-

---

30. Vide ainda as obras: Brauner Jr., Arcênio. *Princípios institucionais da Defensoria Pública da União*. Porto Alegre: Verbo Jurídico, 2014; Esteves, Diogo. Silva, Franklin Roger Alves. *Princípios Institucionais da Defensoria Pública*. Rio de Janeiro: Forense, 2014; Esteves, Diogo. Silva, Franklin Roger Alves. *Princípios Institucionais da Defensoria Pública*. 2ª ed. Rio de Janeiro: Forense, 2017.

Cap. 3 • A SINGULARIDADE DA DEFENSORIA PÚBLICA PARA A AUTONOMIA INSTITUCIONAL PÓS-88

ca *extrajudicial*, percebe-se que a DP brasileira também possui algumas atribuições de *Ombudsman*[31] – *ao lado do Ministério Público –, sentido no qual se assemelha em certos aspectos ao defensor del pueblo.*

No Paraguai, a Defensoria Pública era *antes* vinculada ao *Poder Judiciário*. Porém, em 2001, a autonomia defensorial foi também prestigiada, a fim de garantir que interesses dos excluídos não sejam esquecidos e deixados em segundo plano.

Assim, além da Defensoria Pública Brasileira, existem outros exemplos de Defensoria Pública autônoma na América Latina. Aliás, não se deve esquecer que a Defensoria Pública brasileira – em relação aos modelos defensoriais de língua espanhola –, *cumula* características típicas de *Defensa Pública e* algumas outras de *Defensor del Pueblo*, garantindo-se atuação *individual* e *coletiva* em prol das necessidades da população – cada uma dessas atuações comportando suas peculiaridades quanto ao conceito de *necessitado* (CRFB/88, art. 134) e *"insuficiência de recursos"* (CRFB/88, art. 5º, LXXIV), mormente em respeito à atuação da advocacia privada, conforme se pode verificar em leitura das decisões proferidas na ADI nº. 3943 (STF) e no EREsp nº. 1192577 (STJ).

2.4.2. A autonomia do Estado Defensor no Pacto Republicano, na OEA e no MERCOSUL

O *"I Pacto Republicano em favor de um Judiciário mais rápido e republicano"*[32] (2004) já reconhecia o descompasso entre as demandas sociais e a missão constitucional da Defensoria Pública. Desse modo, es-

---

31. *"Sem dúvida, as características institucionais e a missão constitucional da Defensoria Pública da União permitem o seu enquadramento como ombudsman (...). A Defensoria Pública tem várias outras funções, ligadas especialmente à garantia dos direitos humanos dos grupos vulneráveis, que permitem, inclusive, que a instituição seja enquadrada como ombudsman, como já se ressaltou neste Parecer".* (Sarmento, Daniel. *Parecer*: dimensões constitucionais da Defensoria Pública. Disponível em: <http://www.anadef.org.br/images/Parecer_ANADEF_CERTO.pdf>. Acesso em: 9 Abr. 2017, p. 19 e p. 31-32, g.n.).

32. "3. Defensoria Pública e acesso à Justiça – Ainda há *descompasso* entre os quadros das Defensorias Públicas da União e dos Estados, *em relação às necessidades* de uma sociedade como a nossa, extremamente desigual e empobrecida. No plano federal, o número de Defensores não chega a dez por cento do número de unidades jurisdicionais a serem atendidas (Tribunais e Varas na Justiça Federal, na Justiça do Trabalho, na Justiça Militar, além dos Tribunais Superiores). Isso constitui severo embaraço ao acesso real à Justiça. Por força do pacto ora celebrado, será constituída comissão para apresentar, em noventa dias, *estratégia de superação desse quadro*, contemplando, inclusive, metas claras para a progressiva ampliação da Defensoria Pública da União. Posteriormente, serão realizados os contatos necessários com os Governos Estaduais, a fim de celebração das parcerias que se fizerem necessárias". (Diário Oficial da União – Seção 1 – 16/12/2004, Página 8 – Exposição de Motivos, g.n.).

67

tipulou-se metas para superação do quadro de descaso. Em outro passo, o *"II Pacto Republicano de Estado por um Sistema de Justiça mais acessível, ágil e efetivo"*[33] (2009) – assinado, inclusive, pelo ministro Gilmar Mendes –, expôs a necessidade da luta pelo fortalecimento das Defensorias Públicas.

Portanto, é inegável que os Poderes Estatais reconheceram a necessidade de superar o esquecimento do Estado Defensor, e as potencialidades e a importância das **sementes** da autonomia já plantados na Constituição em sua redação originária – tais como a concessão da inamovibilidade e a alocação ao lado (e não topograficamente "dentro") da Advocacia –, ressoam exatamente nesse sentido.

Por outro lado, no âmbito da Organização dos Estados Americanos (**OEA**) já foram aprovadas diversas Resoluções apoiando e incentivando a adoção do modelo autônomo de Defensoria Pública, bem como seu fortalecimento para a defesa dos vulneráveis. Nesse sentido, citam-se as Resoluções: AG/RES nº 5580/2017 (XLVII-O/17); AG/RES nº 2887/2016; AG/RES. 2821 (XLIV-O/14); AG/RES. 2801 (XLIII-O/13); AG/RES. 2714 (XLII-O/12); e AG/RES. 2656 (XLI-O/11).

No âmbito do Mercosul, deve-se citar a Resolução *"Mercosul/CMC/REC. Nº. 1/12"*, reforçando a busca por autonomia das Defensorias Públicas.

Portanto, é inegável a movimentação nacional e internacional em prol da autonomia das Defensorias Públicas.

2.4.3. A inamovibilidade enquanto característica originária dos membros dos órgãos do Sistema de Justiça nacionalizado e interiorizado (Juízes, membros do MP e Defensores Públicos) – um prenúncio à autonomia da Defensoria?

A *inamovibilidade é* característica típica das *magistraturas*[34], expressão esta última tomada em acepção ampla – considerando-se, por exemplo, a tradição europeia de dividir o segmento entre a magistratura sentada (julgadores) e magistratura em pé (membros do Ministério Público).

---

33. *"3 – Acesso universal à Justiça*: 3.1 – Fortalecimento da Defensoria Pública e dos mecanismos destinados a garantir assistência jurídica integral aos mais necessitados." (DOU de 26.5.2009).

34. WEBER, Max. Ciência e Política: duas vocações. 18ª ed. tradução de Leonidas Hegenberg e Octany Silveira Mota. São Paulo: Cultrix, 2011, p. 89.

Cap. 3 • A SINGULARIDADE DA DEFENSORIA PÚBLICA PARA A AUTONOMIA INSTITUCIONAL PÓS-88

No contexto acima exposto, resgata-se o fato de os defensores públicos terem recebido na redação originária[35] do texto Constitucional a *inamovibilidade*[36], *garantia essa que no Sistema de Justiça brasileiro somente foi deferida aos julgadores e membros do Ministério Público.*

Em suma, o resgate das origens da Defensoria Pública é um primeiro passo para a compreensão real do modelo de assistência jurídica adotado pela Constituição de 1988 e assim também para o aperfeiçoamento do Sistema de Justiça nacionalizado e interiorizado[37]. Trata-se de pressuposto inarredável para a busca da evolução e sedimentação da multicitada função essencial à Justiça de acordo com o respectivo projeto constitucional.

Com efeito, percebe-se que as 3 (três) carreiras do Sistema de Justiça (nacionalizadas e interiorizadas) que receberam a *inamovibilidade* diretamente do *constituinte originário* (juízes, membros do Ministério Público e defensores públicos) receberam abertura à autonomia no Sistema de Justiça, correspondente a uma possível nova *onda renovatória do acesso à Justiça*[38]-[39] *com a finalidade de se garantir máxima eficácia a tal direito constitucional.*

---

35. *Originariamente*, a inamovibilidade foi conferida pelo parágrafo único do art. 134 da Constituição: "Art. 134 (...) Parágrafo único. Lei complementar organizará a Defensoria Pública da União e do Distrito Federal e dos Territórios e prescreverá normas gerais para sua organização nos Estados, em cargos de carreira, providos, na classe inicial, mediante concurso público de provas e títulos, assegurada a seus integrantes a garantia da *inamovibilidade* e vedado o exercício da advocacia fora das atribuições institucionais." Com efeito, a *EC n. 45/2004*, *renumerou* o parágrafo único do art. 134, transformando-o em parágrafo primeiro: "Art. 134 (...) § 1º Lei complementar organizará a Defensoria Pública da União e do Distrito Federal e dos Territórios e prescreverá normas gerais para sua organização nos Estados, em cargos de carreira, providos, na classe inicial, mediante concurso público de provas e títulos, assegurada a seus integrantes a garantia da *inamovibilidade* e vedado o exercício da advocacia fora das atribuições institucionais." (g.n.)

36. "Com vistas à eficiência em suas relevantes funções, tem garantida a *inamovibilidade* e vedada a advocacia fora das atribuições institucionais". (Branco, Paulo Gustavo Gonet. Ministério Público, Advocacia e Defensoria Pública – Funções Essenciais à Justiça. In: Mendes, Gilmar Ferreira. Branco, Paulo Gustavo Gonet. *Curso de Direito Constitucional*, 12ª ed. São Paulo: Saraiva, 2017, p. 1.108, g.n.).

37. "O projeto de *Interiorização* da Defensoria Pública reflete o fortalecimento institucional, é importante e fez parte do Plano de *Universalização* do *Acesso* à *Justiça* (...)". (Amorim, Ana Mônica Anselmo de. *Acesso à Justiça como Direito Fundamental & Defensoria Pública*. Curitiba: Juruá, 2017, p. 228, g.n.).

38. Schuch, Luiz Felipe Siegert. *Acesso à Justiça e Autonomia Financeira do Poder Judiciário*: a Quarta Onda? - Em Busca da Efetividade dos Direitos Fundamentais. Curitiba: Juruá, 2006.

39. O possível objetivo dessa nova onda renovatória seria conferir autonomia (funcional, administrativa e financeira) à Instituição Julgadora e às Instituições postulantes de interesses múltiplos inseridos na sociedade, de maneira independente do Executivo e Legislativo. Para

Certamente, a Defensoria Pública somente foi formalmente nacionalizada com a Constituição de 1988, sendo necessária sua maturação institucional com a finalidade de obtenção de sua autonomia. Contudo, *tendência inclusiva* da Defensoria Pública na autonomia era aferível, repita-se, nos debates constituintes, no histórico da instituição e nas suas características – tais como o pertencimento ao Sistema de Justiça (SJ) de veio nacional e interiorizado, com a concessão originária da *inamovibilidade*, a qual no SJ somente fora concedida também para juízes e membros do Ministério Público, ambas carreiras de instituições autônomas.

2.4.4. O Conselho Nacional da Defensoria Pública (CNDP) e eventuais abusos da autonomia

Obviamente, sempre haverá receio do uso abusivo da autonomia – tratando-se aqui de um dos tópicos levantados no julgamento da ADI nº 5296. A resposta aqui é clara e direta: abuso pode eventualmente existir e, *se existir*, deve ser contido do mesmo modo que seria reprimido nas demais carreiras autônomas do Sistema de Justiça Brasileiro.

Com efeito, levanta-se a possibilidade e a importância de criação de um órgão administrativo central de *fiscalização*[40] e *uniformização de atuação* (quando possível e recomendável), à semelhança do Conselho Nacional de Justiça (CNJ) e do Conselho Nacional do Ministério Público (CNMP) – vide, por exemplo, texto de Marcelo Semer[41], abaixo referenciado.

A sobredita medida – a criação de um Conselho Nacional da Defensoria Pública (CNDP) –, pode finalizar o procedimento de *abertura* e *maturação* defensorial à *autonomia,* enquanto mecanismo amplificador do

---

maiores detalhes e aprofundamentos, vide: Schuch, Luiz Felipe Siegert. *Acesso à Justiça e Autonomia Financeira do Poder Judiciário*: a Quarta Onda? - Em Busca da Efetividade dos Direitos Fundamentais. Curitiba: Juruá, 2006.

40. "(...) ter-se prudente a criação do Conselho Nacional da Defensoria Pública, dotado de igual competência, servindo para fiscalizar e garantir uma atuação mais efetiva desta instituição". (Amorim, Ana Mônica Anselmo de. *Acesso à Justiça como Direito Fundamental & Defensoria Pública*. Curitiba: Juruá, 2017, p. 231).

41. "A providência salutar, então, não é a amputação da autonomia, que castra a própria atuação da Defensoria Pública, mas a criação de órgão de controle externo, como se deu com o Judiciário e o Ministério Público. Providência, aliás, que deveria ter sido tomada junto com a própria autonomia." (SEMER, Marcelo. Porque é importante preservar a autonomia das Defensorias. Disponível em: <http://justificando.com/2015/10/27/porque-e-importante-preservar-a--autonomia-das-defensorias/>. Acesso em: 30/10/2015).

Cap. 3 • A SINGULARIDADE DA DEFENSORIA PÚBLICA PARA A AUTONOMIA INSTITUCIONAL PÓS-88

acesso à Justiça[42] –, há muito projetada nas entrelinhas do texto constitucional, nos debates da Assembleia Nacional Constituinte e no prenúncio histórico da Defensoria Pública, tudo com a finalidade de efetivar e universalizar o acesso à Justiça.

2.4.5. O ladear constitucional com a Advocacia (art. 133) e autonomia defensorial

Ao fim, resta o tema polêmico da vinculação (ou não) dos defensores públicos à Ordem dos Advogados do Brasil (OAB)[43], objeto da ADI n. 4636[44], proposta pelo Conselho Federal da CFOAB, em 1/8/2011. Embora não se pretenda resolver a polêmica questão no presente texto, apresentar-se-á aqui breve referência constitucional que poderá servir de parâmetro hermenêutico para futura solução da questão à luz do texto constitucional e da *autonomia* da Defensoria Pública.

Frente aos elementos expostos no presente texto – tais como (1) a origem do modelo de assistência jurídica defensorial enquanto órgão de procuratura de Justiça (RJ), (2) a "promessa constituinte" de autonomia, (3) a *inamovibilidade* na redação originária do texto constitucional conferida, no *sistema de justiça brasileiro* (SJB), somente às carreiras nacionalizadas e interiorizadas dos *SJB* (Juízes e membros do Ministério Público) –, parece ser uma incongruência ratificar a *autonomia* de um órgão do Sistema de Justiça e submetê-la a um órgão de natureza *sui*

---

42. Schuch, Luiz Felipe Siegert. *Acesso à Justiça e Autonomia Financeira do Poder Judiciário*: a Quarta Onda? - Em Busca da Efetividade dos Direitos Fundamentais. Curitiba: Juruá, 2006.

43. Sobre a (des)vinculação de Advogados Públicos (CRFB/88, art. 131-132) e Defensores Públicos (CRFB/88, art. 134) à OAB, é interessante também acompanhar a ADI n. 5.334/DF – na qual consta atualmente o parecer do Procurador Geral da República Rodrigo Janot Monteiro de Barros. Segue transcrito trecho do entendimento ministerial: "(...) 1. Invade campo reservado a lei complementar pelos arts. 131, *caput*, e 134, § 1º, da Constituição da República dispositivos de lei ordinária que vinculam e submetem integrantes da advocacia pública e da defensoria pública ao regime do Estatuto da Advocacia e da Ordem dos Advogados do Brasil (OAB). 2. Cabe à OAB, por delegação do Estado, representação, defesa, seleção (mediante exame de suficiência) e disciplina de advogados privados. Sua competência, contudo, não deve se estender a advogados públicos, os quais são selecionados diretamente pelo Estado (mediante concurso de provas e títulos) e estão subordinados e disciplinados *por estatutos próprios dos órgãos aos quais se encontrem vinculados*, sob pena de restringir indevidamente o alcance dos arts. 131, 132 e 134 da Constituição da República (...)". (Parecer do PGR na ADI n. 5.334/DF, 8/8/2017, g.n.).

44. Sobre a discussão, vide: Fensterseifer, Tiago. *Defensoria Pública na Constituição Federal*. Rio de Janeiro: Forense, 2017, p. 148 ss.; Esteves, Diogo. Silva, Franklin Roger Alves. *Princípios Institucionais da Defensoria Pública*. 2ª ed. Rio de Janeiro: Forense, 2017, p. 128-136 e p. 974.

71

generis que possui missão distinta. Nesse ponto, convém voltar os olhos à redação originária do texto constitucional.

Na redação originária da CRFB/88, existem "pistas" constitucionais permissivas da análise da relação entre Defensoria Pública e a OAB sem quebra do projeto constitucional destinado a cada instituição. O ponto aqui indicado é a concepção de *ladeamento constitucional*[45] *das carreiras postulantes defensivas, afastando-se qualquer grau de superioridade entre elas, cada qual exercendo seu mister constitucional.*

Explica-se: originalmente, o texto constitucional apresentou a Advocacia Privada (art. 133) e a Defensoria Pública (art. 134) na mesma seção do capítulo IV, das "Funções Essenciais à Justiça" ("Seção III: Da Advocacia e da Defensoria Pública"). O recado do constituinte era claro: as carreiras devem atuar em ladeamento harmônico no Sistema de Justiça, *sem* qualquer resquício de subordinação.

Com efeito, a ideia de ladeamento constitucional não decorre somente da arquitetura e topografia da Constituição. Aliás, esses seriam os argumentos mais fracos atualmente. Isso em razão de a EC n. 80/2014 dispor sobre a "Seção IV" enquanto específica da Defensoria Pública – reforçando-se a concepção da autonomia institucional do Estado Defensor, iniciado nos debates constituintes e na EC n. 45/2004.

Por outro lado, na teoria jurídica também é encontrado fundamento para o ladeamento institucional entre defensores públicos e advogados. O pai do Garantismo Jurídico, Luigi Ferrajoli[46], na obra clássica "Direito e Razão", aponta para a necessária *"atuação complementar"* da Defensoria Pública em harmonia com a atuação do advogado constituído a fim de abrandar os efeitos do desequilíbrio entre a defesa privada e a acusação pública. E tal atuação harmônica já vem ocorrendo paulatinamente no Brasil, não obstante todo o descaso orçamentário para com o Estado Defensor.

Por outro lado, conforme antedito, a origem da Defensoria Pública no Brasil reforça o papel de ladeamento constitucional dos defensores públicos com a Advocacia. Isso porque a carreira de defensor público tem uma de suas origens na Procuradoria Geral de Justiça do Rio de Janeiro (PGJ-RJ), quando defensores públicos e promotores dividiam o

---

45. Casas Maia, Maurilio. O princípio do ladeamento constitucional entre Advocacia Privada e a Defensoria Pública. *Revista Conceito Jurídico*, Brasília, v. 2, Fev. 2017.

46. Ferrajoli, Luigi. *Direito e razão*: Teoria do garantismo penal. 4ª ed. São Paulo: RT, 2014.

mesmo palco institucional sob a batuta do Procurador Geral de Justiça (vide Lei n. 2.188/1954 do antigo Rio de Janeiro). Tal situação reforça a atuação da Defensoria Pública enquanto *órgão interveniente defensivo*, como já ocorre expressamente na Execução Penal desde a reforma legislativa de 2010 na Lei de Execução Penal.

Ressalte-se que não obstante a *capacidade postulatória* do defensor público decorra do respectivo mandato constitucional (art. 134) e da respectiva posse decorrente de concurso público[47]-[48], além de existir proibição da postulação defensorial[49]-[50] fora da carreira, a LC n. 80/1994 prestigia a aprovação no Exame da Ordem dos Advogados do Brasil (OAB), enquanto pré-requisito de capacitação intelectual para ingresso na carreira defensorial (art. 26[51]). Tal medida é permissiva do reconhecimento de que o "Exame de Ordem" é um eficiente mecanismo de pré-seleção de eventuais defensores públicos e ainda um ato de respeito à OAB.

Por outro lado, existem outras provas do ladeamento harmônico entre as carreiras aqui tratadas. É o que acontece, por exemplo, na *participação de defensores públicos* nos Conselhos da Ordem dos Advogados do Brasil (OAB) e o que pode acontecer quando ("e se") for criado um necessário e uniformizador Conselho Nacional da Defensoria Pública (CNDP), no qual seria natural aguardar a participação advocatícia na composição do referido conselho defensorial.

Em síntese, a Advocacia Privada e a Defensoria Pública participam da mesma trincheira defensiva na luta por Justiça. Assim sendo, ambas as carreiras constitucionais devem buscar a *eficácia ótima* da ampla de-

---

47. LC n. 80/1994, "Art. 4º (...) § 6º A capacidade postulatória do Defensor Público decorre exclusivamente de sua nomeação e posse no cargo público".

48. CRFB/88, "Art. 134 (...) § 1º Lei complementar organizará a Defensoria Pública da União e do Distrito Federal e dos Territórios e prescreverá normas gerais para sua organização nos Estados, em cargos de carreira, providos, na classe inicial, mediante *concurso público de provas e títulos*, assegurada a seus integrantes a garantia da (...)".

49. CRFB/88, "Art. 134 (...) § 1º (...) vedado o exercício da advocacia fora das atribuições institucionais".

50. ADCT da CRFB/88, "Art. 22. É assegurado aos defensores públicos investidos na função até a data de instalação da Assembléia Nacional Constituinte o direito de opção pela carreira, com a observância das garantias e vedações previstas no art. 134, parágrafo único, da Constituição."

51. LC n. 80/1994, "Art. 26. O candidato, no momento da inscrição, deve possuir registro na Ordem dos Advogados do Brasil, ressalvada a situação dos proibidos de obtê-la, e comprovar, no mínimo, dois anos de prática forense, devendo indicar sua opção por uma das unidades da federação onde houver vaga."

fesa e do contraditório no cenário processual a partir do arranjo constitucional do Sistema de Justiça. Enfim, não existe sobreposição entre as carreiras, mas tão somente missões constitucionais específicas – art. 133 e art. 134 – com alguns pontos de similaridade, exemplificando: ambas merecem honorários sucumbenciais (*advocatícios* ou *defensoriais*) quando atuam em "*representação postulatória*" (o advogado por *mandato* e o defensor público em razão da Constituição e "*ex vi legis*"[52]), *inclusive contra entes públicos*[53-54-55].

Enfim, tratou-se aqui de exercitar a harmonia decorrente do ladeamento constitucionalmente almejado e assim promover um Sistema de Justiça realmente justo e equilibrado.

3. NOTAS CONCLUSIVAS

O presente texto buscou resgatar elementos importantes, porém pouco mencionados pela Teoria Jurídica e prática forense nos debates sobre a *autonomia institucional* da Defensoria Pública. Desse modo, extraíram-se as seguintes conclusões:

(1) Durante os debates constituintes, levantou-se a possibilidade de concessão da autonomia à Defensoria Pública por *emenda constitucional*, caso se revelasse necessário à consolidação do *modelo constitucional de assistência jurídica* (Defensoria Pública), o qual iniciaria sua nacionalização com a promulgação da Constituição de 1988.

(2) Dentre outros modelos possíveis, o *modelo constitucional* de *Assistência Jurídica* eleito pelo constituinte foi o *modelo defensorial*, da

---

52. LC n. 80/1994, "Art. 4º (...) § 6º A capacidade postulatória do Defensor Público decorre exclusivamente de sua nomeação e posse no cargo público."

53. LC n. 80/1994, "Art. 4º São funções institucionais da Defensoria Pública, dentre outras: (...) XXI – *executar* e receber as *verbas sucumbenciais* decorrentes de sua atuação, inclusive quando devidas por quaisquer entes públicos, destinando-as a fundos geridos pela Defensoria Pública e destinados, exclusivamente, ao aparelhamento da Defensoria Pública e à capacitação profissional de seus membros e servidores;" (Incluído pela Lei Complementar nº 132, de 2009).

54. No Superior Tribunal de Justiça (STJ), atualmente, existe resistência à condenação em honorários quando a Defensoria Pública e o Poder Público vencido pertencem à mesma esfera *federativa*: "Os honorários advocatícios não são devidos à Defensoria Pública quando ela atua contra a pessoa jurídica de direito público à qual pertença." (Enunciado Sumular n. 421 do STJ).

55. Recentemente, o Supremo Tribunal Federal (STF) apontou para um caminho que pode resultar na superação do enunciado sumular n. 421 do STJ – *in verbis*: "(...) 6. *Honorários em favor da Defensoria Pública da União. Mesmo ente público. Condenação. Possibilidade após EC 80/2014*. (...)". (STF, AR 1937 AgR, Rel. Min. Gilmar Mendes, Tribunal Pleno, j. 30/6/2017, DJe-175, d. 8/8/2017, p. 9/8/2017).

Defensoria Pública, paradigma nascente e em vigor à época no Rio de Janeiro.

(2.1) Os primeiros defensores públicos surgiram no antigo Distrito Federal e no antigo Estado do Rio de Janeiro, enquanto membros da *Procuradoria de Justiça*. Ou seja, no modelo defensorial, o defensor público era instrumento de *promoção* de *justiça* via *defesa pública*. Com efeito, a peculiar origem dos defensores públicos – enquanto órgão de procuratura de justiça via defesa pública –, é fator relevante e que deve ser considerado por ocasião da solução de crises de dúvida sobre a concessão da autonomia ao Estado Defensor, em razão da missão institucional de seus membros.

(3) Mais remotamente, visualizou-se na figura do *Tribunato da Plebe* da República Romana um germe histórico e remoto da Defensoria Pública. Na República Romana, um magistrado (*tribuno da plebe*) atuava como protetor político-jurídico da plebe, segmento até então socialmente excluído e estigmatizado, nesse ponto sendo assemelhado à missão constitucional dos defensores públicos, enquanto expressão e instrumento do regime democrático para proteção dos direitos humanos dos necessitados.

(4) Constatou-se a existência de modelos internacionais de Defesa Pública que também prestigiam o defensor público enquanto órgão de promoção de justiça via *defesa pública*, como ocorre na Argentina, na qual há paridade entre o Ministério Público Fiscal (equivalente ao Ministério Público brasileiro) e o Ministério Público de Defesa (equivalente à Defensoria Pública do Brasil).

(5) Observou-se a existência de documentos nacionais e internacionais que recomendam a *autonomia e fortalecimento* da Defensoria Pública. No Brasil, viu-se o I e II *Pacto Republicano* como motivadores do reforço da Defensoria Pública, inclusive com o primeiro deles culminando na concessão da autonomia via EC n. 45/2004. No Plano internacional, viu-se Resolução do Mercosul e diversas resoluções da Organização dos Estados Americanos (OEA), todas recomendando autonomia e reforço das Defensorias Públicas por parte dos Estados. Todas as referidas observações demonstram que nada há de bizarro ou anormal na concessão da autonomia ao Estado Defensor.

(6) Registrou-se que no Sistema de Justiça Brasileiro (SJB) somente três carreiras receberam a *inamovibilidade* – que para Marx Weber[56] é

---

56. Weber, Max. *Ciência e Política*: duas vocações. 18ª ed. São Paulo: Cultrix, 2011.

característica das magistraturas –, exatamente as três carreiras do SJB que foram *nacionalizadas* rumo à *interiorização*. Das três carreiras, Ministério Público e o Judiciário receberam a autonomia no texto originário, eram instituições mais antigas e consolidadas. A Defensoria Pública, ao contrário, recebeu somente uma *"promessa constituinte"* de autonomia, pois ainda se apresentava com um projeto de instalação em nível nacional e também dependia de avaliação do seu crescimento e maturidade institucional – daí uma das razões pelas quais a autonomia e outras garantias não terem sido conferidas à Defensoria na redação originária do texto constitucional, sendo indicadas como *"promessas constituintes"* para positivação do modelo defensorial (RJ), como originalmente projetado.

(7) Visualizou-se a concepção de *ladeamento* constitucional entre Defensoria Pública e Advocacia, ladear esse facilmente visualizado na redação originária do texto constitucional em mera análise topográfica das carreiras, pois não obstante dividissem o mesmo título de seção até a EC n. 80/2014, ambas possuíam artigos específicos (art. 133 e art. 134) – denotando relação de *ladear independente e não de subordinação*.

(7.1) Viu-se que a possibilidade de participação de defensores públicos nos Conselhos da OAB deve ser reprisada na criação de eventual Conselho Nacional da Defensoria Pública (CNDP), face à parcial zona de interesse comum entre as carreiras (assistência jurídica). O referido CNDP, por sua vez, poderá servir como mecanismo de controle dos eventuais abusos institucionais no uso da autonomia, além de uniformizar, na medida do possível, a atuação nacional do órgão e servir de coroamento da maturidade institucional almejada desde os debates constituintes, harmonicamente com a origem da Defensoria Pública, a qual remete à *isonomia* para com o Ministério Público.

Em suma, conclui-se que a Defensoria Pública é uma instituição historicamente e juridicamente *singular* quanto à sua especial *vocação* ao recebimento da *autonomia institucional* por emenda constitucional, do mesmo modo que seus pares interiorizados do Sistema de Justiça tutelados pela inamovibilidade (julgadores e membros do Ministério Público). Entende-se que com o avanço da maturidade institucional da Defensoria Pública virá também da efetivação de novos elementos concretizadores da autonomia real e da aproximação com as demais carreiras componentes do sistema de justiça interiorizado e nacionalizado, tudo em favor da missão estampada no art. 134 do texto constitucional.

4. REFERÊNCIAS

Aguiar, Jean Menezes de. Considerações acerca do Defensor Público como Agente Político do Estado – a vez de todos. *Revista de Direito da Defensoria Pública*, Rio de Janeiro, p. 173-180, ano 7, n. 10, 1997.

Almeida Filho, Carlos Alberto S. Casas Maia, Maurilio. O Estado-defensor e sua legitimidade para os pedidos de Suspensão de Liminar, Segurança e Tutela Antecipada. *Revista de Processo*, v. 239, p. 247-261, Jan. 2015.

Alves, Cleber Francisco. González, Pedro. *Defensoria Pública no século XXI*: novos horizontes e desafios. Rio de Janeiro: Lumen Juris, 2017.

_____. *Justiça para todos!* Assistência jurídica gratuita nos Estados Unidos, na França e no Brasil. Rio de Janeiro: Lumen Juris, 2006.

Amorim, Ana Mônica Anselmo de. *Acesso à Justiça como Direito Fundamental & Defensoria Pública*. Curitiba: Juruá, 2017.

Barletta, Fabiana Rodrigues. Casas Maia, Maurilio. Idosos e Planos de Saúde: Os Necessitados Constitucionais e a Tutela Coletiva Via Defensoria Pública – Reflexões sobre o conceito de Coletividade Consumidora após a ADI 3943 e o ERESP 1192577. Revista de Direito do Consumidor, v. 106, p. 201-227, Jul.-Ago. 2016.

Brauner Jr., Arcênio. *Princípios institucionais da Defensoria Pública da União*. Porto Alegre: Verbo Jurídico, 2014.

Branco, Paulo Gustavo Gonet. Ministério Público, Advocacia e Defensoria Pública – Funções Essenciais à Justiça. In: Mendes, Gilmar Ferreira. Branco, Paulo Gustavo Gonet. *Curso de Direito Constitucional*, 12ª ed. São Paulo: Saraiva, 2017, p. 1.095-1.108.

Canotilho, J. J. Gomes. *Direito Constitucional e Teoria da Constituição*. 7ª ed. 13. reimp. Coimbra: Almedina, 2003.

Cappelletti, Mauro; Garth, Bryant. *Acesso à Justiça*. Tradução: Ellen Gracie Northfleet. Porto Alegre: Fabris, 1988.

Casas Maia, Maurilio. O princípio do ladeamento constitucional entre Advocacia Privada e a Defensoria Pública. *Revista Conceito Jurídico*, Brasília, v. 2, Fev. 2017.

_____. Simetria Constitucional entre Carreiras Jurídico-Processuais Nacionalizadas e Interiorizadas – Os debates sobre equiparação entre judicatura, Ministério Público e Defensoria Pública. *Revista Jurídica Consulex*, Brasília, vol. 435, p. 60-63, 1 Mar. 2015.

Corgosinho, Gustavo. Defensoria Pública: princípios institucionais e regime jurídico. 2ª ed. Belo Horizonte: Arraes ed., 2014.

Cretella Jr., J. Curso de Direito Romano. Rio de Janeiro: Forense, 2001.

Cunha Jr., Dirley. *Curso de Direito Administrativo*. 11ª ed. Salvador: Jus Podivm, 2012.

David, René. *O Direito inglês*. São Paulo: Martins Fontes, 2006.

Esteves, Diogo. Silva, Franklin Roger Alves. *Princípios Institucionais da Defensoria Pública*. Rio de Janeiro: Forense, 2014.

_____. _____. *Princípios Institucionais da Defensoria Pública*. 2ª ed. Rio de Janeiro: Forense, 2017.

Fensterseifer, Tiago. *Defensoria Pública na Constituição Federal*. Rio de Janeiro: Forense, 2017.

Ferrajoli, Luigi. *Direito e razão*: Teoria do garantismo penal. 4ª ed. São Paulo: RT, 2014.

Galliez, Paulo. Princípios Institucionais da Defensoria Pública. 5ª ed. Rio de Janeiro: Ed. Lumen Juris, 2010.

Gerhard, Daniel. Casas Maia, Maurilio. O defensor-hermes, o amicus communitas: a representação democrática dos necessitados de inclusão discursiva. Informativo Jurídico In Consulex, Brasília, v. 22, p. 11-12, 1 Jun. 2015.

Giordani, Mário Curtis. Iniciação ao Direito Romano. 5ª ed. Rio de Janeiro: Ed. Lumen Juris, 2003.

González, Pedro. A definição constitucional de Defensoria Pública como expressão e instrumento do Regime Democrático: para além de sua função simbólica. In: Alves, Cleber Francisco. González, Pedro. *Defensoria Pública no século XXI*: novos horizontes e desafios. Rio de Janeiro: Lumen Juris, 2017, p. 5-51.

Mendes, Gilmar Ferreira. Branco, Paulo Gustavo Gonet. *Curso de Direito Constitucional*, 12ª ed. São Paulo: Saraiva, 2017.

Nunes, Dierle José Coelho. *Processo Jurisdicional Democrático*: uma análise crítica das reformas processuais. Curitiba: Juruá, 2008.

Ommati, José Emílio Medauar. *Uma teoria dos Direitos Fundamentais*. 4ª ed. Rio de Janeiro: Lumen Juris, 2017.

Paiva, Caio. *Audiência de Custódia e o processo penal brasileiro*. Florianópolis: Empório do Direito, 2015.

____. Silva, Franklyn Roger Alves. Autonomia da Defensoria não se "esgota" na equiparação com a magistratura. Disponível em: <http://www.conjur.com.br/2015-jun-30/tribuna-defensoria-autonomia-defensoria-nao-esgota-equiparacao-magistratura>. Acesso em. 31/7/2015.

Rocha, Amélia Soares da. Casas Maia, Maurilio. Do Tribuno da Plebe Romano à Defensoria Pública: Breves Palavras Sobre o Amicus e Custus Plebis. *Prática Jurídica*, Brasília, v. 172, p. 38-40, 31 jul. 2016.

____. *Defensoria Pública*: fundamentos, organização e funcionamento. São Paulo: Atlas, 2013.

Rocha, Jorge Luís. *História da Defensoria Pública e da Associação dos Defensores Públicos do Estado do Rio de Janeiro*. Lumen Juris: Rio de Janeiro, 2004.

Semer, Marcelo. Porque é importante preservar a autonomia das Defensorias. Disponível em: <http://justificando.com/2015/10/27/porque-e-importante-preservar-a--autonomia-das-defensorias/>. Acesso em: 30/10/2015

Silva, Carlos Bruno Ferreira da Silva. Defensor do povo: contribuições do modelo peruano e do instituto romano do tribunato da plebe. *Direito, Estado e Sociedade*, n. 30, p. 146-155, Jan./Jun. 2007.

Souza, Francisco Bastos Viana de. O defensor público como agente político do Estado. *Revista de Direito da Defensoria Pública*, Rio de Janeiro, ano 9, n. 11, p 49-52, 1997.

Vangelotti, Andreia Gonçalves. Defensor Público: Agente Político; Agente Administrativo ou uma classe de agentes especiais do Estado? *Revista de Direito da Defensoria Pública*, Rio de Janeiro, ano 9, n. 11, p. 251-256, 1997.

Weber, Max. *Ciência e Política*: duas vocações. 18ª ed. São Paulo: Cultrix, 2011.

Zufelato, Camilo. A participação da Defensoria Pública nos processos coletivos de hipossuficientes: da legitimidade ativa à intervenção ad coadjuvandum. In: Ré, Aluísio Iunes Monti Ruggeri. Temas aprofundados de Defensoria Pública. V. 1. 2ª ed., 2ª tir. Salvador: Jus Podivm, 2014, p. 303-332.

CAPÍTULO 4

Autonomia da Defensoria Pública: uma análise não tradicional

Franklyn Roger Alves Silva
e Diogo Esteves

Sumário: 1. Introdução; 2. A autonomia nos sistemas de Assistência jurídica no Direito Brasileiro e comparado – o percurso evolutivo; 2.1. Do Movimento Internacional de Consolidação da Autonomia do *Salaried Staffs Latinoamericano*; 2.2. O Sistema de Assistência Jurídica em Portugal – Ausência de Autonomia no Modelo *Judicare*; 3. A Posição Constitucional da Defensoria Pública; 4. As Autonomias e Iniciativas da Defensoria Pública – conceitos que não se confundem; 4.1. Da autonomia Constitucional da Defensoria Pública; 4.1.1. Da natureza constitucional originária das autonomias da Defensoria Pública; 4.1.2. Do reconhecimento constitucional da autonomia funcional, administrativa e financeira das Defensorias Públicas dos Estados (EC nº 45/2004), da Defensoria Pública do Distrito Federal (EC nº 69/2012) e da Defensoria Pública da União (EC nº 74/2013); 4.2. Autonomia Funcional; 4.3. Autonomia Administrativa; a) Autonomia administrativa e controle jurisdicional sobre a distribuição territorial dos membros da Defensoria Pública; 4.4. Autonomia Financeira e Iniciativa Orçamentária; 4.5. Da iniciativa legislativa da Defensoria Pública; 5. Conclusão; 6. Referências

1. INTRODUÇÃO

A missão atribuída pela Constituição de 1988 à Defensoria Pública não era suficiente para permitir que a instituição desempenhasse todo o seu potencial. A realidade das leis e emendas constitucionais subsequentes a nossa carta democrática revela como a Defensoria Pública amadurece no palco do sistema jurídico e revela o principal papel que justifica o seu nome, DEFESA.

"Defesa" aqui deve ser interpretada nas mais variadas e amplas acepções. Desde a defesa daqueles que resistem às pretensões, até a defesa de interesses de grupos sociais vulneráveis e coletivos hipossuficientes, a Defensoria Pública demonstra uma profunda sensibilidade com a busca de uma igualdade e de uma participação efetiva em todos os locais de fala.

Ao mesmo tempo, quando se atribui à instituição o papel de ser expressão e instrumento do regime democrático, o constituinte quer permitir que a Defensoria Pública projete o aspecto da democracia no seu plano interno e, ao mesmo tempo, seja disseminadora desse princípio quando do desempenho de suas funções.

No entanto, de nada adianta a filosofia e ufania institucional sem que haja instrumentos e âncoras capazes de fincar a Defensoria Pública em terra. É por essa razão que o constituinte alçou a instituição ao patamar de organismo autônomo, desvinculado dos demais poderes, de modo a permitir o adequado exercício de suas funções.

O propósito do presente estudo é o de investigar o estágio de autonomia da Defensoria Pública e compreender a sua importância para a prestação da atividade de assistência jurídica, de promoção dos direitos humanos e demais funções institucionais.

O ciclo de transformação da Defensoria Pública, iniciado em 2004 a partir da Emenda Constitucional n. 45 alcançou seu ápice dez anos depois, com o advento da Emenda Constitucional n. 80/2014.

2. A AUTONOMIA NOS SISTEMAS DE ASSISTÊNCIA JURÍDICA NO DIREITO BRASILEIRO E COMPARADO – O PERCURSO EVOLUTIVO

Ainda que a pesquisa desempenhada pelos Profs. Mauro Cappelletti e Bryant Garth não tenha se debruçado sobre a autonomia nos sistemas de assistência jurídica, pode-se dizer que América Latina possui o maior avanço em matéria de autonomia, com destaque especial para o Brasil.

Dos três modelos de assistência jurídica catalogados por Cappelletti e Garth é possível identificar a presença de todos na realidade brasileira. O modelo denominado *pro bono*[1] é encontrado até hoje no sistema jurídico brasileiro através de advogados particulares que, imbuídos do

---

1. *"Until very recently, however, -the legal aid schemes of most countries were fundamentally inadequate. They relied, for the most part, on services provided by the private bar without compensation ("munus honorificum"). The right to access was thus recognized and given some support, but the state undertook no affirmative action to guarantee it."* (GARTH, Bryant G; CAPPELLETTI, Mauro. Access to Justice: The Newest Wave in the Worldwide Movement to Make Rights Effective. (Articles by Maurer Faculty. Paper 1142. Disponível em http://www.repository.law.indiana.edu/facpub/1142. Acesso em 29 mai 2016. P. 197).

espírito de solidariedade, prestam atendimento às pessoas carentes de recursos, inclusive com amparo na legislação de regência da advocacia (Lei n. 8.906/94 e Código de Ética da Advocacia)[2].

O sistema *judicare*[3], caracterizado pela prestação da assistência jurídica realizada por profissionais ou organizações da iniciativa privada que são remunerados conforme a respectiva atuação nos processos individuais das pessoas carentes de recursos, é também identificado a partir da figura denominada no direito brasileiro como advocacia dativa.

Este sistema perdura na Justiça Federal brasileira e nos Estados onde o serviço da Defensoria Pública ainda não é integral. A remuneração do sistema dativo brasileiro é regrada pelos diversos tribunais estaduais, cujo pagamento é feito a partir de tabelas previamente estabelecidas que atribuem valores aos atos processuais praticados.

As críticas à advocacia dativa não são uma novidade do direito brasileiro, pois já ocorrem em escala mundial há décadas. A baixa remuneração dos advogados é a principal crítica que torna frágil o sistema de assistência jurídica. Boaventura de Sousa Santos[4], Leonardo

---

2. *"(Lei n. 8.906/94) Art. 2º O advogado é indispensável à administração da justiça.*

   § 1º No seu ministério privado, o advogado presta serviço público e exerce função social.

   (Código de Ética da Advocacia) Art. 30. No exercício da advocacia pro bono, e ao atuar como defensor nomeado, conveniado ou dativo, o advogado empregará o zelo e a dedicação habituais, de forma que a parte por ele assistida se sinta amparada e confie no seu patrocínio. § 1º Considera-se advocacia pro bono a prestação gratuita, eventual e voluntária de serviços jurídicos em favor de instituições sociais sem fins econômicos e aos seus assistidos, sempre que os beneficiários não dispuserem de recursos para a contratação de profissional.

   § 2º A advocacia pro bono pode ser exercida em favor de pessoas naturais que, igualmente, não dispuserem de recursos para, sem prejuízo do próprio sustento, contratar advogado. § 3º A advocacia pro bono não pode ser utilizada para fins político-partidários ou eleitorais, nem beneficiar instituições que visem a tais objetivos, ou como instrumento de publicidade para captação de clientela."

3. *"Judicare is a system whereby legal aid is established as a matter of right for all persons eligible under the statutory terms, with the state paying the private lawyer who provides those services. The goal of judicare systems is to provide the same representation for low income litigants that they would have if they could afford a lawyer."* (GARTH, Bryant G; CAPPELLETTI, Mauro. Access to Justice: The Newest Wave in the Worldwide Movement to Make Rights Effective. (Articles by Maurer Faculty. Paper 1142. Disponível em http://www.repository.law.indiana.edu/facpub/1142. Acesso em 29 mai 2016. P. 199).

4. *"No Brasil está-se a realizar aquilo que eu propus em Portugal, mas que não foi possível concretizar devido, sobretudo, à oposição da Ordem dos Advogados: a criação de uma defensoria pública. A experiência comparada mostra-nos que que, quando a assistência judiciária é entregue à Ordem dos Advogados, não funciona com eficácia. A razão é simples: a Ordem dos Advogados quer proteger o seu mercado, ou seja, reservar para a advocacia bem remunerada o desempenho profissional*

Greco[5], Paul Wice[6] e Mayer Goldman[7] já advertiam a necessidade a assistência jurídica prestada pelo Estado ser efetivada a partir de um modelo sólido, em que as pessoas carentes de recursos possam litigar em igualdade de condições aos mais afortunados.

Frente a essa realidade, o constituinte realizou a melhor opção, mediante um sistema onde a assistência jurídica é prestada por um corpo assalariado de profissionais, modelo conhecido como *Salaried Staff Model*[8], como aponta Mauro Cappelletti. Este é o modelo obrigatório a ser adotado no direito brasileiro e que teve um interessante processo evo-

---

de qualidade. A logica de mercado não lhe permite deslocar bons advogados para fazer assistência judiciária. Seria um contrassenso. Tem, por isso, que haver um outro sistema. Mas, em Portugal, quando propus a criação do defensor público, que não era um funcionário do estado, houve logo a reação de que se tratava de mais uma burocracia do Estado. O que eu propunha era a criação de um instituto público, uma figura diferente da de um serviço de Estado." (SANTOS, Boaventura de Souza. *Para uma revolução democrática da justiça*. 3. ed. São Paulo: Cortez, 2014. P. 50).

5. *"o sistema ideal é aquele em que o patrocínio dos interesses dos pobres é exercido em igualdade de condições com o daqueles que podem arcar com a contratação de advogados particulares"* (GRECO, Leonardo. *Instituições de Processo Civil*. 5. Ed. Rio de Janeiro: Forense, 2015. Vol. I. p. 434.).

6. *"Leo Silverstein, in his definitive national report for the American Bar Foundation entitled "Defense of the Poor in Criminal Cases in State Courts," concluded that public defender programs offered the following advantages:*

    1. Provide experienced, competent counsel

    2. Assure continuity and consistency in quality of defense, especially in comparison to assigned counsel

    3. Are better able to screen defendants for eligibility

    4. Are more economical to operate in populous areas

    5. Offer better cooperation between the defense and prosecutor, which can result in better (more advantageous) pleas." (WICE, Paul. *Public defenders and the american Justice System*. Connecticut: Praeger Publishers, 2005.P. 12).

7. *"Occasionally, the accused has the good fortune to have an experienced and capable attorney assigned to him. Busy lawyers have neither the time nor the inclination to neglect their more lucrative practice for the privilege of basking in the atmosphere of the criminal court. Therefore, the court usually assigns counsel from among the attorneys in attendance at the time, or who are present for the purpose of being assigned.*

    Frequently young and inexperienced attorneys are assigned. They are usually honest and painstaking and devote much time to the preparation of their cases. While they are glad to take unpaid assignments, the benefit they get from experience is probably greater than that which their clients receive." (GOLDMAN, Mayer C. *The public defender: a necessary factor in the administration of justice*. New York: G. P. Putnam's Sons. 1917. P. 20).

8. *"The public salaried attorney model of legal aid has a different objective than the judicare model, one which has its modern origin in 1965 in the Legal Services Program of the United States Office of Economic Opportunity-the vanguard of a "War on Poverty." Legal services were to be provided by "neighborhood law offices," staffed with attorneys paid by the government, and charged with furthering the interests of the poor as a class."* (GARTH, Bryant G; CAPPELLETTI, Mauro. Access to Justice: The Newest Wave in the Worldwide Movement to Make Rights

lutivo no ordenamento jurídico, até alcançar o formato hoje conhecido como Defensoria Pública, tal como será exposto nesse estudo.

O modelo de assistência jurídica prestado por uma instituição estatal com características próprias é uma opção nascida no âmago da Constituição da República de 1988, diante da experiência exitosa do órgão denominado Assistência Judiciária existente no Estado do Rio de Janeiro, utilizado como modelo para a ampliação deste serviço público[9].

É interessante destacar que o modelo do antigo Estado da Guanabara (atual Estado do Rio de Janeiro), inspiração das outras Defensorias Públicas, nasceu do Ministério Público deste mesmo Estado. A atividade de assistência jurídica era prestada no âmbito do órgão de promoção da ordem jurídica e persecução penal[10], sempre pelos ocupantes iniciais da carreira, realidade que perdurou até meados da década de 70, quando houve a fusão do Estado da Guanabara com o Estado do Rio de Janeiro e consequente desmembramento paulatino das carreiras da Assistência Judiciária e do Ministério Público.

A ideia central que predominava no ordenamento jurídico era a de que um único órgão estatal poderia receber encargos para o exercício de posições processuais antagônicas. Assim, até o advento da Constituição da República hoje vigente, o Ministério Público, no plano federal, exercia a função de representação das pessoas jurídicas de direito público interno, no caso, a União Federal. Em alguns Estados o Ministério Público além de exercer a função de titular da ação penal, também teria a missão de exercer a defesa, inclusive criminal, das pessoas carentes de recursos.

O próprio Código de Processo Penal brasileiro atribuiu ao Ministério Público, por muitos anos, a aptidão de representação processual das

---

Effective. Articles by Maurer Faculty. Paper 1142. Disponível em http://www.repository.law.indiana.edu/facpub/1142. Acesso em 29 mai 2016. P. 202.)

9. *"Unfortunately, the prevailing political system in Brazil has not been conductive to an adequate implementation of the theoretical rigths to legal aid. Most Brazilian states have been satisfied to establish very small staffs. Consequently, observers report that despite constitutional and statutory guarantees the government-financed system only meets a small fraction of the need. Some slight portion of this gap is filled by labor unions which are required by law to afford legal advice and representation to their members in labor matters, and by some modest efforts of private social welfare organizations especially in family law cases."* (CAPPELLETTI, Mauro; JOHNSON JR, Earl; GORDLEY, James. *Toward equal justice: A comparative study of legal aid in modern societies.* Milano: Giuffrè, 1975. P. 649).

10. A própria regulamentação do Ministério Público foi marcada por grande estabilidade até o advento da Constituição de 1988. A primeira lei nacional que definiu o seu regime jurídico foi a Lei Complementar n. 40, de 14 de dezembro de 1981, afirmando o seu papel de defesa da ordem jurídica.

vítimas pobres em ações de natureza civil, quando o seu objeto fosse a obtenção de indenização pelos danos sofridos em virtude de conduta criminosa, frente ao comando contido no art. 68[11], já reconhecido inconstitucional por decisão do Supremo Tribunal Federal.

Encontramos também o modelo público nas universidades públicas que promovem ensino jurídico e tradicionalmente prestam o serviço de assistência jurídica, podendo ser exemplificados o SAJU (Serviço de Apoio Jurídico) da Universidade Federal da Bahia e o Departamento Jurídico XI de Agosto, da Universidade de São Paulo.

Outro exemplo interessante do modelo público de assistência jurídica, já com estruturação diversa, é identificado no Estado de São Paulo. Lá, a assistência foi por muitos anos prestada pela sua Procuradoria Geral do Estado, órgão de representação da pessoa jurídica de direito público. No ano de 2006, depois de intenso movimento de pressão popular houve a criação da Defensoria Pública naquele Estado[12].

A desconfiança com o modelo paulista era evidente, especialmente nas causas aforadas em face das pessoas jurídicas de direito público (Estado de São Paulo, por exemplo). Como o usuário dos serviços poderia confiar no profissional encarregado de sua defesa, se ele estaria administrativamente vinculado à parte contrária do processo.

Era necessária a construção de um modelo de assistência jurídica estatal que ostentasse plena autonomia funcional, administrativa e financeira, tal como proposto pela Constituição de 1988, posteriormente emendada em 2004, 2012, 2013 e 2014, nas matérias afetas à Defensoria Pública.

2.1. Do Movimento Internacional de Consolidação da Autonomia do *Salaried Staffs Latinoamericano*

Conforme salientado durante o estudo das ondas renovatórias do movimento mundial de acesso à justiça, juntamente com processo de

---

11. Art. 68. Quando o titular do direito à reparação do dano for pobre (art. 32, §§ 1º e 2º), a execução da sentença condenatória (art. 63) ou a ação civil (art. 64) será promovida, a seu requerimento, pelo Ministério Público.

12. *"A sociedade civil organizada se mobilizou objetivando o cumprimento, pelo legislador estadual, do mandamento constitucional que impõe a institucionalização da Defensoria Pública Estadual. A demanda era pela criação da Instituição, cuja independência frente ao Poder Público asseguraria a efetiva tutela jurídica integral e gratuita aos necessitados."* (GROSTEIN, Julio. Lei orgânica da defensoria pública do estado de São Paulo. Salvador: Juspodivm, 2014. P. 39).

redemocratização da América Latina, após longo período ditatorial, emerge na região um movimento (ou sub-movimento) de afloramento e consolidação dos modelos jurídico-assistenciais públicos, como forma de garantir concretude aos direitos fundamentais, especialmente em relação aos cidadãos historicamente excluídos e marginalizados (quinta sub-onda de assistência jurídica).

Outrossim, em virtude do grande legado de entulho autoritário deixado pelos regimes militares, diversos países da América Latina passaram a prever mecanismos de salvaguarda da livre atuação dos serviços jurídico-assistenciais públicos, prevenindo o retorno de práticas estatais intervencionistas que poderiam potencialmente impedir ou prejudicar a plena proteção dos direitos dos cidadãos. Com isso, ocorre o início de importante movimento (ou sub-movimento) de consolidação da autonomia dos serviços jurídico-assistenciais latino-americanos, iniciado a partir da década de 1990 (sexta sub-onda de assistência jurídica).

Na Argentina, a autonomia funcional e independência financeira do serviço jurídico-assistencial público surge com a reforma constitucional de 1994, que formalizou a previsão do *Ministério Público de la Nación*, composto pelo *Ministério Público Fiscal* e pelo *Ministério Público de la Defensa* (*artículo* 120 da *Constituición Nacional de la Nacion Argentina*). Em seguida, a autonomia funcional e financeira da defesa pública argentina restou reafirmada e fortalecida pelos *artículos* 2º e 3º da *Ley Orgánica del Ministério Público de la Defensa* (*Ley nº 27.149 de 2015*).

No Paraguai, não obstante a *Defensa Pública* integre o Poder Judiciário, sendo doutrinariamente conceituada como instituição judicial, os *artículos* 1º e 2º da *Ley nº 4423/2011* (*Ley Orgánica del Ministerio de la Defensa Pública*) conferiu expressamente autonomia funcional, administrativa e financeira ao serviço jurídico-assistencial público paraguaio.

Na Venezuela, a *Ley Orgánica de la Defensa Pública* (Gaceta Oficial nº 39.021, de 2008) concebeu a *Defensa Pública* como "un órgano constitucional del Sistema de Justicia con plena autonomía funcional, financiera y administrativa, única e indivisible, bajo la dirección y responsabilidad del Defensor Público General o Defensora Pública General" (*artículo* 3º).

Esse movimento gradativo de consolidação da autonomia dos serviços jurídico-assistenciais latino-americanos teve sua importância reconhecida pela Organização dos Estados Americanos (OEA), que aprovou por unanimidade as Resoluções AG/RES nº 2.656/2011 e nº 2.714/2012, recomendado "aos Estados membros que já disponham do serviço de assistência jurídica gratuita que adotem medidas que garantam que os defensores públicos oficiais gozem de independência e autonomia funcional" (item 4). Esse posicionamento foi posteriormente ratificado e fortalecido pelas Resoluções AG/RES nº 2.801/2013 e nº 2.821/2014 que reiterou "a importância da independência e da autonomia funcional, financeira e/ou orçamentária da defensoria pública oficial, sem prejuízo da diversidade dos sistemas jurídicos de cada país, como parte dos esforços dos Estados membros para garantir um serviço público eficiente, livre de ingerências e controles indevidos por parte de outros poderes do Estado que afetem sua autonomia funcional, e cujo mandato seja o interesse da pessoa que esteja defendendo" (item 5).

Do mesmo modo, os países que integram o Mercosul firmaram o *"Comunicado Conjunto de las Presidentas y los Presidentes de los Estados Partes del Mercosur y Estados Associados"*, reconhecendo "la necesidad de avanzar en el fortalecimiento de los Sistemas de Defensoría Pública Oficial con el propósito de garantizar el acceso a la justicia de las personas en condición de vulnerabilidad y asegurar el irrestricto respeto a los Derechos Humanos". Outrossim, afirmaram o compromisso de "incentivar la independencia técnica, la autonomía funcional y financiera, por ser elementos que hacen a un efectivo ejercicio en materias de su competencia, en tanto que garantizan un servicio eficaz y gratuito, libre de cualquier injerencia, intervenciones o controles por parte de otros poderes del Estado" (item 24).

2.2. O Sistema de Assistência Jurídica em Portugal – Ausência de Autonomia no Modelo *Judicare*

A realidade europeia também seguiu a mesma tendência enfrentada nos Estados Unidos. A austeridade econômica existente nas décadas de 70 e 80 deram espaço a recessão econômica e a medidas alternativas para o custeio do sistema de assistência jurídica.

Esse clima de retrocesso é encontrado no ordenamento português. No plano constitucional, o art. 20º da Carta portuguesa assegura o acesso ao direito, complementado pelo seu n. 02, que garante a todos o direito, nos termos da lei, à informação e consulta jurídicas, ao patrocínio judiciário e a fazer-se acompanhar por advogado perante qualquer autoridade.

Se tomarmos o art. 2º do Código de Processo Civil português como parâmetro, o sistema jurídico português deveria adequar seu modelo de assistência jurídica, tornando-o capaz o bastante para permitir que "a proteção jurídica através dos tribunais implica o direito de obter, em prazo razoável, uma decisão judicial que aprecie, com força de caso julgado, a pretensão regularmente deduzida em juízo, bem como a possibilidade de fazer executar"[13].

A Lei n. 34/2004, substancialmente alterada pela Lei n. 47/2007 regulamenta a figura do acesso ao direito e aos tribunais, através da informação (art. 4º)[14] e protecção jurídica (art. 6º). Desde a década de 70 até os dias atuais percebe-se que a legislação portuguesa vem aperfeiçoando a disciplina da assistência jurídica através da protecção jurídica. No entanto, pouco se caminha em matéria de autonomia.

É ponto comum que a ampliação da protecção de modo a compreender não só a atuação judicial através do apoio judiciário, mas também a consultoria jurídica e a atuação extrajudicial significaram uma verdadeira potencialização do acesso ao justiça.

A reforma operada em Portugal nas duas últimas décadas buscou facilitar o acesso ao apoio judiciário, especialmente através da delegação da atividade de avaliação do direito ao benefício aos órgãos de seguridade social, o que não se vê no Brasil, já que a própria Defensoria Pública e o Poder Judiciário que realizam esta análise. No entanto, parece que o intento originário do legislador português não foi integralmente atendido, já que a retirada da avaliação pelo Judiciário não significou uma otimização do procedimento e ainda criou um aumento do custeio dos serviços[15].

---

13. Como bem destaca Rui Pinto: *"Portanto, o direito à tutela jurisdicional previsto no art. 20.º, n º 1 CRP implica para o seu titular, um direito de natureza pública ao uso dos meios e recursos judiciários. Essa via judiciária é uma via que segue o método de discurso lógico do processo por ser o que se tem por mais adequado para ser utilizado na formatação daqueles meios e recursos judiciários."* (PINTO, Rui. *Notas ao código de processo civil.* Coimbra: Coimbra Editora, 2014. P. 16).

14. *"A Lei, no seu n.o 2, do artigo 2.o, estipula que o acesso ao direito compreende a informação jurídica e a proteção jurídica. A lei reconhece, assim, que não são apenas os obstáculos de natureza económica que impedem ou dificultam o acesso ao direito e aos tribunais, pelo que a realização ou defesa dos direitos dos cidadãos depende do conhecimento da respetiva existência e/ou violação, bem como dos instrumentos legais de que podem usar com vista ao respetivo acautelamento. O fim da informação jurídica é, pois, o de proporcionar um melhor exercício dos direitos e o cumprimento dos deveres legalmente estabelecidos. O conteúdo da informação é suscetível de abranger, por um lado, as disposições e os procedimentos relativos à própria consulta jurídica e ao apoio judiciário e, por outro, as disposições legais tendentes à proteção dos direitos e interesses dos cidadãos. Impõe-se que o público em geral conheça o essencial do seu sistema de justiça e que o direito se torne acessível a todos os que a ele estão sujeitos."* (PEDROSO. *Op cit.* P. 222.)

15. *"A anunciada motivação dessa opção legislativa, em rutura absoluta com o sistema anterior, foi a de aliviar as pendências processuais dos tribunais acelerar o processo de decisão sobre os*

Note-se que a delegação da atividade para um órgão estranho ao Judiciário não significa o exercício de uma autonomia. O caso português revela justamente o oposto. Ao se transferir a avaliação do direito a assistência jurídica a um setor do governo, está se caminhando na direção oposta à preconizada pela autonomia que deve permear o modelo de assistência jurídica.

Como pode o órgão do executivo avaliar o direito a assistência jurídica se ele pode vir a ser a parte contrária a ser demandada pelo interessado?

Por ser um modelo *judicare* de assistência jurídica, não há tanta margem para a escolha do advogado encarregado de prestar a assistência jurídica, diante do advento da Lei n. 34/2004, que buscou vedar desvirtuamento apontado por João Pedroso em seu robusto estudo, já que profissionais exerciam de forma simultânea a advocacia privada e oficiosa em favor da mesma parte.

Todas essas circunstâncias servem de reforço para a perspectiva eficiente do modelo de corpo assalariado de prestação de assistência jurídica. A realidade brasileira de Defensoria Pública não é novidade em Portugal, já que tanto João Pedroso[16] e Boaventura de Sousa Santos[17] apontam a grande resistência na adoção de um modelo de assistência

---

pedidos de apoio judiciário. Tratou-se, porem, de errada perspectiva da realidade das coisas, porque com o novo regime nada se aproveitou em celeridade, nem justiça de decisão, e tudo se agravou em custos de Sistema para a comunidade de contribuintes." (COSTA, Salvador. *O apoio judiciário.* Coimbra: Almedina, 2013. pp. 130-131).

16. *"O sistema de serviço público através da criação do Instituto Público de Acesso ao Direito e à Justiça, é defendido pelo PCP e pelo BE e foi defendido durante algum tempo pelo PSD (1999 a 2002). No entanto, também já foi admitido por todos os partidos, em tempos diferentes, a criação de um sistema de colaboração e parcerias, para o desenvolvimento de uma estrutura/coordenação/rede de informação jurídica e, ainda, para a nomeação de advogados para a consulta e patrocínio judiciário."* (PEDROSO. *Op cit.* P. 253.)

17. *"No Brasil está-se a realizar aquilo que eu propus em Portugal, mas que não foi possível concretizar devido, sobretudo, à oposição da Ordem dos Advogados: a criação de uma defensoria pública. A experiência comparada mostra-nos que, quando a assistência judiciária é entregue à Ordem dos Advogados, não funciona com eficácia. A razão é simples: a Ordem dos Advogados quer proteger o seu mercado, ou seja, reservar para a advocacia bem remunerada o desempenho profissional de qualidade. A logica de mercado não lhe permite deslocar bons advogados para fazer assistência judiciária. Seria um contrassenso. Tem, por isso, que haver um outro sistema. Mas, em Portugal, quando propus a criação do defensor público, que não era um funcionário do estado, houve logo a reação de que se tratava de mais uma burocracia do Estado. O que eu propunha era a criação de um instituto público, uma figura diferente da de um serviço de Estado."* (SANTOS, Boaventura de Souza. *Para uma revolução democrática da justiça.* 3. ed. São Paulo: Cortez, 2014. P. 50).

jurídica pautado em um corpo de profissionais integrantes de uma instituição pública, criticando, inclusive, o prejuízo advindo do domínio da Ordem dos Advogados.

Ao contrário do que se divulga, especialmente sob a ótica orçamentária, o modelo de Defensoria Pública possui muitas vantagens e sob a ótica da eficácia da assistência jurídica prestada em favor dos menos favorecidos, tende a ser uma excelente opção de promoção e materialização dos direitos humanos.

3. A POSIÇÃO CONSTITUCIONAL DA DEFENSORIA PÚBLICA

Visando evitar o arbítrio e o desrespeito aos direitos fundamentais do indivíduo, a Constituição Federal de 1988, seguindo a tradicional divisão de Poderes consagrada por Montesquieu, disciplinou criteriosamente a organização das funções do Estado (Título IV – "Da organização dos Poderes"), dividindo-as entre o Poder Legislativo (Capítulo I), o Poder Executivo (Capítulo II) e o Poder Judiciário (Capítulo III).

Ao lado destes elementares Poderes Estatais, e dentro do mesmo Título IV, foi pela Carta Magna instituído um quarto complexo orgânico, intitulado "Funções Essenciais à Justiça" (Capítulo IV), compreendendo o Ministério Público, a Advocacia Pública, a Advocacia Privada e a Defensoria Pública.

Dessa forma, constata-se que a Constituição Federal, ao organizar os Poderes Estatais, não se limitou às descentralizações tradicionais decorrentes da tripartição dos poderes (Legislativo, Executivo e Judiciário), sendo instituído um quarto complexo orgânico que, embora não possa ser definido como um quarto Poder, recebeu a seu cargo o exercício de uma quarta função política, ao lado da função legislativa, da executiva e da jurisdicional: a *função de provedoria de justiça*[18].

Trata-se de moderna disposição organizacional, decorrente da Evolução do Direito Político e da necessidade de criação de mecanismos de controle das funções estatais, garantindo-se o respeito irrestrito aos direitos fundamentais e a perpetuidade incondicional do Estado Democrático de Direito (art. 3º-A da LC nº 80/1994)[19].

---

18. MOREIRA NETO, Diogo de Figueiredo. *A Defensoria Pública na construção do Estado de Justiça*, Revista de Direito da Defensoria Pública, Rio de Janeiro, 1995, ano VI, n.7, pág. 22

19. "São duas as 'grandes qualidades' do Estado Constitucional: Estado de Direito e Estado Democrático.

Note-se, portanto, que a Defensoria Pública não se encontra vinculada a nenhum dos Poderes Estatais, revelando-se errônea a afirmação de que a Instituição estaria integrada ao Poder Executivo, ao Poder Legislativo ou ao Poder Judiciário. Em verdade, a Defensoria Pública caracteriza-se como uma *instituição extrapoder*, não dependendo de nenhum dos Poderes do Estado e não podendo nenhum de seus membros receber instruções vinculantes de qualquer autoridade pública[20].

Foi por essa razão que o legislador constituinte incluiu as funções essenciais à justiça em capítulo próprio (Capítulo IV), junto ao título dedicado aos Poderes do Estado. Se pretendesse vincular as *funções essenciais à justiça* a algum dos Poderes Estatais, o legislador constituinte as teria incluído em seção inserida dentro do capítulo destinado ao Poder Legislativo (Capítulo I), ao Poder Executivo (Capítulo II), ou ao Poder Judiciário (Capítulo III), e não em capítulo autônomo ao lado das funções executiva, legislativa e judiciária[21].

O Estado de Direito caracteriza-se por apresentar as seguintes premissas: (1) primazia da lei, (2) sistema hierárquico de normas que preserva a segurança jurídica e que se concretiza na diferente natureza das distintas normas e em seu correspondente âmbito de validade, (3) observância obrigatória da legalidade pela administração pública, (4) separação de poderes como garantia da liberdade ou controle de possíveis abusos, (5) reconhecimento da personalidade jurídica do Estado, que mantém relação jurídica com os cidadãos, (6) reconhecimento e garantia dos direitos fundamentais incorporados à ordem constitucional, (7) em alguns casos, a existência de controle de constitucionalidade das leis como garantia ante o despotismo do Legislativo. (...) Por outro lado, e de maneira complementar, a defesa de um Estado Democrático pretende, precipuamente, afastar a tendência humana ao autoritarismo e à concentração de poder." (MORAES, Alexandre. *Direito Constitucional*, São Paulo: Atlas, 2008, pág. 05/06)

20. Nesse sentido, manifestando-se de maneira semelhante no direito comparado, tem-se a abalizada doutrina de Humberto Quiroga Lavié (LAVIÉ, Humberto Quiroga. *Estudio analítico de la reforma constitucional*, Buenos Aires: Depalma, 1994, pág. 65).

21. Em sentido semelhante, leciona o professor Cléber Francisco Alves: "Parece inequívoco que a sistematização adotada pela Constituição Federal brasileira de 1988, no que se refere ao Título Organização dos Poderes, quis indicar a conveniência de que tais órgãos, especialmente o Ministério Público e a Defensoria Pública, não sejam mais considerados como formalmente integrantes do Poder Executivo. Essas entidades devem ser revestidas de autonomia, em razão de sua condição peculiar de órgãos detentores de uma parcela da soberania do Estado, no desempenho de seu múnus constitucional. Esse entendimento inclusive fica mais evidente em razão do contraste que pode ser feito com o tratamento dado pela Constituição, por exemplo, ao Tribunal de Contas, que – embora também gozem de certa autonomia – foram expressamente regulados dentro do capítulo do Poder Legislativo, numa indicação expressa de sua vinculação e caráter de 'acessoriedade' à missão própria dos órgãos parlamentares. Não foi esse o caso da Defensoria Pública e do Ministério Público que receberam tratamento diferenciado, sendo que ambas as instituições foram disciplinadas em seções próprias de um mesmo capítulo fora dos três Poderes clássicos. Não parece razoável admitir que isso tenha ocorrido por mero acaso. Por esse motivo, entendemos que não mais podem ser consideradas tais

A colocação tópica e o conteúdo do capítulo destinado às "Funções Essenciais à Justiça" revelam a renúncia por parte do constituinte em definir explicitamente a Defensoria Pública entre os Poderes do Estado, outorgando-lhe a necessária autonomia para que possa atuar de maneira ativa na defesa da ordem jurídica democrática do país[22].

Recentemente, esse posicionamento restou adotado pelo Supremo Tribunal Federal, em voto proferido pelo Ministro Dias Toffoli, durante o julgamento da ADI nº 5.296 MC/DF, *in verbis*:

> Com a promulgação da Constituição Federal de 1988, estabeleceram-se, a par dos Poderes da República, e logo em seguida ao capítulo reservado ao Poder Judiciário, as denominadas funções essenciais à Justiça.
>
> Assim, o Título IV da Constituição Federal versa sobre a Organização dos Poderes: seu Capítulo I trata do Poder Legislativo; o Capítulo II, do Poder Executivo; o Capítulo III, do Poder Judiciário; e o Capítulo IV, das chamadas funções essenciais à Justiça - na Seção I, do Ministério Público; na Seção II, da Advocacia Pública; e na Seção III, da Advocacia e da Defensoria Pública.
>
> Verifica-se, então, que, por disposição da Constituição, o Ministério Público, a Advocacia Pública e a Defensoria Pública são instituições que não integram, em minha leitura do texto constitucional, a estrutura de nenhum dos três Poderes. Como funções essenciais à Justiça, estão separadas tanto do Legislativo, quanto do Executivo, quanto do Judiciário. Formam, em verdade, um complexo orgânico de Instituições Constitucionais ou Instituições Primárias do Estado Democrático de Direito.
>
> Diogo Esteves e Franklyn Silva, na obra intitulada Princípios institucionais da Defensoria Pública, traçam importantes considerações sobre a distinta posição, no texto da CF/88, das "funções essenciais à Justiça". (STF – Pleno – ADI nº 5.296 MC/DF – Relatora Min. ROSA WEBER / Voto proferido pelo Min. DIAS TOFFOLI, decisão: 18-05-2016)

a) *Essencialidade à função jurisdicional do Estado e à justiça:*

Primeiramente, a essencialidade em relação à função jurisdicional decorre da própria inércia que a caracteriza, sendo reconhecida a indispensabilidade da Defensoria Pública, do Ministério Público, da Advocacia Pública e da Advocacia privada para provocar a atuação do Poder

---

instituições como órgãos do Poder Executivo." (ALVES, Cléber Francisco. *Justiça para Todos! Assistência Jurídica Gratuita nos Estados Unidos, na França e no Brasil*, Rio de Janeiro: Lumen Juris, 2006, pág. 309)

22. Estabelece o art. 4º, § 2º, da LC nº 80/1994, com redação dada pela LC nº 132/2009 que "as funções institucionais da Defensoria Pública serão exercidas inclusive contra as Pessoas Jurídicas de Direito Público".

Judiciário[23]. Todavia, o exercício da atividade postulatória não esgota o sentido constitucional desse quarto complexo orgânico.

Ao definir a Defensoria Pública como função essencial à justiça (Título IV, Capítulo IV, da CRFB), o legislador constitucional empregou a expressão *justiça* em seu sentido mais amplo, garantindo uma extensiva atuação institucional junto a todos os Poderes Estatais, com o objetivo de preservar os valores constitucionalmente estabelecidos[24].

A essencialidade à justiça, portanto, não se refere apenas à atuação perante o Poder Judiciário, meramente realizando a distribuição de ações e promovendo a defesa dos réus em juízo (essencialidade à função jurisdicional do Estado – art. 134, *caput* da CRFB). O termo *justiça* deve ser analisado de maneira mais extensiva, permitindo a atuação da Defensoria Pública perante cada um dos Poderes do Estado, exigindo a realização do valor justiça por todos eles[25].

Corroborando este entendimento juspolítico da Defensoria Pública, manifestou-se o brilhante professor Diogo de Figueiredo Moreira Neto, em um dos mais primorosos artigos já publicados sobre o tema:

> A essencialidade à justiça não se deve entender que se refira apenas à ação que desempenham perante o Poder Judiciário, ou seja, perante a

---

23. JUNKES, Sérgio Luiz. *Defensoria Pública e o Princípio da Justiça Social*, Curitiba: Juruá, 2006, pág. 80.

24. "É frequente o entendimento de que essa 'função essencial à justiça' exercida pela Defensoria Pública, ao lado do Ministério Público, da Advocacia Pública e da Advocacia em geral, seria no sentido de sua indispensabilidade para provocar a atuação do Poder Judiciário; ou, melhor dizendo, o desempenho da atividade de natureza postulatória. Todavia, é patente que esse entendimento não esgota o sentido da expressão. É certo que, pelo princípio da inércia da jurisdição (ne procedat judex ex officio) e pelo princípio dispositivo, o Estado-juiz não está autorizado a agir, senão quando for provocado, atribuindo-se à Advocacia em geral e às demais instituições acima mencionadas, exercer o múnus postulatório para viabilizar a instauração e o impulso do processo, excetuadas algumas hipóteses legais em que ao próprio cidadão é conferida tal capacidade. Todavia, esta perspectiva se revela insuficiente porque o termo 'justiça' constante do dispositivo constitucional em tela pode/deve ser compreendido não apenas no sentido mais estrito, equivalente ao de 'órgãos que compõem o Poder Judiciário e realizam a atividade propriamente jurisdicional'. Há também que ser compreendida no sentido mais amplo, de caráter ético e axiológico inerente à realização dos objetivos constitucionais consagrados no art. 3º da Carta Magna. Só assim será possível garantir efetiva observância de critérios justos e de equidade nas relações interpessoais cotidianas, perseguindo-se a construção de uma sociedade livre, justa e solidária, e assegurando-se plena efetividade dos direitos tanto pelas vias judiciais quanto extrajudiciais." (ALVES, Cléber Francisco. *Assistência Jurídica Integral da Defensoria Pública no Novo Código de Processo Civil*, in SOUSA, José Augusto Garcia de (coord.). *Coleção Repercussões do Novo CPC – Defensoria Pública*, Salvador: Juspodivm, 2015, pág. 95)

25. MOREIRA NETO, Diogo de Figueiredo. Op. cit. pág. 23.

> "Justiça" no sentido orgânico, mas, verdadeiramente, referida a todos os Poderes do Estado, enquanto diga respeito à realização do valor justiça por qualquer deles.
>
> Justiça está entendida, assim, no seu sentido mais amplo, condizente com todos os valores que deve realizar o Estado Democrático de Direito, como finalidade última do poder na vida social, sem nenhum qualificativo parcializante que possa permitir que se restrinja, de alguma forma, tanto o âmbito de atuação quanto a designação das advocacias dos interesses constitucionalmente garantidos.
>
> A essencialidade deve ser compreendida, em consequência, como qualidade das funções de controle que lhes cabe exercer (...). (MOREIRA NETO, Diogo de Figueiredo. A Defensoria Pública na construção do Estado de Justiça. *Revista de Direito da Defensoria Pública*, Rio de Janeiro, 1995, ano VI, n.7, pág. 23)

Para ilustrar a amplitude do trabalho desenvolvido pelos Defensores Públicos, basta lembrar que o art. 134 da CRFB atribui à Instituição a realização da "orientação jurídica" e da "defesa" dos necessitados em "todos os graus", "judicial e extrajudicialmente", incluindo-se aqui a atuação institucional perante as instâncias administrativas[26].

Além disso, o art. 4º, II, da LC nº 80/1994 prevê como função institucional da Defensoria Pública a promoção prioritária da composição extrajudicial dos conflitos de interesses, por meio de mediação, conciliação, arbitragem e demais técnicas de solução de litígios. Com isso, em sendo identificada a atuação ilegal de qualquer estrutura estatal em detrimento de seus assistidos, pode o Defensor, no exercício de sua função constitucional de controle, atuar diretamente sobre a administração pública, priorizando a resolução extrajudicial do problema.

Isso ocorre diariamente nos núcleos de primeiro atendimento, por exemplo, nos casos de negativa de fornecimento de medicamentos pelo executivo municipal, estadual ou federal. Antes de realizar a propositura da competente ação judicial para compelir o poder público a fornecer os medicamentos necessários ao tratamento do enfermo, mostra-se comum realizar-se a expedição de ofício solicitando ao ente público responsável a concessão administrativa da medicação prescrita. Trata-se de hipótese de atuação direta da Defensoria Pública perante o poder executivo, visando garantir a observância da legalidade e o respeito a direito fundamental constitucionalmente estabelecido.

---

26. FERREIRA, Sérgio de Andréa. *Comentários à Constituição*. Rio de Janeiro: Freitas Bastos, 1991, pág. 13. 3º v.

No caso dos interesses difusos, coletivos e individuais homogêneos, também a atuação da Defensoria Pública não se encontra adstrita à esfera judicial. De acordo com o art. 5º, § 6º, da Lei nº 7.347/1985, a Defensoria Pública e os demais órgãos públicos legitimados se encontram autorizados a celebrar Termos de Ajustamento de Conduta – TACs, solucionando extrajudicialmente o conflito de interesses, de modo a evitar a desnecessária propositura da Ação Civil Pública ou Coletiva[27].

Percebe-se, portanto, que o trabalho desenvolvido pela Defensoria Pública não se encontra adstrito à atuação perante o Poder Judiciário. A própria disposição topográfica da Instituição na Constituição Federal revela a intenção do legislador originário de outorgar-lhe amplitude para que exerça, de forma plena e desimpedida, o controle sobre a atuação de cada um dos Poderes Estatais[28].

É claro que, na grande maioria dos casos, o exercício da função de controle se dará mediante a provocação do Poder Judiciário, até porque este é o responsável por garantir a observância da legalidade nos atos públicos. No entanto, isso não significa que a Defensoria Pública esteja limitada à atuação jurisdicional ou impedida de atuar diretamente perante os demais Poderes do Estado.

Manifestando-se nesse sentido, temos o posicionamento do ilustre professor Sérgio de Andréa Ferreira, *in verbis*:

> Não nos deixemos impressionar com a ênfase que alguns dispositivos desse Capítulo IV atribuem ao relacionamento da atividade dessas instituições com a função jurisdicional (cf.artigos 127, 131, 132 e 134). É claro que a justiça, mesmo a abrangente, a compreensiva, se faz, em grande parte, mediante a provocação e a prestação da função jurisdicional. Mas não só através desse meio. E tanto é assim, que a atuação dessas instituições se desenvolve, também, em face de outros Poderes. (FERREIRA, Sérgio de Andréa. *Comentários à Constituição*. Rio de Janeiro: Freitas Bastos, 1991. 3º v. págs.12/13)

---

27. Art. 5º, § 6º, da Lei nº 7.347/1985: "Os órgãos públicos legitimados poderão tomar dos interessados compromisso de ajustamento de sua conduta às exigências legais, mediante cominações, que terá eficácia de título executivo extrajudicial."

28. Do mesmo modo, os demais organismos políticos que compõem as "funções essenciais à justiça" também desempenham suas atribuições funcionais perante os demais Poderes Estatais, e não apenas perante o Poder Judiciário (*ex vi*: art. 129, II da CRFB atribui ao Ministério Público a função institucional de "zelar pelo efetivo respeito dos Poderes Públicos" aos direitos assegurados na Constituição; art. 131 da CRFB faz menção à representação extrajudicial pela Advocacia-Geral da União, que assessora o Poder Executivo; art132 da CRFB confere às Procuradorias locais o exercício da função ampla de "consultoria jurídica das respectivas unidades federativas"). Nesse sentido: FERREIRA, Sérgio de Andréa. Op. cit., pág. 13.

Por fim, importante observar que a Defensoria Pública representa o elo fundamental entre a sociedade e o Estado, servindo como instrumento constitucional de transformação social e de implementação democrática de um regime socialmente mais justo[29]. Dessa forma, a ideia de essencialidade à justiça deve também se ensanchar para abranger a noção de justiça social, garantindo a difusão igualitária da cidadania (art. 3º, III, da CRFB, c/c o art. 3º, I, da LC nº 80/1994).

b) *Expressão e instrumento do regime democrático:*

Com a modificação redacional trazida pela Emenda Constitucional nº 80/2014, a Defensoria Pública passou a ser constitucionalmente caracterizada como "expressão e instrumento do regime democrático". Por apresentar conteúdo aberto e irresoluto, a unidade lexical deve ser objeto de cuidadosa análise, para evitar que a previsão normativa acabe assumindo função mais retórica do que efetivamente prática.

Ao realizar aprofundada pesquisa sobre o conteúdo normativo da nova delimitação conceitual da Defensoria Pública na Constituição Federal, o brilhante professor Pedro González subscreve as melhores linhas já elaboradas sobre o tema:

> O que significa ser a Defensoria Pública "expressão e instrumento do regime democrático" (art. 134, caput, CF/88 e art. 1º, LC nº 80/94)?
>
> Como cediço, "expressão" e "instrumento" não são vocábulos sinônimos. Ademais, é princípio basilar da hermenêutica jurídica que a lei não contém palavras inúteis (*verba cum effectu sunt accipienda*). Portanto, é preciso separar a resposta em duas partes, isto é, o que significa ser a Defensoria Pública expressão do regime democrático e o que significa ser a Defensoria Pública instrumento do regime democrático.
>
> Ser expressão de alguma coisa significa ser "figura representativa"; "modelo"; "manifestação significativa e importante" da mesma.
>
> Decerto, o próprio regime democrático deve ser entendido como algo dinâmico, como um processo que caminha para a concretização e aprofundamento dos seus princípios fundamentais: supremacia da vontade popular, preservação da liberdade e igualdade de direitos.
>
> A Defensoria Pública, pois, é figura representativa desse processo. Isso porque, considerando o protagonismo alcançado pelo Poder Judiciário e o papel do processo no Estado Democrático de Direito, a existência de instituições sedimentadas e plenamente atuantes, capazes de garantir

---

29. ROBOREDO, Carlos Eduardo Freire. *A Defensoria Pública e sua essencialidade constitucional*, *in Livro de Estudos Jurídicos*, Volume 4, Rio de Janeiro: Editora Instituto de Estudos Jurídicos, 1992, pág. 115.

e preservar os direitos fundamentais de caráter civil, político e social pode ser apontada como um relevante indicador do estágio de efetiva consolidação democrática de uma sociedade.

Nessa linha, a possibilidade de acesso efetivo à Justiça torna-se um diferencial importante para a identificação de uma verdadeira democracia, devidamente consolidada. Afinal, o regime democrático legitima-se exatamente enquanto garante e promove o acesso equânime dos mais diferentes valores e interesses nos seus procedimentos jurídico-políticos.

Assim, sendo a Defensoria Pública uma instituição constitucionalmente idealizada para garantir o acesso à Justiça tanto em sentido formal quanto em sentido material, o seu fortalecimento aponta na direção de uma democracia mais sólida.

Destarte, podemos entender que a Defensoria Pública é expressão do regime democrático na medida em que sua presença e atuação consistentes são manifestação do avanço da sociedade rumo à consolidação democrática. (...)

Cabe nesse ponto buscar responder à segunda parte do questionamento lançado. Iniciamos pelo significado da palavra instrumento. Pois bem, de acordo com o dicionário instrumento é um "meio utilizado para obter um resultado".

A democracia é um processo de afirmação do protagonismo do povo e de garantia de direitos fundamentais que vão sendo conquistados no correr na história. Essa se estrutura em três princípios fundamentais: (i) supremacia da vontade popular; (ii) preservação da liberdade; e (iii) igualdade de direitos. O processo democrático, pois, avança conforme esses princípios vão sendo efetivados e aprofundados.

Nessa trilha, ser instrumento do regime democrático é ser um meio para se obter a consolidação democrática. Para tanto, o mesmo deve buscar a concretização dos três princípios democráticos. (...)

A partir do cotejo entre as funções institucionais e os princípios da democracia, constata-se que a Defensoria Pública é instrumento do regime democrático porque no cumprimento das suas funções institucionais realiza os três princípios democráticos – supremacia da vontade popular, preservação da liberdade e igualdade de direitos –, potencializando a democracia. (GONZÁLEZ, Pedro. *A Defensoria Pública como Expressão e Instrumento do Regime Democrático: A EC nº 80/14 para além da sua função simbólica, in* V Prêmio Jurídico Defensor Público Sílvio Roberto Melo Moraes, Rio de Janeiro: ADPERJ, 2016)

Ser expressão e instrumento do regime democrático significa que a Defensoria Pública possui uma missão tamanha no exercício de suas atividades. A democracia deve ser projetada tanto no plano *interna corporis,* com a adoção de soluções administrativas que privilegiem a escolha da maioria, a exemplo da eleição para cargos administrativos e de chefia ocupado pelos membros em todos os seus níveis.

Do mesmo modo, no plano externo, a Defensoria Pública deve assegurara plenitude da participação popular democrática, seja pela Ouvidoria Geral e pelas audiências públicas. Igualmente, como tutora dos interesses da coletividade vulnerável, a Defensoria Pública deve ser a voz desta parcela da sociedade, levando ao Parlamento os anseios da população através de anteprojetos de lei a serem transformados em projetos legislativos e fomentado projetos de iniciativa popular com debate na sociedade.

Por fim, assegurar o pleno exercício dos direitos políticos de todas as classes sociais, a começar pelos presos provisórios e demais segmentos sociais vulneráveis, tornando efetiva a participação popular no palco da democracia política.

4. AS AUTONOMIAS E INICIATIVAS DA DEFENSORIA PÚBLICA – CONCEITOS QUE NÃO SE CONFUNDEM

Apesar de muitos doutrinadores apontarem a existência de uma autonomia legislativa e orçamentária, cremos que o termo *"autonomia"* não nos parece o mais adequado e, por isso, preferimos o uso da expressão *"iniciativa legislativa"* e *"iniciativa orçamentária"*.

Dizer que a Defensoria Pública detém autonomia legislativa implica uma confusão terminológica entre o poder regulamentar interno da instituição (edição de Resoluções, Deliberações, Portarias, Atos Conjuntos etc.), que decorre da autonomia administrativa, e a edição de Leis Complementares sobre o regime jurídico da instituição e Leis Ordinárias sobre temas afins da Defensoria Pública, a verdadeira iniciativa legislativa.

A proposição de projetos de lei pelo Defensor Público Geral não significa o exercício de uma autonomia, considerando que o projeto de lei encaminhado pelo chefe institucional não detém força cogente no ordenamento jurídico.

Igual situação ocorre no exercício da matéria orçamentária. Apesar de já estar consolidado o entendimento de que o Poder Executivo não pode alterar a proposta orçamentária da Defensoria Pública, quando da consolidação do Projeto de Lei Orçamentária, isto não significa dizer que aquela proposta será implementada, já que o foro adequado para sua definição, com possibilidade de modificação é o Poder Legislativo.

Tanto no exercício da iniciativa legislativa ou orçamentária é necessária a aprovação pelas duas casas legislativas (plano federal) ou pela assembleia (plano estadual), havendo, na realidade, um verdadeiro ato complexo que depende da comunhão de vontades do parlamento e da chefia da Defensoria Pública.

No exercício das autonomias, esta complexidade de atos não existe, já que a Defensoria Pública pratica seus atos finalísticos e de gestão sem qualquer participação dos demais poderes e órgãos constituídos.

Por essa razão, torna-se importante o estudo da autonomia funcional, da autonomia administrativa, da iniciativa legislativa e orçamentária e da autonomia financeira, uma derivação de todas as anteriores.

4.1. Da autonomia Constitucional da Defensoria Pública

Como função essencial à justiça, possui a Defensoria Pública a incumbência constitucional de proteger os interesses das pessoas afligidas pelo injusto estigma da exclusão social, garantindo-lhes a efetiva proteção contra eventuais violações comissivas ou omissivas de seus direitos.

No entanto, para que possa exigir a observância do valor justiça, seja pelo Estado seja por entidades privadas, necessita a Defensoria Pública de instrumentos que lhe garantam liberdade de atuação, protegendo-a contra eventuais ingerências políticas ou represálias administrativas e financeiras.

Não se pode esquecer que a defesa dos direitos dos menos favorecidos, muitas vezes, colide com os interesses dos ocupantes dos cargos políticos e dos grandes empresários que financiaram suas campanhas eleitorais. Por essa razão, necessita a Defensoria Pública de autonomia em relação às demais funções estatais, garantindo-se que o seu objetivo fundamental de proteção dos necessitados não seja desviado por interesses governamentais paralelos[30].

Neste tópico, passaremos a analisar as peculiaridades legislativas referentes à autonomia constitucional e infraconstitucional das Defensorias Públicas dos Estados, da Defensoria Pública do Distrito Federal e da Defensoria Pública da União.

---

30. Com muita sabedoria o renomado Defensor Público Roberto Vitagliano pondera que "o menos afortunado deve ser assistido, em suas questões contra os poderosos e até contra o Estado, por quem possua condições de resistência a qualquer tipo de pressão" (VITAGLIANO, Roberto. *Defensoria Pública e o estado democrático de direito*, Revista de Direito da Defensoria Pública, Rio de Janeiro, 1988, ano I, n.1, pág. 37).

4.1.1. Da natureza constitucional originária das autonomias da Defensoria Pública

A moderna análise das Funções Essenciais à Justiça revela ser equivocado afirmar sua ligação aos poderes executivo, legislativo ou judiciário. Em verdade, o Ministério Público, a Advocacia Pública, a Advocacia Privada e a Defensoria Pública compõem um quarto complexo orgânico, autônomo e desvinculado dos Poderes Estatais.

Trata-se do que Diogo de Figueiredo Moreira Neto denominou de Procuraturas Constitucionais[31], responsáveis pelo controle da atividade estatal, da perpetuidade da federação, da observância da separação de poderes, da prevalência do regime democrático e da eterna proteção aos direitos fundamentais do cidadão. Justamente por isso, necessitam os exercentes desta suprema função Constitucional da necessária autonomia para o enfrentamento das ilegalidades eventualmente praticadas pelos Poderes do Estado.

Afinal, mais importante do que redigir uma Constituição é garantir a sua aplicação prática, impedindo o desrespeito das normas nela insculpidas e preservando a ordem jurídica democrática instituída. Se for admitida a vinculação deste quarto complexo orgânico a qualquer outra estrutura estatal, poderemos estar permitindo que fiscalizador e fiscalizado sejam, ao final, concentrados na mesma figura, tornando o controle das atividades do Estado um autêntico simulacro de fiscalização; um teatro de marionetes, onde os exercentes das funções fiscalizadoras são controlados pelo ente estatal fiscalizado.

Certamente não foi esta a intenção do Poder Constituinte originário, e não pode ser esta a interpretação dada ao Título IV, Capítulo IV da Constituição Federal, sob pena de colocarmos a ordem jurídico-constitucional em risco.

Desse modo, pela análise sistemática da Constituição Federal, podemos concluir que a autonomia da Defensoria Pública decorre de sua própria posição topográfica no texto constitucional, estando ontologicamente separada das demais funções estatais. Se o constituinte originário pretendesse negar à Defensoria Pública sua necessária autonomia funcional, administrativa e financeira, teria atrelado suas funções institucionais, administração e finanças a algum dos Poderes do Estado, incluindo-a dentro do capítulo destinado ao Poder Legislativo (Capítulo

---

31. MOREIRA NETO, Diogo de Figueiredo. Op. cit., pág. 26.

I), ao Poder Executivo (Capítulo II), ou ao Poder Judiciário (Capítulo III). Ao prever a Defensoria Pública em capítulo autônomo, houve a renúncia por parte do constituinte em definir explicitamente a Instituição entre os Poderes do Estado, outorgando-lhe a necessária autonomia para o exercício de suas atribuições constitucionais[32].

Além disso, autonomia da Defensoria Pública deve ser compreendida como uma decorrência lógica de sua própria função constitucional. Como "Função Essencial à Justiça", a Defensoria Pública encontra-se encarregada da irrenunciável missão constitucional de exercer o controle das funções estatais, neutralizando o abuso e a arbitrariedade emergentes da luta de classes[33]. Desse modo, para que possa atuar de maneira ativa na defesa da ordem jurídica democrática do país, torna-se imprescindível que a Defensoria Pública possua a necessária autonomia em relação aos demais Poderes do Estado. Não só autonomia funcional, mas autonomia administrativa e financeira, evitando-se pressões indiretas e retaliações orçamentárias indevidas por parte das demais estruturas estatais, em resposta à eventual e incômoda atuação dos Defensores Públicos[34].

Diante desse quadro, não se revela adequado afirmar que a autonomia da Defensoria Pública teria sido "criada" ou "concedida" pelas Emendas Constitucionais nº 45/2004, nº 69/2012 e nº 74/2013. Na verdade, as referidas Emendas Constitucionais não realizaram a criação de preceito jurídico novo, pensando novamente o que já havia sido pensado no Congresso Nacional anteriormente; o que fizeram foi simplesmente pensar até o fim aquilo que já se havia começado a pensar no momento da promulgação da Constituição de 1988, preservando a real vontade do povo – verdadeiro e único titular do Poder Constituinte originário.

Sendo assim, podemos concluir que as Emendas Constitucionais nº 45/2004, 69/2012 e 74/2013 meramente explicitaram a autonomia

---

32. MOREIRA NETO, Diogo de Figueiredo. Op. cit.

33. GALLIEZ, Paulo. *A Defensoria Pública, o Estado e a Cidadania*, Rio de Janeiro: Lumen Juris, 2006, pág. 07.

34. Como leciona o professor Paulo Galliez, "havendo conveniência por parte do Estado na manutenção da pobreza, o trabalho da Defensoria Pública deverá estar sempre voltado ao necessitado, e só a ele será dirigido, inexistindo assim qualquer liame ideológico entre a Defensoria Pública e o Estado, haja vista que seus interesses e objetivos são, nesse particular, antagônicos. É claro que a sobrevivência da Defensoria Pública depende do Estado, mas com ele não se confunde, posto que sua atuação, na realidade, se destina à classe socialmente oprimida pelo Estado." (GALLIEZ, Paulo. Op. cit., pág. 05)

funcional, administrativa e financeira da Defensoria Pública, que já constava implicitamente no sistema constitucional.

4.1.2. Do reconhecimento constitucional da autonomia funcional, administrativa e financeira das Defensorias Públicas dos Estados (EC nº 45/2004), da Defensoria Pública do Distrito Federal (EC nº 69/2012) e da Defensoria Pública da União (EC nº 74/2013)

Embora a autonomia funcional, administrativa e financeira da Defensoria Pública decorra diretamente da posição topográfica por ela ocupada na Constituição Federal, o reconhecimento explícito desse elemento de manumissão apenas ocorreu com a edição das Emendas Constitucionais nº 45/2004, nº 69/2012 e nº 74/2013.

Primeiramente, com o advento da Emenda Constitucional nº 45/2004, passou o art. 134, § 2º, da Constituição Federal a assegurar expressamente às Defensorias Públicas dos Estados autonomia funcional e administrativa, bem como a iniciativa de sua proposta orçamentária, obedecendo-se os limites estabelecidos pela lei de diretrizes orçamentárias:

> Art. 134, § 2º, da CRFB: Às Defensorias Públicas Estaduais são asseguradas autonomia funcional e administrativa e a iniciativa de sua proposta orçamentária dentro dos limites estabelecidos na lei de diretrizes orçamentárias e subordinação ao disposto no art. 99, § 2º.

Nesse primeiro momento, portanto, a previsão expressa da autonomia restou realizada unicamente em relação às Defensorias Públicas dos Estados, sendo excluídas do âmbito explícito de incidência da norma as Defensorias Públicas da União e do Distrito Federal. Essa incompreensível quebra de isonomia institucional, no entanto, não possuía o mínimo de fundamentação jurídica ou lógica; afinal, o único fator que separa as diversas ramificações estruturais da Defensoria Pública é a distribuição constitucional de atribuições, não havendo qualquer elemento distintivo adicional que pudesse justificar a desarmonização normativa operada pela Emenda Constitucional nº 45/2004.

Justamente por isso, a Associação Nacional dos Defensores Públicos da União (ANDPU) realizou a propositura da ADI nº 4.282/DF (pendente de julgamento), postulando que o art. 134, § 2º da CRFB fosse objeto de interpretação conforme a Constituição, sendo declarada, mediante hermenêutica ampliativa, a sua aplicabilidade também à Defensoria Pública da União[35].

---

35. STF – Pleno – ADI nº 4.282/DF – Relator Min. ROSA WEBER, pendente de julgamento.

Posteriormente, porém, esse vício omissivo parcial relativo de inconstitucionalidade[36] restou sanado pelo poder constituinte derivado reformador, que realizou a edição das Emendas Constitucionais nº 69/2012 e nº 74/2013.

Segundo determina o art. 2º da Emenda Constitucional nº 69/2012, devem ser aplicados à Defensoria Pública do Distrito Federal os mesmos princípios e regras que, nos termos da Constituição Federal, regem as Defensorias Públicas dos Estados. Com isso, a EC nº 69/2012 ampliou o espectro subjetivo de incidência do art. 134, § 2º da CRFB, determinando que a autonomia institucional nele prevista também fosse aplicada em relação à Defensoria Pública do Distrito Federal[37]. *In verbis*:

> Art. 2º da EC nº 69/2012: Sem prejuízo dos preceitos estabelecidos na Lei Orgânica do Distrito Federal, aplicam-se à Defensoria Pública do Distrito Federal os mesmos princípios e regras que, nos termos da Constituição Federal, regem as Defensorias Públicas dos Estados.

Em seguida, a Emenda Constitucional nº 74/2013 realizou a inclusão do § 3º ao art. 134 da CRFB, prevendo que o disposto no § 2º do referido artigo também seria aplicável à Defensoria Pública da União e do Distrito Federal. Com essa cláusula genérica, a Emenda Constitucional nº 74/2013 estendeu à Defensoria Pública da União a mesma autonomia institucional expressamente reconhecida pelo art. 134, § 2º, da CRFB em relação às Defensorias Públicas dos Estados, além de reafirmar a autonomia institucional da Defensoria Pública do Distrito Federal – já reconhecida pelo art. 2º da EC nº 69/2012:

> Art. 134, § 3º, da CRFB: Aplica-se o disposto no § 2º às Defensorias Públicas da União e do Distrito Federal.

Atualmente, tramita no Supremo Tribunal Federal a ADI nº 5.296/DF, proposta pela Presidência da República, alegando a inconstituciona-

---

36. "A inconstitucionalidade será total quando colher a íntegra do diploma legal impugnado. E será parcial quando recair sobre um ou vários dispositivos, ou sobre fração de um deles, inclusive uma única palavra. (...) Diz-se que a omissão parcial é relativa quando a lei exclui de seu âmbito de incidência determinada categoria que nele deveria estar abrigada, privando-a de um benefício em violação ao princípio da isonomia." (BARROSO, Luís Roberto. Op. cit., pág. 36/38)

37. Em virtude dessa nova regra constitucional, o art. 114, § 1º, da Lei Orgânica do Distrito Federal restou alterada pela Emenda à Lei Orgânica nº 61/2012, passando a prever que "à Defensoria Pública do Distrito Federal é assegurada, nos termos do art. 134, § 2º, da Constituição Federal, e do art. 2º da Emenda Constitucional nº 69, de 29 de março de 2012, autonomia funcional e administrativa, cabendo-lhe elaborar, nos termos da lei de diretrizes orçamentárias, sua proposta orçamentária e encaminhá-la ao Poder Executivo para consolidação da proposta de lei de orçamento anual e submissão ao Poder Legislativo".

lidade formal da Emenda Constitucional nº 74/2013, por vício de iniciativa, uma vez que seria resultante de proposta de origem parlamentar (PEC nº 207/2012), com usurpação da reserva de iniciativa do Poder Executivo para deflagrar o processo legislativo no tocante ao regime jurídico de servidores públicos da União, em afronta ao art. 61, § 1º, II, c, da CRFB. Por conseguinte, essa inobservância, pelo Poder Legislativo, da reserva de iniciativa do Poder Executivo, teria ocasionado também violação ao postulado e cláusula pétrea da separação dos poderes, afrontando o art. 2º c/c art. 60, § 4º, III, da CRFB.

Não obstante o mérito da Ação Direta de Inconstitucionalidade ainda esteja pendente de julgamento, o Supremo Tribunal Federal indeferiu a medida cautelar pleiteada pela Presidência da República[38], tecendo importantes considerações sobre o alegado vício de iniciativa da Emenda Constitucional nº 74/2013, sobre a suposta violação à separação de poderes e sobre a importância da autonomia da Defensoria Pública, *in verbis*:

> AÇÃO DIRETA DE INCONSTITUCIONALIDADE. MEDIDA CAUTELAR. ART. 134, § 3º, DA CONSTITUIÇÃO DA REPÚBLICA, INCLUÍDO PELA EMENDA CONSTITUCIONAL Nº 74/2013. EXTENSÃO, ÀS DEFENSORIAS PÚBLICAS DA UNIÃO E DO DISTRITO FEDERAL, DA AUTONOMIA FUNCIONAL E ADMINISTRATIVA E DA INICIATIVA DE SUA PROPOSTA ORÇAMENTÁRIA, JÁ ASSEGURADAS ÀS DEFENSORIAS PÚBLICAS DOS ESTADOS PELA EMENDA CONSTITUCIONAL Nº 45/2004. EMENDA CONSTITUCIONAL RESULTANTE DE PROPOSTA DE INICIATIVA PARLAMENTAR. ALEGADA OFENSA AO ART. 61, § 1º, II, "c", DA CONSTITUIÇÃO DA REPÚBLICA. USURPAÇÃO DA RESERVA DE INICIATIVA DO PODER EXECUTIVO. INOCORRÊNCIA. ALEGADA OFENSA AOS ARTS. 2º E 60, § 4º, III, DA CONSTITUIÇÃO DA REPÚBLICA. SEPARAÇÃO DE PODERES. INOCORRÊNCIA. *FUMUS BONI JURIS* E *PERICULUM IN MORA* NÃO DEMONSTRADOS.
>
> 1. No plano federal, o poder constituinte derivado submete-se aos limites formais e materiais fixados no art. 60 da Constituição da República, a ele não extensível a cláusula de reserva de iniciativa do Chefe do Poder Executivo, prevista de modo expresso no art. 61, § 1º, apenas para o poder legislativo complementar e ordinário – poderes constituídos.
>
> 2. Impertinente a aplicação, às propostas de emenda à Constituição da República, da jurisprudência do Supremo Tribunal Federal quanto à inconstitucionalidade de emendas às constituições estaduais sem obser-

---

38. Durante o julgamento da ADI nº 5.296 MC/DF, votaram pelo indeferimento da medida liminar os Ministros Rosa Weber, Edson Fachin, Roberto Barroso, Teori Zavasci, Luiz Fux, Cármen Lúcia, Dias Toffoli e Ricardo Lewandowski, restando vencidos os Ministros Gilmar Mendes e Marco Aurélio, que votaram pelo deferimento da liminar. Ausente o Ministro Celso de Mello.

vância da reserva de iniciativa do Chefe do Poder Executivo, fundada na sujeição do poder constituinte estadual, enquanto poder constituído de fato, aos limites do ordenamento constitucional federal.

3. O conteúdo da Emenda Constitucional nº 74/2013 não se mostra assimilável às matérias do art. 61, § 1º, II, "c", da Constituição da República, considerado o seu objeto: a posição institucional da Defensoria Pública da União, e não o regime jurídico dos respectivos integrantes.

4. O art. 60, § 4º, da Carta Política não veda ao poder constituinte derivado o aprimoramento do desenho institucional de entes com sede na Constituição. A concessão de autonomia às Defensorias Públicas da União, dos Estados e do Distrito Federal encontra respaldo nas melhores práticas recomendadas pela comunidade jurídica internacional e não se mostra incompatível, em si, com a ordem constitucional. Ampara-se em sua própria teleologia, enquanto tendente ao aperfeiçoamento do sistema democrático e à concretização dos direitos fundamentais do amplo acesso à Justiça (art. 5º, XXXV) e da prestação de assistência jurídica aos hipossuficientes (art. 5º, LXXIV).

5. Ao reconhecimento da legitimidade, à luz da separação dos Poderes (art. 60, § 4º, III, da Lei Maior), de emenda constitucional assegurando autonomia funcional e administrativa à Defensoria Pública da União não se desconsidera a natureza das suas atribuições, que não guardam vinculação direta à essência da atividade executiva. *Fumus boni juris* não evidenciado.

6. Alegado risco de lesão aos cofres públicos sem relação direta com a vigência da norma impugnada, e sim com atos normativos supervenientes, supostamente nela calcados, é insuficiente para demonstrar a existência de fundado receio de dano irreparável ou de difícil reparação, requisito da concessão de medida cautelar em ação direta de inconstitucionalidade. Eventual exegese equivocada ou abusiva não conduz à inconstitucionalidade da emenda constitucional, somente inquinando de vício o ato do mau intérprete. *Periculum in mora* não demonstrado.

Medida cautelar indeferida.

VOTO MIN. EDSON FACHIN: (...) No presente caso, a Emenda à Constituição nº 74/2013, que conferiu autonomia à Defensoria Pública da União e do Distrito Federal, não desfigurou o direito fundamental de acesso à justiça aos necessitados (art. 5º, LXXIV), mas, ao contrário, lhe conferiu ainda mais robustez e concretude.

O funcionamento da Defensoria Pública veicula matéria de interesse primário, portanto, da coletividade e não do Poder Executivo. Dessa forma, não poderia ser por ele limitado. Por isso, a autonomia desta instituição corrobora para a efetivação dos direitos fundamentais dos necessitados, permitindo seu acesso à justiça. Reconhecer a atuação da Defensoria Pública como um direito que corrobora para o exercício de direitos é reconhecer sua importância para um sistema constitucional democrático em que todas as pessoas, principalmente aquelas que

Cap. 4 • AUTONOMIA DA DEFENSORIA PÚBLICA: UMA ANÁLISE NÃO TRADICIONAL

se encontram à margem da sociedade, possam usufruir do catálogo de direitos e liberdades previsto na Constituição Federal. (...)

O Poder Legislativo não violou a Constituição, deu-lhe, em verdade, pleno cumprimento, pois garantiu a independência de um órgão que sempre deveria ter tido. A corroborar a interpretação que se deve dar à função desempenhada pela Defensoria, cumpre registrar que a Assembleia Geral da Organização dos Estados Americanos fez aprovar, recentemente, a Resolução nº 2821, que recomenda aos Estados garantir a autonomia e o fortalecimento da Defensoria Pública, como garantia do acesso à justiça. (...)

Nesse viés, observa-se que a autonomia conferida pela Emenda Constitucional nº 74/2013, ora impugnada, às Defensorias Públicas da União e do Distrito Federal apenas corrobora para que a instituição cumpra sua missão constitucional. Vincular-se ao Poder Executivo em face de quem são propostas diversas demandas para a defesa dos necessitados seria tornar inócuo o mandamento constitucional. Nesta perspectiva, a autonomia funcional e administrativa da Defensoria Pública da União e do Distrito Federal apenas consolida traço essencial para a respectiva existência. Ademais, não há razão para tratamento diferenciado entre a Defensoria Pública da União e do Distrito Federal, de um lado, e das Defensorias Públicas Estaduais, de outro. O tratamento constitucional uniforme mostra-se mais condizente com os fins que o constituinte dispensou à defesa dos necessitados - art. 134, desde a redação originária e também com a redação dada pela Emenda Constitucional nº 80/2014, cumulado com o disposto no art. 5º, LXXIV, da Constituição Federal. (...)

VOTO MIN. LUIS ROBERTO BARROSO: (...) A Defensoria Pública, clara e evidentemente, não é um poder, e ninguém sustentaria diferente, nem um quase poder, como o papel institucional do Ministério Público brasileiro. Não obstante isso, parece-me razoável e legítimo que se dê a Defensoria Pública tratamento análogo ao que foi dado, pela Constituição, ao Ministério Público, por três razões - e aqui, então, eu procuro destacar as especificidades da Defensoria Pública que legitimam esta pretensão já reconhecida de autonomia administrativa e funcional. A primeira razão é que a Defensoria Pública é a contra parte no processo penal justamente do Ministério Público, de modo que a proximidade entre as duas instituições é institucionalmente aceitável, e provavelmente desejável, para que os pobres não sejam bem acusados e mal defendidos. E, portanto, procura-se dar, à instituição que defende os hipossuficientes, um status institucional análogo ao do Ministério Público. Parece-me uma razão extremamente legítima, esta.

E, no caso da Defensoria Pública da União, que é o que está aqui em discussão, é preciso deixar claro que o grande adversário da Defensoria Pública da União, ou na verdade, o grande adversário da clientela da Defensoria Pública da União, é precisamente a União Federal, é quem tem a chave do cofre, especialmente - penso que ainda seja, era o grande volume - nas questões previdenciárias, em que a Defensoria Pública da União desempenha um papel muito relevante.

105

De modo que reconhecer a autonomia administrativa e funcional da Defensoria Pública em face da União é protegê-la contra "o seu grande adversário" nos processos em que a Defensoria Pública atua. E não é possível correr o risco de deixar o interesse público primário que ela defende à mercê de a União ficar contrariada pela eventual lesão a seus interesses públicos e secundários, que são os do erário.

E a terceira razão é que a assistência jurídica aos hipossuficientes é um direito fundamental consagrado no art. 5º, inciso LXXIV, da Constituição.

Portanto, verifico - e procurei expor isso, e outros que me precederam também - que há uma singularidade em relação à Defensoria Pública que justifica alçá-la ao mesmo patamar institucional que hoje desfruta o Ministério Público. (...)

VOTO MIN. DIAS TOFFOLI: (...) A concessão de autonomia administrativa, funcional e de iniciativa de sua proposta orçamentária à Defensoria Pública Federal e à Defensoria Pública do Distrito Federal pela EC nº 74/2013 não viola a separação dos Poderes nem constitui inovação apta a "abolir" esse princípio de nossa Constituição, como preceitua o § 4º do art. 60.

Começo salientando que o reconhecimento da referida autonomia não interferiu na conformação constitucional dada ao postulado da divisão dos poderes. Note-se que em nenhum momento interferiu-se na distribuição das funções legislativa, executiva e judiciária entre os órgãos constitucionais.

A retirada da Defensoria Pública da situação de subordinação administrativa, funcional e de iniciativa orçamentária ao Poder Executivo não correspondeu, em nenhuma medida, ao deslocamento da estrutura daquele poder de função que lhe era própria por força do texto constitucional. Sendo assim, não houve uma minoração do Poder Executivo tal como delineado pelo poder constituinte originário. Também não houve a absorção de competências constitucionais típicas de órgãos do Poder Executivo pela Defensoria Pública.

Conforme já assinalado, a Defensoria Pública jamais pertenceu ao Poder Executivo, de modo que o "descolamento" operado pela emenda constitucional não equivaleu à extração de um órgão da estrutura desse poder, mas tão somente ao fim da situação de subordinação funcional, administrativa e orçamentária quanto à iniciativa outrora experimentada pela entidade de assistência judiciária.

Abro, aqui, um parênteses para destacar que o mesmo raciocínio não é válido para instituições que efetivamente estão na estrutura do Poder Executivo e que possuem pretensão, via emenda constitucional, de obtenção de autonomia em face daquele Poder. Entendo relevante esse registro, diante da existência de inúmeras emendas constitucionais em trâmite no Congresso Nacional com a pretensão de estender essa mesma forma de autonomia a instituições diversas, que não receberam tratamento constitucional apartado dos Poderes da República.

Cap. 4 • AUTONOMIA DA DEFENSORIA PÚBLICA: UMA ANÁLISE NÃO TRADICIONAL

Prossigo, destarte, ressaltando que, em minha compreensão, o processo de concessão de ampla autonomia à defensoria pública pode, até mesmo, ser vislumbrada como modificação constitucional esperada, dentro da conformação que foi traçada a esse órgão, pois a existência de capítulo próprio para o tratamento constitucional das "Funções Essenciais à Justiça" não é mera disposição de forma, mas elemento fundamental de estruturação da Constituição cidadã; não se trata de escolha aleatória do constituinte, mas de consagração da igualdade no processo e no acesso à Justiça. (...)

Segundo minha compreensão, destarte, as "Funções Essenciais à Justiça" guardam status constitucional diferenciado e apartado dos três Poderes, não implicando as disposições sobre elas, desde que não atinjam os Poderes constituídos e desde que não sejam tomadas como um quarto Poder, violação do princípio da separação dos poderes.

No caso, não vislumbro qualquer possibilidade de interpretar a EC nº 74/2013 como alavanca para a Defensoria Pública ostentar a condição de quarto Poder, uma vez que a autonomia funcional e a administrativa e a iniciativa de proposta orçamentária não são – em meu entender – atributos exclusivos de Poder, de modo que essa emenda apenas estende à Defensoria Pública Federal e à Defensoria Pública do Distrito Federal a autonomia já assegurada pela EC nº 45/2004 às defensorias públicas estaduais.

Note-se que o próprio constituinte de 1988 optou por conferir tal autonomia ao Ministério Público, não havendo, nos dias atuais, qualquer dúvida de que essa instituição não caracteriza um quarto Poder constitucional.

A concessão, por si só, de autonomia administrativa e funcional e de iniciativa de proposta orçamentária a órgão que, como o Ministério Público, se insere na categoria das "Funções Essenciais à Justiça" não me soa, portanto, inconstitucional, *máxime* quando considerado – consoante evidencia a história das instituições integrantes das "Funções Essenciais à Justiça" – que apenas o Ministério Público era instituição consolidada quando do advento da Constituição Federal de 1988. A Advocacia Pública e a Defensoria Pública, por seu turno, são instituições recentes, criadas – enquanto instituições – pela própria ordem constitucional de 1988, o que possivelmente foi considerado pelo constituinte originário para a não atribuição de plena autonomia a esses órgãos naquela oportunidade.

Tenho, assim, que o tratamento conferido originariamente ao *parquet* pela Constituição Federal de 1988, com o reconhecimento constitucional de uma série de garantias – muitas já previstas anteriormente em normas infraconstitucionais – que lhe asseguraram maior desenvolvimento, decorreu do fato de que, no momento constituinte, a instituição já possuía uma longa trajetória na história do país, sendo, inclusive, de se ressaltar que, nos trabalhos preparatórios para a Constituição de 1988, se encontrava amplamente mobilizada. (...)

Nesse quadro, o reconhecimento da autonomia funcional e administrativa e a iniciativa de proposta orçamentária da defensoria pública pelas

107

EC nº 74/2013 e EC nº 45/2004, ao contrário de violarem a separação de poderes, sobrevieram – penso eu – como uma evolução do nosso sistema jurídico-constitucional, a qual favorece, acima de tudo, o jurisdicionado hipossuficiente.

A propósito, o modelo adotado no Brasil para a defensoria pública obteve reconhecimento internacional no âmbito da Assembleia Geral da Organização dos Estados Americanos (OEA), que aprovou as Resoluções AG/RES. 2714 (XLII-O/12) e AG/RES. 2656 (XLI-O/11), as quais recomendam "aos Estados membros que já dispõem do serviço de assistência jurídica gratuita que adotem medidas destinadas a que os defensores públicos oficiais gozem de independência e autonomia funcional".

Ademais, em dezembro de 2015, os chefes de Estado dos países membros de Mercosul firmaram documento denominado "Comunicado Conjunto de las Presidentas y los Presidentes de los Estados Partes del Mercosur y Estados Associados", em que, no item 24, afirmam o compromisso com a autonomia das defensorias públicas. (...)

Ao contrário, portanto, da pretensão de atribuir inconstitucionalidade ao texto da EC nº 74/2013, vislumbro, no espírito da norma, a busca pela elevação da Defensoria Pública a um patamar adequado a seu delineamento constitucional originário de função essencial à Justiça, densificando o direito fundamental previsto no art. 5º da Constituição Federal, que ordena ao Estado a prestação de assistência jurídica integral e gratuita aos que comprovarem insuficiência de recursos. (STF – Pleno – ADI nº 5.296 MC/DF – Relatora Min. ROSA WEBER, decisão: 18-05-2016)

4.2. Autonomia Funcional

A autonomia funcional garante à Defensoria Pública plena liberdade de atuação no exercício de suas funções institucionais, submetendo-se unicamente aos limites determinados pela Constituição Federal, pela lei e pela própria consciência de seus membros. Diante de sua autonomia funcional, a Instituição se encontra protegida de toda e qualquer ingerência externa, garantindo-se aos Defensores Públicos a possibilidade de agir com liberdade na defesa dos direitos das classes socialmente oprimidas, inclusive contra o próprio Poder Público[39].

Embora seja comum a confusão doutrinária sobre o tema, a independência funcional e a autonomia funcional não devem ser consideradas expressões sinônimas. Não obstante a similitude vocabular, as

---

39. Estabelece o art. 4º, § 2º, da LC nº 80/1994, com redação dada pela LC nº 132/2009 que "as funções institucionais da Defensoria Pública serão exercidas inclusive contra as Pessoas Jurídicas de Direito Público".

expressões designam institutos jurídicos distintos e se direcionam para titulares diferenciados.

A independência funcional (art. 134, § 4º da CRFB e art. 3º da LC nº 80/1994) constitui princípio tendente a salvaguardar a liberdade de convicção do Defensor Público e o livre exercício de suas funções institucionais. Trata-se de instituto voltado para o Defensor Público individualmente considerado, protegendo sua consciência profissional contra ingerências externas, sejam oriundas dos órgãos governamentais, dos setores mais abastados da sociedade ou mesmo da própria administração superior da Defensoria Pública.

Já a autonomia funcional assegura às Defensorias Públicas dos Estados (art. 134, § 2º, da CRFB), à Defensoria Pública do Distrito Federal (art. 2º da EC nº 69/2012, c/c o art. 134, § 3º, da CRFB) e à Defensoria Pública da União (art. 134, § 3º, da CRFB) liberdade de atuação institucional, evitando toda e qualquer ingerência externa nos assuntos *interna corporis*. Trata-se de instituto direcionado para a Defensoria Pública globalmente considerada, garantindo a autonomia da Instituição frente aos Poderes Estatais e aos interesses das classes favorecidas.

Em síntese, enquanto a independência funcional guarda relação singular com Defensor Público, a autonomia funcional se volta coletivamente para a Defensoria Pública; a primeira constitui garantia individual do Defensor Público e a segunda garantia institucional da Defensoria Pública[40].

Apresentando a diferenciação técnica entre a independência funcional e a autonomia funcional, leciona Gustavo Corgosinho, de maneira clara e didática:

> A autonomia funcional é um princípio que visa salvaguardar a Defensoria Pública por inteiro, considerada como um conjunto formado por todos os seus órgãos de execução, atuação e administração superior, ao passo que a independência funcional se traduz sob a forma de uma garantia conferida a cada um de seus órgãos e a cada um de seus membros, separadamente. (CORGOSINHO, Gustavo. *Defensoria Pública: Prin-*

---

40. "Autonomia funcional x independência funcional: ambos os conceitos não se confundem. Autonomia funcional se refere à Instituição como um todo, como um ente orgânico independentemente de outros entes públicos. A Defensoria Pública, como Instituição pública, é livre para trilhar seus rumos, sem a ingerência de outros entes. Por sua vez, a independência funcional se refere ao defensor público enquanto órgão de execução, sendo-lhe garantida a autonomia de pensamento jurídico e de atuação para a defesa dos direitos de seus assistidos." (BARROS, Guilherme Freire de Melo. Defensoria Pública, Bahia: JusPodivm, 2014, pág.167)

cípios Institucionais e Regime Jurídico, Belo Horizonte: Arraes Editores, 2014, pág. 64)

No mesmo sentido, lecionam Gustavo Augusto Soares dos Reis, Daniel Guimarães Zveibil e Gustavo Junqueira, em obra recentemente publicada sobre o tema:

> A autonomia funcional é conferida à instituição, e não se confunde com a independência funcional, que é prerrogativa de seus membros. (REIS, Gustavo Augusto Soares dos. ZVEIBIL, Daniel Guimarães. JUNQUEIRA, Gustavo. *Comentários à Lei da Defensoria Pública*, São Paulo: Saraiva, 2013, pág.40)

Seguindo a mesma linha de raciocínio, por fim, o posicionamento clássico do professor José Afonso da Silva, *in verbis*:

> Em síntese, "autonomia" é um conceito relacional, porque se prende ao confronto com outros órgãos do poder. "Independência funcional" quer dizer que, no exercício de sua atividade-fim o Defensor Público tem inteira liberdade de atuação. Não fica sujeito a determinações superiores, e só deve observância à Constituição e às leis. Ninguém tem o poder legítimo de lhe dizer "faça isso", "faça assim" ou "faça de outro modo". Veja-se, pois, a diferença: a autonomia é institucional, refere-se à instituição, à Defensoria; a independência funcional é do titular da função, é pertinente ao titular do cargo ou função do Defensor Público." (SILVA, José Afonso da. *Comentário Contextual à Constituição*, São Paulo: Malheiros, 2016, pág. 628)

Realizando a análise puramente gramatical do art. 134, § 4º da CRFB e do art. 3º da LC nº 80/1994, podemos observar que os princípios institucionais guardam relação léxica com a Defensoria Pública institucionalmente considerada. Isso porque, o próprio legislador os classifica como "princípios institucionais da Defensoria Pública". Justamente por isso, as leis orgânicas das Defensorias Públicas dos Estados do Amazonas e do Piauí estabelecem como princípio institucional a "autonomia funcional" (art. 2º da LCE/AM nº 01/1990 e art. 2º da LCE/PI nº 59/2005), deixando para prever a "independência funcional" dentre as garantias dos membros da Defensoria Pública (art. 30, I da LCE/AM nº 01/1990) ou dentre os direitos dos Defensores Públicos (art. 65 da LCE/PI nº 59/2005).

4.3. Autonomia Administrativa

A autonomia administrativa permite à Defensoria Pública praticar, de maneira independente e livre da influência dos demais Poderes Estatais, atos próprios de gestão, tais como: adquirir bens e contratar serviços; estabelecer a lotação e a distribuição dos membros da carreira e dos servidores; compor os seus órgãos de administração superior e de atuação; elaborar suas folhas de pagamento e expedir os competentes demonstrativos; organizar os serviços auxiliares; praticar atos e decidir sobre situação funcional e administrativa do pessoal; elaborar seus regimentos internos; praticar atos gerais de gestão administrativa, financeira e de pessoal; etc[41].

Por força da autonomia administrativa outorgada pela EC nº 45/2004 e subjetivamente ampliada pelas ECs nº 69/2012 e nº 74/2013, resta vedada a vinculação da Defensoria Pública a qualquer outra estrutura do Estado, reafirmando-se sua posição como *instituição extrapoder*.

Em defesa da autonomia administrativa das Defensorias Públicas dos Estados, o Supremo Tribunal Federal declarou inconstitucional a vinculação da Instituição à estrutura do Poder Executivo, reconhecendo a eficácia plena e imediata do art. 134, § 2º, da CRFB:

> Ação direta de inconstitucionalidade: art. 2º, inciso IV, alínea *c*, da Lei Estadual 12.755, de 22 de março de 2005, do Estado de Pernambuco, que estabelece a vinculação da Defensoria Pública estadual à Secretaria de Justiça e Direitos Humanos: violação do art. 134, § 2º, da Constituição Federal, com a redação da EC 45/2004: inconstitucionalidade declarada.
>
> 1. A EC 45/2004 outorgou expressamente autonomia funcional e administrativa às defensorias públicas estaduais, além da iniciativa para a propositura de seus orçamentos (art. 134, § 2º): donde, ser inconstitucional a norma local que estabelece a vinculação da Defensoria Pública a Secretaria de Estado.
>
> 2. A norma de autonomia inscrita no art. 134, § 2º, da Constituição Federal pela EC 45/2004 é de eficácia plena e aplicabilidade imediata, dado ser a Defensoria Pública um instrumento de efetivação dos direitos humanos.
>
> II. Defensoria Pública: vinculação à Secretaria de Justiça, por força da LC Estadual (PE) 20/1998: revogação, dada a incompatibilidade com o novo texto constitucional.
>
> 1. É da jurisprudência do Supremo Tribunal – malgrado o dissenso do Relator – que a antinomia entre norma ordinária anterior e a Constituição superveniente se resolve em mera revogação da primeira, a cuja declaração não se presta a ação direta.

---

41. De acordo com Gustavo Corgosinho, "a autonomia administrativa pode ser resumida na capacidade atribuída a determinado órgão para assumir integralmente a condução e a gestão dos seus próprios interesses e negócios, subordinando-se apenas e tão somente ao seu regime jurídico administrativo" (CORGOSINHO, Gustavo. *Defensoria Pública: princípios institucionais e regime jurídico*, Belo Horizonte: Arraes Editores, 2014, pág. 65).

2. O mesmo raciocínio é aplicado quando, por força de emenda à Constituição, a lei ordinária ou complementar anterior se torna incompatível com o texto constitucional modificado: precedentes. (STF, Pleno, ADI nº 3.569/PE, Rel. Min. Sepúlveda Pertence, decisão: 02.04.2007)

CONSTITUCIONAL. ARTS. 7º, VII, 16, CAPUT E PARÁGRAFO ÚNICO, DA LEI 8.559/2006, DO ESTADO DO MARANHÃO, QUE INSEREM A DEFENSORIA PÚBLICA DAQUELA UNIDADE DA FEDERAÇÃO NA ES-TRUTURA DO PODER EXECUTIVO LOCAL. OFENSA AO ART. 134, § 2º, DA CONSTITUIÇÃO FEDERAL. ADI PROCEDENTE. I – A EC 45/04 re-forçou a autonomia funcional e administrativa às defensorias públicas estaduais, ao assegurar-lhes a iniciativa para a propositura de seus orçamentos (art. 134, § 2º). II – Qualquer medida normativa que su-prima essa autonomia da Defensoria Pública, vinculando-a a outros Poderes, em especial ao Executivo, implicará violação à Constituição Federal. Precedentes. III – ADI julgada procedente. (STF – Pleno – ADI nº 4056/MA – Relator Min. RICARDO LEWANDOWSKI, decisão: 07-03-2012)

AÇÃO DIRETA DE INCONSTITUCIONALIDADE. ORGANIZAÇÃO E ES-TRUTURA DA ADMINISTRAÇÃO PÚBLICA. DEFENSORIA PÚBLICA DO ESTADO DE MINAS GERAIS. LEIS DELEGADAS N. 112 E 117, AMBAS DE 2007. 1. Lei Delegada n. 112/2007, art. 26, inc. I, alínea h: Defensoria Pública de Minas Gerais, órgão integrante do Poder Executivo mineiro. 2. Lei Delegada n. 117/2007, art. 10; expressão "e a Defensoria Pública", instituição subordinada ao Governador do Estado de Minas Gerais, in-tegrando a Secretaria de Estado de Defesa Social. 3. O art. 134, § 2º, da Constituição da República, é norma de eficácia plena e aplicabilidade imediata. 4. A Defensoria Pública dos Estados tem autonomia funcio-nal e administrativa, incabível relação de subordinação a qualquer Se-cretaria de Estado. Precedente. 5. Ação direta de inconstitucionalidade julgada procedente." (STF – Pleno – ADI nº 3965/MG – Relatora Min. CÁRMEN LÚCIA, decisão: 07-03-2012)

Nesse mesma linha, o Supremo Tribunal Federal reputou inconsti-tucional norma da Constituição do Estado de São Paulo que obrigava a celebração de convênios exclusivamente com a Ordem dos Advogados do Brasil para prestação de assistência jurídica nas localidades em que a Defensoria Pública ainda não houvesse sido estabelecida:

Inconstitucionalidade. Ação de descumprimento de preceito funda-mental – ADPF. Art. 109 da Constituição do Estado de São Paulo e art. 234 da Lei Complementar estadual nº 988/2006. Defensoria Pública. Assistência jurídica integral e gratuita aos necessitados. Previsões de obrigatoriedade de celebração de convênio exclusivo com a seção local da Ordem dos Advogados do Brasil – OAB-SP. Inadmissibilidade. Des-naturação do conceito de convênio. Mutilação da autonomia funcional, administrativa e financeira da Defensoria. Ofensa consequente ao art. 134, § 2º, cc. art. 5º, LXXIV, da CF. (...)

Cap. 4 • AUTONOMIA DA DEFENSORIA PÚBLICA: UMA ANÁLISE NÃO TRADICIONAL

A primeira indagação de mérito é se a previsão do convênio, objeto do art. 109 da Constituição Paulista e do art. 234 da Lei Complementar nº 988, de 9 de janeiro de 2006, imposto à Defensoria Pública, vulnera ou compromete a autonomia funcional e administrativa que lhe foi constitucionalmente atribuída, com eficácia plena e aplicabilidade imediata, pela Constituição da República.

Ninguém tem dúvida de que a EC nº 45/2004 conferiu essa relevantíssima garantia institucional às Defensorias Públicas Estaduais, não por excesso nem acaso, senão para que, a salvo de ingerências ou injunções político-administrativas do Poder Executivo ou doutras esferas, possam exercer, em plenitude, o nobre ofício de assistência jurídica gratuita aos que não dispõem de meios econômicos para a contratação de advogado, tornando-os com isso, em especial, sujeitos ativos do direito fundamental de acesso à Justiça.

Escusaria dizer que o conceito de autonomia equivale à ideia de autoadministração, a qual implica poder de escolha, guiado pelo interesse público, entre as alternativas juridicamente reconhecidas a certo órgão. Numa síntese, é autônomo o órgão que se rege e atua mediante decisões próprias, nos limites de suas competências legais, sem imposições nem restrições de ordem heterônoma.

Daí se tira, sem grande esforço, que a autonomia outorgada no art. 134, § 2°, da Constituição da República, como meio ou instrumento necessário para o correto e frutuoso desempenho das atribuições institucionais, pressupõe, no âmbito destas, correspondente liberdade de atuação funcional e administrativa, cuja limitação ou desnaturamento por norma subalterna tipifica situação de clara inconstitucionalidade.

Ora, parece-me óbvio que tal autonomia não pode deixar de, em sua expressão ou denotação primária, abranger o poder jurídico de emitir, livremente, declarações vinculantes de vontade, assim na celebração de contratos, onde há composição de interesses antagônicos dos contraentes, como na estipulação de convênios, onde há convergência ou comunhão de interesses dos estipulantes.

Na espécie, a provisão constante do art. 234 da Lei Complementar nº 988, de 6 de Janeiro de 2006, impõe, de maneira inequívoca, obrigatoriedade de a Defensoria Pública conveniar-se, em termos de exclusividade, com a Ordem dos Advogados do Brasil – Secção São Paulo, o que, independentemente da qualidade ou do tempo de serviços prestados, deturpa e descaracteriza tanto o conceito dogmático de convênio, quanto a noção de autonomia funcional e administrativa, constitucionalmente positivada, configurando clara violação do preceito fundamental em que se encerra a garantia. Se não há espaço para juízo livre sobre escolha dos copartícipes dos convênios, segundo estima própria da conveniência e dos critérios que, à só luz do interesse público, devem governar o desempenho da sua alta função institucional, inviabilizando ainda a autogestão administrativa da Defensoria mediante simultâneo comprometimento orçamentário oriundo de inconcebível obrigatoriedade do convênio, não vejo como nem por onde negar a ofensa direta ao pre-

113

ceito fundamental que supõe íntegra autonomia. (STF – Pleno – ADI nº 4.163/SP – Relatora Min. CEZAR PELUSO, decisão: 29-02-2012)

a) Autonomia administrativa e controle jurisdicional sobre a distribuição territorial dos membros da Defensoria Pública:

No cenário brasileiro de profunda desigualdade social, a gradual ampliação da Defensoria Pública ainda não foi suficiente para acompanhar o crescimento da demanda populacional pelos serviços jurídico-assistenciais gratuitos.

A perfunctória leitura do "IV Diagnósticos da Defensoria Pública no Brasil" revela o quão longe estamos de prestar uma assistência jurídica geograficamente integral[42]. Em 2014 o número de comarcas em todo o Brasil alcançava o montante de 2.727, valendo observar que a Defensoria Pública estava instalada em apenas 1.088 delas (40%), com destaque para os Estados do Amazonas, Distrito Federal, Paraíba, Rio de Janeiro, Rio Grande do Sul, Rondônia, Roraima e Tocantins que atuavam na totalidade ou em grande parte das comarcas existentes em seu território.

Apesar da determinação constitucional de assistência jurídica integral (art. 5º, LXXIV), União, Estados e Distrito Federal ainda não são capazes de promover os esforços financeiros necessários à ampliação destes serviços. E, diante da contínua negativa de observância deste direito fundamental, surgiram diversas ações ajuizadas com o propósito de obrigar Estados e Defensorias Públicas a lotarem seus membros nas comarcas onde o serviço era ausente.

No Rio Grande do Sul, o Tribunal de Justiça cassou sentença proferida pelo juízo da comarca de Cacequi, em Ação Civil Pública proposta pelo Ministério Público em face do Estado e da própria Defensoria Pública do Rio Grande do Sul, que objetivava a instalação de órgão da Defensoria Pública naquela comarca. A sentença descreve a situação da assistência jurídica prestada na localidade, cujo serviço era exercido por advogados dativos, que exerciam apenas o papel de representação em processos individuais, em nítida violação aos arts. 5º, LXXIV e 134 da CRFB. A própria magistrada chama a atenção para o fato de que a ausência de órgão de atuação da Defensoria Pública naquela comarca sig-

---

42. GONÇALVES, Grabiella Vieira Oliveira. BRITO, Lany Cristina Silva. FILGUEIRA, Yasmin von Glehn Santos. (org.) *IV Diagnóstico da Defensoria Pública no Brasil*, Brasília: Ministério da Justiça, Secretaria de Reforma do Judiciário, 2015.

nificava fragilidade à tutela jurídica dos direitos coletivos, considerando que os advogados dativos não detinham aptidão para oficiar na tutela coletiva. Durante o curso do processo a Defensoria Pública criou um órgão para atendimento na comarca, mas até o momento da prolação da sentença não havia membro da instituição designado, o que levou o juízo a julgar procedente o pedido e determinar que fosse efetivado serviço jurídico-assistencial público mediante o pagamento de diárias. Em sede recursal, o Tribunal de Justiça do Rio Grande do Sul reformou a sentença proferida pelo órgão jurisdicional de primeiro grau, por entender ter havido indevida intervenção na autonomia administrativa da Defensoria Pública:

> APELAÇÃO CÍVEL. DIREITO PÚBLICO NÃO ESPECIFICADO. AÇÃO CIVIL PÚBLICA. PRELIMINAR DE INÉPCIA DA INICIAL. REJEIÇÃO. DETERMINAÇÃO DE INSTALAÇÃO DE NÚCLEO DA DEFENSORIA PÚBLICA DO ESTADO NA COMARCA DE CACEQUI E DE DESTINAÇÃO DE VERBA ORÇAMENTÁRIA PARA TAL OBRIGAÇÃO. DESCABIMENTO. INTERVENÇÃO NOS CRITÉRIOS DE CONVENIÊNCIA E OPORTUNIDADE DO ADMINISTRADOR. IMPROCEDÊNCIA DA AÇÃO. As medidas requeridas pelo Ministério Público e deferidas pela sentença demandam do Estado e da própria Defensoria Pública uma série de providências, bem como previsão orçamentária para sua execução. Não pode o Poder Judiciário substituir a Administração em sua atividade precípua, proferindo determinações que dela são privativas, no âmbito da discricionariedade assegurada ao Poder Executivo. Qualquer manifestação do Judiciário somente pode cingir-se a possíveis ilegalidades, sob pena de intervenção nos critérios de conveniência e oportunidade do administrador, afrontando a independência dos Poderes. (TJRS – 21ª Câmara Cível – Apelação nº 0236374-70.2013.8.21.7000 – Relator Des. DES. FRANCISCO JOSÉ MOESCH, decisão: 28-08-2013)

Na Bahia, também surgiram precedentes semelhantes. Nas comarcas de Antas e Paripiranga, houve ajuizamento de Ações Civis Públicas pelo Ministério Público com o propósito de determinar a lotação de membro da Defensoria Pública baiana naquelas comarcas. Frente à decisão judicial proferida pelo juízo da comarca de Antas, foi realizada a interposição de Agravo de Instrumento pelo Estado da Bahia, sendo determinada a suspensão da liminar por conta do açodamento da decisão judicial, especialmente pela ausência de cognição exauriente da ação coletiva[43]. A decisão proferida pelo juízo de Paripiranga também teve o

---

43. "AGRAVO DE INSTRUMENTO. AÇÃO CIVIL PÚBLICA. PLEITO DE LOTAÇÃO DE DEFENSOR PÚBLICO NA COMARCA DE ANTAS. PRELIMINARES DE INCOMPETÊNCIA DO JUÍZO A QUO, IMPOSSIBILIDADE JURÍDICA DO PEDIDO E CERCEAMENTO DE DEFESA REJEITADAS. MÉRITO. NECESSIDADE DE APROFUNDAMENTO DA MATÉRIA. RISCO DE VULNERAÇÃO AO

mesmo destino, em virtude da cassação determinada pelo Presidente do Tribunal de Justiça do Estado da Bahia, em sede de suspensão de segurança[44].

PRINCÍPIO DA SEPARAÇÃO DOS PODERES. AGRAVO PROVIDO. 1. Tendo em vista que a Ação Civil Pública proposta, pretende a lotação de um Defensor Público na Comarca de Antas, sendo os efeitos de uma eventual procedência da ação restrito aos limites territoriais da mencionada Comarca, não há que se falar em competência jurisdicional do juízo da Capital do Estado. Inteligência do artigo 2º da Lei n. 7.347/1985. Preliminar de incompetência rejeitada. 2. Melhor sorte não socorre ao recorrente quanto à alegação de impossibilidade jurídica do pedido, uma vez que não há qualquer vedação no ordenamento jurídico pátrio ao pleito formulado pela parte agravada. Proemial não acolhida. 3. Concernente à argumentação de que haveria ocorrido cerceamento de defesa, entende-se, de igual modo, não assistir razão ao ente estatal, uma vez que a eventual nulidade arguida foi suprida pela manifestação do Estado da Bahia nesta segunda instância, com argumentos que, inclusive, convenceram a Relatora a conceder o efeito suspensivo ao recurso, decisão esta que será mantida no mérito do presente recurso. Não há nulidade se não há prejuízo. 4. A medida impugnada pelo Estado da Bahia, ainda que tenha sido proferida com base em argumentos juridicamente relevantes, exige, pela natureza dos interesses jurídicos envolvidos, maior amadurecimento dos elementos de prova produzidos na demanda, o que não se coaduna com a precariedade da decisão proferida inaudita altera pars. Impende destacar que a matéria posta em debate requer um exame cuidadoso e profundo, em razão da possibilidade de configuração de eventual ofensa ao princípio da separação de poderes. Preliminares rejeitadas. Agravo Provido." (TJ/BA – Quinta Câmara Cível - Processo nº 0311949-16.2012.8.05.0000 – Relatora Des. Marcia Borges Faria, decisão: 02-04-2014)

44. "Trata-se, na origem, de Ação de Civil Pública ajuizada pelo Ministério Público do Estado da Bahia, com pedido de antecipação de tutela, cuja pretensão é compelir o Estado da Bahia, por intermédio do Defensor Público Geral, a lotar no Município de Paripiranga um Defensor Público para prestar o serviço de assistência judiciária gratuita. O Magistrado da causa concedeu a medida judicial requerida com fundamento na garantia estabelecida no artigo 5º, LXXIV, da Constituição Federal, de que 'o Estado prestará assistência jurídica integral e gratuita aos que comprovem insuficiência de recursos'. Entretanto, a Defensoria Pública, como instituição essencial à prestação jurisdicional, ainda se encontra em fase estruturação em todo o país, tanto é que o artigo 98 dos Atos da Disposições Constitucionais Transitórias da Constituição Federal, com redação dada pela Emenda Constitucional nº 80/2014, estabelece o prazo de 8 (oito) anos para que todas as unidades jurisdicionais tenham defensores públicos e que, durante o decurso do referido prazo, define a lotação prioritária para atender as regiões com maiores índices de exclusão social e adensamento populacional. No caso, respeitados os limites cognitivos do pedido de suspensão, a decisão judicial sob exame, ao intervir na organização interna da Defensoria Pública do Estado da Bahia, de fato, fere a ordem pública, porquanto representa uma indevida ingerência do Poder Judiciário nos atos discricionários do Defensor Público Geral, em ofensa ao princípio da separação de poderes. É que, em razão da insuficiência de defensores para atender todos os municípios do Estado da Bahia, a ele compete definir as regiões que mais necessitam da assistência da Defensoria Pública para atendimento prioritário, de acordo com os aludidos critérios estipulados pela Constituição Federal. Outrossim, o precedente oferece, ainda, risco de efeito multiplicador, pois pode motivar a propositura de diversas demandas judiciais, com a pretensão de atender a carência de defensores públicos em outros municípios. Ante o exposto, defiro o pedido de suspensão dos efeitos da antecipação de tutela concedida na Ação Civil Pública nº. 0001113-04.2014.8.05.0189." (TJ/BA – Pleno – Processo nº 0021843-84.2015.8.05.0000 – Relator Des. ESERVAL ROCHA, decisão: 21-10-2015)

Cap. 4 • AUTONOMIA DA DEFENSORIA PÚBLICA: UMA ANÁLISE NÃO TRADICIONAL

O Supremo Tribunal Federal já teve a oportunidade se de manifestar a respeito do tema, durante a Suspensão de Segurança nº 800/RS[45]. O caso dizia respeito à decisão proferida nos autos da Ação Civil Pública nº 000956- 462015.4.04.7116 movida pelo Ministério Público Federal, cujo objeto era a designação de Defensor Público Federal na Subseção Judiciária de Cruz Alta. Considerando a quantidade elevada de ações semelhantes, possuindo como pretensão a designação de Defensores Públicos Federais em diversas seções e subseções judiciárias, e diante da notória escassez de recursos humanos nos quadros da Defensoria Pública da União, o Ministro Presidente Ricardo Lewandowski determinou a suspensão de todas as liminares que ocasionassem intervenção na gestão administrativa da DPU, *in verbis*:

> Trata-se de pedido de suspensão formulado pela Defensoria Pública da União contra decisão proferida pelo Desembargador do Tribunal Regional Federal da 4ª Região, nos autos da Ação Civil Pública 5000956- 462015.4.04.7116 movida pelo Ministério Público Federal. (...)
>
> No mérito, narra que na origem o MPF ajuizou ação civil pública contra a União, cujo pedido era de que a ré promovesse atendimento pela DPU à população da Subseção Judiciária de Cruz Alta/RS.
>
> A tutela antecipada foi deferida, tendo a decisão judicial estabelecido, ainda, multa diária de R$ 10.000,00 (dez mil reais) pelo descumprimento.
>
> A União interpôs agravo de instrumento no TRF da 4ª Região, que apenas reduziu o valor da multa.
>
> A Defensoria Pública da União, por essa razão, apresentou pedido de suspensão ao Tribunal Regional Federal da 4ª Região, que não foi conhecido.
>
> Inconformada, renova o pedido de suspensão, agora dirigido a esta Corte, sustentando que a decisão atacada afronta sua autonomia, na medida em que se substitui "ao Defensor Público-Geral Federal na opção de interiorização da Instituição, em detrimento de outras localidades que, em razão de situações peculiares, exigem urgente atividade dos Defensores Públicos Federais".
>
> Afirma, nessa linha, que a DPU possui mais de 700 cargos vagos de defensor público. Assim, o cumprimento da liminar não vai resultar na ampliação de atendimento à população, mas de fato no prejuízo ou eventual restrição de serviço a uma localidade já atendida para acolher aquela que é objeto da ação judicial.

---

45. Em sentido semelhante: "Na hipótese em apreço, a sentença impugnada impõe à Administração a efetivação de lotação de Defensor Público da União em Rio Grande/RS, atribuição que se encontra, em princípio, dentro do seu juízo discricionário de conveniência e oportunidade, interferindo, dessa forma, diretamente na destinação do limitado número de Defensores Públicos de que dispõe a União" (STF – Presidência – STA nº 183/RS – Decisão Monocrática Min. ELLEN GRACIE, decisão: 14-12-2007)

117

Argumenta, dessa forma, que o interesse público e a ordem administrativa são atingidos pela decisão atacada, pois a interiorização da DPU está sendo implantada conforme um plano que prevê uma ordem de prioridade de instalação, tomando por base fatores como demanda populacional, índice de desenvolvimento humano e número de órgãos jurisdicionais (varas federais, juizados, etc.). Em alguns casos, essa alocação dos defensores atenta para peculiaridades regionais, como regiões de fronteira com grande número de demandas criminais, locais com comunidades indígenas ou quilombolas.

Alega, ainda, que liminares como a ora combatida vêm se repetindo nos últimos cinco anos – já foram contabilizadas 58 (cinquenta e oito) ações com o mesmo objetivo, o que prejudica a atuação da Defensoria Pública da União, que já encontra dificuldades para substituir defensores em gozo de férias, licenças, etc. e ainda se vê obrigada a designar extraordinariamente membros da instituição para cumprir as determinações judiciais.

Aduz, nesse sentido, que, embora louvável a inciativa do Ministério Público Federal de tentar compelir a União a prestar assistência jurídica à população carente, o escasso orçamento da DPU e o número limitado de cargos providos impossibilitam a execução material dessa tarefa.

Pugna, por essas razões, pelo deferimento do pedido de suspensão. (...)

É relatório necessário. Decido.

O deferimento do pedido de suspensão exige a presença de dois requisitos: a matéria em debate ser constitucional acrescido da ocorrência de lesão à ordem, à saúde, à segurança ou à economia públicas.

Na hipótese em apreço, encontra-se devidamente demonstrada a matéria constitucional em debate: ofensa à autonomia da Defensoria Pública da União para decidir onde deve lotar os defensores públicos federais, nos temos do art. 134 da Constituição Federal.

Nesse sentido, a decisão atacada impôs a lotação de um defensor público federal na Subseção Judiciária de Cruz Alta/RS, interferindo em atribuição exclusiva da DPU para lotar o reduzido número de defensores públicos federais.

Passo então ao exame do segundo requisito: ocorrência de lesão à ordem, à saúde, à segurança ou à economia públicas.

Como relatado pela Defensoria Pública da União, já foram contabilizadas 58 (cinquenta e oito) ações com o mesmo objetivo do processo em exame, o que demonstra o chamado "efeito multiplicador" da causa, podendo repercutir de maneira efetiva na atuação da DPU.

Demostrada, assim, a satisfação do segundo requisito para o deferimento da suspensão. (STF – Presidência – STA nº 800/RS – Decisão Monocrática Min. Ricardo Lewandowski, decisão: 05-08-2015)[46]

---

46. Posteriormente, o Supremo Tribunal Federal deferiu o pedido de extensão da suspensão de tutela antecipada formulado pela Defensoria Pública do Estado do Ceará, determinando a sus-

Cap. 4 • AUTONOMIA DA DEFENSORIA PÚBLICA: UMA ANÁLISE NÃO TRADICIONAL

Pela análise dos julgados, podemos concluir que a autonomia administrativa permite à Defensoria Pública estabelecer a distribuição territorial dos membros da carreira, de maneira independente e livre da interferência dos demais Poderes Estatais.

Não obstante esteja em princípio afastada a interferência do Poder Judiciário, essa atividade administrativa não está imune ao controle jurisdicional, caso reste evidenciada ilegalidade nos critérios adotados pela Defensoria Pública para a distribuição territorial dos Defensores Públicos (ex: com o objetivo de atender os interesses pessoais dos membros da Defensoria Pública de determinado Estado-membro, a administração superior aloca todos os Defensores Públicos na comarca da capital, onde todos residem, deixando desguarnecidas as regiões mais pobres do interior).

A vinculação quanto à gestão orgânica está expressamente prevista na Lei Complementar nº 80/1994 (arts. 106-A e 107) e na Constituição da República (arts. 93, XII c/c art. 134, § 4º da CRFB e art. 98 do ADCT), especificamente quando determinam que a Defensoria Pública deve se organizar a ponto de primar por sua descentralização; que seus núcleos tenham como prioridade as regiões com maiores índices de exclusão social e adensamento populacional; e que a quantidade de órgãos de atuação deve ser proporcional à demanda dos serviços e a quantidade populacional.

Eventual descompasso na observância desses critérios pode ser objeto de controle pelo Poder Judiciário, inclusive através de iniciativa dos próprios membros da Defensoria Pública.

Por outro lado, sendo rigorosamente observados esses três critérios normativos e ainda subsistindo espaço de escolha, essa avaliação passa a ser discricionária da administração superior, não podendo o Poder Judiciário intervir nesse ponto (ex: imagine que duas comarcas contenham semelhante número populacional e igual índice de exclusão social; em virtude da escassez orçamentária, a Defensoria Pública dispõe de recursos apenas para realizar a instalação de um órgão de atuação; nesse caso, a autonomia administrativa confere à administração superior liberdade o suficiente para agir da forma que melhor lhe aprouver).

---

pensão das decisões liminares da Justiça Estadual daquele Estado, proferidas em repetidas ações civis públicas movidas pelo Ministério Público Estadual, tendo como objeto a lotação dos Defensores Públicos.

119

4.4. Autonomia Financeira e Iniciativa Orçamentária

No plano financeiro, a autonomia administrativa e funcional da Defensoria Pública traduz-se pela iniciativa de sua proposta orçamentária, dentro dos limites estabelecidos pela lei de diretrizes orçamentárias. Trata-se da possibilidade outorgada à Instituição de delimitar, dentro de sua própria estrutura, os recursos necessários para atender as suas despesas[47].

Como observa Rodrigo Azambuja Martins, a iniciativa de proposta orçamentária possui o objetivo de "pôr a Defensoria Pública a salvo das pressões econômicas passíveis de serem exercidas pelos demais poderes. Talvez seja uma das maiores garantias para a prestação independente da assistência jurídica, já que a atividade necessariamente depende de verbas para ser implementada. De nada adiantaria garantir-se autonomia administrativa e funcional se faltasse material para implementação de atos de autoadministração"[48].

Embora o art. 134, § 2º, da CRFB não faça menção expressa à autonomia financeira da Defensoria Pública, esta ideia encontra-se integralmente contida no referido dispositivo constitucional[49] e também extraída do art. 96, II da CRFB, quando permite à Defensoria Pública definir, por meio de lei, o subsídio da carreira.

Conforme define Hely Lopes Meirelles, "a autonomia financeira é a capacidade de elaboração da proposta orçamentária e de gestão e aplicação dos recursos destinados a prover as atividades e serviços do órgão titular da dotação"[50]. Portanto, tendo a Defensoria Pública a prerrogativa de elaborar sua proposta orçamentária e tendo a Instituição plena liberdade na gestão dos recursos, possui, em verdade, autonomia financeira, mesmo que não tenha o legislador constituinte se utilizado de tal denominação técnica[51].

---

47. Nesse sentido: COMPARATO, Fábio Konder. *Direito Público*: Estudos e Pareceres. São Paulo: Saraiva, 1996, pág. 70.

48. MARTINS, Rodrigo Azambuja. *Uma História da Defensoria Pública, in* ANTUNES, Maria João. SANTOS, Cláudia Cruz. AMARAL, Cláudio do Prado. (coord.) *Os Novos Atores da Justiça Penal*, Coimbra: Almedina, 2016, pág. 255

49. Importante lembrar que, embora tenha o constituinte tratado da autonomia financeira do Poder Judiciário de forma expressa (art. 99, *caput* da CRFB), o mesmo não ocorreu em relação à autonomia financeira do Ministério Público (art. 127, § 2º, da CRFB), que apenas possui tal previsão de maneira explícita no art. 3º da Lei nº 8.625/1993 (Lei Orgânica Nacional do Ministério Público).

50. MEIRELLES, Hely Lopes. *Direito Administrativo Brasileiro*, São Paulo: Malheiros, 2013.

51. Corroborando este posicionamento, tem-se a lição de Frederico Rodrigues Viana de Lima: "A iniciativa de proposta orçamentária implica, por outras palavras, em autonomia financeira,

Cap. 4 • AUTONOMIA DA DEFENSORIA PÚBLICA: UMA ANÁLISE NÃO TRADICIONAL

Com o advento da LC nº 132/2009, o legislador infraconstitucional regulamentou a iniciativa para elaboração da proposta orçamentária, realizando a inclusão do art. 97-B no texto original da LC nº 80/1994, *in verbis*:

> Art. 97-B: A Defensoria Pública do Estado elaborará sua proposta orçamentária atendendo aos seus princípios, às diretrizes e aos limites definidos na lei de diretrizes orçamentárias, encaminhando-a ao Chefe do Poder Executivo para consolidação e encaminhamento ao Poder Legislativo.
>
> § 1º Se a Defensoria Pública do Estado não encaminhar a respectiva proposta orçamentária dentro do prazo estabelecido na lei de diretrizes orçamentárias, o Poder Executivo considerará, para fins de consolidação da proposta orçamentária anual, os valores aprovados na lei orçamentária vigente, ajustados de acordo com os limites estipulados na forma do *caput*.
>
> § 2º Se a proposta orçamentária de que trata este artigo for encaminhada em desacordo com os limites estipulados no caput, o Poder Executivo procederá aos ajustes necessários para fim de consolidação da proposta orçamentária anual.
>
> § 3º Durante a execução orçamentária do exercício, não poderá haver a realização de despesas que extrapolem os limites estabelecidos na lei de diretrizes orçamentárias, exceto se previamente autorizadas, mediante a abertura de créditos suplementares ou especiais.
>
> § 4º Os recursos correspondentes às suas dotações orçamentárias próprias e globais, compreendidos os créditos suplementares e especiais, ser-lhe-ão entregues, até o dia 20 (vinte) de cada mês, na forma do art. 168 da Constituição Federal.
>
> § 5º As decisões da Defensoria Pública do Estado, fundadas em sua autonomia funcional e administrativa, obedecidas as formalidades legais, têm eficácia plena e executoriedade imediata, ressalvada a competência constitucional do Poder Judiciário e do Tribunal de Contas.
>
> § 6º A fiscalização contábil, financeira, orçamentária, operacional e patrimonial da Defensoria Pública do Estado, quanto à legalidade, legitimidade, aplicação de dotações e recursos próprios e renúncia de receitas, será exercida pelo Poder Legislativo, mediante controle externo e pelo sistema de controle interno estabelecido em lei.

A autonomia financeira também encontra previsão no art. 97-A da LC n. 80/94, norma também incluída pela LC n. 132/09, quando se as-

---

pois cabe à Defensoria Pública delinear, desde que respeitados os limites estabelecidos na lei de diretrizes orçamentárias, os recursos financeiros que necessita para desempenhar o seu mister constitucional." (LIMA, Frederico Rodrigues Viana de. *Defensoria Pública*, Salvador: Editora JusPodivm, 2015, pág. 106)

segura à Defensoria Pública a elaboração de sua folha de pagamento e exercer outras competências, como vemos do dispositivo transcrito:

> Art. 97-A: À Defensoria Pública do Estado é assegurada autonomia funcional, administrativa e iniciativa para elaboração de sua proposta orçamentária, dentro dos limites estabelecidos na lei de diretrizes orçamentárias, cabendo-lhe, especialmente:
>
> I – abrir concurso público e prover os cargos de suas Carreiras e dos serviços auxiliares;
>
> II – organizar os serviços auxiliares;
>
> III – praticar atos próprios de gestão;
>
> IV – compor os seus órgãos de administração superior e de atuação;
>
> V – elaborar suas folhas de pagamento e expedir os competentes demonstrativos;
>
> VI – praticar atos e decidir sobre situação funcional e administrativa do pessoal, ativo e inativo da Carreira, e dos serviços auxiliares, organizados em quadros próprios;
>
> VII – exercer outras competências decorrentes de sua autonomia."

Verifica-se, portanto, que a Lei Complementar nº 132/2009 não se limitou apenas a repetir o texto do art. 134, § 2º, da CRFB, realizando, também, a regulamentação da elaboração da proposta orçamentária pela Defensoria Pública dos Estados[52] e de sua autonomia financeira.

---

52. Note que os §§ 1º, 2º e 3º do art. 97-B da LC nº 80/1994, em verdade, repetem os §§ 4º, 5º e 6º do art. 127 da CRFB, outorgando à Defensoria Pública tratamento semelhante ao conferido ao Ministério Público na elaboração de sua proposta orçamentária. *In verbis*:

Art. 127: O Ministério Público é instituição permanente, essencial à função jurisdicional do Estado, incumbindo-lhe a defesa da ordem jurídica, do regime democrático e dos interesses sociais e individuais indisponíveis. (...)

§ 2º Ao Ministério Público é assegurada autonomia funcional e administrativa, podendo, observado o disposto no art. 169, propor ao Poder Legislativo a criação e extinção de seus cargos e serviços auxiliares, provendo-os por concurso público de provas ou de provas e títulos, a política remuneratória e os planos de carreira; a lei disporá sobre sua organização e funcionamento.

§ 3º O Ministério Público elaborará sua proposta orçamentária dentro dos limites estabelecidos na lei de diretrizes orçamentárias.

§ 4º Se o Ministério Público não encaminhar a respectiva proposta orçamentária dentro do prazo estabelecido na lei de diretrizes orçamentárias, o Poder Executivo considerará, para fins de consolidação da proposta orçamentária anual, os valores aprovados na lei orçamentária vigente, ajustados de acordo com os limites estipulados na forma do § 3º.

§ 5º Se a proposta orçamentária de que trata este artigo for encaminhada em desacordo com os limites estipulados na forma do § 3º, o Poder Executivo procederá aos ajustes necessários para fins de consolidação da proposta orçamentária anual.

§ 6º Durante a execução orçamentária do exercício, não poderá haver a realização de despesas ou a assunção de obrigações que extrapolem os limites estabelecidos na lei de diretrizes

Não obstante o dispositivo esteja topograficamente inserido no Título IV da Lei Complementar nº 80/1994, que dispõe sobre as "Normas Gerais para a Organização da Defensoria Pública dos Estados", a norma também poderá ser analogicamente aplicada à Defensoria Pública da União e à Defensoria Pública do Distrito Federal, em razão da superveniência das Emendas Constitucionais nº 69/2012 e nº 74/2013.

Deve-se observar, ainda, que a LC nº 132/2009 não estabeleceu o modo de elaboração e aprovação da proposta orçamentária no âmbito interno das Defensorias Públicas dos Estados. Conforme muito bem salienta Guilherme Freire de Melo Barros, "a redação do art. 97-B se limita a afirmar que a 'Defensoria do Estado elaborará sua proposta orçamentária (...)'"[53]. Com efeito, caberá à legislação estadual de cada ente federativo disciplinar o procedimento interno para o trâmite da referida proposta.

a) Autonomia financeira e encaminhamento de proposta orçamentária

No exercício de sua autonomia financeira, compete à Defensoria Pública a exclusividade para delimitar os recursos necessários para atender suas despesas, estando sujeita unicamente aos limites contidos na lei de diretrizes orçamentárias.

Depois de realizar a aprovação da proposta orçamentária anual no âmbito institucional interno, deve a Defensoria Pública encaminhá-la ao Poder Executivo para consolidação, dentro do prazo estabelecido na lei de diretrizes orçamentárias. Caso não haja o encaminhamento tempestivo da proposta, o Poder Executivo considerará, para fins de consolidação da proposta orçamentária anual, os valores aprovados na lei vigente, ajustados de acordo com os limites estipulados na lei de diretrizes orçamentárias (art. 97-B, § 1º da LC nº 80/1994). Além disso, se a proposta orçamentária for encaminhada em desacordo com os limites estipulados na lei de diretrizes orçamentárias, o Poder Executivo procederá aos ajustes necessários para fim de consolidação da proposta orçamentária anual (art. 97-B, § 2º da LC nº 80/1994).

Importante observar que o encaminhamento da proposta orçamentária para o Poder Executivo ocorre unicamente para fins consolidação,

---

orçamentárias, exceto se previamente autorizadas, mediante a abertura de créditos suplementares ou especiais.

53. BARROS, Guilherme Freire de Melo. Op. cit., pág. 144.

atendendo aos princípios da universalidade e da unidade orçamentária. De acordo com o princípio da universalidade, todas as receitas e despesas do Estado devem ser globalmente incluídas no orçamento anual; por sua vez, o princípio da unidade determina que todas as receitas e despesas sejam agrupadas em uma única peça orçamentária, sendo vedada sua repartição[54].

O Poder Executivo, portanto, atua como aglutinador das propostas encaminhadas pela Defensoria Pública, pelo Ministério Público e pelo Poder Judiciário. No desempenho dessa atividade conjugadora, não pode o Executivo exercer qualquer juízo de prelibação em relação à proposta encaminhada, cabendo unicamente ao legislativo deliberar pelo acolhimento ou não do orçamento proposto.

Em nenhuma hipótese e sob nenhum pretexto, restará autorizado ao Poder Executivo realizar cortes unilaterais na proposta orçamentária remetida pela Defensoria Pública. Caso entenda necessário, poderá o Executivo recomendar ao Legislativo que realize cortes no orçamento, porém o árbitro final da questão será sempre o legislador.

Seguindo essa linha de raciocínio, lecionam Eduardo Cambi e Priscila Sutil de Oliveira, em artigo recentemente publicado sobre o tema:

> O art. 134, § 2º da Constituição Federal não admite que o chefe do Poder Executivo, de forma unilateral, reduza a proposta orçamentária da Defensoria Pública. O Governador do Estado deve incorporar a proposta orçamentária da Defensoria Pública à Lei Orçamentária, podendo, contudo, pleitear ao Poder Legislativo a redução pretendida, pois é na Assembleia Legislativa que ocorre o debate sobre possíveis alterações na Lei Orçamentária Anual. Também não pode o Governador do Estado inserir a Defensoria Pública em capítulo destinado à proposta orçamentária do Poder Executivo, juntamente com as demais Secretarias de Estado, por caracterizar a ingerência indevida no estabelecimento da programação financeira. (CAMBI, Eduardo. OLIVEIRA, Priscila Sutil de. *Autonomia e Independência Funcional da Defensoria Pública*, in SOUSA, José Augusto Garcia de (coord.). *Coleção Repercussões do Novo CPC – Defensoria Pública*, Salvador: Juspodivm, 2015, pág. 184)

No âmbito jurisprudencial, recentemente o Supremo Tribunal Federal prolatou importante decisão, reconhecendo a impossibilidade de redução unilateral pelo Poder Executivo da proposta orçamentária encaminhada pela Defensoria Pública, *in verbis*:

---

54. HENRIQUES, Elcio Fiori. *Orçamentos Públicos*, coordenação José Maurício Conti, São Paulo: Revista dos Tribunais, 2014, pág. 40.

Cap. 4 • AUTONOMIA DA DEFENSORIA PÚBLICA: UMA ANÁLISE NÃO TRADICIONAL

Arguição de descumprimento de preceito fundamental. Medida cautelar. Referendo. Ato do Poder Executivo do Estado da Paraíba. Redução, no Projeto de Lei Orçamentária de 2014 encaminhado pelo Governador do Estado da Paraíba à Assembleia Legislativa, da proposta orçamentária da Defensoria Pública do Estado. Cabimento da ADPF. Mérito. Violação de preceito fundamental contido no art. 134, § 2º, da Constituição Federal. Autonomia administrativa e financeira das Defensorias Públicas estaduais. Medida cautelar confirmada. (...) 2. A autonomia administrativa e financeira da Defensoria Pública qualifica-se como preceito fundamental, ensejando o cabimento de ADPF, pois constitui garantia densificadora do dever do Estado de prestar assistência jurídica aos necessitados e do próprio direito que a esses corresponde. Trata-se de norma estruturante do sistema de direitos e garantias fundamentais, sendo também pertinente à organização do Estado. 3. A arguição dirige-se contra ato do chefe do Poder Executivo estadual praticado no exercício da atribuição conferida constitucionalmente a esse agente político de reunir as propostas orçamentárias dos órgãos dotados de autonomia para consolidação e de encaminhá-las para a análise do Poder Legislativo. Não se cuida de controle preventivo de constitucionalidade de ato do Poder Legislativo, mas, sim, de controle repressivo de constitucionalidade de ato concreto do chefe do Poder Executivo. 4. São inconstitucionais as medidas que resultem em subordinação da Defensoria Pública ao Poder Executivo, por implicarem violação da autonomia funcional e administrativa da instituição. Precedentes. Nos termos do art. 134, § 2º, da Constituição Federal, não é dado ao chefe do Poder Executivo estadual, de forma unilateral, reduzir a proposta orçamentária da Defensoria Pública quando essa é compatível com a Lei de Diretrizes Orçamentárias." (STF – Pleno – ADPF nº 307 MC/DF – Relator Min. Dias Toffoli, decisão: 19-12-2013)

b) Autonomia financeira e ausência de repasse do duodécimo

Com a aprovação da lei orçamentária anual, passa a Defensoria Pública a possuir o direito ao repasse mensal de 1/12 do orçamento anual aprovado pelo Poder Legislativo (duodécimo). Como já teve a oportunidade de decidir o Supremo Tribunal Federal, não pode o Poder Executivo unilateralmente remanejar recursos atribuídos à Defensoria Pública pela lei orçamentária anual, constituindo essa prática flagrante violação à autonomia financeira constitucionalmente reconhecida à Instituição:

"A presente ação direta de inconstitucionalidade versa sobre possível ofensa à autonomia funcional, administrativa e financeira da Defensoria Pública na esfera estadual, definida pelo art. 134, § 2º, da Constituição Federal, com a redação estabelecida pela Emenda Constitucional nº 45/2004. Com as mudanças estabelecidas pela EC nº 45/2004, o poder constituinte derivado buscou incrementar a capacidade de autogoverno da Defensoria Pública, assegurando-lhe, ao lado da autonomia funcional e administrativa, a financeira, conforme menção expressa na Constitui-

125

ção Federal à iniciativa para elaboração de sua proposta orçamentária. (...) Dessa forma, parece-me que o art. 16 da Lei Estadual 18.409/2014, ao possibilitar o remanejamento de recursos pertencentes à Defensoria Pública, por parte do Poder Executivo, de forma unilateral, viola a autonomia dessa Instituição estampada no art. 134, § 2º, da CF. Assim, a possibilidade desse remanejamento de quase 90 milhões de reais subtrairia por demais a autonomia da Defensoria Pública, que teve a dotação de R$ 140 milhões estabelecida pela LDO. Dessa forma, fica comprovada a urgência no caso concreto, a autorizar a atuação da Presidência desta Suprema Corte, uma vez que o risco de subtração, por parte do Poder Executivo, de 70% do orçamento destinado à Defensoria Pública cria óbices ao efetivo cumprimento do disposto no artigo 98 da ADCT, bem como evidencia desrespeito à garantia constitucional da autonomia dessa Instituição. (...) Isso posto, defiro em parte o pedido liminar, *ad referendum* do Plenário, apenas para suspender os efeitos do art. 16 da Lei 18.409/2014 do Estado do Paraná, no tocante à possibilidade de remanejamento unilateral por ato do Executivo do orçamento aprovado para a Defensoria. Comunique-se com urgência à Assembleia Legislativa e ao Governador do Estado do Paraná." (STF – Presidência – ADI nº 5218 MC/DF - Relatora Min. CÁRMEN LÚCIA / Decisão Monocrática Min. Ricardo Lewandowski, decisão: 16-01-2015)[55]

Segundo estabelece o art. 97-B, § 4º, da LC nº 80/1994, os recursos correspondentes às dotações orçamentárias próprias e globais da Defensoria Pública, compreendidos os créditos suplementares e especiais, deverão ser entregues até o dia 20 de cada mês, na forma do art. 168 da Constituição Federal, que estabelece:

> Art. 168 da CRFB: Os recursos correspondentes às dotações orçamentárias, compreendidos os créditos suplementares e especiais, destinados aos órgãos dos Poderes Legislativo e Judiciário, do Ministério Público e da Defensoria Pública, ser-lhes-ão entregues até o dia 20 de cada mês, em duodécimos, na forma da lei complementar a que se refere o art. 165, § 9º.

O repasse das dotações orçamentárias deve ser realizado impreterivelmente até o dia 20 de cada mês. Não sendo observada a data limite, cabe o manejo de mandado de segurança para garantir o devido repasse do duodécimo.

Recentemente, em virtude da crise financeira que atingiu o Estado do Rio de Janeiro, deixou o Poder Executivo de realizar o tempestivo re-

---

55. Importante consignar que, após o deferimento da liminar pela Presidência do Supremo Tribunal Federal, na forma do art. 10 da Lei nº 9.868/1999, a ADI nº 5218/DF acabou sendo julgada prejudicada, pela perda superveniente do objeto (art. 21, IX do RISTF), tendo em vista a conclusão do exercício financeiro 2015 e, consequentemente, a perda da eficácia das normas impugnadas. (STF – Pleno – ADI nº 5218/DF - Relatora Min. CÁRMEN LÚCIA, decisão: 15-02-2016)

passe à Defensoria Pública do duodécimo referente ao mês de março de 2016. Por essa razão, a Defensoria Pública realizou a interposição de mandado de segurança junto ao Tribunal de Justiça, obtendo medida liminar para determinar ao Governador que procedesse o repasse dos valores necessários à manutenção do serviço jurídico-assistencial público:

> À Defensoria Pública é garantida a autonomia administrativa e financeira e isso se justifica pela nobre tarefa que lhe é confiada, especialmente quando se trata da garantia e efetivação dos direitos fundamentais. O art. 168 da CF, por sua vez, garante à DP e o faz expressamente, a transferência do "duodécimo" expresso em percentual sobre a arrecadação, isso até o vigésimo dia de cada mês, sendo agora público e notório que o Estado do Rio de Janeiro não fez cumprir a norma constitucional no mês de março corrente, impossibilitando desta feita o pagamento da folha de pessoal da DP e o adequado exercício de seu mister constitucional. Além disso sabe-se que há procedentes judiciais reconhecendo o sagrado direito ao repasse constitucional do "duodécimo", essencial à independência funcional dos órgãos contemplados no art. 168 da CF. (...) Na linha desse entendimento defiro a liminar para determinar que o Exmo. Sr. Governador proceda em 24 (vinte e quatro) horas o repasse do "duodécimo" referente ao mês de março do corrente, de forma a garantir o pagamento da folha de pessoal da DP, notificando-se em seguida a Autoridade Coatora para prestar suas Informações no prazo legal. Intime-se outrossim a d. Procuradoria do Estado do RJ para ciência do ajuizamento do presente writ. O pedido de extensão para com os meses vindouros será apreciado a posteriori, se concretizada evidentemente nova omissão do Estado do Rio de Janeiro levada oportunamente a postulação ao Órgão Colegiado." (TJ/RJ – Órgão Especial – Mandado de Segurança nº 0016267-86.2016.8.19.0000 – Relator Des. CAETANO E. DA FONSECA COSTA, decisão: 30-03-2016)

Embora regularmente intimado para o cumprimento da liminar, não realizou o Estado do Rio de Janeiro o regular repasse do duodécimo. Por essa razão, a Defensoria Pública do Estado do Rio de Janeiro procedeu o arresto dos valores nas contas do estatais:

> "Configurado o descumprimento da liminar deferida pelo exaurimento do prazo concedido, sem a transferência em cifra suficiente a cobrir o valor da folha de pagamento do pessoal da Defensoria Pública, determino as seguintes providencias: 1º) Proceda-se ao arresto do quantitativo indicado a fl. 28, de R$ 44.891.757,33 (quarenta e quatro milhões, oitocentos e noventa e um mil, setecentos e cinquenta e sete reais e trinta e três centavos), na conta especificada pela Defensoria Pública, desde que comprovado não se tratar de depósitos vinculados a serviços públicos essenciais de saúde, educação e segurança pública, na esteira do que se decidiu no processo nº 0029307-35.2016.8.19.0001 pelo Juízo da 9ª Vara de Fazenda Pública deste ERJ. 2º) Uma vez bloqueada essa quantia, proceda-se à sua transferência imediata para a

conta corrente da Defensoria Pública especificada a fl. 28. Registro que a verba aqui perseguida tem caráter alimentar, porque destinada ao pagamento da folha de pessoal da Defensoria Pública. 3º) Não cumprida a transferência até as 16h de hoje, expeça-se Ofício ao MP porque entendo suficientemente concretizada a ilicitude não só pelo descumprimento de ordem judicial, mas igualmente pela presença de atos de improbidade administrativa por parte da Autoridade Coatora, por retardar ou deixar de praticar dolosamente o repasse do "duodécimo" à Defensoria Pública (art. 11, inciso II, da Lei nº 8.429/92), atentando contra a autonomia e a independência da Impetrante, resultando, o que é pior, na violação direta dos pilares do nosso Estado Democrático de Direito, prejudicando o exercício e a efetivação dos direitos fundamentais de nossa Carta Política vigente. Cumpra-se em regime de urgência." (TJ/RJ – Órgão Especial – Mandado de Segurança nº 0016267-86.2016.8.19.0000 – Relator Des. CAETANO E. DA FONSECA COSTA, decisão: 01-04-2016)

Como forma de fiscalizar a gestão orçamentária das Defensorias Públicas dos Estados, o art. 97-B, § 6º da LC nº 80/1994, submete a análise contábil, financeira, orçamentária e patrimonial da Instituição ao controle externo do Poder Legislativo, por intermédio do Tribunal de Contas.

C) Construção Interna Da Proposta Orçamentária – Um Encargo Do Conselho Superior

Apesar de o art. 134, §2º da Constituição e o art. 97-B da Lei Complementar n. 80/94 não indicarem o órgão legitimado para a definição do projeto orçamentário da Defensoria Pública, cremos que esta matéria não pode integrar o poder de direção da instituição afeto ao Defensor Público-Geral.

Trata-se de um tema que deve recair nas mãos do Conselho Superior e ao próprio chefe institucional, constituindo-se um ato complexo, que depende da manifestação de vontade destes dois órgãos da administração superior.

Esta interpretação seria possível a partir do emprego da analogia com o art. 12, III da Lei n. 8.625/93, que trata da atribuição do Colégio de Procuradores de Justiça para aprovação da proposta orçamentária.

Entretanto, não é preciso avançar nas linhas rubras, visto que o norte da legitimação do Conselho Superior da Defensoria Pública encontra-se previsto na própria Lei Complementar n. 80/94, especificamente no art. 102, §2º que determina ao órgão coletivo a aprovação do plano de atuação da instituição, mediante prévia e ampla divulgação.

Este plano significa a indicação dos projetos e atividades a serem desempenhadas pela Defensoria Pública anualmente. Nesta toada, se a consecução dos projetos da Defensoria Pública depende de aprovação do Conselho Superior, por razões óbvias é que o orçamento que permitirá o desempenho destes projetos também deve ser submetido ao crivo do referido órgão, de modo a se evitar a malversação das verbas orçamentárias e o desvio das finalidades institucionais.

4.5. Da iniciativa legislativa da Defensoria Pública

Com o advento da Emenda Constitucional nº 80/2014, houve a inclusão do §4º ao art. 134 da CRFB, prevendo ser aplicável à Defensoria Pública, no que couber, o disposto no art. 93 e no inciso II do art. 96 da Constituição Federal.

A cláusula aberta "no que couber", prevista na parte final do dispositivo constitucional, cria verdadeira margem de adaptabilidade, que permite a aplicação das normas originalmente projetadas para a magistratura, ao universo jurídico da Defensoria Pública.

Dentro desse novo paradigma normativo, o legislador constituinte reconheceu expressamente à Defensoria Pública sua iniciativa legislativa, sendo autorizada a apresentação ao Poder Legislativo de projetos de lei de interesse da categoria, nos termos do art. 96, II c/c art. 134, §4º da CRFB.

Antes da reforma constitucional, a Defensoria Pública dependia da chefia do Poder Executivo para o encaminhamento de toda e qualquer proposta legislativa de interesse institucional. Esse quadro de subordinação velada mantinha a Defensoria Pública inserida no jogo político governamental, permitindo que o Chefe do Poder Executivo continuasse a utilizar sua iniciativa de lei como forma de pressionar o Defensor Público Geral, trocando o encaminhamento de determinados projetos de lei de interesse institucional pelo compromisso de não atuação da Defensoria Pública em determinadas áreas sensíveis da administração pública.

Após a Emenda Constitucional nº 80/2014, o sistema constitucional passou assegurar plena autonomia à Defensoria Pública, desvinculando-a completamente dos Poderes do Estado. Com isso, o legislador constituinte garantiu à Defensoria Pública condições jurídicas para exercer plenamente sua polivalente função constitucional, restando blindada contra indesejáveis interferências externas.

O tema da iniciativa legislativa da Defensoria Pública precisa ser encarado sob três aspectos: (a) a produção de normas gerais sobre as Defensorias Públicas; (b) a produção de normas específicas da Defensoria Pública da União; e (c) a produção de normas específicas da Defensoria Pública dos Estados e Distrito Federal.

a) Iniciativa legislativa no plano federal – normas gerais sobre a Defensoria Pública:

De acordo com o §1º do art. 134 da CRFB, lido em conjunto com o art. 2° da Emenda Constitucional nº 69/2012, cabe à Lei Complementar organizar a Defensoria Pública da União e prescrever as normas gerais para as Defensorias Públicas do Estado e do Distrito Federal.

As expressões "*organizar*" e "*prescrever normas gerais*" significam que as disposições comuns de todas as Defensorias Públicas (art. 1° a 4°-A da LC nº 80/1994) e as disposições gerais para as Defensorias Públicas dos Estados e Distrito Federal (art. 97 a 135 da LC nº 80/1994) só podem ser veiculadas por meio de Lei Complementar federal.

Resta, no entanto, definir quem exerce a iniciativa legislativa para normas que disponham sobre preceitos gerais da Defensoria Pública, considerando a leitura conflituosa dos arts. 134, §4° e 61, §1°, II, 'd', todos da CRFB.

O art. 134, §4° da CRFB comanda a aplicação, no que couber, da dicção dos arts. 93, *caput* e 96, II da CRFB. O primeiro dispositivo determina que Lei Complementar, de iniciativa do Supremo Tribunal Federal, disporá sobre o Estatuto da Magistratura, ou seja, a organização da carreira dos juízes, desembargadores e ministros.

Já o art. 96, II da CRFB prevê que o Supremo Tribunal Federal, os Tribunais Superiores e os Tribunais de Justiça possuem legitimidade para propor projetos de lei que versem sobre a alteração do número de membros dos tribunais inferiores, a criação e a extinção de cargos e a remuneração dos seus serviços auxiliares e dos juízos que lhes forem vinculados, bem como a fixação do subsídio de seus membros e dos juízes, inclusive dos tribunais inferiores, onde houver; a criação ou extinção dos tribunais inferiores; e a alteração da organização e da divisão judiciárias. Nesse último caso, a Constituição não traz disposição exigindo Lei Complementar.

No plano do Poder Judiciário é fácil compreender que o Supremo Tribunal Federal detenha iniciativa legislativa para a organização da ma-

Cap. 4 • AUTONOMIA DA DEFENSORIA PÚBLICA: UMA ANÁLISE NÃO TRADICIONAL

gistratura, considerando a sua posição de órgão máximo na estrutura da justiça brasileira.

O mesmo, entretanto, não pode ser dito com segurança em relação à Defensoria Pública. O art. 2° da Lei Complementar nº 80/1994 define a Defensoria Pública como sendo a Defensoria Pública da União, a Defensoria Pública dos Territórios, a Defensoria Pública do Distrito Federal e a Defensoria Pública dos Estados.

No plano da Defensoria Pública, apesar de se tratar de uma instituição una, a realidade demonstra que não há um órgão de hierarquia superior na estrutura da instituição. Isso porque o Defensor Público Geral Federal é chefe da Defensoria Pública da União, mas não possui qualquer poder hierárquico sobre as Defensorias Públicas Estaduais. Em termos administrativos, todas as Defensorias Públicas ocupam o mesmo plano, enquanto que funcionalmente todas elas compõem um único organismo.

Essa característica institucional cria uma perplexidade. Se não há hierarquia entre os diversos ramos da Defensoria Pública, a premissa do art. 93 da CRFB (segundo a qual o STF ocupa o vértice da magistratura e, por isso, possui aptidão para concentrar a iniciativa legislativa relativa aos interesses de todos os magistrados), não encontra cabimento (simetria) com o plano da Defensoria Pública.

Por essa razão, entendemos que nas matérias relativas à organização geral da Defensoria Pública, a iniciativa legislativa permanece nas mãos do Poder Executivo, na forma do art. 61, §1°, II, 'd' da CRFB[56].

Sem considerar essa realidade da Defensoria Pública, entretanto, o professor Daniel Sarmento argumenta que a permanência da iniciativa legislativa nas mãos do Poder Executivo seria uma forma de retrocesso à autonomia da Defensoria Pública[57]. De acordo com Sarmento, a disciplina aplicável ao Ministério Público (iniciativa concorrente) não teria

---

56. Art. 61, §1°, II, 'd' da CRFB: São de iniciativa privativa do Presidente da República as leis que: II - disponham sobre: d) organização do Ministério Público e da Defensoria Pública da União, bem como normas gerais para a organização do Ministério Público e da Defensoria Pública dos Estados, do Distrito Federal e dos Territórios.

57. "A iniciativa legislativa para tratar de temas afetos à sua organização é um requisito indispensável para assegurar a autonomia da Defensoria Pública da União. Tal poder possibilita que a instituição leve ao Parlamento, sem a mediação necessária do governo, os projetos de lei que lhe são relativos, impedindo que eventuais bloqueios provenientes do Executivo criem embaraços insuperáveis ao adequado funcionamento do órgão." (SARMENTO, Daniel. *Parecer: Dimensões Constitucionais da Defensoria Pública da União*, emissão: 21-07-2015)

espaço no plano da Defensoria Pública[58], já que o art. 61, §1°, II, 'd' da CRFB teria sido tacitamente revogado. No entanto, o próprio autor recua mais a frente em seu raciocínio quando afirma que: "sem embargo, ainda que não se concorde com a tese mais ampla, da revogação tácita do art. 61, § 1º, II, 'd', da Constituição, não há como se objetar, no mínimo, ao reconhecimento do poder de iniciativa concorrente do Defensor Público-Geral Federal na matéria"[59].

A disciplina aplicável ao Ministério Público, onde a Carta Constitucional estabelece uma iniciativa concorrente não teria espaço no plano da Defensoria Pública, já que o art. 61, §1°, II, 'd' da CRFB teria sido tacitamente revogado. No entanto, o próprio autor recua mais a frente em seu raciocínio quando afirma que: *"Sem embargo, ainda que não se concorde com a tese mais ampla, da revogação tácita do art. 61, § 1º, II, "d", da Constituição, não há como se objetar, no mínimo, ao reconhecimento do poder de iniciativa concorrente do Defensor Público-Geral Federal na matéria"*[60].

Apesar do respeito que nutrimos pela nobre constitucionalista, parece inegável que a expressão *"no que couber"* mereceria maior investigação, principalmente a respeito de sua aptidão para revogar tacitamente outras disposições normativas. Ademais, o autor sugere que o Defensor Público Geral Federal seja o encarregado pela edição de normas gerais

---

58. "Entendo que essa iniciativa é privativa do Defensor Público-Geral Federal, e não concorrente com a do Presidente da República, na mesma linha do que ocorre com o STF em relação ao Estatuto da Magistratura. Trata-se, portanto, de situação normativa diversa da que vigora para o Ministério Público. Para o MP, há preceitos editados concomitantemente pelo poder constituinte originário, consagrando a iniciativa privativa do Presidente da República para leis que disponham sobre a sua organização (art. 61, § 1º, II, d), mas também, paradoxalmente, facultando a deflagração do processo legislativo na matéria aos procuradores-gerais de cada ministério público (art. 128, § 5º). A doutrina vem superando a contradição afirmando que a iniciativa do Chefe do Executivo não é privativa, mas concorrente à dos chefes do Ministério Público. No caso do MP, como ambos os preceitos constitucionais foram editados no mesmo momento, não é possível o emprego do critério cronológico para resolução de antinomias, para assentar que qualquer deles deva prevalecer sobre o outro. Não é o que se dá, porém, na hipótese envolvendo a Defensoria Pública, pois a EC nº 80/2014 é superveniente ao art. 61, § 1º, II, d, que já estava contido no texto originário da Carta. Aqui, é possível afirmar a revogação tácita da norma originária, em razão da sua incompatibilidade com a emenda constitucional posterior. Esta solução, ademais, prestigia mais a teleologia da Constituição, de fortalecer a autonomia da Defensoria, do que aquela que resultaria do reconhecimento da iniciativa concorrente do Presidente da República para leis sobre a organização da DPU, já que o exercício dessa suposta faculdade pelo Chefe do Executivo Federal poderia ameaçar a independência da instituição." (SARMENTO, Daniel. Op. cit.)

59. SARMENTO, Daniel. Op. cit.

60. SARMENTO, Daniel. Op. cit.

sobre as Defensorias Públicas, desconsiderando aspectos de hierarquia funcional e administrativa da Defensoria Pública, como vemos:

> Muito embora o Defensor Público-Geral Federal não seja o chefe nacional da Defensoria Pública – cabendo-lhe apenas o comando da DPU –, a Constituição é clara ao aludir à existência de uma única lei complementar de âmbito nacional, que, simultaneamente, deve tratar da Defensoria Pública da União e estabelecer normas gerais para as defensorias dos Estados e do Distrito Federal. Discreparia a mais não poder do sistema constitucional atribuir aos defensores-gerais dos Estados o poder de iniciativa no âmbito do processo legislativo federal, que se desenvolve no Congresso Nacional. Em nenhum caso a Constituição Federal atribui a autoridades estaduais a prerrogativa de deflagrar o processo legislativo federal ordinário ou complementar. O cenário normativo nesta questão difere do existente em relação ao Ministério Público, em que o texto constitucional prevê não a edição de uma única lei complementar sobre a organização da instituição, mas sim de "leis complementares da União e dos Estados, cuja iniciativa é facultada aos respectivos Procuradores-Gerais" (art. 128, § 5º, CF). A iniciativa que os Procuradores-Gerais de Justiça detêm é para a instauração do processo legislativo estadual no âmbito das Assembleias Legislativas, o que não se aplica às defensorias públicas estaduais, pois, como já ressaltado, as normas gerais atinentes à organização das mesmas são da competência do Congresso Nacional, por meio da edição de lei complementar nacional (art. 134, § 1º, CF). Observe-se que o reconhecimento da iniciativa privativa ao Defensor Público Geral Federal na matéria é favorável aos interesses institucionais das próprias defensorias estaduais e distrital, considerando-se a alternativa de atribuí-la ao Presidente da República, que resultaria da aplicação do art. 61, § 1º, II, "d", CF – que, como visto, foi tacitamente derrogado pela EC nº 80/2014. Afinal, o Defensor Público-Geral Federal não só detém maior expertise no assunto em questão – organização de defensorias públicas – , como também possui maior afinidade institucional em relação aos valores da Defensoria Pública do que o Chefe do Poder Executivo Federal. Assim, a solução que melhor corresponde ao texto e espírito da Constituição é a que atribui a iniciativa privativa de todas as matérias que devem ser contempladas na lei complementar referida no art. 134, § 1º, ao Defensor Público-Geral Federal – inclusive dos preceitos que consagrem normas gerais para a organização das defensorias nos Estados e Distrito Federal. Assentada esta questão, passa-se à última indagação do presente quesito. (SARMENTO, Daniel. *Parecer: Dimensões Constitucionais da Defensoria Pública da União*, emissão: 21-07-2015)

Sobre esse ponto, o professor Caio Paiva traz interessante solução no plano teórico, mas de duvidosa viabilidade prática. Paiva sugere que os projetos de lei que versem sobre normas gerais sobre Defensoria Pública sejam editados de forma coletiva, ou seja, firmados pelo consenso de todos os Defensores Públicos Gerais[61], indicando o CONDEGE para capitanear essa interlocução.

No entanto, esse entendimento deve ser visto com ressalvas. O CONDEGE constitui associação civil sem previsão legal, cujo encargo de disseminar o projeto legislativo coletivo poderia ser objeto de controvérsia, especialmente sem um amparo normativo. O professor Caio Paiva também não responde se a ausência de consenso entre os Defensores Públicos Gerais permitiria, ainda assim, a apresentação do projeto de lei, desde que houvesse uma maioria absoluta, por exemplo, quórum exigido pelo art. 69 da CRFB para aprovação de leis complementares.

Diante de todas essas premissas, comungamos do entendimento de que enquanto não revogado o art. 61, §1°, II, 'd' da CRFB, o Presidente da República permanecerá com a iniciativa legislativa para a edição das normas gerais sobre a Defensoria Pública, até o advento de emenda constitucional que atribua, no plano institucional, iniciativa legislativa específica para esse fim[62].

Sem dúvida, a permissão para que o Defensor Público Geral Federal possa oferecer projeto de lei sobre normas gerais relativas à Defensoria Pública também gera a fragilização da autonomia das Defensorias Públicas, principalmente se levado em consideração o princípio democrático. Afinal, o Defensor Público Geral Federal não é escolhido pelos Defensores Públicos Estaduais e Distritais, e desconhece a realidade das atribuições e necessidades das demais Defensorias Públicas, não detendo legitimidade para falar em nome de todas as instituições, especialmente quando ausente um mecanismo democrático interno que abra o espaço de reflexão interinstitucional.

b) *Iniciativa legislativa no plano federal – normas específicas sobre a Defensoria Pública da União:*

Em matéria de normas específicas no plano da Defensoria Pública da União, parece que a interpretação do *caput* do art. 93 e do art. 96, II

---

61. "Para contornar este impasse, entendo que um projeto de lei assinado por todos os defensores públicos-gerais possa ser apresentado diretamente no Congresso Nacional para alterar normas gerais aplicáveis a todas as defensorias públicas, configurando aqui, portanto, uma espécie de legitimidade privativa coletiva, para a qual o Colégio Nacional de Defensores Públicos-Gerais (Condege) pode exercer importante atividade de coordenação. Assim, tanto o pacto federativo quanto a essência da EC 80/2014 estariam preservados." (PAIVA, Caio. EC 80/2014 dá novo perfil constitucional à Defensoria Pública. Disponível em: http://www.conjur.com.br/2015-out-06/tribuna--defensoria-ec-802014-perfil-constitucional-defensoria-publica, acesso em: 16-08-2016)

62. LIMA, Frederico Viana de. Defensoria Pública, Salvador: Juspodivm, 2015, pág. 96.

deve ser feita separadamente, pois ambos os dispositivos tratam de iniciativa de lei sobre diferentes aspectos de regime jurídico.

Segundo pondera Frederico Rodrigues Viana de Lima, as normas de organização da Defensoria Pública da União só podem ser veiculadas pelo Defensor Público Geral Federal, em razão da conjugação do art. 134, §4º c/c arts. 93 e 96, II da CRFB[63].

Pensamos que em matéria de normas de organização da Defensoria Pública da União, o art. 93 e o art. 61, §1°, II da CRFB estabelecem uma iniciativa legislativa concorrente entre o Defensor Público Geral Federal e o Presidente da República.

Entendemos que a Emenda Constitucional nº 80/14 não é capaz de alterar (revogar) a realidade até então consubstanciada no art. 61, §1º, II 'd' da CRFB, que confere ao Presidente da República a iniciativa de leis referentes à organização da Defensoria Pública da União, bem como normas gerais para a organização da Defensoria Pública dos Estados, do Distrito Federal e dos Territórios.

O conteúdo normativo do *caput* do art. 93 da Constituição Federal não possui equivalência total com o regime da Defensoria Pública, não podendo ele ser plenamente adaptado por meio da norma de extensão da parte final do art. 134, §4º da CRFB, já que sua incidência só ocorre "no que couber".

Neste passo, em relação às normas de organização da Defensoria Pública da União, a iniciativa de leis permanecerá nas mãos do Presidente da República, como manda o art. 61, §1º, II, 'd' da CRFB, em concorrência com o Defensor Público Geral Federal, através do processo legislativo constitucional, observando-se a exigência de Lei Complementar (art. 134, §1° da CRFB) e a relação com as normas apontadas no art. 93 da CRFB.

No que pertine à disciplina do art. 96, II, a realidade é outra, já que seu conteúdo é mais restrito e não diz respeito à organização da magistratura. A referida norma constitucional confere iniciativa legislativa concorrente ao Supremo Tribunal Federal, aos Tribunais Superiores e aos Tribunais de Justiça para projetos de interesse da magistratura nas matérias ali versadas.

Assim, verifica-se que cada órgão do Poder Judiciário possui legitimação autônoma, pois os temas versados dizem respeito à realidade de cada um, de forma isolada.

---

63. LIMA, Frederico Viana de. Op. cit., pág. 96.

Torna-se importante extrair a simetria entre a norma do Poder Judiciário e a sua incidência à realidade da Defensoria Pública, de modo a se reconhecer a aplicabilidade do comando constitucional, inaugurando-se uma iniciativa exclusiva da Defensoria Pública.

É através da incidência da norma do art. 134, §4º c/c art. 96, II da CRFB, que se conclui pela iniciativa do Defensor Público Geral Federal de poder instaurar, por meio de projeto de lei, o processo legislativo para a criação e a extinção de cargos e a remuneração dos seus serviços auxiliares e dos órgãos que lhes forem vinculados, bem como a fixação do subsídio de seus membros ou a alteração ou divisão de atribuições, (art. 96, II, "b" e "d" da CRFB).

Essa iniciativa, por ter foco e sede própria, desagregada do art. 61, §1º, II, 'd' da CRFB seria exclusiva do Defensor Público Geral Federal, já que não relacionada com a organização da instituição.

De acordo com o §1º do art. 134 da CRFB, lido em conjunto com o art. 2° da Emenda Constitucional nº 69/2012, cabe à Lei Complementar organizar a Defensoria Pública da União e prescrever as normas gerais para as Defensorias Públicas do Estado e do Distrito Federal.

c)   *Iniciativa legislativa no plano estadual e distrital – normas específicas sobre as Defensorias Públicas dos Estados e do Distrito Federal:*

No plano dos Estados e do Distrito Federal pensamos que as normas de organização previstas no art. 93 da CRFB também terão iniciativa concorrente entre os respectivos Governadores e os Defensores Públicos Gerais para a proposição de normas específicas, seguindo a mesma linha apontada para a Defensoria Pública da União.

A mesma conclusão, entretanto, não pode ser aplicada à realidade do art. 96, II da CRFB. Isso porque, a referida norma constitucional confere iniciativa legislativa concorrente ao Supremo Tribunal Federal, aos Tribunais Superiores e aos Tribunais de Justiça para propor ao Poder Legislativo respectivo a alteração do número de membros dos tribunais inferiores; a criação e a extinção de cargos e a remuneração dos seus serviços auxiliares e dos juízos que lhes forem vinculados, bem como a fixação do subsídio de seus membros e dos juízes, inclusive dos tribunais inferiores, onde houver; a criação ou extinção dos tribunais inferiores; a alteração da organização e da divisão judiciárias.

Nesse caso, verifica-se que cada órgão do Poder Judiciário possui legitimação autônoma, pois os temas versados dizem respeito à realidade de cada um, de forma isolada. Ao perceber a simetria entre a norma do Judiciário e a realidade da Defensoria Pública torna-se possível que o respectivo comando constitucional seja adaptado a cada Defensoria Pública.

Por não versarem as matérias do art. 96, II da CRFB sobre a organização dos tribunais e, consequentemente, da própria Defensoria Pública, teríamos aqui, mais uma vez, um espaço de iniciativa legislativa exclusiva dos Defensores Públicos Gerais, tal como defendemos em relação à DPU.

Com a incidência da norma do art. 134, §4º da CRFB será possível sua combinação com o art. 96, II da CRFB, alíneas 'a', 'b' e 'd' da Constituição Federal, de modo que o Defensor Público-Geral do Distrito Federal e os Defensores Públicos-Gerais dos Estados poderão realizar, por meio de lei a alteração do número de membros da carreira (alínea 'a'), mediante lei que discipline o número de cargos na estrutura da instituição e como reflexo da própria autonomia administrativa consagrada no art. 134, §§ 2º e 3º da CRFB.

Ademais, os respectivos chefes institucionais poderão propor diretamente ao Poder Legislativo respectivo a criação e a extinção de cargos e a remuneração dos seus serviços auxiliares, bem como a fixação do subsídio de seus membros (alínea 'b'), bem como a alteração das atribuições previstas em lei (alínea 'd').

Sobre o tema, recentemente se posicionou o Tribunal de Justiça do Estado da Bahia, *in verbis*:

> MANDADO DE SEGURANÇA. DIREITO CONSTITUCIONAL. DEFENSORIA PÚBLICA. PROJETO DE LEI COMPLEMENTAR ENVIADO PELO CHEFE DO EXECUTIVO. ALTERAÇÕES NO REGIME DA LICENÇA-PRÊMIO. VÍCIO DE INICIATIVA. CABIMENTO DO MANDADO DE SEGURANÇA IMPETRADO POR DEPUTADOS ESTADUAIS. LEGITIMIDADE PASSIVA DO GOVERNADOR. POSSIBILIDADE JURÍDICA DO PEDIDO. INSTITUIÇÃO AUTÔNOMA E DETENTORA DE INICIATIVA DE LEI. EMENDAS CONSTITUCIONAIS N. 45 E N. 80. COMPETÊNCIA PRIVATIVA DO DEFENSOR GERAL PARA DEFLAGRAR PROCESSO LEGISLATIVO SOBRE ASPECTOS ESPECÍFICOS DA CARREIRA. PRECEDENTES DO STF. SEGURANÇA CONCEDIDA. AGRAVO INTERNO PREJUDICADO.
>
> 1. Conforme jurisprudência dominante do Supremo Tribunal Federal, "existe legitimidade do parlamentar - e somente do parlamentar - para impetrar mandado de segurança com a finalidade de coibir atos prati-

cados no processo de aprovação de lei ou emenda constitucional incompatíveis com disposições constitucionais que disciplinam o processo legislativo" (MS 24667 AgR)

2. Embora, de fato, não detenha o Governador competência para sustar o trâmite do processo legislativo, é indiscutível a necessidade de que figure como autoridade coatora no presente writ, pois, tendo deflagrado o processo questionado, cabe a ele prestar as informações pertinentes.

3. O pedido de suspensão do trâmite de projeto de lei eivado de inconstitucionalidade formal, apresentado por Deputado Estadual, não encontra, em abstrato, qualquer óbice no ordenamento jurídico, revelando-se plenamente viável.

4. A edição da EC n. 80/2014, ao conferir iniciativa de lei à Defensoria Pública (art. 134, § 4º, c/c art. 96, II), de fato, criou uma aparente antinomia de normas, especialmente porque não foi alterado expressamente o art. 61, § 1º, II, d, da CF, que atribui ao Presidente da República a iniciativa de projetos sobre organização do MPU e da DPU, bem como normas gerais sobre MPEs e DPEs, com aplicação simétrica nos estados.

5. Efetivamente, a solução mais adequada para o caso em análise é aquela aplicada ao Ministério Público. A interpretação dada pela doutrina e jurisprudência ao texto constitucional é no sentido de que há iniciativa concorrente entre o Procurador Geral de Justiça e o Governador do Estado para dispor sobre a organização geral do MPE (art. 61, § 1º, d), enquanto que matérias relativas a criação e extinção de seus cargos e serviços auxiliares, a política remuneratória e os planos de carreira respectivos (art. 127, § 2º) são de iniciativa privativa do PGJ. A mesma sistemática se aplica à Defensoria Pública, por uma questão de simetria.

6. In casu, as novas regras a que se pretende submeter os Defensores Públicos, em resumo, alteram os requisitos, as formas de concessão, fruição e a indenização de licença-prêmio.

7. Com efeito, o regramento não se limita a estabelecer uma norma de organização geral da instituição ou versa unicamente ao regime jurídico dos seus servidores. Evidentemente, está-se a tratar de questão vinculada a gestão de pessoal, a política remuneratória e aos planos de carreira da instituição, que, como visto, é reservada privativamente ao Defensor Público Geral.

8. Permitir que o Poder Executivo tenha ingerência sobre essas matérias indubitavelmente configura uma afronta à autonomia atribuída à Defensoria, indo de encontro ao texto expresso da Carta Magna da República. (TJ/BA – Seção Cível de Direito Público – Mandado de Segurança nº 0027038-50.2015.8.05.0000 – Relator Des. José Edivaldo Rocha Rotondano, decisão: 27-10-2016)

Parece-nos, no entanto, que a alínea 'c' do art. 96, II da CRFB que versa sobre a criação ou extinção dos tribunais inferiores não possui a necessária compatibilidade com a estrutura da Defensoria Pública, não sendo passível de incidência na realidade defensorial.

A estrutura do Poder Judiciário e sua composição não guardam simetria com a estrutura de órgãos e atribuições da Defensoria Pública, razão pela qual, inviável o traçado de um paralelo entre os regimes jurídicos, de modo a justificar a incidência desta alínea.

d) *Iniciativa legislativa para normas de fixação de subsídios dos membros da Defensoria Pública:*

Um tema que será objeto de perplexidade no âmbito da Defensoria Pública diz respeito ao instrumento legislativo dedicado às modificações normativas relativas à política remuneratória da Defensoria Pública.

O subsídio dos membros da Defensoria Pública é matéria objeto de Lei Complementar? A resposta, a nosso ver, é negativa. O art. 134, §1º da CRFB determina que a matéria de Lei Complementar é restrita à organização da Defensoria Pública da União e Territórios e prescrição de normas gerais para a organização das Defensorias Públicas Estaduais. O art. 93 da CRFB só exige a Lei Complementar para a edição do Estatuto da Magistratura e o art. 96 da CRFB não estabelece o rito de Lei Complementar para as matérias ali tratadas.

No Ministério Público o art. 128, § 5º da CRFB também não foge a essa regra, quando determina a forma de lei complementar da União e dos Estados, cuja iniciativa é facultada aos respectivos Procuradores-Gerais, para estabelecer a organização, as atribuições e o estatuto de cada Ministério Público.

Dessa forma, no que diz respeito à politica remuneratória da Defensoria Pública, a fixação do subsídio deve ocorrer mediante Lei Ordinária, tal como ocorreu no Judiciário e Ministério Público com o advento das Leis nº 13.091/2015 (STF) e nº 13.092/2015 (PGR).

e) *Aspecto interna corporis da iniciativa legislativa – ato do Defensor Público Geral x discussão do anteprojeto no Conselho Superior:*

Se levarmos em conta que a iniciativa legislativa é fruto da Emenda Constitucional nº 80/2014, é compreensível o porquê de poucas Defensorias Públicas se adaptarem a essa nova ferramenta institucional. Não obstante, é fato incontroverso que a iniciativa legislativa recai ao chefe da Defensoria Pública, órgão da administração superior responsável pela representação da instituição, nos termos do art. 100 da LC nº 80/1994, traçando-se um paralelo com semelhante iniciativa desempenhada pelo Presidente do Supremo Tribunal Federal e pelo Procurador Geral da República no plano nacional.

Embora no plano interno possa haver eventual procedimento para a confecção do anteprojeto de lei, fato é que a apresentação da proposta legislativa competirá sempre ao Defensor Público Geral.

Aspecto interessante a ser objeto de reflexão diz respeito exatamente ao procedimento *interna corporis* a ser observado pela Defensoria Pública para a elaboração de anteprojeto a ser apresentado no Congresso Nacional ou na Assembleia Legislativa.

Diante de um quadro de anomia, parece-nos inadequado defender a possibilidade de o anteprojeto de lei nascer da solidão do gabinete do Defensor Público Geral e de lá ser imediatamente apresentado ao Parlamento.

Poder-se-ia fazer um paralelo com o Ministério Público e, a partir da analogia com o art. 12, II e III da Lei nº 8.625/93 e com o art. 57, XXII da LC nº 75/93, que tratam da atribuição do Colégio de Procuradores de Justiça e do Conselho Superior, respectivamente, para aprovação das propostas legislativas no plano do Ministério Público dos Estados e do Ministério Público da União.

No entanto, parece-nos que o caminho a ser escolhido decorre da leitura do texto constitucional, no caso, o art. 134, *caput* da CRFB c/c art. 102 da LC nº 80/1994.

Sendo a Defensoria Pública uma instituição que expressa e instrumentaliza o regime democrático, nada mais natural que essa democracia seja voltada para o plano *interna corporis*. Isso significa dizer que o órgão plural da Defensoria Pública, o Conselho Superior, deve participar do trabalho de elaboração da proposta legislativa, considerando que a LC nº 80/1994, lhe atribui o encargo consultivo.

A melhor lei será aquela que se submeta à discussão não só perante as casas legislativas, mas também em nosso próprio lar, com o exercício adequado de ponderações a serem lançadas no Conselho Superior, palco da democracia *interna corporis*.

Seguindo essa linha de raciocínio, leciona Gustavo Corgosinho em obra recentemente publicada sobre o tema:

> A partir da recente Emenda Constitucional nº 80/2014, a Defensoria Pública passou a deter expressamente o poder de iniciativa de lei que

> poderá ser encaminhada diretamente ao Poder Legislativo, sem a necessidade da iniciativa pelo Poder Executivo. Evidentemente, a matéria precisa ser regulada pelas leis orgânicas. Em nossa opinião, em âmbito interno da Instituição, o procedimento mais adequado é que a iniciativa fosse do Defensor Público-Geral, mas devendo ser submetida à aprovação do Conselho Superior da Defensoria Pública, no exercício de seu poder regulamentar, antes de ser encaminhada ao Poder Legislativo. (CORGOSINHO, Gustavo. *Defensoria Pública*, Belo Horizonte: Arraes Editores, 2014, pág.76)

5. CONCLUSÃO

A compreensão dos conceitos de autonomia funcional, administrativa e financeira e sua relação com a iniciativa legislativa e orçamentária revela toda uma engenharia complexa de funcionamento do modelo de prestação estatal do serviço de assistência jurídica.

Só um órgão dotado de autonomia é capaz de prestar um serviço confiável e de qualidade. As autonomias concedidas à Defensoria Pública, muito antes de qualquer questão corporativa, dedicam-se a traduzir uma segurança àquele que depende da assistência jurídica estatal.

As Emendas Constitucionais são um reflexo evolutivo da qualidade da escolha brasileira do modelo público de assistência jurídica preconizado pelo art. 134 da CRFB e precisam ser enxergadas sob a vertente de quem utiliza esses serviços.

Dentro da realidade mundial o Brasil encontra-se a milhas de distância dos demais sistemas jurídicos em matéria de assistência jurídica. O retrocesso na seara da Defensoria Púbica implicará em verdadeiro ataque ao direito fundamental previsto no art. 5º, LXXIV da CRFB.

6. REFERÊNCIAS

ALVES, Cléber Francisco. *Assistência Jurídica Integral da Defensoria Pública no Novo Código de Processo Civil, in* SOUSA, José Augusto Garcia de (coord.). *Coleção Repercussões do Novo CPC – Defensoria Pública*, Salvador: Juspodivm, 2015.

_____. *Justiça para Todos! Assistência Jurídica Gratuita nos Estados Unidos, na França e no Brasil*, Rio de Janeiro: Lumen Juris, 2006.

BARROS, Guilherme Freire de Melo. *Defensoria Pública*, Salvador: Editora Podivm, 20104.

CAPPELLETTI, Mauro; JOHNSON JR, Earl; GORDLEY, James. *Toward equal justice: A comparative study of legal aid in modern societies*. Milano: Giuffrè, 1975.

COMPARATO, Fábio Konder. *Direito Público*: Estudos e Pareceres. São Paulo: Saraiva, 1996.

CORGOSINHO, Gustavo. *Defensoria Pública: princípios institucionais e regime jurídico*, Belo Horizonte: Arraes Editores, 2014.

COSTA, Salvador. *O apoio judiciário*. Coimbra: Almedina, 2013.

FERREIRA, Sérgio de Andréa. *Comentários à Constituição*, 3º Volume, Rio de Janeiro: Freitas Bastos, 1991.

GALLIEZ, Paulo. *A Defensoria Pública, o Estado e a Cidadania*, Rio de Janeiro: Lumen Juris, 2006.

GARTH, Bryant G; CAPPELLETTI, Mauro. *Access to Justice: The Newest Wave in the Worldwide Movement to Make Rights Effective*. (Articles by Maurer Faculty. Paper 1142. Disponível em http://www.repository.law.indiana.edu/facpub/1142. Acesso em 29 mai 2016).

GOLDMAN, Mayer C. *The public defender: a necessary factor in the administration of justice*. New York: G. P. Putnam's Sons. 1917.

GONÇALVES, Gabriella Vieira Oliveira. BRITO, Lany Cristina Silva. FILGUEIRA, Yasmin von Glehn Santos. (org.) *IV Diagnóstico da Defensoria Pública no Brasil*, Brasília: Ministério da Justiça, Secretaria de Reforma do Judiciário, 2015.

GRECO, Leonardo. *Instituições de Processo Civil*. 5. Ed. Rio de Janeiro: Forense, 2015. Vol. I.

GROSTEIN, Julio. Lei orgânica da defensoria pública do estado de são paulo. Salvador: Juspodivm, 2014.

HENRIQUES, Elcio Fiori. *Orçamentos Públicos*, coordenação José Maurício Conti, São Paulo: Revista dos Tribunais, 2014.

JUNKES, Sérgio Luiz. *Defensoria Pública e o Princípio da Justiça Social*, Curitiba: Juruá, 2006.

LAVIÉ, Humberto Quiroga. *Estudio analítico de la reforma constitucional*, Buenos Aires: Depalma, 1994.

LIMA, Frederico Rodrigues Viana de. *Defensoria Pública*, Salvador: Editora JusPodivm, 2015.

MARTINS, Rodrigo Azambuja. *Uma História da Defensoria Pública*, in ANTUNES, Maria João. SANTOS, Cláudia Cruz. AMARAL, Cláudio do Prado. (coord.) *Os Novos Atores da Justiça Penal*, Coimbra: Almedina, 2016.

MEIRELLES, Hely Lopes. *Direito Administrativo Brasileiro*, São Paulo: Malheiros, 2013.

MORAES, Alexandre. *Direito Constitucional*, São Paulo: Atlas, 2008.

MOREIRA NETO, Diogo de Figueiredo. *A Defensoria Pública na construção do Estado de Justiça*, Revista de Direito da Defensoria Pública, Rio de Janeiro, 1995, ano VI, n.7.

PAIVA, Caio. EC 80/2014 dá novo perfil constitucional à Defensoria Pública. Disponível em: http://www.conjur.com.br/2015-out-06/tribuna-defensoria-ec-802014-perfil-constitucional-defensoria-publica, acesso em: 16-08-2016.

PEDROSO, João Antonio Fernandes. Acesso ao Direito e à Justiça: um direito fundamental em (des)construção - O caso do acesso ao direito e à justiça da família e das crianças. Tese de Doutoramento em Sociologia, pela Universidade de Coimbra. 2011. Disponível em: https://estudogeral.sib.uc.pt/bitstream/10316/22583/1/Tese_Joao%20Pedroso.pdf.

PINTO, Rui. *Notas ao código de processo civil*. Coimbra: Coimbra Editora, 2014.

Cap. 4 • AUTONOMIA DA DEFENSORIA PÚBLICA: UMA ANÁLISE NÃO TRADICIONAL

ROBOREDO, Carlos Eduardo Freire. *A Defensoria Pública e sua essencialidade constitucional, in Livro de Estudos Jurídicos*, Volume 4, Rio de Janeiro: Editora Instituto de Estudos Jurídicos, 1992.

SANTOS, Boaventura de Souza. *Para uma revolução democrática da justiça*. 3. ed. São Paulo: Cortez, 2014.

SARMENTO, Daniel. *Parecer: Dimensões Constitucionais da Defensoria Pública da União*, emissão: 21-07-2015.

VITAGLIANO, Roberto. *Defensoria Pública e o estado democrático de direito*, Revista de Direito da Defensoria Pública, Rio de Janeiro, 1988, ano I, n.1.

WICE, Paul. *Public defenders and the american Justice System*. Connecticut: Praeger Publishers, 2005.

CAPÍTULO 5

Autonomia da Defensoria Pública: uma análise à luz da teoria crítica dos direitos humanos e de Resoluções da OEA

Patricia Carlos Magno

"Sob uma racional, razoável e pertinente ótica constitucional, a Defensoria Pública não pode pretender ser a voz de ninguém, de nenhuma pessoa ou segmento social. É, entretanto, o imprescindível megafone que torna audíveis e amplificadas as vozes que querem se fazer ouvir e compreender, e as demandas que lhe são trazidas".
Glauce Franco

Sumário: 1. Lineamentos Preliminares; 2. Mas, afinal, o que se entende por autonomia?; 3. Do Controle de Convencionalidade; 4. Resoluções da AG/OEA sobre Acesso à Justiça: perspectiva histórica e o papel da AIDEF.; 4.1. Resoluções da AG/OEA sobre Acesso à Justiça: autonomia e Defensoria Pública – a aposta em um modelo de assistência jurídica; 4.2. Resoluções da AG/OEA sobre Acesso à Justiça: autonomia técnica; 4.3. Resoluções da AG/OEA sobre Acesso à Justiça: impactos.; 4.4. Resoluções da AG/OEA sobre Acesso à Justiça: a jurisprudência interamericana, o controle de convencionalidade e a vedação ao retrocesso.; 5. À guisa de conclusão, algumas reflexões.; 6. Referências

1. LINEAMENTOS PRELIMINARES

Este estudo pretende percorrer seara de tessitura institucional complexa, para revisitar o instituto da autonomia da Defensoria Pública, conforme a cartografia instituída na Constituição Federal e na Lei Complementar n. 80/94, segundo trajetória guiada por bússola magneticamente imantada pelo Direito Internacional dos Direitos Humanos (DIDH) e, especificamente, de acordo com a releitura do direito humano ao devido processo legal, potencializado por resoluções da Assembleia Geral da Organização dos Estados Americanos (AG/OEA).

Situa-se, como premissa, a lição apreendida na teoria crítica, segundo a qual os direitos humanos são *processos de lutas por dignidade* (HERRERA, 2009). Trata-se de escolha metodológica com consequência muito clara, pois vincula a interpretação que se almeja emprestar ao instituto. E aqui, se fala em estabelecer um entendimento de acordo com a *plasticidade* de uma instituição que se pretende instrumento capaz de *vocalizar demandas emancipatórias* de lutas por dignidade de pessoas em situação de vulnerabilidade[1].

O encontro entre democracia e direitos humanos e devido processo legal, no Brasil, produziu o modelo público de assistência jurídica integral e gratuita, formatado para dar efetividade ao *direito a ter direitos* (ARENDT, 2007). Ele nasce com a *missão de instrumentalizar o acesso à justiça* e de densificar o princípio da igualdade entendido como *não submissão* (SABA, 2005)[2]. Mas não se trata de qualquer instrumento. E

---

1. Neste estudo, tal qual alhures (v. nosso: MAGNO; FRANCO, 2015) propõe-se que a expressão "necessitados" da normativa interna brasileira seja interpretada de acordo com a noção de *pessoas em condição de vulnerabilidade* talhada pelas Regras de Brasília sobre Acesso à Justiça das Pessoas em Condição de Vulnerabilidade (CUMBRE, 2008c). No aludido documento internacional, produzido pela reunião de cúpula dos presidentes das Cortes Judiciais dos estados iberoamericanos, "consideram-se *em condição de vulnerabilidade aquelas pessoas que*, por razão de sua idade, gênero, estado físico ou mental, ou por circunstâncias sociais, econômicas, étnicas e/ou culturais, *encontram especiais dificuldades em exercitar com plenitude perante o sistema de justiça os direitos reconhecidos pelo ordenamento jurídico*" [Regra (3)]. Optou-se por indicar que a *vulnerabilidade* se trata de *condição*, "com o que se faz referência ao estado ou situação especial em se encontra uma pessoa" (CUMBRE, 2008b) e não uma característica ou elemento dela. A pessoa humana pode estar vulnerabilizada ou em condição de vulnerabilidade, *sem jamais ver diminuídas as características intrínsecas e extrínsecas de sua humanidade.*

2. Sobre princípio da igualdade como não submissão e sua distinção do princípio da *igualdade como não discriminação*, faz-se importante explicitar que ambos são formas de concretização da igualdade substancial. Uma vez superada a igualdade formal, a primeira ideia de igualdade material tem que ver com a chamada *igualdade como não discriminação*, segundo a qual o Estado precisa ser *cego* quanto às diferenças e *razoável* quanto às distinções. (SABA, 2005)

    Uma segunda ideia de igualdade material tem que ver com que as pessoas em sua condição de pertencimento a grupos não sejam submetidas, excluídas ou segregadas por outros grupos. Trata-se da *igualdade como não subordinação.*

    São noções complementares e a distinção mais importante tem que ver com o enfoque proposto. Enquanto a igualdade como não discriminação propõe um *enfoque tradicional individualista*, que enfrenta as situações caso a caso; a igualdade como não submissão propõe um *enfoque estrutural e sociológico*, localizando a pessoa a partir do(s) grupo(s) social(is) a(os)

sim, de um *instrumento substancial*, que deve *funcionar* de modo eficiente, adequado e orientado finalisticamente, o que implica atenção a realidades exteriores e sempre em sintonia com as normas constitucionais e convencionais. Portanto, a Defensoria "é um verdadeiro instrumento da Constituição, notadamente de alguns valores fundamentais da nossa ordem jurídica, como a dignidade humana, a igualdade substancial e o acesso à justiça" (SOUSA, 2012, p. 177).

Ocorre que se está diante de uma *instituição em movimento*, que "pede passagem" (SOUSA, 2011), porque sua missão *expande-se* na mesma proporção em que se expressam as expectativas dos atores sociais e se multiplicam as demandas por justiça.

Glauce Franco (2015, p. 20), dialogando com fundamentos constitucionais, vai dizer que "sendo a democracia um processo, é sintomático que a expansão deste expanda, ou melhor, explicite, as atribuições da Defensoria Pública". Nesse sentido, a norma constitucional brasileira (art. 134) estabeleceu que ela é "expressão e instrumento do regime democrático" e não pode exprimir qualquer democracia, mas sim é expressão da "democracia direta contra-hegemônica" (Ibidem, p. 13-44).

Ainda, buscando conteúdo para democracia, importante verificar que Chantal Mouffe (2005, p. 11-23)[3] propõe uma (re)descrição dos princípios fundamentais da democracia de modo a abrir espaço para o conflito, a paixão e o político. Ela propõe um modelo *agonístico* de democracia que não tem como finalidade a pacificação social, pois esta é sempre uma estabilização de poder que acarreta alguma forma de exclusão. A professora inglesa capta o pluralismo do fluxo social e salienta o sentido de processo para a vida, que deve impregnar o *eterno construir* democrático, agonístico, isto é, inexoravelmente *conflituoso*. In verbis:

> Considero que é apenas quando reconhecermos a dimensão do 'político' e entendermos que a 'política' consiste em domesticar a hostilidade e em tentar conter o potencial antagonismo que existe nas relações humanas que seremos capazes de formular o que considero ser a questão central para a política democrática. Essa questão, vênia aos racionalistas, não é a de como tentar chegar a um consenso sem exclusão, dado que isso acarretaria a erradicação do político. A política busca a criação

---

que(ais) pertence, a exigir do Estado ações positivas, tendentes a desmantelar a situação de exclusão do grupo social em desvantagem. Para aprofundamento: v. FISS, 1976.

3. Mouffe estabeleceu um sentido próprio para hegemonia (Ibidem, p. 19), que não será aqui adotado. Neste texto, o sentido de hegemônico e contra hegemônico é o adotado por Boaventura Sousa Santos (2003; 2014).

de unidade em um contexto de conflitos e diversidade; está sempre ligada à criação de um 'nós' em oposição a um 'eles'. A novidade da política democrática não é a superação dessa oposição nós-eles – o que é uma impossibilidade –, mas o caminho diferente em que ela é estabelecida. O ponto crucial é estabelecer essa discriminação nós-eles de um modo compatível com a democracia.

Vislumbrada a partir da óptica do 'pluralismo agonístico', o propósito da política democrática é construir o 'eles' de tal modo que não sejam percebidos como inimigos a serem destruídos, mas como adversários, ou seja, pessoas cujas ideias são combatidas, mas cujo direito de defender tais ideias não é colocado em questão.

[...]

Ao precaver-nos contra a ilusão de que uma democracia perfeitamente bem-sucedida possa ser alcançada, força-nos a manter viva a contestação democrática. *Abrir caminho para o dissenso e promover instituições em que possa ser manifestado é vital para uma democracia pluralista* e deve-se abandonar a própria ideia segundo a qual poderia haver um tempo em que pudesse deixar de ser necessário, pois que a sociedade seria a tal ponto bem-ordenada. (grifamos)

Quando Mouffe (Ibidem, p. 22) destaca que se fazem necessárias instituições democráticas, capazes de promover uma democracia pluralista, na qual o dissenso seja possível, é que a Defensoria se afirma enquanto *locus de resistência*.

No bojo de uma "racionalidade de resistência" (HERRERA, 2009, p. 150), a *autonomia institucional* é das características mais importantes, sob pena de se pôr em risco a *atividade fim* de "orientação jurídica, promoção dos direitos humanos e a defesa, em todos os graus, judicial e extrajudicial, dos direitos individuais e coletivos, de forma integral e gratuita, aos necessitados, na forma do inciso LXXIV do art. 5º desta Constituição Federal".

Para Herrera (Ibidem, p. 108) é na "vontade de encontro" que se materializam os direitos humanos. É na construção de "trama de relações" que se faz possível aumentar as potencialidades humanas. E, nesse diapasão, "se uma teoria chega a ser posta em prática institucionalmente, aumenta sua capacidade de durar, de ser transmitida e, inclusive, de resistir a possíveis deformações" (Ibidem, p. 122-123).

Se por um lado, a institucionalização não é a solução para todos os males, havendo, inclusive, o risco da captura das relações e do arrefecimento da mobilização dos atores sociais; por outro lado, o "componente institucional dos direitos" joga relevante papel na prática das ideias críticas sobre eles. Nesse viés, proteger a instituição Defensoria Pública com garantias que lhe assegurem *autonomia* é primordial para que seja possível vislumbrar-se seu *potencial institucional emancipatório*.

O sentido que se pretende emprestar a esta expressão e à discussão sobre o potencial institucional emancipatório da Defensoria *dialoga* com as reflexões feitas por Boaventura (2003) quando ele discute se o direito poderia ser emancipatório. O sociólogo português conclui que "o direito não pode ser emancipatório, nem não-emancipatório, porque emancipatórios e não-emancipatórios são os movimentos, as organizações e os grupos cosmopolitas subalternos que recorrem à lei para levar as suas lutas por diante" (Ibidem, p. 71).

Do mesmo modo que ele, aqui também se entende que a instituição Defensoria Pública, sob o aspecto formal, não pode ser emancipatória nem não emancipatória. Mas, sob o aspecto concreto, essas características estariam vinculadas à maior ou menor possibilidade de vocalização das lutas por intermédio dos atores sociais, para os quais a instituição *funcionaria* como megafone. Em todo caso, sem *autonomia*, haverá *falta de potência* institucional emancipatória e a Defensoria não instrumentalizará os processos de luta por dignidade, tornando-se impossível falar em "revolução democrática da justiça" (SANTOS, 2014, p. 51-58).

2. MAS, AFINAL, O QUE SE ENTENDE POR AUTONOMIA?

Amélia Rocha (2013, p. 105) afirma que "a autonomia é meio para a assunção dos fins institucionais" e, com isso, apresenta a justificação ou fundamentação do instituto, que existe para um fim específico: viabilizar o acesso à justiça.

A Ministra Rosa Weber – preocupada em buscar as razões que legitimam e justificam a autonomia da Defensoria Pública – asseverou, no bojo da ADI 4163/SP, que:

> Ao invés, portanto, de discutir o que é autonomia, [...] entendo mais pertinente com o interesse ainda subjacente *concentrar minhas considerações nos motivos que levam essa autonomia a existir*; e, especialmente, para onde se deve levá-la, na perspectiva de que a Defensoria Pública tem um papel social *que só será efetivamente cumprido quando sua atuação concreta for suficientemente eficaz para fazer dela uma parte fundamental de um objetivo muito maior*, qual seja, o da busca de uma sociedade livre, justa e solidária, conforme o comando do artigo 3º, inciso I, da Constituição da República.
>
> [...]

É evidente que o caráter neófito das defensorias públicas traz dificulda-des, pois o que é novo sempre enfrenta resistência; a simples existência dessas ações diretas de inconstitucionalidade já o demonstra. *São insti-tuições obrigadas a lutar por espaço, muitas vezes a duras penas; e nem poderia ser diferente, porque são muitas as demandas sociais submetidas ao Estado brasileiro por um povo carente de quase tudo.*

Mas a 'juventude' apresenta também, por outro lado, uma grande vanta-gem, e é sobre ela que eu pretendo me concentrar, já concluindo o meu voto. Refiro-me à hipótese de que, com o devido apoio, as defensorias podem surgir no cenário nacional como *um grande catalisador desta nova postura que emerge*, relativamente à tendência de viabilizar esfor-ços para a resolução de conflitos de forma mais prática e efetiva, seja porque a instituição da Defensoria está ainda a procurar o seu próprio horizonte, o que facilita a tomada de caminhos inovadores, seja por se colocar de forma muito próxima à população carente e contar com uma imagem institucional altamente positiva. (grifamos)

Quase o mesmo ângulo da fotografia se pode conferir no voto do Ministro Cezar Peluso, quando do julgamento da ADI 4163/SP. Ele asse-vera que:

Ninguém tem dúvida de que a EC nº 45/2004 conferiu essa relevantís-sima garantia institucional às Defensorias Públicas Estaduais, não por excesso nem acaso, senão para que, a salvo de ingerências ou injunções político-administrativas do Poder Executivo ou doutras esferas, possam exercer, em plenitude, o nobre ofício de assistência jurídica gratuita aos que não dispõem de meios econômicos para a contratação de advogado, tornando-os com isso, em especial, sujeitos ativos do direito fundamen-tal de acesso à Justiça.

No bojo da emenda constitucional que implementou a chamada "reforma do judiciário" (EC 45/2004), as três dimensões da autonomia (funcional, administrativa e financeira ou orçamentária)[4] ganharam ex-pressa previsão no artigo 134, §2º da C.R.F.B. para as defensorias es-taduais. A EC 74/13 estendeu a regra para a Defensoria da União e do Distrito Federal (artigo 134, §3º) e a EC 80/2014 completou o ciclo de regras garantidoras da instituição, alçando ao nível constitucional os princípios institucionais da indivisibilidade, unidade e independência funcional (artigo 134, §4º).

Pensando na natureza jurídica da autonomia, ela é *característica institucional* da Defensoria Pública, do tipo *regra*. Não admite ponde-ração e, portanto, afastamento em hipótese de coalisão de interesses. A

---

4. Há, ainda, uma quarta dimensão para a autonomia, que aparece nas resoluções da AG/OEA a partir de 2012 e que será adiante analisada. Está-se referindo à *autonomia técnica*.

autonomia é regra que se submete ao sistema de "tudo ou nada" / "vale ou não vale", e, seu descumprimento implica em manietar a instituição, que deixará de ter possibilidades de cumprir integralmente com seu papel no sistema de justiça e pode dele se perder, ou, mesmo, nunca se afirmar como expressão e instrumento do regime democrático, transformando-se – ao contrário – em meio de perpetuação de injustiças.

Sem autonomia, não há Defensoria Pública. Não há possibilidade de expressão do *potencial institucional emancipatório*. Nesse sentido se repete que autonomia é norma jurídica do tipo regra. Não produziria saber estratégico considerá-la norma jurídica do tipo princípio[5], uma vez que, em eventual ponderação (casuística) de princípios em coalisão – seria possível afastar a autonomia defensorial.[6]

Analisemos, então, a autonomia sob seus aspectos funcional, administrativo e financeiro (e/ou orçamentário). Dentre os princípios institucionais do §4º do artigo 134 da Constituição, destaca-se o da independência funcional, pela confusão que poderia gerar em relação à dimensão funcional da autonomia (§2º). A diferença – quanto ao conteúdo – está no espectro de proteção. Enquanto a autonomia funcional "visa salvaguardar a Defensoria Pública por inteiro, considerada como o conjunto formado por todos os seus órgãos de execução, atuação e administração superior", a independência funcional é "garantia conferida a cada um de seus órgãos e a cada um de seus membros, separadamente" (CORGOSINHO, 2014, p. 64).

Confundindo autonomia com autonomia administrativa, porque são conceitos muito imbricados mesmo, o Ministro Cezar Peluso afirma que ela "equivale à ideia de autoadministração, a qual implica poder de escolha, guiado pelo interesse público, entre as alternativas juridicamente reconhecidas a certo órgão. Numa síntese, é autônomo o órgão que se

---

5.   Em sentido diverso, entendendo que a autonomia é princípio, v.: CORGOSINHO, 2014, p. 63. Meu brilhante colega mineiro está acompanhado da Ministra Carmen Lúcia, conforme se depreende de seu voto na ADI 4163/SP (p. 59), cujo trecho se transcreve: "Essa autonomia distingue a Defensoria, hoje, de outras espécies de advocacia pública, como é a própria Procuradoria do Estado. [...] Acho que, mesmo podendo-se basear essa declaração de inconstitucionalidade do artigo 234 da Lei Complementar e dar interpretação conforme, com base específica no *princípio da autonomia*, fortalece-se este princípio e, de conseguinte, fortalecida fica também a definição da vertente constitucional quanto à necessidade de os Estados se submeterem a essa imposição constitucional de criar aparatos burocráticos suficientes para corresponder à demanda a ser atendida pela Defensoria Pública." (grifamos)

6.   Utilizou-se a tipologia e os conceitos de normas jurídicas, regras e princípios tal qual os adota Humberto Ávila (2003).

rege e atua mediante decisões próprias, nos limites de suas competências legais, sem imposições nem restrições de ordem heterônoma" (ADI 40631/SP).

O voto da Ministra Rosa Weber, na mesma ADI, especifica que a dimensão da autonomia administrativa das Defensorias Públicas estaduais responde "à necessidade de se garantir que a instituição possa eventualmente agir em desacordo e *adotar postura de confronto* com as diretrizes do Poder Executivo, desde que isso seja requerido como premissa para o cumprimento da alta missão constitucional de fornecer assistência jurídica integral aos carentes de recursos." Destaca-se, portanto, a compreensão da característica da autonomia dentro da *lógica de resistência* já trabalhada com fulcro na teoria crítica dos direitos humanos de Herrera Flores (2009).

A autonomia financeira ou orçamentária é "decorrência lógica" da autonomia administrativa (CORGOSINHO, 2014, p. 73) e significa, concretamente, a possibilidade de iniciativa de elaboração de proposta de orçamento, materializada na disponibilidade mensal dos duodécimos devidos no bojo da lei de diretrizes orçamentárias. A autonomia financeira – é importante que se diga – se concretiza em etapas. Os níveis de maior ou menor densidade dessa característica institucional dependem diretamente da articulação institucional desenvolvida nos meandros do Poder Executivo e no Poder Legislativo para lutar pela aprovação das leis orçamentárias (plano plurianual, lei de diretrizes orçamentárias e lei orçamentária anual).

Posteriormente o processo de lutas se repetirá mês a mês, em cada oportunidade de repasse (ou não) do duodécimo, estendendo-se pelas fases de administrar o pagamento da própria folha de pessoal, e em todas as batalhas pelo domínio das ferramentas burocráticas e tecnológicas necessárias.

Trata-se do aspecto da autonomia que é mais vulnerável a retrocessos e ameaças conectadas com a conjuntura político-econômica.

Considerando a racionalidade de resistência de Herrera, que dita a essência do perfil institucional da Defensoria Pública, e, na perspectiva da teoria agonística de democracia de Mouffe, a própria defesa da autonomia institucional se dimensiona como arena de lutas políticas, jurídicas e sociais. A ideia que guia este estudo é a de abrir, via DIDH, novas possibilidades de articulação e de fundamentação jurídica para embasar as lutas que se travam e se travarão.

Como ponto de partida para a análise, se partirá das resoluções adotadas pela AG/OEA desde os anos 2011 em diante, a fim de *verificar o impacto que garantir a autonomia da Defensoria Pública tem na proteção do direito humano ao devido processo legal no Estado brasileiro*, conforme preconizado no artigo 8º, da CADH (Convenção Americana de Direitos Humanos) e nos artigos XVII e XXVI, ambos da DADH (Declaração Americana de Direitos Humanos).

Por isso, a questão que se coloca neste estudo é estratégica, qual seja: em que medida preservar as *diversas dimensões da autonomia* da Defensoria Pública se traduz em aumento de intensidade no exercício do direito humano às garantias judiciais e dos demais direitos humanos? Em outras palavras: se o Estado brasileiro, enquanto Estado membro da OEA, assegurar a autonomia da Defensoria Pública estaria se desincumbindo da obrigação geral de garantir o livre e pleno exercício das garantias judiciais?

3. DO CONTROLE DE CONVENCIONALIDADE

As fontes de direito do plano interno devem *dialogar* com as fontes de direito internacional, em especial do DIDH, a fim de que a "força expansiva dos direitos humanos" (MAZZUOLI, 2009, p. 131) possa exprimir-se na dinâmica da interpretação *pro homine*. Essa *conversa* se dá na seara do *controle de convencionalidade*.

Pra Ramos (2014, p. 401), "o controle de convencionalidade consiste na análise da compatibilidade dos atos internos (comissivos ou omissivos) em face das normas internacionais (tratados, costumes internacionais, princípios gerais de direito, atos unilaterais, resoluções vinculantes de organizações internacionais)".

Diversamente de Mazzuoli (2009), Ramos (2014, p. 401-404) divide o controle de convencionalidade em duas subcategorias: "(i) o controle de convencionalidade de matriz internacional, também denominado controle de convencionalidade autêntico ou definitivo; e o (ii) controle de convencionalidade de matriz nacional, também denominado provisório ou preliminar." Ele alerta que nem sempre os resultados do controle de convencionalidade internacional coincidem com os do controle nacional e explicita que o controle de convencionalidade internacional é fruto da ação do *intérprete autêntico*, que são os órgãos internacionais. Por isso, o autor prefere utilizar o termo 'controle de convencionalidade' para fazer referência ao "controle de matriz internacional, fruto da ação dos intérpretes autênticos no plano internacional".

No mesmo sentido, é que se utilizarão as expressões controle de convencionalidade (para alusão ao controle feito pelos órgãos internacionais) e controle de constitucionalidade sob os auspícios do controle de convencionalidade, para indicar a recomendação de que os tribunais e agentes do estado atuem de modo a evitar responsabilidade internacional do Estado Brasileiro (RAMOS, 2004, p. 74).

Nessa perspectiva, serão analisadas as seguintes resoluções vinculantes da AG/OEA: (1) AG/RES 2656 (XLI-O/11): Garantia de acesso à justiça: o papel dos Defensores Públicos Oficiais; (2) AG/RES 2714 (XLII-O/12): Defensoria Pública como garantia de acesso à justiça das pessoas em condições de vulnerabilidade; (3) AG/RES 2801 (XLIII-O/13): Em direção a autonomia da Defensoria Pública como garantia de acesso à justiça; (4) AG/RES 2821 (XLIV-O/14): Em direção a autonomia e fortalecimento da Defensoria Pública como garantia de acesso à justiça; (5) AG/RES 2887 (XLVI-O/16), parte ix: Em direção à Defensoria Pública Oficial Autônoma como salvaguarda da integridade e liberdade pessoais.

4. RESOLUÇÕES DA AG/OEA SOBRE ACESSO À JUSTIÇA: PERSPECTIVA HISTÓRICA E O PAPEL DA AIDEF.

Do mesmo modo que as demais normativas internacionais nascidas do consenso passam por gestações, longas ou curtas, isto é, por período durante o qual se busca construir o acerto de vontades espelhado no produto da organização internacional[7], o processo de construção das resoluções também atravessou etapas até que fossem aprovadas pela Assembleia Geral, órgão supremo da organização interamericana (Carta da OEA, artigo 54).

---

7. Ramos (2005, p. 11), ao se referir a tratados internacionais enquanto fonte principal do direito internacional dos direitos humanos, propões a questão "como nascem os direitos humanos no plano internacional?", à qual responde no sentido de que os direitos humanos podem nascer de duas formas: de "parto cesáreo", quando são fruto de interpretação evolutiva dos mecanismos de proteção e de "parto natural", "após uma gestação de anos que inclui exaustivas conferências internacionais e inúmeras modificações de textos de projetos de tratados internacionais, até que finalmente o consenso é alcançado e um novo tratado internacional de direitos humanos é posto a disposição dos Estados". Essa lição se aplica no que tange a construção das Resoluções da AG/OEA, guardadas as devidas diferenças, já que não se está a falar de um documento internacional do tipo tratado; mas de outra espécie normativa que também gera obrigações para os estados membros da organização internacional.

No período que antecedeu a construção do consenso sobre o tema central e eixo condutor das resoluções, qual seja: a garantia de acesso à justiça, relevante papel desempenhou a AIDEF (Associação Interamericana de Defensorias Públicas)[8] que é, inclusive, mencionada nos *considerandos* de todas elas.

Na Res. 2656/11, item 8, a AG/OEA resolve apoiar o trabalho da AIDEF no fortalecimento da defesa pública nos Estados Membros. Na Res. 2714/12, item 10, a AIDEF foi felicitada pelo tema do seu V Congresso que deu especial tratamento aos avanços e desafios na região em termos de acesso à justiça. Nas resoluções de 2011 a 2014, a AIDEF protagoniza os mecanismos de seguimento previstos, que tem como finalidade verificar e acompanhar a implementação das determinações da AG/OEA no âmbito dos Estados membros.

Iniciativa internacional de implementação do acesso à Justiça, a AIDEF participou do processo de construção das Regras de Brasília de Acesso à Justiça das Pessoas em Condição de Vulnerabilidade, assim como no das resoluções sob comento, no sentido de que o fortalecimento do *modelo público de assistência jurídica integral e gratuita* pudesse ser destacado como o caminho mais efetivo para a densificação das garantias judiciais.

De caráter privado, AIDEF reúne as instituições estatais de Defensorias Públicas e as Associações de Defensores Públicos nacionais, destacando-se, dentre seus diversos fundamentos, os seguintes: (a) prover a necessária assistência e representação das pessoas e dos direitos dos necessitados, garantindo a ampla defesa e o acesso à justiça com a devida qualidade e excelência toda vez que requerida; (b) proporcionar que as legislações existentes nos países americanos e no Caribe e suas reformas, respeitem e tornem efetivas as garantias contempladas nos tratados internacionais de Direitos Humanos, especialmente aquelas que protegem os *direitos de grupos sociais mais vulneráveis*; (c) proporcionar a independência e autonomia funcional das Defensorias Públicas para assegurar o pleno exercício do direito de defesa das pessoas; e (d) apoiar o fortalecimento institucional das Defensorias Públicas em equilíbrio com aqueles que exercem as funções acusatórias do Estado.

---

8. Estudo mais completo sobre a AIDEF e as demais instâncias internacionais que reúnem defensorias públicas foi realizado em outra oportunidade, por ocasião da análise do tema da assistência jurídica internacional à luz do Novo CPC. V. nosso: MAGNO, 2015b.

Com base na primeira finalidade estatutária, a AIDEF pôde celebrar Convênio com a Corte Interamericana de Direitos Humanos e foi criada a figura do Defensor Interamericano (PULEIO, 2009), referida no último considerando da Res. 2656/11 e com atuação elogiada e destacada nas Res. 2714/12, Res. 2801/13 e Res. 2821/14.

A partir das finalidades *b* e *c*, a AIDEF se empenhou e se envolveu nas negociações que antecederam as resoluções objeto deste estudo.

No tocante ao item *d*, é interessante observar a potência que a costura política promovida pelo associativismo internacional tem para promover a construção de uma rede destinada a sedimentar espaços institucionais propulsionadores de novas conquistas. O papel da AIDEF, no apoio ao fortalecimento institucional das defensorias do continente, *retroalimenta* de fora para dentro o movimento de fortalecimento de cada defensoria em cada Estado, que também deve ser realizado de dentro para fora. Outra não é a orientação da AG/OEA. Confira-se:

> Res. 2801/13, item 7: Incentivar, quando for o caso, os Estados membros a promoverem a participação dos defensores públicos no Sistema Interamericano de Direitos Humanos a fim de que o direito a defesa técnica seja exercido e garantido desde a primeira atuação no procedimento dirigida em prol de uma pessoa a nível nacional até, quando for o caso, a emissão de sentença pela Corte Interamericana de Direitos Humanos.

> Res. 2821/14, item 8: Incentivar os Estados membros a promoverem a participação dos defensores públicos no Sistema Interamericano de Direitos Humanos a fim de que o direito a defesa técnica seja exercido e garantido desde a primeira atuação no procedimento dirigida em prol de uma pessoa a nível nacional até, quando for o caso, a emissão de sentença pela Corte Interamericana de Direitos Humanos.

Numa linha do tempo, verificar-se-ia a AIDEF envolvida – em um primeiro momento – com o consenso em torno das Regras de Brasília (2008). Em 2009, com as modificações do Regulamento da Corte IDH, no qual foi criada a figura do Defensor Interamericano (fruto de acordo datado do mesmo ano). Depois, em 2013, com o convênio capaz de antecipar a atuação do DI para a Comissão Interamericana de DH. E, a partir de 2011 e anualmente, com as costuras políticas necessárias à aprovação das resoluções sobre acesso à justiça, desenvolvendo estratégico papel na construção de estandares internacionais pelo fortalecimento da defesa pública nos Estados membros da OEA.

Estabelecidos os marcos históricos, faz-se importante desbravar o conteúdo das resoluções.

4.1. Resoluções da AG/OEA sobre Acesso à Justiça: autonomia e Defensoria Pública – a aposta em um modelo de assistência jurídica

Neste tópico, em cada uma das Resoluções da OEA desde 2011, será examinada a *autonomia*. Sublinhe-se que a AG/OEA claramente se posiciona *pelo modelo público de assistência jurídica integral e gratuita* e define que a eficácia do direito de acesso à justiça está diretamente conectada com a eliminação de obstáculos que afetem ou limitem o *acesso à Defensoria Pública*[9].

Em todas as normativas, a autonomia foi erigida como elemento essencial para a eficácia do acesso à justiça instrumentalizado pela Defensoria Pública, em razão de sua conexão com o direito humano do devido processo legal, entendido pelo sistema interamericano como *direito humano fundamental em si*, e como *meio* (ou direito humano instrumental) que possibilita o restabelecimento de outros direitos violados. Isto é, como *metagarantia*.

Para facilitar o estudo comparativo, parte do conteúdo das normativas em comento será ladeado em dois quadros. Informa-se que a transcrição não se fará *ipsis literis*, nos casos em que se fez livre tradução do original em espanhol. No primeiro quadro verificar-se-á o tema da autonomia. No segundo, a questão da posição da OEA em relação às defensorias públicas como instituições estatais para prestação de assistência jurídica integral e gratuita, em modelo público que, em si, é uma "metagarantia" (KETTERMANN, 2015, p. 72).

Deixou de integrar os esquemas adiante desenhados, a AG/Res. 2887 (XLVI-O/16), uma vez que não se trata de uma resolução específica sobre a Defensoria Pública; mas sim uma normativa produzida pela Assembleia Geral interamericana sobre "promoção e proteção de direitos humanos", dentre os quais se destacam dois itens específicos em que a Defensoria Pública, no marco de sua *autonomia*, aparece com missão específica de salvaguardar o direito humano à integridade e liberdade pessoal (parte I, seção ix; parte II, item 2). A autonomia é retratada no seu aspecto individual no item 1 da seção IX da parte I, quando a AG/OEA encoraja "os Estados e as instituições de Defensorias Públicas oficiais, respectivas, a procurar o absoluto respeito aos Defensores Públicos no exercício de suas funções livre de ingerências e controles indevidos por parte de outros poderes do Estado".

---

9. Adiante este tópico será retomado.

Neste informe temático sobre direitos humanos, nota-se que a OEA está começando a adotar uma *tendência nova* de abordagem do tema do acesso à justiça, que explora potência institucional da Defensoria Pública, no *aspecto promocional* dos direitos humanos, especificamente na prevenção de violações desses direitos, como por exemplo, no atuar em prol das pessoas em situação de privação de liberdade vítimas de tortura, maus tratos ou tratamento degradante ou cruel, tema que – no Brasil – tem contado com importante protagonismo defensorial nos diversos Estados membros.

Quadro 1.

Autonomia nas Resoluções da AG/OEA			
AG/Res. 2656 (XLI-O/11)	**AG/Res. 2714 (XLII-O/12)**	**AG/Res. 2801 (XLIII-O/13)**	**AG/Res. 2821 (XLIV-O/14)**
Título	-	-	Pela autonomia da Defensoria Pública Oficial como garantia de acesso à justiça	Pela autonomia e fortalecimento da Defensoria Pública Oficial como garantia de acesso à justiça
Conside Randos	"Levando em conta a importância fundamental de que esse serviço goze de independência e *autonomia funcional*";	"Tendo em conta a importância fundamental de que esse serviço goze de independência e *autonomia funcional*";	"Tendo em conta a importância fundamental de que esse serviço de defesa pública oficial goze de independência e *autonomia funcional y técnica*";	"Tendo em conta a importância fundamental de que esse serviço de defesa pública oficial goze de independência e *autonomia funcional, financeira y técnica*";
Item com o olhar para o defensor	"4. Recomendar aos Estados membros que já disponham do serviço de assistência jurídica gratuita que adotem medidas que garantam que os defensores públicos oficiais gozem de independência e *autonomia funcional*"	"4. Reiterar aos Estados membros que já contam com o serviço de assistência jurídica gratuita que adotem ações tendentes a que os defensores públicos oficiais gozem de independência e *autonomia funcional*"	"4. Reiterar uma vez mais aos Estados membros que já contam com o serviço de assistência jurídica gratuita que adotem ações tendentes a que os defensores públicos oficiais gozem de independência, *autonomia funcional, financeira e/ou orçamentária e técnica*"	"5. Reiterar uma vez mais aos Estados membros que já contam com o serviço de assistência jurídica gratuita que adotem ações tendentes a que os defensores públicos oficiais *contem com orçamento adequado* e gozem de independência, *autonomia funcional, financeira e/ou orçamentária e técnica*"

Cap. 5 • AUTONOMIA DA DEFENSORIA PÚBLICA

Autonomia nas Resoluções da AG/OEA			
AG/Res. 2656 (XLI-O/11)	**AG/Res. 2714 (XLII-O/12)**	**AG/Res. 2801 (XLIII-O/13)**	**AG/Res. 2821 (XLIV-O/14)**
Item com o olhar para a instituição	-	-	"5. Sem prejuízo da diversidade dos sistemas jurídicos de cada país, destacar a importância da independência, *autonomia funcional, financeira e/ou orçamentária*, da defensoria pública oficial, como parte dos esforços dos Estados Membros para garantir um serviço público eficiente, livre de ingerências e controles indevidos por parte de outros poderes do Estado que afetem sua *autonomia funcional* e cujo mandato seja no interesse de seu defendido ou defendida."	"6. Sem prejuízo da diversidade dos sistemas jurídicos de cada país, destacar a importância da independência, *autonomia funcional, financeira e/ou orçamentária*, da defensoria pública oficial, como parte dos esforços dos Estados Membros para garantir um serviço público eficiente, livre de ingerências e controles indevidos por parte de outros poderes do Estado que afetem sua *autonomia funcional* e cujo mandato seja no interesse de seu defendido ou defendida."

Quadro 2.

Do modelo público de assistência jurídica integral e gratuita nas Resoluções da AG/OEA			
AG/Res. 2656 (XLI-O/11)	**AG/Res. 2714 (XLII-O/12)**	**AG/Res. 2801 (XLIII-O/13)**	**AG/Res. 2821 (XLIV-O/14)**
Consi deran dos	"Afirmando também que os Estados membros têm a *obrigação de respeitar e garantir* o exercício dos direitos reconhecidos nos tratados internacionais em que são partes e em suas legislações internas, eliminando os obstáculos que afetem ou limitem o acesso à defensoria pública, de maneira que se assegure o livre e pleno acesso à justiça"	"Afirmando também que os Estados membros têm a *obrigação de respeitar e garantir* o exercício dos direitos reconhecidos nos tratados internacionais em que são partes e em suas legislações internas, eliminando os obstáculos que afetem ou limitem o acesso à defensoria pública, de maneira tal que se assegure o livre e pleno acesso à justiça"	"Afirmando que os Estados membros têm a obrigação de *respeitar e garantir* o exercício dos direitos reconhecidos nos tratados internacionais em que são partes e em suas legislações internas, eliminando os obstáculos que afetem ou limitem o acesso à defensoria pública, de maneira que se assegure o livre e pleno acesso à justiça"	"Afirmando que os Estados membros têm a obrigação de *respeitar e garantir* o exercício dos direitos reconhecidos nos tratados internacionais em que são partes e em suas legislações internas, eliminando os obstáculos que afetem ou limitem o acesso à defensoria pública, de maneira que se assegure o livre e pleno acesso à justiça"

159

Do modelo público de assistência jurídica integral e gratuita nas Resoluções da AG/OEA			
AG/Res. 2656 (XLI-O/11)	**AG/Res. 2714 (XLII-O/12)**	**AG/Res. 2801 (XLIII-O/13)**	**AG/Res. 2821 (XLIV-O/14)**
Item sobre o apoio ao traba lho do defen sor	"2. Apoiar o trabalho que vêm desenvolvendo os defensores públicos oficiais dos Estados do hemisfério, que constitui aspecto essencial para o fortalecimento do acesso à justiça e à consolidação da democracia".	"2. Apoiar o trabalho que vêm desenvolvendo os defensores públicos oficiais dos Estados do hemisfério, que constitui aspecto essencial para o fortalecimento do acesso à justiça e à consolidação da democracia".	"2. Apoiar o trabalho que vêm desenvolvendo os defensores públicos oficiais dos Estados do hemisfério, que constitui aspecto essencial para o fortalecimento do acesso à justiça e à consolidação da democracia".	"3. Apoiar o trabalho que vêm desenvolvendo os defensores públicos oficiais dos Estados do hemisfério, que constitui aspecto essencial para o fortalecimento do acesso à justiça e à consolidação da democracia".
Item que afirma a impor tância	"3. Afirmar a importância funda-mental do serviço de assistência jurídica gratuita para a promoção e a proteção do direito ao acesso à justiça de todas as pessoas, em espe-cial daquelas que *se encontram em situação de especial vulnerabilidade*"	"3. Afirmar a importância funda-mental do serviço de assistência jurídica gratuita para a promoção e proteção do direito ao acesso à justiça de todas as pessoas, em espe-cial daquelas que *se encontram em situação de especial vulnerabilidade*"	"3. Afirmar a importância funda-mental do serviço de assistência jurídica gratuita para a promoção e proteção do direito ao acesso à justiça de todas as pessoas, em espe-cial daquelas que *se encontram em situação de especial vulnerabilidade*"	"4. Afirmar a importância funda-mental do serviço de assistência jurídica gratuita para a promoção e a proteção do direito ao acesso à justiça de todas as pessoas, em espe-cial daquelas que *se encontram em situação de especial vulnerabilidade*"
Item que reco menda criar DP	"5. Incentivar os Estados mem-bros que *ainda não* disponham da instituição da defensoria pública que considerem a possibilidade de criá-la em seus ordenamentos jurídicos".	"5. Incentivar os Estados mem-bros que *ainda não* disponham da instituição da defensoria pública que considerem a possibilidade de criá-la em seus ordenamentos jurídicos".	"6. Incentivar os Estados mem-bros que *ainda não* disponham da instituição da defensoria pública que considerem a possibilidade de criá-la em seus ordenamentos jurídicos".	"7. Incentivar os Estados mem-bros que *ainda não* disponham da instituição da defensoria pública que considerem a possibilidade de criá-la em seus ordenamentos jurídicos".

No quadro 1 e na AG/Res. 2887/16, observa-se uma evolução do tratamento do tema. A OEA – ao longo dos últimos seis anos – aprofundou e especificou o conteúdo da *autonomia da Defensoria Pública*. No afã por estabelecer estandares comprometidos com a proteção das pessoas em situação de vulnerabilidade assistidas dentro do modelo público escolhido como padrão continental, as resoluções dos anos de 2013 e 2014 passaram a recomendar reiteradamente que os Estados membros adotem ações tendentes a que os defensores públicos gozem de *autonomia técnica*, assim como destacaram a importância da aludida autonomia para a Defensoria Pública.

4.2. Resoluções da AG/OEA sobre Acesso à Justiça: autonomia técnica

Trata-se de nova dimensão da autonomia, que não é referida na Constituição brasileira, tampouco na Lei Complementar 80/94. No plano interno, a característica da autonomia é retratada nos âmbitos funcional, administrativo e orçamentário (ou financeiro).

A *autonomia técnica*, mencionada nas resoluções da AG/OEA, contudo, existe no direito institucional defensorial estrangeiro argentino, como se observa na Lei n. 27.149, de 10 de junho de 2015, artigo 17, adiante transcrito e traduzido livremente:

> Artigo 17. Autonomia e independência técnica. Garante-se a autonomia e independência técnica de quem administre casos da Defensoria Pública. Os membros do Ministério Público da Defesa procuram canalizar as indicações do assistido ou defendido para encontrar a solução que mais lhe favoreça, atuando de acordo com seus critérios profissionais.
>
> Deve fundamentar as postulações judiciais que realizem seu assistido ou defendido, exceto se forem manifestamente improcedentes, em cujo caso se lhes comunicará.
>
> Não se pode obrigar a seus assistidos ou defendidos que elejam alternativas ou procedimentos que dependam da vontade daqueles.

Não se diga que seu conteúdo seria equivalente ao da autonomia funcional, porque esta vem disciplinada no artigo 2º da lei argentina, que igualmente disciplina a independência funcional. Também não se confunde com a autonomia financeira e/ou orçamentária, uma vez que o artigo 3º menciona que a Defensoria Pública (Ministério Público de la Defensa) terá orçamento próprio e a natureza de autarquia financeira.

A lei argentina é a mais recente do continente e albergou em seu corpo o que de mais avançado se vem discutindo em termos política institucional da Defensoria Pública. Se por um lado, ela não é vinculante para o Estado Brasileiro, por outro, ela viabiliza um "diálogo das Cortes" (RAMOS, 2014, p. 404-407) na busca do alcance e sentido da norma interamericana.

Faz-se necessário propor um conteúdo para a novel *autonomia técnica* das resoluções da AG/OEA de 2013 e 2014 a espraiar eficácia para o plano interno brasileiro. Ela pode ser entendida como *a possibi-*

lidade da instituição Defensoria Pública ou do indivíduo defensor público determinar-se quanto às atividades técnicas desenvolvidas. Assim, cabe ao defensor e, somente a ele definir, na gestão dos casos, qual tese e qual instrumento utilizará na defesa técnica dos interesses de seu assistido. Cabe à instituição Defensoria Pública garantir que o defensor público tenha todo o apoio multiprofissional – respeitada sua independência funcional – de que precise, assim como cabe à instituição ofertar capacitação constante, em todos os temas, para que o defensor público tenha aprimorada sua autonomia técnica.

Contudo, qualquer que seja a decisão técnica, *ela deve estar sempre em sintonia com o melhor interesse da pessoa em situação de vulnerabilidade defendida*, devendo todo o atuar institucional pautar-se no diálogo. O labor defensorial precisa ser tal qual a tarefa do intérprete, que, o mais fiel ao texto original (desejo da parte defendida), *traduz* para o mundo jurídico, as demandas da vida.

Dito em outras palavras, o Defensor Público, enquanto megafone da voz das pessoas em situação de vulnerabilidade, no exercício da *autonomia técnica*, deverá ser a melhor arma possível nas batalhas do processo de luta por dignidade, a fim de que melhor se densifiquem os direitos humanos em conflito.

Dentre as escolhas técnicas, deve ser definido qual o âmbito do acesso à justiça será campo da batalha. Aqui se pretende explicitar que a *autonomia técnica* deve dialogar com a tridimensionalidade do acesso à justiça, pois o direito humano ao devido processo legal se realiza em qualquer dos três aspectos da noção ampliada de acesso à justiça insculpida na Declaração de Brasília (CUMBRE, 2008a), isto é: no plano jurisdicional, extrajurisdicional e promocional de direitos. Confira-se seu item 09:

> CONVENCIDOS da transcendental importância que em nossas sociedades tem o acesso à justiça, entendido não só como *acesso aos tribunais*, senão também como *acesso ao gozo pacífico e pleno dos direitos*, e em especial, dos diretos fundamentais, assim como a *diversas alternativas para a solução pacífica dos conflitos".* [10]

A análise tripartite do acesso à Justiça, nos moldes da Declaração, oportuniza uma leitura da assistência jurídica para além da assistência judiciária (ou processual), a fim de alcançar a assistência integral *após* o

---

10. Esta noção é bastante completa e as modificações legislativas, que sofreu a Lei Complementar n. 80/94, especialmente, no rol do art. 4º, quanto às funções institucionais da Defensoria Pública, com ela, guarda profunda sintonia.

conflito instaurado, *mas antes* de sua dedução no Poder Judiciário – nacional, estrangeiro, internacional – por propugnar o acesso a meios alternativos de composição; assim como por também se dirigir à fase anterior ao conflito, durante a elaboração de políticas públicas, ou relacionadas aos espaços de monitoramento da efetividade das normas protetivas.

No âmbito do acesso aos tribunais, a *autonomia técnica* ganha a formatação de *escolhas que recairão, por exemplo, sobre qual dentre os procedimentos, em conformidade com as provas reunidas, ou a definição de perícias e quesitação será o mais eficiente para o caso concreto.*

Em um segundo plano de análise do conteúdo triplo do acesso à Justiça, merece atenção seu sentido *pré-processual*, ou seja: o acesso à justiça como acesso às *alternativas de solução pacífica dos conflitos*, como por exemplo: conciliação, arbitragem, mediação, em relação às quais a autonomia técnica – em sintonia com o desejo da parte defendida e suas peculiaridades – indicarão se a melhor escolha de defesa estaria na não jurisdicionalização do caso – individual ou coletivo –, sem prejuízo de se alcançar igualmente a solução do conflito instaurado e na orientação sobre o estímulo à celebração ou não do acordo. Estaria, ainda, na mediação, no que tange à disponibilização de profissionais de outras áreas para prestarem apoio ao defensor público.

Por fim, no *enfoque promocional de direitos*, acesso à justiça significa *gozo pacífico e pleno dos direitos*. Nesse campo, inúmeras são as possibilidades que a autonomia técnica poderá manejar. Mencione-se: (1) as campanhas de educação em direitos; (2) a orientação jurídica; (3) a participação em conselhos, redes, fóruns, grupos de trabalho, comitês; (4) participação em e/ou convocação de audiências públicas: perante órgãos e mecanismos internacionais de proteção da pessoa humana, como por exemplo, a CIDH; e (5) atividades de monitoramento internacional: como, por exemplo, aquelas referidas nas próprias resoluções da AG/OEA estudadas.

O importante é destacar que *as autonomias* (técnica, administrativa, financeira ou orçamentária e funcional) estão sempre correlacionadas. Por isso, a potencialização de um de seus quatro aspectos gera o fortalecimento dos demais e, com isso, aumenta o *potencial emancipatório da Defensoria Pública*.

4.3. Resoluções da AG/OEA sobre Acesso à Justiça: impactos.

Do Balanço de Gestão da AIDEF 2009-2012, extraem-se importantes decorrências da estratégia adotada pela associação interamericana junto a OEA, com vistas ao fortalecimento do modelo público de assistência jurídica integral e gratuita prestada pelas Defensorias Públicas do continente americano.

Sob o item "Avanços das Defensorias Públicas e reflexos da Resolução da OEA" (AIDEF, 2012, p. 12) é assinalado que as resoluções de 2011 e 2012 "geraram desdobramentos diretos no fortalecimento e na implementação da Defensoria Pública com autonomia administrativa, financeira e orçamentária no continente americano".

Especialmente quanto ao Brasil, o balanço aponta que: "depois da aprovação da Resolução AG/RES. 2656, a Defensoria Pública foi criada, por lei, nos dois últimos estados que restavam: Paraná e Santa Catarina." E acrescenta:

> As Resoluções AG/RES. 2656 e AG/RES. 2712 foram instrumentos de grande importância para alcançar esse objetivo, e foram mencionadas pelos parlamentares no transcurso dos debates para a aprovação das respectivas leis, e pelo Supremo Tribunal Federal do Brasil ao analisar a ação direta de inconstitucionalidade contra o Estado de Santa Catarina, que resultou na sua condenação da obrigação de criar sua Defensoria Pública com autonomia e independência, no prazo de um ano. Ainda sob a influência das Resoluções AG/RES. 2656 e AG/RES. 2712 o Senado Federal do Brasil aprovou a proposta de emenda constitucional que amplia, para a Defensoria Pública Federal, a autonomia já conferida às Defensorias Públicas dos Estados e do Distrito Federal.

Hoje, se sabe que a proposta de emenda constitucional foi igualmente aprovada na Câmara dos Deputados e resultou na Emenda Constitucional n. 80/2014.

A Lei Complementar 80/94, desde 2009, antes mesmo da EC 80/14 modificar o texto magno, já dava o mesmo contorno à autonomia. E muito se pode dizer sobre a influência que as resoluções da AG/OEA desempenharam durante o procedimento legislativo pelo qual tramitou a PEC até se tornar EC 80. Isso porque as resoluções, que exprimem o posicionamento da Organização dos Estados Americanos quanto ao modelo público de assistência jurídica integral e gratuita adotado, com diversas variações, em quase todos os Estados membros da organização internacional, começaram a ser publicadas em junho de 2011 e, desde então, muitas mudanças puderam ser potencializadas.

4.4. Resoluções da AG/OEA sobre Acesso à Justiça: a jurisprudência interamericana, o controle de convencionalidade e a vedação ao retrocesso.

Resgatando-se o que foi dito sobre controle de convencionalidade, neste momento do estudo, é tempo de sopesar a normativa interameri-

Cap. 5 • AUTONOMIA DA DEFENSORIA PÚBLICA

cana exarada pela AG/OEA e a orientação que os "principais intérpretes" (RAMOS, 2005, p. 121) do sistema interamericano – Corte IDH e CIDH – tem entregue aos Estados membros.

Em todas as resoluções acima indicadas, verifica-se a *missão garantista da Defensoria Pública* (FERRAJOLI, 2010), especialmente no que tange à jurisprudência da Corte IDH (RAMOS, 2001) que, há tempos, vem sedimentando o entendimento segundo o qual há violação de direitos humanos quando o Estado desrespeita o devido processo legal pelo não cumprimento da *obrigação geral de respeito e garantia de meios* para que as pessoas necessitadas tenham a possibilidade de exercer o direito humano ao devido processo.

Se as resoluções não nascem com força normativa cogente, por outro lado, trazem conteúdo que deve guiar a interpretação dos órgãos de monitoramento internacional, que realizam o controle de convencionalidade autêntico.

O desrespeito às obrigações de respeito e garantia insculpidas na CADH tem reflexos na responsabilidade internacional do estado brasileiro (RAMOS, 2004, p. 74), que a ratificou.

Inicialmente cabe destacar que o direito humano ao devido processo legal, pertence ao *jus cogens* (RAMOS, 2005, p. 166), conforme interpretação sistemática de diversos documentos e fontes internacionais. Dentre eles se destacam, no sistema universal: a Declaração Universal dos Direitos Humanos (DUDH, art. VIII) e o Pacto Internacional de Direitos Civis e Políticos (PIDCP, art. 14). Assim como a Observação Geral (OGe.) n. 32 do Comitê de Direitos Humanos do PIDCP, especialmente o parágrafo 9.

No âmbito do sistema interamericano, a menção que se faz é à Declaração Americana de Direitos Humanos (DADH, art. XVIII e XXVI) e à Convenção Americana de Direitos Humanos (CADH, art. 8). Ambas dotadas de força vinculante, em razão de sua natureza jurídica de *costume* internacional (Ibidem, p. 55).

Tanto o art. 14 do PIDCP quanto a OGe. n. 32 são mencionados expressamente nas primeiras resoluções da AG/OEA e, indiretamente, nos demais considerandos, quando o texto se reporta às resoluções precedentes, citando-as. O mesmo se verifica com o art. 8.2.e da CADH.

O direito específico à assistência jurídica para a defesa técnica no processo penal é tema do parágrafo 3º, alínea "d", do artigo 14, do PIDCP. Em razão da norma, o Comitê de Direitos Humanos ampliou o conteúdo da norma e exortou os estados membros a "proporcionarem assistência jurídica também para os outros casos [fora do processo penal] quando as pessoas carecerem de meios suficientes para pagar por ela".

Os mesmos alcance e sentido foram sendo extraídos pela Corte IDH do art. 8.2.e da CADH, uma vez que a interpretação ampla indica que as garantias do parágrafo 2º que nasceram típicas para o processo penal, se aplicam igualmente aos processos de outras naturezas mencionados no parágrafo 1º, do artigo 8º, tudo em conformidade com a interpretação sistemática e pela maior proteção da pessoa humana, preconizadas no artigo 29 da CADH.

Por ocasião da Opinião Consultiva n. 11, a Corte IDH, instada pela CIDH a se manifestar quanto à inexigibilidade de esgotamento de recursos internos, declarou que, *no caso de ausência de assistência jurídica gratuita*, há impossibilidade desse esgotamento, podendo ser acionada imediatamente a jurisdição internacional. Proclama – ainda – que para garantir a isonomia entre todas as pessoas, sem discriminação em relação à situação financeira, os Estados têm o dever de *organizar o aparato governamental e de criar as estruturas necessárias* para garantir o direito às garantias judiciais mínimas (OC 11/90, par. 24).

Daqui já se podia retirar a conclusão de que a *Corte relaciona a organização de Defensorias Públicas com o cumprimento da obrigação geral de respeito e garantia de direitos humanos*. Como já se asseverou, com a aprovação das resoluções estudadas, não há mais espaço de dúvida quanto ao modelo de assistência jurídica sugerido pelo sistema interamericano. Restou claro que *eliminar* "os obstáculos que afetem ou limitem *o acesso à defensoria pública*, de maneira que se assegure o livre e pleno acesso à justiça" é o modo de os Estados membros da OEA se desincumbirem de sua *obrigação de respeitar e garantir* o exercício dos direitos reconhecidos nos tratados internacionais em que são partes e em suas legislações internas.

Assim, se deve compreender a exortação da AG/OEA para que os Estados membros que contam com Defensoria Pública, apoiem o trabalho dos defensores públicos, que desempenham labor dos mais fundamentais em prol da defesa das pessoas em situação de vulnerabilidade. E, quanto àqueles que ainda não contam com ela, considerem a possibilidade de criá-la.

Não se trata, porém, de qualquer tipo de serviço público de assistência jurídica que se adequa aos ditames do sistema interamericano. Analise-se, como exemplo dessa afirmação, a jurisprudência da Comissão Interamericana de Direitos Humanos (CIDH). Nota-se que a OEA, ao estabelecer a independência e autonomia, tinha em mente proteger a instituição escolhida para instrumentalizar o direito ao devido processo legal de vivenciar situação como a verificada na Bolívia de 2007, na qual a Defensoria Pública respondia por severas deficiências no acesso à justiça.

Colacionem-se as observações da CIDH, retratadas no Informe sobre Acesso à Justiça e Inclusão Social: o caminho rumo ao fortalecimento da democracia na Bolívia. Importante salientar que o documento data de quase 10 anos e que ele é aqui trazido como retrato do que não se quer repetir, mas que já foi verificado no continente.[11]

> 3. Defensoria Pública
>
> 140. A instituição da Defensoria Pública tem sido uma das mais questionadas por parte de diversos setores do Estado, incluindo instituições estatais que devem trabalhar conjuntamente com ela, assim como da sociedade civil. A Comissão considera que a Lei 2496 de 2003 mediante a qual se criou o Serviço Nacional da Defensoria Pública como instituição descentralizada dependente do Poder Executivo, constitui um primeiro passo para o fortalecimento de uma entidade que tem um papel fundamental no dever estatal de garantir a defesa técnica dos processados que não contam com recursos econômicos para sustentá-la. Entre os

---

11. Hoje, na Bolívia, vigora uma nova legislação sobre assistência jurídica gratuita. Trata-se do Servicio Plurinacional de Defensa Pública, criado pela Ley n. 463, de 19 de dezembro de 2013 e que revogou a Ley 2496 de 2003, mencionada no Informe citado.

Ainda no documento, se destacam os parágrafos seguintes: "142. A Comissão observou com preocupação a persistência de sérias falências institucionais na implementação efetiva do Serviço de Defensoria Pública, na maioria gerada pela reduzida destinação orçamentária à entidade. Se tomou conhecimento por exemplo de que no ano de 2004 Bolívia contou com um total de 56 defensores públicos, quer dizer, uma média de 0.8 cada 100.000 habitantes. Esta situação necessariamente corrói a possibilidade de obter uma defesa efetiva dada a excessiva carga de processos sob responsabilidade de uma só pessoa. Atualmente, a Defensoria Pública conta com 73 defensores em todo o país e desde 2005 está suspenso o serviço da Defensoria Pública Rural que abarcava aproximadamente 30 localidades.

143. Em consideração da Comissão, isso se reflete no elevado número de queixas sobre a eficácia do serviço. As principais queixas do desempenho dos defensores públicos que Comissão apreendeu estão relacionados com a má qualidade da defesa; o atraso na apresentação de memoriais; a falta de assistência jurídica com o réu; e o fato de que a mesma defesa do acusado sistematicamente recomenda fazer uso da figura da confissão para passar por um processo abreviado.

144. As perspectivas futuras não parecem ser promissoras. Segundo a Comissão tomou conhecimento, pela direção da instituição se disse que o orçamento é projetado para "alcançar as províncias mais povoadas, sedes de fóruns, para poder cobrir 25% da estrutura judicial (...) o 100% definitivamente vai ser difícil para atender apenas para o Estado". Na verdade, de acordo com a mais recente figura, a Defensoria Pública abrange 126 tribunais de um total de 343.

aspectos a ressaltar desta normativa se encontram: a criação de um sistema de carreira administrativa e seleção de pessoal para despolitizar o sistema; o estabelecimento de maiores controles disciplinares do labor dos defensores públicos; a possibilidade para que o usuário reclame sobre o serviço; e extensão do serviço às primeiras diligências na polícia.

141. Segundo se informou à Comissão, continuam coexistindo este sistema e a anterior defesa de ofício dependente do Poder Judiciário criticada durante anos pela percepção de que se tratava de "advogados postos como meros convalidadores dos procedimentos" que ofereciam uma defesa técnica deficiente.

[...]

145. A Comissão reitera que um serviço de defesa pública efetivo é condição necessária para melhorar o acesso dos cidadãos à justiça e espera que, a curto prazo, sejam adoptadas as medidas necessárias para a plena implementação do serviço de estado a nível nacional. (tradução livre do original em espanhol)

Com este exemplo, se quer reforçar a importância de uma autonomia ampla e ramificada, da instituição para os defensores públicos, até atingir as pessoas titulares de direitos humanos, no marco dos tratados internacionais.

Retomando a OC 11/90, a Corte IDH asseverou que, na ausência de um serviço estatal organizado e estruturado para instrumentalizar o acesso à justiça, há *hipótese de exceção ao princípio da complementaridade da jurisdição internacional*.

Contudo, *a contrario sensu*, quando existe Defensoria Pública instituída, com todas as garantias de imparcialidade e autonomia, inverte-se o ônus da prova. Isto é, ao invés de ser do Estado a incumbência de derrubar a exceção de não esgotamento dos recursos e de provar que em seu sistema internos existem recursos que não tem sido esgotados, basta que prove haver instituição pública para tal mister.[12]

Nesse diapasão, a responsabilidade que recai sobre a Defensoria Pública, no que tange à garantia do direito de acesso à justiça é diretamente proporcional ao fortalecimento da instituição. E, nos próximos 08 anos, contados da Emenda Constitucional 80/14 deve aumentar, em nome da *vedação ao retrocesso*.

---

12. OC 11/90, parágrafo 41: "Uma vez que o Estado prove que há disponibilidade de recursos internos para o exercício de um direito protegido pela Convenção, o ônus da prova é invertido ao reclamante que deverá, então, demonstrar que as exceções contempladas no art. 46.2 são aplicáveis, seja porque se trate de indigência ou de um temor generalizados dos advogados para aceitar o caso ou de qualquer outra circunstância que possa ser aplicável". Tradução livre.

O que é a vedação ao retrocesso?

No âmbito do direito constitucional, trata-se de princípio. Admite ponderação e pode ser afastado no caso concreto. Conforme leciona Canotilho (2003, p. 338-340):

> O princípio da *proibição do retrocesso social* pode formular-se assim: o núcleo essencial dos direitos sociais já realizado e efectivado através de medidas legislativas ('lei da segurança social', 'lei do subsídio de desemprego', 'lei do serviço de saúde') deve considerar-se constitucionalmente garantido, sendo inconstitucionais quaisquer medidas estaduais que, sem a criação de outros esquemas alternativos ou compensatórios, se traduzam, na prática, numa 'anulação', 'revogação' ou 'aniquilação' pura a simples desse núcleo essencial. Não se trata, pois, de proibir um retrocesso social captado em termos ideológicos ou formulado em termos gerais ou de garantir em abstracto um *status quo* social, mas de proteger direitos fundamentais sociais sobretudo no seu núcleo essencial.

Na seara do direito internacional dos direitos humanos, contudo, é um dos três elementos da *característica da progressividade*, do aspecto positivo, da obrigação geral de respeito. Ao lado da gradualidade e do dever de justificar a impossibilidade de aumento no nível de proteção do direito humano, a vedação ao retrocesso é parte do dever estatal que, se descumprido, abre a possibilidade de reação da comunidade jurídica internacional, no marco do DIDH.

Ramos (2005, p. 244) trata da proibição do retrocesso como "característica do regime jurídico dos direitos humanos na esfera internacional", segundo a qual "é vedado aos Estados que diminuam ou amesquinhem a proteção já conferida aos direitos humanos" (Ibidem, p. 243). Ao tratar da cláusula da progressividade, lhe atribui dois sentidos, quais sejam: (1) gradualidade da plena efetividade; e (2) imposição do dever de o Estado garantir o progresso ou, dito de outra forma, de vedar o regresso, que é o amesquinhamento dos direitos já concretizados.

O Professor Claudio Nash (2009, p. 3-5) – com quem concordamos – ao analisar as obrigações gerais de: respeito, garantia e não discriminação, define que a *obrigação de respeito* consiste em cumprir diretamente a conduta estabelecida em cada norma convencional, seja mediante uma *abstenção* seja mediante uma *prestação*. Assim, destaca duplo aspecto na obrigação geral de respeito: um, positivo e o outro, negativo. Esclarece que cada direito irá determinar qual o conteúdo da obrigação de respeito e que o cumprimento da obrigação de respeito com forte conteúdo prestacional pode demandar que o Estado adote medidas efetivas para sua realização, aproximando-se – mas não se confundindo – com o conteúdo do que a doutrina define para as obrigações de garantia.

Para esclarecer, Nash reflete que é possível que as medidas de realização do mandato normativo impliquem na adoção de políticas públicas de longo prazo, que tendam a satisfazer plenamente o aludido direito. Nestes casos, as medidas que o Estado adote devem respeitar certos requisitos mínimos, dentre os quais se destacam duas. Devem tender *progressivamente* à plena realização do direito e, em nenhum caso, se poderão adotar medidas de caráter regressivo.

Observe-se que não se está analisando a questão sob o aspecto dos direitos econômicos, sociais e culturais (DESCs) que guardam todo um debate acumulado sobre sua justiciabilidade (LIMA Jr., 2001). Analisam-se os direitos humanos e as obrigações dos Estados partes assumidas no marco de sua soberania.

O professor chileno, inclusive, argumenta que há direitos civis e políticos com forte carga prestacional e que o *facere* não é exclusivo dos DESCs. Como exemplo, Nash menciona o direito ao devido processo legal. Tradicionalmente, o *due proccess* não é considerado um direito prestacional. Contudo, tem um forte componente nesse sentido, quando se pensa em um sistema judicial que efetivamente garanta o devido processo.

O exemplo cai exatamente no objeto de nossas reflexões. Se por um lado, o Estado brasileiro comprometeu-se a respeitar e garantir o direito humano ao devido processo legal – no marco da CADH e da Constituição – por outro, não poderá deixar de *eliminar* os obstáculos que afetem ou limitem o *acesso à Defensoria Pública*, que o diga reduzir ou adotar alguma medida que implique no inacesso à justiça.

Dentro do DIDH, portanto, a vedação ao retrocesso é norma jurídica do tipo regra que inadmite ser afastada sob os auspícios da ponderação. Ou o dever de progressividade é cumprido ou se pode responsabilizar o Estado violador, no plano internacional. Contudo, o aspecto mais emblemático do DIDH é potencializar o respeito e a garantia dos direitos humanos *no plano interno*. Em sintonia com o princípio da subsidiariedade ou complementariedade da justiça internacional (JAPIASSÚ, 2004, p. 160-174), o grande sentido que se extrai do dever estatal de garantir o direito humano ao devido processo legal diz respeito ao controle de constitucionalidade interno sob os auspícios do controle convencionalidade ditados pelos intérpretes autênticos. Em outras palavras, pode-se beber nas fontes dos estandares internacionais para abrir nova ordem de lutas pela densificação interna do direito a uma Defensoria Pública autônoma como metagarantia do direito ao acesso à justiça, no sentido do cumprimento progressivo das obrigações assumidas no marco da CADH e no de serem bloqueadas quaisquer ameaças de retrocesso. Não se admite "nenhum 'passo atrás' nos níveis de proteção já obtidos pelos multivulneráveis" (KETTERMANN, 2015, p. 72).

5. À GUISA DE CONCLUSÃO, ALGUMAS REFLEXÕES.

À luz da teoria crítica dos direitos humanos (HERRERA, 2009), há de se pôr em cheque se as conquistas propaladas (na Constituição, na legislação federal e nas resoluções da AG/OEA) estão vinculadas a uma pauta corporativa, típica do associativismo de classe capitaneado pela AIDEF, em nível interamericano, ou se efetivamente tem que ver a essência do direito humano ao devido processo legal.

Considerando que "nada é mais universal que garantir a todos a possibilidade de lutar, plural e diferenciadamente, pela dignidade humana" (Ibidem, p. 113), pode-se refletir que o processo de lutas por dignidade, manejando as ferramentas do direito, quando conta com a assistência jurídica de um defensor estará mais bem preservado ou – em outras palavras – será melhor instrumentalizado, desde que a Defensoria Pública seja uma instituição autônoma e independente.

Por óbvio não se pretende torcer a ideia para deduzir o que o filósofo espanhol não disse. Se por um lado não basta que se dote uma instituição de autonomia para que ela se torne imediatamente megafone das vozes das pessoas em situação de vulnerabilidade, por outro, sem autonomia, haverá pouca – ou nenhuma – possibilidade de a instituição ser esse tipo de instrumento afinado e em sintonia com a orquestra de lutas.

Pode-se concluir, aplicando a metodologia relacional do *diamante ético* de Herrera (Ibidem, p. 123), que, *autônoma*, a Defensoria ressignifica-se como "componente institucional" do direito humano às garantias judiciais e capitaneia "importante luta político/institucional para levar à prática nossas ideias críticas sobre os direitos".

Nesse sentido, produz *saber estratégico* a interpretação das normas internas à luz dos estandares internacionais para que todo o controle de constitucionalidade (difuso e concentrado) possa ser feito sob os auspícios do controle de convencionalidade, no intuito de que – de nenhum modo, seja por ação ou omissão – se vulnere ou deixe de se respeitar e garantir o direito humano de acesso à justiça, que apenas uma Defensoria Pública autônoma é capaz instrumentalizar.

6. REFERÊNCIAS

ALVES, Cleber F.. **Justiça para Todos!**: assistência jurídica gratuita nos Estados Unidos, na França e no Brasil. Rio de Janeiro: Lumen Juris, 2006.

_____. Pobreza y Derechos Humanos: el papel de la Defensoria Pública em la lucha para la erradicación de la pobreza. p. 147-166. In: **Defensa Pública**: garantia de acceso a la justicia. Buenos Aires: Defensoría General de la Nación, 2008.

ÁVILA, Humberto. **Teoria dos Princípios**: da definição à aplicação dos princípios jurídicos. 2ª ed. São Paulo: Malheiros, 2003.

ARENDT, Hannah. **A condição humana.** 10ª ed. Tradução de Roberto Raposo. Rio de Janeiro: Forense Universitária, 2007.

ASSOCIAÇÃO INTERAMERICANA DE DEFENSORIAS PÚBLICAS. AIDEF. **Balanço da Gestão 2009-2012**. Disponível http://patriciamagno.com.br/wp-content/uploads/2014/08/PM_Balan%C3%A7o-Gestao-AIDEF.pdf?x20748. Acesso em 15 nov. 2016.

BRAUNER JÚNIOR. Arcênio. **Princípios Institucionais da Defensoria Pública da União**. Porto Alegre: Verbo Jurídico, 2014.

BORGES, Nadine; CUNHA, José Ricardo. Direitos humanos, (não) realização do estado de direito e o problema da exclusão. In: CUNHA, José Ricardo. **Direitos Humanos, Poder Judiciário e sociedade**. Rio de Janeiro: Editora FGV, 2011. p. 207-247.

BURGER, Adriana Fagundes; KETTERMANN, Patricia; LIMA, Sérgio Sales Pereira (Org.). **Defensoria Pública**: o reconhecimento constitucional de uma metagarantia. Brasília: ANADEP, 2015.

CAPPELLETTI, Mauro. **Acesso à Justiça**. Colab. Bryant Garth. Trad. Ellen Gracie Northfleet. Porto Alegre: Sergio Antonio Fabris Editor, 1988.

CANÇADO TRINDADE, Antonio Augusto. **A Humanização do Direito Internacional**. Belo Horizonte: Del Rey, 2006.

CARNEIRO, Paulo Cezar Pinheiro. **Acesso à Justiça**: juizados especiais cíveis e ação civil pública – uma nova sistematização da teoria geral do processo. Rio de Janeiro: Forense, 1999.

CORGOSINHO, Gurstavo. **Defensoria Pública**: princípios institucionais e regime jurídico. 2ª ed. Belo Horizonte: Arraes Editores, 2014.

CUMBRE JUDICIAL IBEROAMERICANA. **Declaración de Brasilia**, XIV Cumbre Judicial Iberoamericana, 4, 5 y 6 de marzo de 2008. Brasilia, 2008.

_____. **Documento de Sustentación** de las Reglas de Acceso a la Justicia de las Personas em condición de vulnerabilidad, XIV Cumbre Judicial Iberoamericana. In: Documento Integrado de Resultados. p. 50-106. Brasilia, 2008.

_____. **Regras de Brasilia** sobre Acesso à Justiça das Pessoas em Condição de Vulnerabilidade. XIV Cumbre Judicial Iberoamericana, Brasilia, 2008.

FERRAJOLI, Luigi. Garantismo y Defensa Penal: o sobre la defensa pública. **Revista das Defensorias Públicas do Mercosul**, Brasilia, 2010.

FISS, Owen. **Grupos y la Clausula de Igual Protección**. Título Original: Groups and the Equal Protection Clause, Phylosophy & Public Affairs, 5 (1976), pp. 107-117. Tradução de Roberto Gargarella e Gustavo Maurino.

Cap. 5 • AUTONOMIA DA DEFENSORIA PÚBLICA

HERRERA FLORES, Joaquín. **A Reinvenção dos Direitos Humanos.** Tradução de Carlos Roberto Diogo Garcia; Antônio Henrique Graciano Suxberger; Jefferson Aparcido Dias. Florianópolis: Fundação Boiteux, 2009.

HITTERS, Juan Carlos. **El Processo Supranacional:** el derecho procesal supranacional. In: LIBER AMICORUM, Fix-Zamudio. Corte Interamericana de Direitos Humanos. Vol. II. Costa Rica: Corte IDH, Unión Europea, 1998.

HUNT, Lynn. **A Invenção dos direitos humanos:** uma história. Tradução de Rosaura Eichenberg. São Paulo: Companhia das Letras, 2009.

JAPIASSÚ, Carlos Eduardo Adriano. **O Tribunal Penal Internacional:** a internacionalização do Direito Penal. Rio de Janeiro: Lumen Juris, 2004.

KETTERMANN, Patricia. **Defensoria Pública.** Coleção Para Entender Direito. São Paulo: Estúdio Ediores, 2015.

LIMA Jr., Jayme Benvenuto. **Os Direitos Humanos Econômicos, Sociais e Culturais.** Rio de Janeiro: Renovar, 2001.

MAGNO, Patricia; FRANCO, Glauce Mendes. **I Relatório Nacional de Atuação em prol de pessoas e/ou grupos em condição de vulnerabilidade.** Brasília: ANADEP, 2015.

MAGNO, Patricia. Defensoria Pública e Assistência Jurídica Internacional: uma leitura do Novo Código de Processo Civil à Luz do Direito Internacional dos Direitos Humanos. In: SOUSA, José Augusto Garcia de. (Org.). **Defensoria Pública.** Coleção Repercussões do Novo CPC. Salvador: JusPODVIM, 2015, v. 5, p. 607-658.

MAZZUOLI, Valerio de Oliveira. Teoria Geral do Controle de Convencionalidade no direito brasileiro. **Revista de Informação Legislativa,** Brasília, a. 46, n. 181, jan./mar., 2009, p. 113-139.

MOUFFE, Chantal. Por um Modelo Agonístico de Democracia. In: Dossiê Democracias e Autoritarismos. **Revista Sociologia Política,** Curitiba, PR, n. 25, nov. 2005, p. 11-23.

NASH, Claudio Rojas. **La Proteccion Internacional de los Derechos Humanos:** normas comuns. Material elaborado para o Curso de Postitulo 100 Reglas de Brasilia y Sistema Interamericano de Derechos Humanos. Chile: 2009. Disponível em: http://patriciamagno.com.br/wp-content/uploads/2014/08/PM_Normas-Comuns--DDHH-Nash.pdf?x20748. Acesso em 15 nov.2016

ORGANIZAÇÃO DOS ESTADOS AMERICANOS. Comissão Interamericana de Direitos Humanos. Informe. **Aceso a la Justicia e Inclusión Social:** el camino hacia el fortalecimiento de la democracia en Bolivia. OEA/Ser.L/II, 28 junio 2007.

PIOVESAN, Flavia. **Direitos Humanos e o Direito Constitucional Internacional.** 9ª ed. São Paulo: Saraiva, 2008.

PULEIO, María Fernanda López. **La puesta en escena del defensor público interamericano.** Annuario de Derechos Humanos, n. 09, 2013.

QUIROGA, Cecilia Medina. **La Convención Americana:** vida, integridad personal, libertad personal, debido proceso y recurso judicial. Chile: Centro de Derechos Humanos - Faculdad de Derecho, 2003.

RAMOS, Andre de Carvalho. **Curso de Direitos Humanos.** São Paulo: Saraiva, 2014.

_____. **Direitos Humanos em juízo:** comentários aos casos contenciosos e consultivos da Corte Interamericana de Direitos Humanos. São Paulo: Max Limonad, 2001.

173

_____. **Responsabilidade Internacional por violação de direitos humanos**: seus elementos, a reparação devida e sanções possíveis; teoria e prática do dirieto internacional. Rio de Janeiro: Renovar, 2004.

_____. **Teoria Geral dos Direitos Humanos na ordem internacional**. Rio de Janeiro: Renovar, 2005.

ROCHA, Amelia Soares da. **Defensoria Pública**: fundamentos, organização e funcionamento. São Paulo: Atlas, 2013.

RUIZ, Alicia. Asumir la vulnerabilidad. In: **Defensa Pública**: garantía de acceso a la justicia. Ministério Público de la Defensa – Defensoría General de la Nación. Ed: La Ley, 2008.

SABA, Roberto. (Des)igualdad Estructural. In: **Revista Derecho y Humanidades**, n. 11, Facultad de Derecho Universidad de Chile, 2005.

SANTOS, Boaventura Sousa. **Para uma revolução democrática da justiça**. Coimbra: Almedina, 2014.

_____. Poderá o direito ser emancipatório? **Revista Crítica de Ciências Sociais**, 65, maio 2003, p. 3-76.

SCHIER, Paulo Ricardo. **Filtragem Constitucional**: construindo uma nova dogmática jurídica. Porto Alegre: Sergio Antonio Fabris Editor, 1999.

SOUSA, José Augusto Garcia de (coord). **Uma Nova Defensoria Pública Pede Passagem**: reflexões sobre a lei complementar n. 132/09. Rio de Janeiro: Lumen Juris, 2011.

_____. O destino de Gaia e as funções constitucionais da Defensoria Pública: ainda faz sentido (sobretudo após a edição da lei complementar 132/09) a visão individualista a respeito da instituição? **Revista de Direito da Defensoria Pública**, Rio de Janeiro, ano 24, n. 25, julho/2012.

SPIVAK, Gayatri Chakravorty. **Pode o subalterno falar?** Tradução de Sandra Regina Goulart Almeida, Marcos Pereira Feitosa, André Pereira Feitosa. Belo Horizonte: Editora UFMG, 2010.

CAPÍTULO 6

A Autonomia Financeira da Defensoria Pública

Carlos Alberto de Moraes Ramos Filho

Sumário: 1. Introdução; 2. Autonomia: definição e emprego constitucional da expressão; 3. Espécies de autonomia previstas na Constituição de 1988; 4. A Defensoria Pública e sua autonomia financeira; 4.1. Participação na elaboração da Lei de Diretrizes Orçamentárias (LDO); 4.2. Elaboração de sua proposta orçamentária; 4.3. A existência de recursos próprios; 4.4. A sistemática dos "duodécimos" (art. 168, CF); 4.5. A execução orçamentária; 5. Conclusão

1. INTRODUÇÃO

A Defensoria Pública é a instituição cuja atribuição é prestar assistência jurídica aos necessitados (art. 134, *caput*, CF)[1], assim entendidos aqueles que não tenham recursos suficientes para custeá-la (art. 5º, LXXIV, CF)[2].

Enquanto instituição permanente, essencial à função jurisdicional do Estado, a Defensoria Pública qualifica-se como "um instrumento de efetivação dos direitos humanos"[3], isto é, de concretização dos direitos e das liberdades de que são titulares as pessoas necessitadas[4].

---

1. CF: "Art. 134. A Defensoria Pública é instituição permanente, essencial à função jurisdicional do Estado, incumbindo-lhe, como expressão e instrumento do regime democrático, fundamentalmente, a orientação jurídica, a promoção dos direitos humanos e a defesa, em todos os graus, judicial e extrajudicial, dos direitos individuais e coletivos, de forma integral e gratuita, aos necessitados, na forma do inciso LXXIV do art. 5º desta Constituição Federal" (redação dada pela Emenda Constitucional n. 80, de 04.06.2014).

2. CF, art. 5º: "LXXIV - o Estado prestará assistência jurídica integral e gratuita aos que comprovarem insuficiência de recursos;".

3. STF, **ADI 3569/PE, Rel. Min. Sepúlveda Pertence, Pleno, j. em 02.04.2007,** *DJ* 11.05.2007, p. 47.

4. Lei Complementar n. 80, de 12.01.1994, art. 106, *caput*: "A Defensoria Pública do Estado prestará assistência jurídica aos necessitados em todos os graus de jurisdição e instâncias administrativas do Estado".

175

Com efeito, sua função precípua, por efeito de sua própria vocação constitucional (art. 134, CF), consiste em dar efetividade e expressão concreta, inclusive mediante acesso do lesado à jurisdição do Estado, àqueles direitos e liberdades, quando titularizados por pessoas necessitadas, que são as reais destinatárias tanto da norma inscrita no art. 5º, inciso LXXIV, quanto do preceito consubstanciado no art. 134, ambos da Constituição da República[5].

O Texto Constitucional, nos enunciados referidos, dispôs expressamente que as funções da Defensoria Pública não se limitam à *assistência judicial* (defesa em juízo), mas englobam a *assistência jurídica*, que compreende, além da representação em juízo, o aconselhamento extrajudicial às pessoas necessitadas – o qual desafoga o aparelho Judiciário, evitando a propositura de inúmeras ações judiciais, por meio da celebração de acordos firmados sob a intervenção do Defensor Público, após esclarecidas as partes de seus direitos e deveres e as prováveis consequências da demanda judicial – e a atuação em processos administrativos[6].

O presente artigo tem por objeto de análise a questão relativa à autonomia financeira da Defensoria Pública.

2. AUTONOMIA: DEFINIÇÃO E EMPREGO CONSTITUCIONAL DA EXPRESSÃO

O vocábulo "autonomia" tem origem grega e seu significado está relacionado com a ideia de *independência*, *liberdade* ou *autossuficiência*.

O referido termo contrapõe-se à expressão "heteronomia", utilizada para traduzir a ideia de dependência, submissão ou subordinação.

No direito, a palavra autonomia é empregada para expressar que um determinado ente político, órgão ou Poder estatal constituído não deve sofrer interferência de outros no processo de tomadas de decisões.

São diversos os dispositivos constitucionais que se referem explicitamente à noção de autonomia, nas suas mais variadas formas.

A Constituição de 1988 assegura, por exemplo, autonomia aos partidos políticos para definir sua estrutura interna, organização e funciona-

---

5. STF, ADI 2903/PB, Rel. Min. Celso de Mello, Pleno, j. em 01.12.2005, *DJe*-177, divulg. 18.09.2008, public. 19.09.2008.

6. MORAES, Sílvio Roberto Mello. *Princípios institucionais da defensoria pública*. São Paulo: Ed. Revista dos Tribunais, 1995, p. 19.

Cap. 6 • A AUTONOMIA FINANCEIRA DA DEFENSORIA PÚBLICA

mento e para adotar os critérios de escolha e o regime de suas coligações eleitorais (art. 17, § 1º)[7].

O Texto Constitucional também reconhece que os entes integrantes da organização político-administrativa da República Federativa do Brasil – União, Estados, Distrito Federal e Municípios – são todos autônomos (art. 18, *caput*). Aliás, a autonomia municipal é indicada como princípio constitucional cuja inobservância autoriza a intervenção da União nos Estados e no Distrito Federal (art. 34, inciso VII, alínea *c*).

A autonomia dos órgãos e entidades da administração direta e indireta, por sua vez, encontra-se prevista no § 8º do art. 37 da CF (incluído pela Emenda Constitucional n. 19, de 04.06.1998).

Relativamente ao Poder Judiciário, sua autonomia administrativa e financeira foi enunciada no *caput* do art. 99 da CF, cabendo ao Conselho Nacional de Justiça – CNJ zelar por ela (art. 103-B, § 4º, inciso I, incluído pela Emenda Constitucional n. 45, de 30.12.2004).

Ao Ministério Público foi constitucionalmente assegurada autonomia funcional e administrativa (art. 127, § 2º), competindo ao Conselho Nacional do Ministério Público – CNMP zelar pela mesma (art. 130-A, § 2º, inciso I, incluído pela Emenda Constitucional n. 45/2004).

Às Defensorias Públicas Estaduais foram asseguradas autonomia funcional e administrativa (art. 134, § 2º, incluído pela Emenda Constitucional n. 45/2004)[8], que, posteriormente, foram estendidas às Defensorias Públicas da União e do Distrito Federal (art. 134, § 3º, incluído pela Emenda Constitucional n. 74, de 06.08.2013)[9].

---

7. Com a redação dada pela Emenda Constitucional n. 52, de 08.03.2006.

8. "A norma de autonomia inscrita no art. 134, § 2º, da Constituição Federal pela EC 45/04 é de eficácia plena e aplicabilidade imediata" (STF, **ADI 3569/PE, Rel. Min. Sepúlveda Pertence, Pleno, j. em 02.04.2007,** *DJ* 11.05.2007, p. 47). No mesmo sentido: ADI 3965/MG, Rel. Min. Cármen Lúcia, Pleno, j. em 07.03.2012, *DJe*-065 divulg. 29.03.2012 public. 30.03.2012.

9. O Presidente da República propôs a ADI 5296 contra o § 3º do art. 134 da CF, incluído pela Emenda Constitucional n. 74/2013, que estendeu às Defensorias Públicas da União e do Distrito Federal a autonomia funcional e administrativa e a iniciativa de sua proposta orçamentária, já asseguradas às Defensorias Públicas dos Estados pela Emenda Constitucional n. 45/2004. O STF indeferiu o pedido de concessão de medida cautelar por entender não estarem caracterizados o *fumus boni juris* e o *periculum in mora* (ADI-MC 5296/DF, Rel. Min. Rosa Weber, Pleno, j. em 18.05.2016, *DJe*-240 divulg. 10.11.2016 public. 11.11.2016). Da ementa da referida decisão cautelar extrai-se o seguinte trecho: "A concessão de autonomia às Defensorias Públicas da União, dos Estados e do Distrito Federal encontra respaldo nas melhores práticas recomendadas pela comunidade jurídica internacional e não se mostra incompatível, em si, com a ordem constitucional. Ampara-se em sua própria teleologia, enquanto tendente ao aperfeiçoamento do sistema democrático e à concretização dos direitos fundamentais do

177

Ao regime de previdência privada foi reconhecida autonomia organizacional em relação ao regime geral de previdência social (art. 202, *caput*, com redação dada pela Emenda Constitucional n. 20, de 15.12.1998).

Às universidades foi assegurada autonomia didático-científica, administrativa e de gestão financeira e patrimonial (art. 207, *caput*, CF).

A autonomia dos entes federados e das instituições da sociedade civil foi arrolada como um dos princípios regentes do Sistema Nacional de Cultura (art. 216-A, § 1º, inciso VIII, incluído pela Emenda Constitucional n. 71, de 29.11.2012).

Reconheceu-se, ainda, a autonomia das entidades desportivas dirigentes e associações, quanto a sua organização e funcionamento (art. 217, inciso I, CF)

O Texto Constitucional também faz referência à "autonomia tecnológica do País", que deve ser viabilizado pelo mercado interno incentivado (art. 219, *caput*).

3. ESPÉCIES DE AUTONOMIA PREVISTAS NA CONSTITUIÇÃO DE 1988

Tratando especificamente dos Poderes constituídos (Legislativo, Executivo e Judiciário) e das instituições que exercem as funções essenciais à Justiça (arts. 127 a 135, CF), a Constituição Federal refere-se a diversas *modalidades de autonomia* de que desfrutam aqueles.

A *autonomia administrativa* é mencionada expressamente no Texto Constitucional quanto ao Poder Judiciário (art. 99, *caput*, CF), ao Ministério Público (art. 127, § 2º e art. 130-A, § 2º, inciso I) e à Defensoria Pública (art. 134, §§ 2º e 3º).

No que tange à Defensoria Pública, a autonomia administrativa significa que tal instituição *não é vinculada a nenhum dos Poderes*. Com efeito, assim decidiu o Supremo Tribunal Federal: "Qualquer medida normativa que suprima essa autonomia da Defensoria Pública, vinculando-a a outros Poderes, em especial ao Executivo, implicará violação à Constituição Federal"[10].

---

amplo acesso à Justiça (art. 5º, XXXV) e da prestação de assistência jurídica aos hipossuficientes (art. 5º, LXXIV)".

10. STF, ADI 4056/MA, Rel. Min. Ricardo Lewandowski, Pleno, j. em 07.03.2012, *DJe*-150 divulg. 31.07.2012 public. 01.08.2012. No mesmo sentido: "A EC 45/04 outorgou expressamente au-

Relativamente ao Judiciário, a autonomia administrativa é a que permite a este sua *auto-organização*, englobando, pois, as competências listadas nos incisos I e II do art. 96 da Constituição, assim redigidos:

> Art. 96. Compete privativamente:
>
> I - aos tribunais:
>
> a) eleger seus órgãos diretivos e elaborar seus regimentos internos, com observância das normas de processo e das garantias processuais das partes, dispondo sobre a competência e o funcionamento dos respectivos órgãos jurisdicionais e administrativos;
>
> b) organizar suas secretarias e serviços auxiliares e os dos juízos que lhes forem vinculados, velando pelo exercício da atividade correicional respectiva;
>
> c) prover, na forma prevista nesta Constituição, os cargos de juiz de carreira da respectiva jurisdição;
>
> d) propor a criação de novas varas judiciárias;
>
> e) prover, por concurso público de provas, ou de provas e títulos, obedecido o disposto no art. 169, parágrafo único, os cargos necessários à administração da Justiça, exceto os de confiança assim definidos em lei;
>
> f) conceder licença, férias e outros afastamentos a seus membros e aos juízes e servidores que lhes forem imediatamente vinculados;
>
> II - ao Supremo Tribunal Federal, aos Tribunais Superiores e aos Tribunais de Justiça propor ao Poder Legislativo respectivo, observado o disposto no art. 169:
>
> a) a alteração do número de membros dos tribunais inferiores;
>
> b) a criação e a extinção de cargos e a remuneração dos seus serviços auxiliares e dos juízos que lhes forem vinculados, bem como a fixação do subsídio de seus membros e dos juízes, inclusive dos tribunais inferiores, onde houver;[11]
>
> c) a criação ou extinção dos tribunais inferiores;
>
> d) a alteração da organização e da divisão judiciárias;
>
> III - (...)

---

tonomia funcional e administrativa às defensorias públicas estaduais, além da iniciativa para a propositura de seus orçamentos (art. 134, § 2º): donde, ser inconstitucional a norma local que estabelece a vinculação da Defensoria Pública a Secretaria de Estado" (STF, **ADI 3569/PE, Rel. Min. Sepúlveda Pertence, Pleno, j. em 02.04.2007,** *DJ* 11.05.2007, p. 47). No mesmo sentido: ADI 3965/MG, Rel. Min. Cármen Lúcia, Pleno, j. em 07.03.2012, *DJe*-065 divulg. 29.03.2012 public. 30.03.2012. Relativamente à impossibilidade da vinculação da Defensoria Pública ao Poder Executivo, cabe destacar que o STF reconheceu que as atribuições daquela Instituição "não guardam vinculação direta à essência da atividade executiva" (ADI-MC 5296/DF, Rel. Min. Rosa Weber, Pleno, j. em 18.05.2016, *DJe*-240 divulg. 10.11.2016 public. 11.11.2016).

11. Redação dada à alínea pela Emenda Constitucional n. 41, de 19.12.2003.

Também conhecida como autonomia *orgânico-administrativa*, a autonomia administrativa do Judiciário compreende o chamado "autogoverno" dos tribunais, que podem, assim, criar os seus próprios regimentos internos, organizar-se internamente – conforme estrutura determinada pelo próprio tribunal –, podendo, ademais, eleger seus órgãos diretivos próprios, sem ingerência dos demais poderes.

Ao lado da autonomia administrativa, também foi assegurada constitucionalmente ao Poder Judiciário a *autonomia financeira*, cuja finalidade é garantir que aquele não dependa de outros poderes para resolver questões relacionadas às suas finanças, com o que se assegura o pleno exercício das atribuições do Judiciário.

A autonomia administrativa e a financeira são consideradas *garantias institucionais* do Poder Judiciário, pois existem para que o Judiciário mantenha sua independência frente aos demais poderes do Estado (art. 2º, CF)[12].

Ressalte-se que a autonomia financeira é mencionada expressamente no Texto Constitucional apenas quanto ao Poder Judiciário (art. 99, *caput*, CF). No entanto, a Lei Complementar n. 75, de 20.05.1993, que dispõe sobre a organização, as atribuições e o estatuto do Ministério Público da União, também assegura a este autonomia financeira (art. 22, *caput*)[13].

A *autonomia funcional*, mencionada expressamente no Texto Constitucional apenas relativamente ao Ministério Público (art. 127, § 2º e art. 130-A, § 2º, inciso I) e à Defensoria Pública (art. 134, §§ 2º e 3º), significa que as referidas instituições podem agir sem precisar solicitar permissão ao Chefe do Poder Executivo. Se tais instituições não desfrutassem de autonomia funcional, ficariam impossibilitados de exercer suas funções quando tivessem de adotar medidas contra o Executivo[14].

---

12. CF: "Art. 2º São Poderes da União, independentes e harmônicos entre si, o Legislativo, o Executivo e o Judiciário".

13. Lei Complementar n. 75/1993: "Art. 22. Ao Ministério Público da União é assegurada autonomia funcional, administrativa e *financeira*, cabendo-lhe: (...)" (destaque nosso).

14. Quanto às Procuradorias estaduais, o STF já decidiu que as mesmas não possuem autonomia institucional: "AÇÃO DIRETA DE INCONSTITUCIONALIDADE. ARTS. 135, I; (...) DA CONSTITUIÇÃO DO ESTADO DA PARAÍBA. AUTONOMIA INSTITUCIONAL DA PROCURADORIA-GERAL DO ESTADO. (...). O inciso I do mencionado art. 135, ao atribuir autonomia funcional, administrativa e financeira à Procuradoria paraibana, desvirtua a configuração jurídica fixada pelo texto constitucional federal para as Procuradorias estaduais, desrespeitando o art. 132 da Carta da República. (...)" (**ADI 217/PB, Rel. Min. Ilmar Galvão, Pleno, j. em 28.08.2002, *DJ*** 13.09.2002, p. 62). No mesmo sentido: "A Constituição Estadual não pode impedir que o Chefe

Cap. 6 • A AUTONOMIA FINANCEIRA DA DEFENSORIA PÚBLICA

Ressalte-se que o Judiciário, o Ministério Público e a Defensoria Pública não possuem *autonomia política*, pois não lhes foi dada competência para legislar[15].

4. A DEFENSORIA PÚBLICA E SUA AUTONOMIA FINANCEIRA

A expressão "autonomia financeira" é empregada pela Constituição de 1988 para referir-se aos órgãos e entidades da administração direta e indireta (art. 37, § 8º, incluído pela Emenda Constitucional n. 19/1998), ao Poder Judiciário (art. 99, *caput*, CF) e às universidades – neste último caso, fala-se em autonomia "de gestão financeira" (art. 207).

Relativamente à Defensoria Pública, contudo, não há menção expressa a tal modalidade de autonomia. Surge, então, a indagação: possuiria tal instituição a chamada "autonomia financeira"?

A resposta nos parece ser positiva e os fundamentos que conduzem a tal conclusão são a seguir expostos.

4.1. Participação na elaboração da Lei de Diretrizes Orçamentárias (LDO)

A Lei de Diretrizes Orçamentárias (LDO) – que, juntamente com o Plano Plurianual (PPA) e com a Lei Orçamentária Anual (LOA), integra o sistema de leis orçamentárias – é o diploma legal que, dentre outros objetos, compreende as metas e prioridades da administração pública federal, incluindo as despesas de capital para o exercício financeiro subsequente, e que orienta a elaboração da lei orçamentária anual (art. 165, § 2º).

Cabe, ainda, à LDO estipular os prazos para envio e os limites das propostas orçamentárias dos poderes (art. 99, § 1º, CF), do Ministério Público (art. 127, § 3º, CF) e das Defensorias Públicas da União e do Distrito Federal (art. 134, § 3º, CF[16]) e dos Estados (art. 134, § 2º, CF[17]).

---

do Poder Executivo interfira na atuação dos Procuradores do Estado, seus subordinados hierárquicos. É inconstitucional norma que atribui à Procuradoria-Geral do Estado autonomia funcional e administrativa, dado o princípio da hierarquia que informa a atuação dos servidores da Administração Pública" (STF, **ADI 291/MT, Rel. Min. Joaquim Barbosa, Pleno, j. em 07.04.2010,** *DJe*-168 divulg. 09.09.2010 public. 10.09.2010).

15. A autonomia política, que abrange fundamentalmente a competência para legislar, somente foi atribuída às pessoas políticas – União, Estados, Distrito Federal e Municípios (art. 18, *caput*, CF).

16. Parágrafo acrescentado pela Emenda Constitucional n. 74, de 06.08.2013.

17. Parágrafo acrescentado pela Emenda Constitucional n. 45, de 08.12.2004.

Apesar de ser a LDO uma lei de iniciativa do Poder Executivo (art. 165, inciso II, CF), faz-se necessária a participação **dos demais** poderes, do Ministério Público e da Defensoria Pública no processo de elaboração do seu projeto, tendo em vista que a referida lei estabelecerá os limites das propostas orçamentárias daqueles.

Nesse sentido tem sido o entendimento do Supremo Tribunal Federal, que, por reconhecer **a necessidade da participação do Poder Judiciário na fixação (pela LDO) do limite de sua proposta orçamentária, deferiu, em algumas oportunidades, a suspensão cautelar da vigência de disposições legais que fixaram limite percentual de participação do Judiciário no Orçamento sem a intervenção desse Poder**[18].

Entendemos que tal raciocínio é plenamente aplicável, com as mesmas razões, ao caso da Defensoria Pública.

Portanto, a necessidade da intervenção da Defensoria Pública no processo de fixação – na LDO – do seu limite percentual de participação no Orçamento (LOA) reforça a ideia de sua autonomia financeira.

4.2. Elaboração de sua proposta orçamentária

Outro enunciado constitucional que fundamenta a autonomia financeira da Defensoria Pública é o comando que impõe a *elaboração de sua proposta orçamentária*, consoante dispõe o § 2º do art. 134 da CF, acrescentado pela Emenda Constitucional n. 45/2004, assim redigido: "Às Defensorias Públicas Estaduais são asseguradas autonomia funcional e administrativa e a iniciativa de sua proposta orçamentária dentro dos limites estabelecidos na lei de diretrizes orçamentárias e subordinação ao disposto no art. 99, § 2º".

A Emenda Constitucional n. 74/2013, por sua vez, outorgou expressamente às Defensorias Públicas da União e do Distrito Federal a iniciativa para a propositura de seus orçamentos, ao acrescentar ao art. 134 da CF o § 3º com a seguinte redação: "Aplica-se o disposto no § 2º às Defensorias Públicas da União e do Distrito Federal".

---

18. Nesse sentido: ADI-MC 468/PR, Rel. Min. Carlos Velloso, Pleno, j em 27.02.1992, *DJ* 16.04.1993, p. 6430; **ADI-MC 810/PR, Rel. Min. Francisco Rezek, Pleno, j. em 10.12.1992,** *DJ* 19.02.1993, p. 2032; **ADI-MC 848/RO, Rel. Min. Sepúlveda Pertence, Pleno, j. em 18.03.1993,** *DJ* 16.04.1993, p. 6431; **ADI-MC 1911/PR, Rel. Min. Ilmar Galvão, Pleno, j. em 19.11.1998,** *DJ* 12.03.1999, p. 2.

Ora, a participação necessária da Defensoria Pública na construção do pertinente diploma orçamentário diretivo, em conjugação com os Poderes instituídos, é decorrência da autonomia financeira que lhe é inerente.

Ressalte-se que, se a Defensoria Pública encaminhar sua proposta dentro do prazo estabelecido na LDO, o Poder Executivo considerará, para fins de consolidação da proposta orçamentária anual, os valores apontados na lei orçamentária (LOA) vigente, ajustados de acordo com os limites estipulados na LDO.

Se a proposta orçamentária da Defensoria Pública for encaminhada em desacordo com os limites estipulados na LDO, o Poder Executivo procederá aos ajustes necessários para fins de consolidação da proposta orçamentária anual, que será encaminhada ao Legislativo.

Somente no excepcional caso acima descrito poderá o Executivo modificar os valores constantes da proposta orçamentária da Defensoria Pública.

A respeito do tema, o STF, em sede cautelar na ADPF 307, suspendeu ato do Poder Executivo do Estado da Paraíba que reduziu, no Projeto de Lei Orçamentária de 2014 encaminhado pelo Governador do Estado da Paraíba à Assembleia Legislativa, a proposta orçamentária da Defensoria Pública do Estado. Da ementa do citado acórdão extrai-se o seguinte trecho:

> EMENTA: (...) 2. *A autonomia administrativa e financeira da Defensoria Pública* qualifica-se como preceito fundamental, ensejando o cabimento de ADPF, pois constitui garantia densificadora do dever do Estado de prestar assistência jurídica aos necessitados e do próprio direito que a esses corresponde. Trata-se de norma estruturante do sistema de direitos e garantias fundamentais, sendo também pertinente à organização do Estado. 3. A arguição dirige-se contra ato do chefe do Poder Executivo estadual praticado no exercício da atribuição conferida constitucionalmente a esse agente político de reunir as propostas orçamentárias dos órgãos dotados de autonomia para consolidação e de encaminhá-las para a análise do Poder Legislativo. Não se cuida de controle preventivo de constitucionalidade de ato do Poder Legislativo, mas sim, de controle repressivo de constitucionalidade de ato concreto do chefe do Poder Executivo. 4. São inconstitucionais as medidas que resultem em subordinação da Defensoria Pública ao Poder Executivo, por implicarem violação da autonomia funcional e administrativa da instituição. Precedentes: ADI n. 3965/MG, Tribunal Pleno, Relator a Ministra Cármen Lúcia, DJ de 30/3/12; ADI n. 4056/MA, Tribunal Pleno, Relator o Ministro Ricardo Lewandowski, DJ de 1/8/12; ADI n. 3569/PE, Tribunal Pleno, Relator o Ministro Sepúlveda Pertence, DJ de 11/5/07. Nos termos do

art. 134, § 2º, da Constituição Federal, não é dado ao chefe do Poder Executivo estadual, de forma unilateral, reduzir a proposta orçamentária da Defensoria Pública quando essa é compatível com a Lei de Diretrizes Orçamentárias. Caberia ao Governador do Estado incorporar ao PLOA a proposta nos exatos termos definidos pela Defensoria, podendo, contudo, pleitear à Assembleia Legislativa a redução pretendida, visto ser o Poder Legislativo a seara adequada para o debate de possíveis alterações no PLOA. A inserção da Defensoria Pública em capítulo destinado à proposta orçamentária do Poder Executivo, juntamente com as Secretarias de Estado, constitui desrespeito à autonomia administrativa da instituição, além de ingerência indevida no estabelecimento de sua programação administrativa e financeira. 5. Medida cautelar referendada.

(ADPF-MC-Ref 307/DF, Rel. Min. Dias Toffoli, Pleno, j. em 19.12.2013, *DJe*-060 divulg. 26.03.2014 public. 27.03.2014) (destaque nosso)

Entendeu o STF, na citada ocasião, que caberia o ajuizamento de ADPF, pois teria sido violado o preceito fundamental contido no art. 134, § 2º, da Constituição Federal, que reconheceria autonomia administrativa e financeira das Defensorias Públicas estaduais.

Registre-se, no mesmo sentido, a decisão do STF na ADI 5287, proposta pela Associação Nacional de Defensores Públicos – ANADEP contra a Lei n. 10.437/2015 do Estado da Paraíba quanto à parte em que fixou a dotação orçamentária à Defensoria Pública estadual em razão da prévia redução unilateral perpetrada pelo Governador do Estado:

(...) 3. À Defensoria Pública Estadual compete a prerrogativa de elaborar e apresentar sua proposta orçamentária, a qual está condicionada tão somente a (i) obedecer a Lei de Diretrizes Orçamentárias; (ii) ser encaminhada em conformidade com a previsão do art. 99, § 2º, da CRFB/88. 4. O Poder Executivo, que detém a competência para deflagrar o processo legislativo (art. 165, I, II e III, da CRFB/88), uma vez atendida essa dupla de requisitos, não pode realizar qualquer juízo de valor sobre o montante ou o impacto financeiro da proposta orçamentária apresentada pela Defensoria Pública Estadual, preconizada nos termos dos artigos 99, § 2º, c/c 134, § 2º, da CRFB/88, cabendo-lhe tão somente consolidar a proposta encaminhada e remetê-la ao órgão legislativo correspondente, sem introduzir nela quaisquer reduções ou modificações. 5. A lei orçamentária deve ser apreciada pelo Poder Legislativo correspondente, ao qual caberá deliberar sobre a proposta apresentada pela Defensoria Pública Estadual, fazendo-lhe as modificações que julgar necessárias dentro dos limites constitucionalmente estabelecidos (§§ 3º e 4º do art. 166 da CRFB/88). 6. *In casu*, a redução unilateral do valor da proposta orçamentária elaborada pela Defensoria Pública estadual apresentada em consonância com as disposições da Lei de Diretrizes Orçamentárias e demais requisitos constitucionais, por ato do Governador do Estado da Paraíba no momento da consolidação do projeto de lei orçamentária anual a ser enviada ao Poder Legislativo, revela verdadeira extrapolação

Cap. 6 • A AUTONOMIA FINANCEIRA DA DEFENSORIA PÚBLICA

de sua competência, em clara ofensa à autonomia da referida instituição (art. 134, § 2º, da CRFB/88) e à separação dos poderes (arts. 2º e 166, da CRFB/88). 7. A Lei Estadual nº 10.437/2015, do Estado da Paraíba, que constitui a Lei Orçamentária Anual daquela unidade federativa, revela-se inconstitucional na parte em que fixou a dotação orçamentária à Defensoria Pública estadual com prévia redução unilateral e inconstitucional perpetrada pelo Governador do Estado. (...) (ADI 5287/PB, Rel. Min. Luiz Fux, Pleno, j. em 18.05.2016, *DJe*-194 divulg. 09.09.2016 public. 12.09.2016)

Outro caso que merece destaque foi objeto do Mandado de Segurança 33193, impetrado pela Defensoria Pública da União (DPU) no Supremo Tribunal Federal questionando os cortes promovidos pelo Poder Executivo na proposta orçamentária daquela Instituição para o exercício de 2015. Segundo a DPU, a então presidente da República, ao consolidar a proposta orçamentária e encaminhá-la ao Congresso Nacional, suprimiu 95% dos valores relativos à despesa com pessoal definida originalmente pela DPU.

No entender da DPU, caberia à Presidência da República apenas consolidar a proposta orçamentária enviada pela Instituição e remetê--la ao Congresso Nacional, a quem compete realizar ajustes e reduções na proposta. Dito de outro modo, a alegação era a de que as propostas consolidadas pelo Executivo e enviadas ao Congresso Nacional devem reproduzir fielmente aquelas aprovadas pela DPU.

O pedido era, pois, para que o STF determinasse o encaminhamento integral dos valores definidos na proposta orçamentária da DPU ao Congresso Nacional. Segundo a DPU, os cortes efetuados unilateralmente pela chefe do Executivo federal – assim como nos casos do Poder Judiciário e do Ministério Público[19] – seriam inconstitucionais por ferirem a autonomia das referidas Instituições.

O referido MS foi distribuído à ministra Rosa Weber, que deferiu liminar para impedir o corte na proposta orçamentária da DPU para o ano de 2015[20]. Segundo a decisão da relatora, o Poder Executivo somente está autorizado a promover ajustes nas propostas enviadas pelos de-

---

19. Além do MS 33193, impetrado pela DPU, o STF também recebeu mandado de segurança, impetrado pelo Procurador-Geral da República, no qual foram questionados os cortes promovidos pela então Presidente da República nas propostas orçamentárias encaminhadas pelo Poder Judiciário e Ministério Público da União. Segundo o pedido apresentado no MS 33186, os cortes seriam inconstitucionais, pois feririam o princípio da autonomia dos poderes e seriam contrários à jurisprudência do STF.

20. STF, MS-MC 33193/DF, Rel. Min. Rosa Weber, decisão monocrática, j. em 30.10.2014, *DJe*-216 divulg. 03.11.2014 public. 04.11.2014.

185

mais poderes, pelo Ministério Público e pela Defensoria Pública quando as despesas estiverem em desacordo com os limites estipulados pela lei de diretrizes orçamentárias (LDO). Inexistindo incompatibilidade, salienta a ministra, não há amparo no ordenamento jurídico para a sua alteração, ainda que sob o pretexto de promover o equilíbrio orçamentário ou obtenção de superávit primário.

Segundo a ministra, "é do Congresso Nacional o papel de árbitro da cizânia, pois, ao examinar, em perspectiva global, as pretensões de despesas dos Poderes e órgãos autônomos da União, exercerá o protagonismo que lhe é inerente na definição das prioridades". Ainda segundo a ministra, concluída a fase de apreciação legislativa e submetido o projeto de lei orçamentária anual à Presidência da República há possibilidade de veto total ou parcial.

O deferimento da liminar garantiu que as propostas originais – encaminhadas ao Legislativo como anexo à mensagem presidencial – fossem apreciadas pelo Congresso Nacional como parte integrante do projeto de lei orçamentária anual (LOA). Tal medida, ressaltou a relatora, "assegura o devido processo legislativo orçamentário, reduz o risco de lacuna orçamentária quanto ao exercício financeiro de 2015 e preserva a autonomia dos entes envolvidos".

Apesar do exposto, por ter sido concluída a tramitação do projeto de lei impugnado (PLN n. 13/2014, encaminhado pela Mensagem Presidencial n. 251/2014), que culminou com a sua transformação em lei (Lei n. 13.115, de 20.04.2015, que "estima a receita e fixa a despesa da União para o exercício financeiro de 2015"), o STF julgou extinto, sem resolução do mérito, o MS 33193, por perda superveniente do objeto.

É que, como o referido *writ* tinha por escopo a incorporação da proposta original da DPU ao projeto de LOA a ser apreciado pelo Congresso Nacional, a subsequente transmutação do mencionado projeto em lei tornou inviável a providência pretendida pelo impetrante[21].

---

21. Ressalte-se que também o MS 33186 – impetrado pelo Procurador-Geral da República contra os cortes promovidos pelo Executivo nas propostas orçamentárias encaminhadas pelo Poder Judiciário e Ministério Público da União para o exercício de 2015 – foi distribuído à ministra Rosa Weber, que deferiu liminar para impedir tais cortes (STF, MS-MC 33186/DF, Rel. Min. Rosa Weber, decisão monocrática, j. em 30.10.2014, *DJe*-216 divulg. 03.11.2014 public. 04.11.2014). No entanto, consoante exposto, por ter sido transformado o projeto de lei impugnado na Lei n. 13.115/2015 (LOA/2015), o STF também extinguiu, sem resolução do mérito, o MS 33186, por perda superveniente do objeto.

De qualquer modo, consoante restou demonstrado, o STF já firmou o entendimento que reconhece ser inconstitucional a redução unilateral pelo Poder Executivo das propostas orçamentárias dos outros Poderes e de órgãos constitucionalmente autônomos, como o Ministério Público e a Defensoria Pública, na fase de consolidação do projeto de LOA, quando tenham sido elaborados em obediência aos limites estipulados na LDO[22], cabendo ao Executivo apenas pleitear ao Poder Legislativo a redução pretendida, visto que a fase de apreciação legislativa é o momento constitucionalmente correto para o debate de possíveis alterações no Projeto de Lei Orçamentária.

4.3. A existência de recursos próprios

Outro argumento para sustentar a tese da autonomia financeira da Defensoria Pública é a possibilidade de ser legalmente destinado a tal instituição o produto da arrecadação de determinadas receitas públicas, como, por exemplo, os recursos decorrentes da cobrança de *custas e emolumentos*[23].

A respeito do tema, é importante destacar que as custas, a taxa judiciária e os emolumentos são taxas, constituindo-se, pois, em espécie tributária (art. 145, inciso II, CF), segundo a jurisprudência iterativa do Supremo Tribunal Federal[24].

Por não se qualificarem como impostos[25], as custas, a taxa judiciária e os emolumentos *podem ter sua receita vinculada a órgão, fundo ou des-*

---

22. Sobre a inviabilidade de o Poder Executivo efetuar, de forma unilateral e sem respaldo na LDO, supressões nas propostas orçamentárias enviadas por outros Poderes ou órgãos autônomos, podem ser consultados os seguintes precedentes do STF, em que fora deferida medida liminar para impedir tais cortes: MS 28405/AL, Rel. Min. Marco Aurélio, decisão monocrática, j. em 15.11.2009, *DJe*-221 divulg. 24.11.2009 public. 25.11.2009; MS 30896/DF, Rel. Min. Luiz Fux, decisão monocrática, j. em 12.12.2011, *DJe*-022 divulg. 31.01.2013 public. 01.02.2013; MS 31627/DF, Rel. Min. Luiz Fux, decisão monocrática, j. em 08.11.2012, *DJe*-223 divulg. 12.11.2012 public. 13.11.2012; MS-MC 31618/DF, Rel. Min. Joaquim Barbosa, decisão monocrática, j. em 13.11.2012, *DJe*-226 divulg. 16.11.2012 public. 19.11.2012.

23. As *custas*, abrangidas no conceito de despesas processuais (art. 84, do Código de Processo Civil – Lei n. 13.105, de 16.03.2015), são taxas cobradas pelo poder público em decorrência dos serviços prestados pelos serventuários da justiça para a realização dos atos processuais necessários ao andamento do feito. O termo *emolumentos*, por sua vez, é empregado para referir-se às taxas pagas ao foro extrajudicial (notários e registradores).

24. Nesse sentido: Rp 1077/RJ, Rel. Min. Moreira Alves, Pleno, j. em 28.03.1984, *DJ* 28.09.1984, p. 15955; Rp 1094/SP, Rel. p/ Acórdão: Min. Moreira Alves, Pleno, j. em 08.08.1984, *DJ* 04.09.1992, p. 14090.

25. Código Tributário Nacional (Lei n. 5.172, de 25.10.1966): "Art. 16. Imposto é o tributo cuja obrigação tem por fato gerador uma situação independente de qualquer atividade estatal específica, relativa ao contribuinte".

pesa, não se sujeitando à disposição do inciso IV do art. 167 da CF, que, como regra, veda a afetação da receita de *impostos* a fim específico[26]. Como a proibição em questão não atinge as demais espécies tributárias, mas apenas os impostos[27], o STF já reconheceu a constitucionalidade da vinculação do produto da arrecadação de taxas[28].

No entanto, em razão da natureza tributária das custas e emolumentos, o STF pacificou sua jurisprudência no sentido de que não pode o produto de sua arrecadação ou parte deste ser destinado a entidades com *personalidade jurídica de direito privado*, como entidades de classe (Associações de Magistrados, por exemplo) ou a Caixa de Assistência dos Advogados[29].

O STF, contudo, na ADI 2059, decidiu pela constitucionalidade da destinação do produto da arrecadação da taxa para *órgão público* – naquele caso, ao próprio Poder Judiciário[30].

---

26. CF: "Art. 167. São vedados: (...) IV - a vinculação de receita de impostos a órgão, fundo ou despesa, ressalvadas a repartição do produto da arrecadação dos impostos a que se referem os arts. 158 e 159, a destinação de recursos para as ações e serviços públicos de saúde, para manutenção e desenvolvimento do ensino e para realização de atividades da administração tributária, como determinado, respectivamente, pelos arts. 198, § 2º, 212 e 37, XXII, e a prestação de garantias às operações de crédito por antecipação de receita, previstas no art. 165, § 8º, bem como o disposto no § 4º deste artigo;" (Redação dada pela Emenda Constitucional n. 42, de 19.12.2003).

27. Na Constituição pretérita o princípio da não vinculação das receitas abrangia *todos os tributos*, ressalvadas as hipóteses previstas no próprio Texto Constitucional revogado (art. 62, § 2º, da CF/1967, com redação da Emenda Constitucional n. 1, de 17.10.1969).

28. Nesse sentido: **ADI-MC 2129/MS, Rel. Min. Eros Grau, Pleno, j. em 10.05.2000,** *DJ* 11.03.2005, p. 6; **RE-AgR 570513/GO, Rel. Min. Eros Grau, 2ª Turma, j. em 16.12.2008,** *DJe*-038 divulg. 26.02.2009 public. 27.02.2009; p. 2; **ADI 3028/RN, Rel. p/ Acórdão: Min. Ayres Britto, Pleno, j. em 26.05.2010,** *DJe*-120 divulg. 30.06.2010 public. 01.07.2010. No mesmo sentido é a jurisprudência do STJ: RMS 20.711/GO, Rel. Min. Teori Albino Zavascki, 1ª Turma, j. em 13.02.2007, *DJ* 01.03.2007, p. 226.

29. Nesse sentido: ADI-MC 1378/ES, Rel. Min. Celso de Mello, Pleno, j. em 30.11.1995, *DJ* 30.05.1997, p. 23175; ADI 1145/PB, Rel. Min. Carlos Velloso, Pleno, j. em 03.10.2002, *DJ* 08.11.2002, p. 20; ADI 2982/CE, Rel. Min. Gilmar Mendes, Pleno, j. em 09.06.2004, *DJ* 12.11.2004, p. 5; ADI 3660/MS, Rel. Min. Gilmar Mendes, Pleno, j. em 13.03.2008, *DJe*-083 divulg. 08.05.2008 public. 09.05.2008. Esse já era o entendimento do STF no sistema constitucional anterior: Rp 1139/BA, Rel. p/ Acórdão: Min. Néri da Silveira, Pleno, j. em 09.04.1986, *DJ* 30.10.1992, p. 19514. Em sentido contrário, entendendo que as custas e emolumentos não se caracterizavam como espécie tributária e que, por conseguinte, o produto de sua arrecadação poderia ser destinado a Associação de Magistrados: STF, Rp 997/GO, Rel. Min. Rafael Mayer, Pleno, j. em 06.05.1981, *DJ* 28.08.1981, p. 8610.

30. STF, ADI 2059/PR, Rel. Min. Eros Grau, Pleno, j. em 26.04.2006, *DJ* 09.06.2006, p. 3. No mesmo sentido: **"Custas judiciais são taxas, do que resulta – ao contrário do que sucede aos impostos (CF, art. 167, IV) – a alocação do produto de sua arrecadação ao Poder Judiciário, cuja atividade remunera; e nada impede a afetação dos recursos correspondentes a deter-**

Seguindo esta mesma linha de pensamento, o STF, no julgamento da ADI 3643, reconheceu a constitucionalidade da vinculação de parte da receita de taxa instituída sobre as atividades notariais e de registro a fundo instituído em favor da Defensoria Pública[31].

A referida ADI foi ajuizada pela Associação dos Notários e Registradores do Brasil - ANOREG/BR para impugnar o inciso III do art. 4º da Lei n. 4.664, de 14.12.2005, do Estado do Rio de Janeiro, que destinou uma parcela do produto da arrecadação da taxa sobre as atividades notariais e de registro ao Fundo Especial da Defensoria Pública do Estado do Rio de Janeiro (FUNDPERJ)[32], instituído pelo mesmo diploma legal.

O FUNDPERJ, segundo o art. 1º da citada Lei n. 4.664/2005, integra a estrutura da Defensoria Pública do Estado do Rio de Janeiro, e tem por finalidade, de acordo com o art. 2º do mesmo diploma, "complementar os recursos financeiros indispensáveis ao custeio e aos investimentos da Defensoria Pública voltados para consecução de suas finalidades institucionais".

Entendeu o STF que a destinação do produto da arrecadação da taxa de polícia sobre as atividades notariais e de registro é possível não apenas para tonificar a musculatura econômica de órgãos do Poder Judiciário, mas também para aportar recursos financeiros para a "jurisdição em si mesma", conceito este que abrangeria também a Defensoria Pública, posto que esta é constitucionalmente considerada uma instituição que exerce função essencial à Justiça[33].

---

minado tipo de despesas – no caso, as de capital, investimento e treinamento de pessoal da Justiça – cuja finalidade tem inequívoco liame instrumental com o serviço judiciário" (ADI-MC 1926/PE, Rel. Min. Sepúlveda Pertence, Pleno, j. em 19.04.1999, *DJ* 10.09.1999). No mesmo sentido: "É constitucional a destinação do produto da arrecadação da taxa de fiscalização da atividade notarial e de registro a órgão público e ao próprio Poder Judiciário" (STF, ADI 3151/MT, Rel. Min. Carlos Britto, Pleno, j. em 08.06.2005, *DJ* 28.04.2006, p. 4). Ressalte-se que, no sistema constitucional anterior, a proibição da afetação de receitas abrangia *todas as espécies tributárias*, ressalvados os casos estampados no próprio Texto Constitucional revogado (art. 62, § 2º, da CF/1967, com redação da Emenda Constitucional n. 1, de 17.10.1969). Em razão do exposto, o STF chegou a decidir que não poderia o produto da arrecadação das custas ser vinculado a determinado órgão ou fundo, ainda que tivessem estes personalidade jurídica de direito público (Rp 1295/RS, Rel. Min. Moreira Alves, Pleno, j. em 09.09.1987, *DJ* 17.03.1989, p. 3604).

31. **ADI 3643/RJ, Rel. Min. Carlos Britto, Pleno, j. em 08.11.2006,** *DJ* 16.02.2007, p. 19.

32. Lei n. 4.664/2005, do Estado do Rio de Janeiro: "Art. 4º - Constituem receitas do FUNPERJ: (...) III – 5% (cinco por cento) oriundo das receitas incidentes sobre recolhimento de custas e emolumentos extrajudiciais;".

33. Semelhante argumento foi empregado pelo STF como um dos fundamentos para indeferir pedido de liminar na ADI 1707, ajuizada contra a Lei n. 5.607, de 31.05.1990, do Estado de Mato

Pelas razões expostas, o Plenário do STF, por maioria, julgou improcedente a ADI 3643, tendo restado vencido o Ministro Marco Aurélio, que entendeu pela inconstitucionalidade do preceito sob exame, tendo fundamentado seu voto em precedentes da Corte que, em seu entender, vedariam a vinculação de receitas questionada.

Referiu-se o citado Ministro ao julgamento da ADI 2040, de cuja ementa extrai-se o seguinte trecho: "A vinculação das taxas judiciárias e dos emolumentos a entidades privadas *ou mesmo a serviços públicos diversos daqueles a que tais recursos se destinam* subverte a finalidade institucional do tributo" (destaque nosso)[34].

Entendeu o Ministro Marco Aurélio inexistiria elo entre os emolumentos recolhidos para fazer frente aos serviços prestados pelos cartórios e a atuação da Defensoria Pública.

Também embasou seu voto no julgamento da cautelar na ADI 1889, de cuja ementa extrai-se o seguinte: "É assente a jurisprudência deste tribunal quanto a inconstitucionalidade da vinculação de emolumentos a entidade com personalidade jurídica de direito privado *ou a determinado órgão ou fundo*; (...)" (destaque nosso)[35].

Segundo o Ministro Marco Aurélio, o referido julgado em sede cautelar impediria a vinculação do produto da arrecadação de custas e emolumentos a órgão ou fundo.

Prevaleceu, contudo, o entendimento consubstanciado no voto do relator, o Ministro Carlos Britto, segundo o qual o produto da arrecadação das taxas em questão não está jungido ao aparelhamento do Poder Judiciário, mas admite expansão para incluir o aperfeiçoamento *da jurisdição*, que abrange não apenas os órgãos jurisdicionais, mas também outras instituições essenciais àquela atividade – como a Defensoria Pública. E conclui o Ministro relator: "De sorte que bem aparelhar as defen-

---

Grosso, que atribuía em favor da OAB, Seção daquele Estado, parcela de custas processuais. Da ementa do referido julgado extrai-se o seguinte trecho: "Exercendo a OAB, federal ou estadual, serviço público, por se tratar de pessoa jurídica de direito público (autarquia), e serviço esse que está ligado à prestação jurisdicional pela fiscalização da profissão de advogado que, segundo a parte inicial do artigo 133 da Constituição, é indispensável à administração da justiça, não tem relevância, de plano, a fundamentação jurídica da argüição de inconstitucionalidade da lei em causa no sentido de que o serviço por ela prestado não se vincula à prestação jurisdicional, desvirtuando-se, assim, a finalidade das custas judiciais, como taxa que são" (ADI-MC 1707/MT, Rel. Min. Moreira Alves, Pleno, j. em 01.07.1998, *DJ* 16.10.1998, p. 6).

34. ADI 2040/PR, Rel. Min. Maurício Corrêa, Pleno, j. em 15.12.1999, *DJ* 25.02.2000, p. 51.

35. ADI-MC 1889/AM, Rel. Min. Nelson Jobim, Pleno, j. em 03.11.1999, *DJ* 14.11.2002, p. 14.

Cap. 6 • A AUTONOMIA FINANCEIRA DA DEFENSORIA PÚBLICA

sorias públicas é servir, sim, ao desígnio constitucional de universalizar e aperfeiçoar a própria jurisdição como atividade básica do Estado e função específica do Poder Judiciário".

O relator foi acompanhado pelo Ministro Ricardo Lewandowski, cujo voto destacou que a Defensoria Pública, por se constituir em função essencial à justiça, nos termos do art. 134 da CF, "integra-se ao aparato da prestação jurisdicional", o que justificaria a destinação àquela instituição do produto da arrecadação das custas judiciais e emolumentos extrajudiciais.

Também o Ministro Cezar Peluso manifestou seu entendimento no mesmo sentido, tendo assim exposto seu pensar:

> "O problema todo é, antes, a destinação do produto dessa arrecadação. E como não há restrição alguma de ordem constitucional, o Estado pode destiná-lo a qualquer de seus serviços. Se ele destina a um organismo que, de certo modo, integra a prestação estatal do serviço de Justiça" – referiu-se o Ministro à Defensoria Pública –, "*a fortiori* não vejo nenhuma restrição de ordem constitucional."

Como se vê, restaram superados o entendimento adotado no julgamento da cautelar da ADI 1889, de que seria vedada a vinculação da receita de taxas a órgãos ou entidades públicas, e a tese de que o produto da arrecadação de uma taxa teria de destinar-se exclusiva e necessariamente ao custeio da atividade pública que constituiu fato gerador da exação.

4.4. A sistemática dos "duodécimos" (art. 168, CF)

Outro fundamento a justificar o reconhecimento da autonomia financeira da Defensoria Pública é o disposto no art. 168 da CF, que, em sua redação original, assim estabelecia:

> Art. 168. Os recursos correspondentes às dotações orçamentárias, compreendidos os créditos suplementares e especiais, destinados aos órgãos dos Poderes Legislativo e Judiciário e do Ministério Público, ser-lhes-ão entregues até o dia 20 de cada mês, na forma da lei complementar a que se refere o art. 165, § 9º.

Com a redação dada ao referido artigo pela Emenda Constitucional n. 45, de 30.12.2004, o mesmo passou a assim dispor:

> Art. 168. Os recursos correspondentes às dotações orçamentárias, compreendidos os créditos suplementares e especiais, destinados aos órgãos dos Poderes Legislativo e Judiciário, do Ministério Público *e da Defensoria Pública*, ser-lhes-ão entregues até o dia 20 de cada mês, em duodécimos, na forma da lei complementar a que se refere o art. 165, § 9º. (destaque nosso)

191

Verifica-se que a Emenda Constitucional n. 45/2004 inseriu a Defensoria Pública na referida norma, a qual, consoante reconheceu o STF, "reveste-se de caráter tutelar, concebida que foi para impedir o Executivo de causar, em desfavor do Judiciário, do Legislativo e do Ministério Público, um estado de subordinação financeira que comprometesse, pela gestão arbitrária do orçamento – ou, até mesmo, pela injusta recusa de liberar os recursos nele consignados –, a própria independência político-jurídica daquelas Instituições"[36].

O mesmo raciocínio aplica-se, pois, à Defensoria Pública: a entrega de seus recursos em forma de duodécimos mensais visa garantir sua autonomia financeira frente ao Poder Executivo.

4.5. A execução orçamentária

Registre-se, contudo, que a autonomia financeira não se exaure na simples elaboração da proposta orçamentária, sendo consagrada, inclusive, na execução concreta do orçamento e na utilização das dotações postas em favor da Defensoria Pública[37].

A dimensão financeira da autonomia constitucional – considerada a instrumentalidade de que se reveste – responde à necessidade de assegurar-se à Defensoria Pública a plena realização dos fins constitucionais para os quais foi concebida.

Sem que a Defensoria Pública disponha de capacidade para livremente gerir e aplicar os recursos orçamentários vinculados ao custeio e à execução de suas atividades, referida instituição nada poderá realizar, frustrando-se, por conseguinte, os elevados objetivos que refletem a destinação constitucional dessa importantíssima Instituição da República, incumbida, como expressão e instrumento do regime democrático, da orientação jurídica, da promoção dos direitos humanos e da defesa, em todos os graus, judicial e extrajudicial, dos direitos individuais e coletivos, de forma integral e gratuita, aos necessitados (art. 134, *caput*, CF)[38].

---

36. STF, **MS-AgR-QO 21291/DF, Rel. Min. Celso de Mello, Pleno, j. em 12.04.1991,** *DJ* 27.10.1995, p. 36331.

37. No mesmo sentido, mas se referindo ao Poder Judiciário: STF, ADI 4426/CE, Rel. Min. Dias Toffoli, Pleno, j. em 09.02.2011, *DJe*-093 divulg. 17.05.2011 public. 18.05.2011. No mesmo sentido, mas referindo-se ao Ministério Público: STF, ADI 4356/CE, Rel. Min. Dias Toffoli, Pleno, j. em 09.02.2011, *DJe*-088 divulg. 11.05.2011 public. 12.05.2011.

38. No mesmo sentido, mas se referindo ao Ministério Público: STF, ADI-MC 2513/RN, Rel. Min. Celso de Mello, Pleno, j. em 03.04.2002, *DJe*-048 divulg. 14.03.2011 public. 15.03.2011.

5. CONCLUSÃO

De nada adiantará assegurar à Defensoria Pública autonomia funcional e administrativa se não for igualmente reconhecida a sua independência financeira, da qual dependem aquelas outras.

Destaca-se, a propósito do tema, o seguinte trecho do voto do Ministro Celso de Mello na ADI 3643, anteriormente citada:

> "*É preciso* que o Poder Público *adote* providências *com o objetivo de viabilizar* uma organização formal e material, *como a Defensoria Pública,* que lhe permita proporcionar, aos necessitados, *para além* de formulações constitucionais *meramente* programáticas, retóricas *ou* simbólicas, *a efetiva proteção* de seus direitos, *garantindo,* a essa vasta legião de pessoas carentes *e* desprovidas de recursos, *condições de acesso* aos serviços mínimos de administração da Justiça." (destaques no original)

Ainda para destacar a importância da independência financeira da Defensoria Pública, transcreve-se o seguinte trecho de ementa do acórdão da ADI 2903, da relatoria do Ministro Celso de Mello:

> "(...) a Defensoria Pública não pode (e não deve) ser tratada de modo inconseqüente pelo Poder Público, pois a proteção jurisdicional de milhões de pessoas – carentes e desassistidas –, que sofrem inaceitável processo de exclusão jurídica e social, depende da adequada organização e da efetiva institucionalização desse órgão do Estado. De nada valerão os direitos e de nenhum significado revestir-se-ão as liberdades, se os fundamentos em que eles se apóiam – além de desrespeitados pelo Poder Público ou transgredidos por particulares – também deixarem de contar com o suporte e o apoio de um aparato institucional, como aquele proporcionado pela Defensoria Pública, cuja função precípua, por efeito de sua própria vocação constitucional (CF, art. 134), consiste em dar efetividade e expressão concreta, inclusive mediante acesso do lesado à jurisdição do Estado, a esses mesmos direitos, quando titularizados por pessoas necessitadas, que são as reais destinatárias tanto da norma inscrita no art. 5º, inciso LXXIV, quanto do preceito consubstanciado no art. 134, ambos da Constituição da República."[39]

Por tudo quanto foi exposto no presente artigo, conclui-se que a autonomia financeira da Defensoria Pública tem fundamento constitucional e que o seu reconhecimento é indispensável para propiciar à referida instituição condições materiais de desempenhar de forma digna sua relevante missão de assistir juridicamente aos necessitados.

---

39. STF, ADI 2903/PB, Rel. Min. Celso de Mello, Pleno, j. em 01.12.2005, *DJe*-177, divulg. 18.09.2008, public. 19.09.2008.

CAPÍTULO 7

A autonomia da Defensoria Pública e o Supremo Tribunal Federal: o papel desempenhado pela Corte na proteção ao direito fundamental à assistência jurídica gratuita

Edilson Santana Gonçalves Filho

Sumário: 1. Introdução; 2. Definição e delineamento da Defensoria Pública; 3. Dilemas, questionamentos e ataques feitos à Defensoria Pública; 4. O Supremo Tribunal Federal e as questões afetas à Defensoria Pública; 4.1. Proposta Orçamentária da Defensoria Pública e a (re)afirmação de sua autonomia; 4.2. Organização e funcionamento da Defensoria Pública; 4.3. Observância de prazo para o repasse de recursos na forma de duodécimos; 4.4. Lotação dos Defensores Públicos e locais de instalação das unidades da Defensoria Pública; 4.5. Iniciativa de leis sobre temas afetos à Defensoria Pública; 4.6. Legitimidade para o ajuizamento de ações civis públicas; 4.7. Representação da Defensoria Pública pelo Defensor Público-Geral; 4.8. O ataque direto à autonomia da Defensoria Pública; 5. Encerramento; 6. Referências

1. INTRODUÇÃO

A assistência jurídica gratuita é direito fundamental. Tal conclusão é facilmente constatada em decorrência da previsão estabelecida no inciso vxxiv do artigo 5º da Constituição Federal brasileira de 1988. A posição topográfica da previsão, inserida no Título II (Dos Direitos e Garantias Fundamentais), capítulo I (Dos Direitos e Deveres Individuais e Coletivos), em artigo que traz extenso rol de direitos fundamentais, torna indubitável a questão.

Por opção do constituinte, que adotou modelo de assistência jurídica denominado em doutrina de *salaried staff model*[1], esse direito, de natureza *jusfundamental*, deverá ser efetivado por uma instituição pública, denominada Defensoria Pública, cuja previsão encontra-se, igualmente, no corpo constitucional, mais especificamente no artigo 134 da Carta, dentre as funções essenciais à justiça (Capítulo IV), inseridas no Título IV do texto, que trata da organização dos poderes.

Não é errôneo concluir, assim, que a Defensoria Pública configura, a um só tempo, direito e garantia fundamental, já que, objetivamente, garante o acesso à justiça ao necessitado e a promoção dos direitos humanos e, subjetivamente, representa serviço público que pode ser exigido pelo vulnerável (individual ou coletivamente) que dela necessite.

O papel do órgão, surgido com o advento da Carta de 1988[2], todavia, nem sempre vem sendo bem compreendido, inclusive pelos próprios atores da Justiça.

Não têm sido raros os ataques à jovem instituição, muitas vezes movidos por questões político-institucionais, deixando-se de lado o interesse público primário de prestação de assistência jurídica ao necessitado por parte do estado.

Com todos os percalços, a Defensoria Pública vem conseguindo prestar um serviço relevante, capaz de - no mundo real - reduzir as desigualdades sociais (objetivo da república). No exercício de suas funções, a instituição relevou-se apta à modificação do *status quo social*. Talvez isso justifique, senão em totalidade, ao menos em parte, os obstáculos que tem encontrado.

Responsável por resguardar os valores constitucionais e preservar a Constituição e sua força normativa (art. 102 da Constituição Federal brasileira – CF/88), o Supremo Tribunal Federal foi instado, em diversas oportunidades, a julgar questões concernentes à Defensoria Pública, algumas delas capazes de comprometer a própria existência ou de desfigurar por completo o órgão, esvaziando a capacidade de cumprir sua missão institucional.

---

1. No *salaried staff model*, também designado de "advocacia pública" em razão de a prestação de assistência ser realizada por profissionais que recebem uma remuneração fixa para o desempenho da função como um todo (e não caso a caso), um corpo de profissionais é remunerado para atuar em todas as causas.

2. A Defensoria Pública só passou a existir formalmente com o advento da Constituição de 1988, sendo regulamentada tão somente em 1994, através da Lei Complementar n. 80.

2. DEFINIÇÃO E DELINEAMENTO DA DEFENSORIA PÚBLICA

Conforme já escrito acima, a previsão da Defensoria Pública encontra sede constitucional, inserida topograficamente no Título IV (Da Organização dos Poderes), no qual se verifica a existência de quatro capítulos, três destinados aos Poderes (Executivo, Legislativo e Judiciário) e um voltado às denominadas funções essenciais à justiça, na qual se encontra a previsão do Ministério Público (seção I), da Advocacia Pública e Privada (seções II e III) e da Defensoria Pública (seção IV).

As instituições previstas na última seção (funções essenciais à justiça) não são, portanto, Poderes do Estado, como aliás já deixa expresso o artigo 2º da Carta, quando menciona que "são Poderes da União, independentes e harmônicos entre si, o Legislativo, o Executivo e o Judiciário".

Certo também é que a clássica divisão tripartite sugerida por Montesquieu já não é suficiente, por si só, para acompanhar a hodierna organização estatal, que precisa encontrar-se adaptada à complexidade da teia social moderna. Sem malferir a cláusula pétrea da separação de poderes (Art. 60, §4º, II da CF), houve a precisão de dotar alguns órgãos de maior independência. Essa necessidade restou exsurgida das próprias atribuições conferidas a tais instituições, como premissa imprescindível ao seu desempenho. Assim, certas entidades que necessitam de independência para o desempenho das suas funções foram retiradas da alçada do Poder Executivo, como ocorreu com a Defensoria Pública.

No caso da Defensoria Pública essa constatação (quanto à imprescindibilidade de independência para o real desempenho de suas funções) somente veio após sua original previsão no texto da Constituição Federal de 1988. Cronologicamente, a autonomia foi conferida, pelo texto constitucional, primeiramente para às Defensorias Públicas estaduais, por meio da EC 45/2004. A distorção foi corrigida pelas Emendas 69 e 74, que explicitaram no texto constitucional que a autonomia se estende à Defensoria do Distrito Federal e à Defensoria Pública da União.

As alterações deixaram inconteste que a Defensoria Pública, detentora de parcela da soberania do Estado no desempenho do seu múnus constitucional, passou a configurar nova e distinta categoria, não se confundindo com o Ministério Público, com o Judiciário ou com a Advocacia (pública ou privada). Tanto é assim que foi inserida em seção específica do texto constitucional - o mesmo se verificando no Código de Processo Civil (Título VII). Nesse contexto convém distinguir (1) a "Advocacia", prestada em regime privado (Artigo 133 da Constituição Federal), da (2)

"Advocacia Pública", prestada em regime público e responsável por representar a União e pela representação, consultoria e assessoramento do Poder Executivo (Artigo 131 da Constituição Federal) e da (3) Defensoria Pública, com atribuição de promover a defesa do necessitado e promover os direitos humanos (Artigo 134 da Constituição Federal)[3]. Por isso, o termo "advocacia pública" não é o melhor quando busca-se referir ao *salaried staff model*", por estar propenso a gerar certa confusão.

A Defensoria Pública pode ser definida e classificada, portanto, como *instituição autônoma*. A sistematização adotada pela Constituição Federal brasileira, colocando-a no Título da Organização dos Poderes e dotando-a de autonomia, revela a intenção de que não seja mais considerada como formalmente integrante do Poder Executivo. Na prática, todavia, o *órgão autônomo* ainda se encontra organizado como parte integrante deste poder, especialmente por razões históricas e ausência de estrutura de pessoal que permita à instituição se autogerir, situação que tende se tornar cada vez mais incomum com sua melhor estruturação e, sobretudo, com a necessária destinação legal de percentual orçamentário próprio, a exemplo do que ocorre com os Poderes e com o Ministério Público através da Lei 101/2000.

Válido observar que a ordem constitucional brasileira já convivia com instituições independentes situadas fora dos três poderes tradicionais, desde a promulgação da Constituição Federal, com é caso do Ministério Público. Interessa ressaltar, neste ponto, não haver diferença entre a autonomia conferida pelo poder constituinte originário e por aquela introduzida pelo poder constituinte derivado. Este último, responsável pelo exercício do poder de reforma, encontra limites materiais e formais. O primeiro se revela nas cláusulas pétreas previstas no parágrafo 4º do artigo 60 da Constituição Federal, enquanto os limites formais se consubstanciam em questões procedimentais. Não havendo impedimento nos limites citados, a alteração da Constituição é válida e a nova regra ou princípio tem o mesmo *status* constitucional daquele constante na Carta desde seu nascedouro. Não há que se falar em maior ou menor grau de estatura da norma introduzida pelo constituinte originário ou derivado. Em outros termos, não há que se falar em norma constitucional (leia-se, autonomia) de segunda categoria.

---

3. Nesse sentido: "Os Defensores Públicos não são advogados públicos, possuem regime disciplinar próprio e têm sua capacidade postulatória decorrente diretamente da Constituição Federal" (RECURSO EM HABEAS CORPUS Nº 61.848 – PA. STJ. Quinta Turma. Min. Felix Fisher. Julgado em 04/08/2016).

Cap. 7 • A AUTONOMIA DA DEFENSORIA PÚBLICA E O SUPREMO TRIBUNAL FEDERAL

A Defensoria Pública é instituição voltada ao pleno acesso à justiça, e, como decorrência disso, à efetivação dos demais direitos fundamentais para os vulneráveis, historicamente excluídos. Daí decorrem as razões para autonomia da instituição, que se volta, no mais das vezes, contra o próprio Poder Executivo, que costuma falhar quanto à sua obrigação de efetivar as normas *jusfundamentais*.

A missão institucional - resumida no artigo 134 da Constituição na *promoção dos direitos humanos* e na *orientação jurídica e defesa dos necessitados* de forma integral e gratuita, em todos os graus, judicial e extrajudicial, individual ou coletivamente - vai muito além de atribuições tipicamente administrativas (caraterísticas do Poder Executivo e seus órgãos).

Nesse sentido, a resolução AG/RES nº 2887 de 2016 (XLVI-O/16), da Organização dos Estados Americanos - OEA, que trata de temas relacionados à proteção e promoção dos direitos humanos, ratifica a importância do desenvolvimento da autonomia da instituição, reconhecendo que os defensores públicos são atores fundamentais, também, na prevenção, denuncia e acompanhamento de vítimas de tortura e outros tratamentos cruéis ou degradantes.

Como expressão do regime democrático (Art. 134, CF/88) a Defensoria Pública tem ainda a atribuição de garantir aos vulneráveis sua participação e influência nas esferas de decisões (processuais e político-sociais, de modo a não serem ignorados no processo de composição, manutenção e transformação da sociedade na qual estão inseridos), razão pela qual se tem utilizado a expressão *custus vulnerabilis* (guardião dos vulneráveis ou fiscal da efetivação de seus direitos) para definir a instituição.

A polissemia da multifacetada instituição tem contribuído para a incompreensão de suas atribuições, que compreendem, em apertado rol não exaustivo: a defesa individual dos direitos da pessoa pobre (economicamente hipossuficiente); a defesa coletiva dos direitos de grupo economicamente necessitado; a defesa individual e/ou coletiva dos direitos de pessoa ou grupo vulnerável (entendida aqui não só a necessidade econômica, mas também de outros tipos, como a jurídica ou circunstancial); a promoção de direitos humanos; a educação em direitos; a atuação interventiva em processos nos quais esteja em pauta interesses de grupos vulneráveis, especialmente quando em jogo direitos fundamentais[4].

---

4. Neste o último caso, cite-se, por exemplo, a atuação como órgão de execução penal ou na defesa de interesse de grupos minoritários.

3. DILEMAS, QUESTIONAMENTOS E ATAQUES FEITOS À DEFENSO-RIA PÚBLICA

Não foram poucos os questionamentos, resistências e obstáculos enfrentados pela Defensoria Pública nas últimas décadas. Exemplificativamente, podemos mencionar algumas situações que chegaram até o Supremo Tribunal Federal, o qual teve que se deparar, em termos definitivos ou não, com delicadas questões que, ao cabo, representam a própria continuidade do direito ao serviço fundamental de assistência jurídica integral e gratuita.

A quem cabe determinar o local de lotação dos Defensores Públicos? O Poder Executivo pode modificar a proposta orçamentária apresentada pela Defensoria Pública? A Defensoria Pública pode ajuizar ações coletivas? Cabe ao Defensor Público-Geral representar a Defensoria Pública? São alguns questionamentos que resumem casos enfrentados pela Corte, todos com alguma ligação, ainda que reflexa, com a autonomia institucional.

4. O SUPREMO TRIBUNAL FEDERAL E AS QUESTÕES AFETAS À DE-FENSORIA PÚBLICA

Passo a listar alguns casos que chegaram ao Supremo Tribunal Federal, advertindo que não há aqui a intenção de esgotar todas as ações que estiveram ou estão em curso, envolvendo a Defensoria Pública.

Desde já se chama atenção para a seletividade que permeia boa parte desses casos. Não seriam os ataques à Defensoria Pública uma forma de *punir os pobres*? Essa seletividade, que poderá ser melhor visualizada nas próximas linhas, parece ser um indício para a resposta, chegando a instituição a ser estigmatizada como aquela que serve à defesa de bandidos, o que demonstra completo desconhecimento e deturpação de suas importantes funções.

4.1. Proposta Orçamentária da Defensoria Pública e a (re)afirma-ção de sua autonomia

A autonomia funcional e administrativa, assim como a *iniciativa de sua proposta orçamentária*, foi assegurada à Defensoria Pública, conforme se lê nos parágrafos 2º e 3º do artigo 134 da Constituição Federal brasileira, sendo a instituição competente para elaborar e encaminhar sua proposta orçamentária, dentro dos limites estabelecidos na lei de diretrizes orçamentárias - LDO.

Cap. 7 • A AUTONOMIA DA DEFENSORIA PÚBLICA E O SUPREMO TRIBUNAL FEDERAL

As resoluções AG/RES. 2656 (XLI-O/11), AG/RES. 2714 (XLII-O/12), AG/RES. 2801 (XLIII-O/13) e AG/RES. 2821 (XLIV-O/14), da Organização dos Estados Americanos, destacam a importância de independência funcional e orçamentária das defensorias públicas oficias, como parte dos esforços dos Estados membros para garantir um serviço eficiente, livre de ingerências e controles indevidos por parte de outros setores estatais.

Cabe a Defensoria Pública, portanto, encaminhar sua proposta orçamentária, dentro dos limites estabelecidos na lei de diretrizes orçamentárias, ao Poder Executivo. Este, por sua vez, terá a atribuição de consolidar as propostas encaminhadas, somente podendo proceder aos ajustes necessários caso a proposta esteja em desacordo com os limites orçamentários. Em outros termos, conforme se conclui da leitura da previsão constitucional, cabe o Defensor Público-Geral, chefe da instituição, encaminhar a proposta orçamentária da Defensoria Pública, que, ocorrendo dentro do prazo e limites estipulados pela LDO, deverá ser consolidada na proposta orçamentária anual pelo Poder Executivo, que a enviará para apreciação do Poder Legislativo (Assembleia Legislativa, no âmbito estadual e Congresso Nacional, na seara federal), a exemplo do que ocorre com as propostas do Poder Judiciário e do Ministério Público.

Somente é permitido ao Chefe do Poder Executivo proceder aos ajustes necessários caso a proposta orçamentária enviada pela Defensoria Pública esteja em desacordo com a LDO. Caso o órgão do Poder Executivo com atribuição discorde da proposta apresentada deve, ainda assim, incorporá-la ao projeto de lei orçamentária nos exatos termos definidos pela Defensor Público-Geral, podendo, tão somente, pleitear ao Poder Legislativo a redução pretendida, local adequado para se debater possíveis alterações ao projeto da lei orçamentária[5].

---

5. Conforme artigos 165, combinado com 166 da Constituição Federal.

    Nesse sentido: "3. À Defensoria Pública Estadual compete a prerrogativa de elaborar e apresentar sua proposta orçamentária, a qual está condicionada tão somente a (i) obedecer a Lei de Diretrizes Orçamentárias; (ii) ser encaminhada em conformidade com a previsão do art. 99, § 2º, da CRFB/88. 4. O Poder Executivo, que detém a competência para deflagrar o processo legislativo (art. 165, I, II e III, da CRFB/88), uma vez atendida essa dupla de requisitos, não pode realizar qualquer juízo de valor sobre o montante ou o impacto financeiro da proposta orçamentária apresentada pela Defensoria Pública Estadual, preconizada nos termos dos artigos 99, § 2º, c/c 134, § 2º, da CRFB/88, cabendo-lhe tão somente consolidar a proposta encaminhada e remetê-la ao órgão legislativo correspondente, sem introduzir nela quaisquer reduções ou modificações. 5. A lei orçamentária deve ser apreciada pelo Poder Legislativo correspondente, ao qual caberá deliberar sobre a proposta apresentada pela Defensoria Pública Estadual, fazendo-lhe as modificações que julgar necessárias dentro dos limites consti-

201

Nesse sentido, o Supremo Tribunal Federal decidiu que "a EC 45/04 reforçou a autonomia funcional e administrativa às defensorias públicas estaduais, ao assegurar-lhes a iniciativa para a propositura de seus orçamentos (art. 134, § 2º)"[6]. A questão retornou ao cenário da corte diversas vezes, como se vê nos julgamentos da ADI 5381 MC-Ref / PR[7], do MS 33193 MC/DF[8] e da ADI 5287/PB[9], na qual restou fixada a seguinte tese:

> "É inconstitucional a redução unilateral pelo Poder Executivo dos orçamentos propostos pelos outros Poderes e por órgãos constitucionalmente autônomos, como o Ministério Público e a Defensoria Pública, na fase de consolidação do projeto de lei orçamentária anual, quando tenham sido elaborados em obediência às leis de diretrizes orçamentárias e enviados conforme o art. 99, § 2º, da CRFB/88, cabendo-lhe apenas pleitear ao Poder Legislativo a redução pretendida, visto que a fase de apreciação legislativa é o momento constitucionalmente correto para o debate de possíveis alterações no Projeto de Lei Orçamentária".

Mais recentemente, o Min. Dias Toffoli deferiu liminar em Arguição de Descumprimento de Preceito Fundamental (ADPF 435) para determinar a governador de estado que inclua a proposta orçamentária apresentada pela Defensoria Pública no Projeto de Lei Orçamentária enviado à Assembleia Legislativa[10], já que não era dado ao chefe do Poder Executivo, de forma unilateral, reduzi-la ao consolidar o Projeto de Lei Orçamentária Anual, nos termos do artigo 134, parágrafo 2º, da Constituição Federal, constituindo a conduta inegável desrespeito à autonomia administrativa da instituição, além de ingerência indevida no estabelecimento de sua programação administrativa financeira.

Os casos acima retratam tratar-se de questão recorrente, nada obstante o tema já esteja definido e pacificado – tratando-se, portanto, de claro desrespeito à autoridade do Supremo Tribunal Federal por parte dos gestores públicos.

---

tucionalmente estabelecidos (§§ 3º e 4º do art. 166 da CRFB/88)" (ADI 5287 / PB. Tribunal Pleno. Relator Ministro Luiz Fux. Julgamento: 18/05/2016).

6. ADI nº 4056/MA, Tribunal Pleno, Relator o Ministro Ricardo Lewandowski, DJ de 1/8/12.

7. Tribunal Pleno. Ministro Relator Roberto Barroso. Julgamento: 18/05/2016.

8. MEDIDA CAUTELAR EM MANDADO DE SEGURANÇA - MS 33193 MC / DF. Relatora Ministra Rosa Weber. Julgamento em 30/10/2014. No caso concreto, o Poder Executivo Federal houvera suprimido em 95% o valor da proposta enviada pela Defensoria Pública da União.

9. Tribunal Pleno. Relator Ministro Luiz Fux. Julgamento: 18/05/2016.

10. Na ADPF, questiona-se ato do governador e do secretário de estado e gestão e planejamento, que deixaram de incluir a proposta orçamentária da Defensoria Pública estadual no Projeto de Lei Orçamentária de 2017, cortando em mais de sessenta por cento o valor inicialmente apresentado pela instituição.

4.2. Organização e funcionamento da Defensoria Pública

A questão concernente à proposta orçamentária revelou a necessidade e a oportunidade de a corte constitucional se manifestar sobre a organização da Defensoria Pública após a autonomia.

A autonomia funcional e administrativa conferida à Defensoria Pública visa claramente permitir que atue livre de quaisquer ingerências indevidas. Não haveria sentido, portanto, que a instituição permanecesse inserida como componente integrante de alguma secretaria ou ministério do governo, numa relação de dependência e subordinação, como tradicionalmente ocorre com os órgãos públicos não autônomos. É o caso, por exemplo, em âmbito federal, do Ministério da Justiça, em cujo organograma organizacional inseria-se a Defensoria Pública da União e inserem-se outros órgãos do sistema de justiça, como a Advocacia-Geral da União e a Polícia Federal. O mesmo se reflete no plano estadual, onde as secretarias fazem às vezes dos ministérios.

Nesse contexto, o Supremo Tribunal Federal foi instado a enfrentar a questão, reafirmado a inconstitucionalidade de medidas que representem a subordinação da Defensoria Pública ao Poder Executivo, por implicar violação à autonomia funcional e administrativa da instituição, como se deu na Ação Direta de Inconstitucionalidade - ADI nº 3965/MG[11], onde se fez necessário (re)afirmar que "A Defensoria Pública dos Estados tem autonomia funcional e administrativa, incabível relação de subordinação a qualquer Secretaria de Estado"[12]. No mesmo sentido, afirmou-se que "qualquer medida normativa que suprima essa autonomia da Defensoria Pública, vinculando-a a outros Poderes, em especial ao Executivo, implicará violação à Constituição Federal"[13] e que, em razão de expressa autonomia funcional e administrativa, além da iniciativa para a propositura de seus orçamentos (art. 134, § 2º), é "inconstitucional a norma local que estabelece a vinculação da Defensoria Pública a Secretaria de Estado"[14].

---

11. Tribunal Pleno, Relatora Ministra Cármen Lúcia, DJ de 30/3/12.

12. A ação dizia respeito à Defensoria Pública do Estado de Minas Gerais. Por isso a menção às "Defensorias Públicas dos Estados". Demais disso, a ação foi julgada antes do advento da EC 74/2013.
     Precedentes: ADI nº 4056/MA, Tribunal Pleno, Relator o Ministro Ricardo Lewandowski, DJ de 1/8/12; ADI nº 3569/PE, Tribunal Pleno, Relator o Ministro Sepúlveda Pertence, DJ de 11/5/07; ADPF 307 MC-Ref / DF, Tribunal Pleno, Relator Ministro Dias Tofoli, julgamento em 19/12/2013.

13. ADI nº 4056/MA, Tribunal Pleno, Relator o Ministro Ricardo Lewandowski, DJ de 1/8/12.

14. ADI nº 3569/PE, Tribunal Pleno, Relator o Ministro Sepúlveda Pertence, DJ de 11/5/07.

Nesse mesmo contexto, decidiu a corte, conforme se lê no trecho da ementa da ADI 5286/AP[15], que "lei estadual que atribui competência ao Governador de Estado de nomear ocupantes de cargos administrativos na estrutura de Defensoria Pública Estadual (Subdefensor Público-Geral, Ouvidor-Geral, Corregedor-Geral, Defensor Público-Chefe etc) viola a autonomia administrativa da Defensoria Púbica" (art. 134 e parágrafos da CRFB/88), "bem como as normas gerais estabelecidas pela União na Lei Complementar nº 80/1994 pelo exercício de competência legislativa concorrente (art. 24, XIII, e §§ 1º e 2º, da CRFB/88)".

4.3. Observância de prazo para o repasse de recursos na forma de duodécimos

A Constituição Federal brasileira estabelece regra quanto ao repasse de recursos mensais pelo Poder Executivo aos demais Poderes e aos órgãos autônomos. Conforme previsto no artigo 168 os recursos correspondentes às dotações orçamentárias destinados aos órgãos dos Poderes Legislativo e Judiciário, do Ministério Público e da Defensoria Pública, ser-lhes-ão entregues até o dia 20 de cada mês, em duodécimos. Assim, nada obstante o orçamento seja repassado de forma fracionada durante o ano legislativo (em duodécimo), há limite de prazo mensal para tanto.

Apesar da clareza da previsão, não é incomum que, na prática, se verifique a indevida retenção do repasse das verbas devidas, prática que revela flagrante violação aos preceitos fundamentais constantes na Constituição Federal.

A questão chegou ao Supremo Tribunal Federal em caso envolvendo o Estado do Piauí, por meio da ADPF 339[16]. Como se esperava, a Corte, invocando o artigo constitucional supramencionado, julgou procedente a ação, fixando a seguinte tese:

> "É dever constitucional do Poder Executivo o repasse, sob a forma de duodécimos e até o dia 20 de cada mês (art. 168 da CRFB/88), da integralidade dos recursos orçamentários destinados a outros Poderes e órgãos constitucionalmente autônomos, como o Ministério Público e a Defensoria Pública, conforme previsão da respectiva Lei Orçamentária Anual".

Isto por que "o repasse dos recursos correspondentes destinados à Defensoria Pública, ao Poder Judiciário, ao Poder Legislativo e ao Mi-

---

15. Tribunal Pleno, Relator Ministro Luiz Fux, julgamento: 18/05/2016.

16. ADPF 339 / PI – PIAUÍ. ARGUIÇÃO DE DESCUMPRIMENTO DE PRECEITO FUNDAMENTAL. Relator Ministro Luiz Fux. Julgamento: 18/05/2016. Órgão Julgador: Tribunal Pleno.

Cap. 7 • A AUTONOMIA DA DEFENSORIA PÚBLICA E O SUPREMO TRIBUNAL FEDERAL

nistério Público sob a forma de duodécimos e até o dia 20 de cada mês (art. 168 da CRFB/88) é imposição constitucional; atuando o Executivo apenas como órgão arrecadador dos recursos orçamentários, os quais, todavia, a ele não pertencem. 3. O repasse dos duodécimos das verbas orçamentárias destinadas ao Poder Legislativo, ao Poder Judiciário, ao Ministério Público e à Defensoria Pública quando retidos pelo Governado do Estado constitui prática indevida em flagrante violação aos preceitos fundamentais esculpidos na CRFB/88" (trecho da ementa da ADPF 339 / PI - PIAUÍ).

4.4. Lotação dos Defensores Públicos e locais de instalação das unidades da Defensoria Pública

Em razão do insuficiente orçamento que lhe é destinado, a Defensoria Pública ainda não consegue estar em todas as comarcas e subseções judiciárias do país. Tal situação deixa desequilibrada a balança da Justiça, pois em diversos locais há quem julgue, quem acuse, mas não há quem defenda.

Certo é que a assistência jurídica gratuita é direito fundamental de todo cidadão brasileiro ou estrangeiro que se encontre no Brasil, independente do específico local que se encontre no território nacional, desde que necessitados. A "solução" encontrada para a questão, assim, muitas vezes, tem sido o ajuizamento de ações judiciais em face da Defensoria Pública visando determinar a lotação de um Defensor Público ou a instalação de núcleo em locais que ainda não contam com a presença da instituição.

Tal saída tem se mostrado equivocada pois, em razão da limitação orçamentária já mencionada, no máximo, o processo ocasionará o deslocamento da instituição para determinada localidade, fazendo com que deixe de atuar em outra. É que, em razão do limitado número de Defensores Públicos e de estrutura, para que possa atuar em determinados locais, será necessário deixar de atuar em outros. Em suma: a questão é orçamentária, não decorrendo da mera vontade da instituição, a qual, frise-se, deve ter todo o interesse em expandir seu espectro de atuação. Demais disso, ingerir em tal aspecto significa se imiscuir na administração institucional, o que acaba por violar a autonomia administrativa constitucionalmente prevista.

A resistência por parte do governo, evidenciada pela limitação orçamentária anual, é tanta, que a foi necessário alterar o Ato das Disposições Constitucionais Transitórias para prever que "no prazo de oito

205

anos, a União, os Estados e o Distrito Federal deverão contar com defensores públicos em todas as unidades jurisdicionais" (Art. 98). Contudo, decorrido bom tempo desde o advento da previsão, que foi inserida pela Emenda Constitucional 80 de 2014, pouco se viu de concreto com vistas a alcançar tal mister, apesar dos esforços das Defensorias Públicas nos respectivos Estados e na União. Enquanto o programa constitucional não se perfaz, cabe à própria instituição, numa verdadeira escolha trágica, definir os locais de lotação de seus membros, dentro dos limites fáticos impostos.

A situação foi enfrentada pelo Supremo Tribunal Federal, o qual assegurou a autonomia da Defensoria Pública na definição das localidades em que os Defensores Públicos serão lotados. Nesse sentido se deu a decisão proferida, por meio do presidente da corte, na Suspensão de Tutela Antecipada (STA) 800. Situação similar já houvera ocorrido quando do ajuizamento da STA 183/RS.

Conforme consta no julgado (STA 800):

> "Na hipótese em apreço, encontra-se devidamente demonstrada a matéria constitucional em debate: ofensa à autonomia da Defensoria Pública da União para decidir onde deve lotar os defensores públicos federais, nos temos do art. 134 da Constituição Federal. Nesse sentido, a decisão atacada impôs a lotação de um defensor público federal na Subseção Judiciária de Cruz Alta/RS, interferindo em atribuição exclusiva da DPU para lotar o reduzido número de defensores públicos federais". As mesmas razões se aplicam às Defensorias Públicas Estaduais. Sendo assim, também ofende a autonomia da instituição a sentença que impõe a lotação de Defensor Público em determinada localidade, atribuição que se encontra dentro do seu juízo discricionário de conveniência e oportunidade"[17].

4.5. Iniciativa de leis sobre temas afetos à Defensoria Pública

O final do artigo 134 da Constituição Federal de 1988 determina a aplicabilidade, à Defensoria Pública, do disposto no artigo 93 e no inciso II do artigo 96, que tratam da iniciativa privativa do Supremo Tribunal Federal, dos Tribunais Superiores e dos Tribunais de Justiça quanto às leis que versem sobre os temas que dispõem[18].

---

17. No curso do processo, foi requerida pela Defensoria Pública do Estado do Ceará e deferida a extensão da suspensão, nos termos do art. 4º, parágrafo 8º, da Lei 8.437/92, contra decisões liminares da Justiça Estadual daquele Estado, para garantir a competência da privativa da respectiva Defensoria Pública para decidir onde lotar os seus defensores públicos.

18. Art. 134. § 4º São princípios institucionais da Defensoria Pública a unidade, a indivisibilidade e a independência funcional, aplicando-se também, no que couber, o disposto no art. 93

Realizando-se uma leitura conjunta é fácil concluir que, ao remeter aos artigos 93 e 96, II da Constituição Federal, o constituinte disciplinou a iniciativa de leis concernentes à Defensoria Pública, determinando a aplicação das mesmas regras que regulam o tema para a magistratura.

A expressão *"no que couber"*, constante na redação do artigo 134, §4º, revela que o interprete deve ler as disposições constantes nos artigos 93 e 96, II realizando as devidas adaptações à Defensoria Pública, bastando, para isso, substituir, por simetria, a referência ao órgão máximo do Poder Judiciário pelo órgão de maior estatura na Defensoria Pública. Dessa forma, onde consta Supremo Tribunal Federal, leia-se Defensor Público-Geral.

Destarte, temos que o artigo 93 reserva ao órgão máximo da Defensoria Pública (o Defensor Público-Geral) a iniciativa sobre o Estatuto da Defensoria Pública, hoje consubstanciado na Lei Complementar 80 de 1994 e nas leis estaduais que regulem a organização específica da respectiva Defensoria Pública.

Do mesmo modo, o artigo 96, II estabelece competência *privativa* ao Defensor Público-Geral para propor, ao respectivo Poder Legislativo, leis que tratem dos temas que lá constam, como a criação e a extinção de cargos, a remuneração de servidores, bem como a fixação do subsídio dos defensores públicos[19].

A leitura da atual redação do texto constitucional é passível de gerar confusão quando o leitor se depara com o disposto no artigo 61, §1º, "d" da Constituição Federal, que dispõe sobre a iniciativa privativa do Presidente da República[20]. Mas, afinal, a iniciativa legislativa seria da Presidência da República (Art. 61) ou da Defensoria Pública (Artigos 93 e 96,

---

e no inciso II do art. 96 desta Constituição Federal.

19. Conforme anota Carlos Eduardo Paz: "a expressão 'no que couber' contida no parágrafo 4º do artigo 134 da Constituição Federal com redação dada pela EC 80/2014 deve ser entendida como 'no que for possível' aplicar, feitas as devidas adaptações" (...) um exemplo de dispositivo cuja aplicação ao nosso ver não é possível na Defensoria Pública e portanto deve ser afastado por força da expressão 'no que couber', constante no parágrafo 4º do artigo 134, é o inciso XI do artigo 93" (*A evolução do regime jurídico constitucional da Defensoria Pública.* Consultor Jurídico. Disponível em: http://www.conjur.com.br/2016-set-13/carlos-paz-evolucao-regime-juridico-constitucional-defensoria. Acesso em 13.09.2016).

20. Art. 61. § 1º São de iniciativa privativa do Presidente da República as leis que:

II - disponham sobre:

a) criação de cargos, funções ou empregos públicos na administração direta e autárquica ou aumento de sua remuneração;

II)? A resposta encontra-se na origem do parágrafo 4º do artigo 134, que faz remissão às regras concernentes à magistratura e que foi incluído no texto da Constituição pela Emenda Constitucional 80/2014. Surgem duas possibilidades: (1) a partir da EC a competência passou a ser concorrente entre a Presidência da República e o Defensor Público-Geral; (2) pelo critério cronológico, com o advento do mencionado parágrafo, restou derrogado tacitamente o artigo 61 da Constituição Federal.

No mínimo, seria forçoso reconhecer como concorrente o poder de iniciativa do Defensor Público-Geral e do Presidente da República (primeira opção), sob pena de esvaziamento do texto do parágrafo 4º do artigo 134, quando remete ao artigo 93 da Carta. Esta vem sendo a opção, inclusive, apontada pela doutrina para o caso do Ministério Público, já que, de forma similar ao que ocorre com a Defensoria, o texto constitucional prevê a iniciativa privativa do Presidente da República para leis que disponham sobre a organização do *Parquet* (art. 61, § 1º, II, "d") e, paradoxalmente, a competência dos Procuradores-Gerais para a deflagração do processo legislativo nesse tema (art. 128, § 5º). Considerando que os dois dispositivos foram trazidos no mesmo momento, já na redação original da Constituição Federal, não se mostra possível a aplicação do critério cronológico, motivo pelo qual se tem entendido pela competência concorrente no âmbito do Ministério Público[21].

Entendo, todavia, que a segunda opção é mais consentânea e harmônica ao texto e ao espírito da Constituição Federal. Incialmente, em razão do já mencionado critério cronológico. Demais disso, uma interpretação teleológica revela a necessidade de promover a autonomia da instituição, essencial à função jurisdicional, mas que sofre diuturnamente com clara tendência dos governos de não priorizar a atuação institucional.

Dessa forma, a iniciativa legislativa para tratar de temas afetos à sua organização consubstancia requisito essencial à autonomia da Defensoria Pública, concedendo *máxima efetividade* ao direito fundamental à assistência jurídica integral e gratuita e à promoção dos direitos humanos

---

d) organização do Ministério Público e da Defensoria Pública da União, bem como normas gerais para a organização do Ministério Público e da Defensoria Pública dos Estados, do Distrito Federal e dos Territórios;

21. Nesse sentido: SARMENTO, Daniel. Parecer: *Dimensões Constitucionais da Defensoria Pública da União*. p. 40 e seguintes. Disponível em: <http://www.anadef.org.br/images/Parecer_ANADEF_CERTO.pdf. Acessado no dia 07/09/2016>; e Lenio Luiz Streck e Marcelo Andrade Cattoni de Oliveira. *Art. 61*. In: J. J. Gomes Canotilho; Gilmar Ferreira Mendes; Ingo Wolfgang Sarlet; Lenio Luiz Streck. *Comentários à Constituição do Brasil*. São Paulo: Saraiva, Almedina, 2013. p. 1143.

Cap. 7 • A AUTONOMIA DA DEFENSORIA PÚBLICA E O SUPREMO TRIBUNAL FEDERAL

(Art. 5º, LXXIV e 134 da CF), na linha da vontade do constituinte evidenciada pelas Emendas Constitucionais 45, 74 e 80.

Assim, a iniciativa de leis que disponham sobre organização da Defensoria Pública da União, bem como normas gerais para a organização da Defensoria Pública dos Estados, do Distrito Federal e dos Territórios passou a ser privativa do Defensor Público-Geral Federal (consoante artigos 134, parágrafos 1º e 4º combinado com 93, *caput* e 24, XIII da CF).

Simetricamente, as leis estaduais, nos respectivos estados, que regulem a organização específica (normas não gerais) da respectiva Defensoria Pública, são de iniciativa exclusiva do Defensor Público-Geral estadual. Conforme decisão tomada na Medida Cautelar na Ação Direta de Inconstitucionalidade 5217:

> *"dever-se-ia observar o comando constitucional que estabelece ser iniciativa privativa do Defensor Público Geral do estado projetos de leis relativos a questões específicas, uma vez que tal situação objetiva assegurar as prerrogativas da autonomia e do autogoverno da Instituição. A ofensa à garantia da iniciativa do processo legislativo privativo denota evidente vício, que, por consequência lógica, é causa de inconstitucionalidade formal"*[22].

No que concerne aos temas constantes no artigo 96, II, a iniciativa privativa do chefe da Defensoria Pública é ainda mais patente. Assim, o Defensor Público-Geral Federal dispõe de iniciativa privativa para projetos de leis que tratem sobre a alteração do número de membros da Defensoria Pública da União, a criação e a extinção de cargos e a remuneração dos Defensores Públicos Federais e dos servidores, possuindo os Defensores-Gerais dos estados a mesma iniciativa privativa, no plano do processo legislativo estadual. Nesse sentido:

> *"A autonomia financeira e orçamentária das Defensorias Públicas Estaduais e a expressa menção pelo art. 134, § 4º, ao art. 96, II, todos da CRFB/88, fundamentam constitucionalmente a iniciativa do Defensor--Público Geral dos Estados na proposição da lei que fixa os subsídios dos membros da carreira"*[23].

Trata-se de exceção à regra do artigo 61, §1º, II, "a" da Constituição, que atribui iniciativa privativa ao Presidente da República para leis disponham sobre a criação de cargos, funções ou empregos públicos na adminis-

---

22. ADI 5217 MC / DF - DISTRITO FEDERAL. MEDIDA CAUTELAR NA AÇÃO DIRETA DE INCONSTITUCIONALIDADE. Relator Ministro Celso de Mello. Julgamento 22/01/2015.

23. Trecho da ementa da Ação Direta de Inconstitucionalidade - ADI 5286 / AP. AÇÃO DIRETA DE INCONSTITUCIONALIDADE. Relator Ministro Luiz Fux. Julgamento: 18/05/2016. Órgão Julgador: Tribunal Pleno.

tração direta e autárquica ou aumento de sua remuneração, já que o artigo 96, II revele regra especial (aplicável ao Poder Judiciário e, após a Emenda Constitucional 80, à Defensoria Pública) em relação à regra geral contida no artigo 61, resolvendo-se a questão, também, pelo critério da especialidade, preservando-se a harmonia e a unidade do texto constitucional.

4.6. Legitimidade para o ajuizamento de ações civis públicas

A quem interessa enfraquecer a Defensoria Pública? Tal questionamento foi feito pelo Ministro Celso de Melo durante o julgamento da ADI 3943, que (re)afirmou a legitimidade da Defensoria Pública para o manejo de Ações Civis Públicas.

Com o advento da Lei nº 11.448/07 restou alterada a lei que disciplina a Ação Civil Pública (Lei 7.347/85), incluindo-se a Defensoria Pública no rol de legitimados para o ajuizamento da ACP[24]. Em face da previsão, foi ajuizada a Ação Direita de Inconstitucionalidade 3943.

Em 2009, com a alteração promovida pela Lei Complementar nº 132, a Lei Orgânica Nacional da Defensoria Pública – LONDP (LC 80/1994) passou a expressar, em seu texto, a Defensoria Pública como instituição permanente, essencial à função jurisdicional do Estado, incumbindo-lhe, como expressão e instrumento do regime democrático, fundamentalmente, a orientação jurídica, a promoção dos direitos humanos e a defesa, em todos os graus, judicial e extrajudicial, *dos direitos individuais e coletivos* (artigo 1º), incluindo, dentre seus objetivos, a primazia da dignidade da pessoa humana, a redução das desigualdades sociais e a prevalência e efetividade dos direitos humanos (artigo 3º-A). Demais disso, dentre as funções institucionais da Defensoria Pública, destacou-se a de "promover ação civil pública e todas as espécies de ações capazes de propiciar a adequada tutela dos direitos difusos, coletivos ou individuais homogêneos quando o resultado da demanda puder beneficiar grupo de pessoas hipossuficientes" e a de "promover a mais ampla defesa dos direitos fundamentais dos necessitados, abrangendo seus direitos individuais, coletivos, sociais, econômicos, culturais e ambientais, sendo admissíveis todas as espécies de ações capazes de propiciar sua adequada e efetiva tutela", consoante prevê expressamente os incisos VII e X do artigo 4º da LONDP.

Posteriormente, a legitimação para atuação coletiva restou constitucionalizada pela Emenda Constitucional nº 80 de 2014, que alterou o

---

24. Art. 5º Têm legitimidade para propor a ação principal e a ação cautelar: II - a Defensoria Pública.

Cap. 7 • A AUTONOMIA DA DEFENSORIA PÚBLICA E O SUPREMO TRIBUNAL FEDERAL

artigo 134 do texto constitucional trazendo para a Constituição Federal o que já constava no artigo 3º-A da Lei Complementar 80 de 1994.

Em 2015 o Supremo Tribunal Federal julgou a Ação Direita de Inconstitucionalidade 3943. Referida ADI houvera sido ajuizada pela Associação Nacional dos Membros do Ministério Público em 2007, arguindo a constitucionalidade da previsão que inseriu de forma expressa na lei a legitimidade da Defensoria Pública para o manejo de Ações Civis Públicas (e, por via de consequência, de outras espécies de ações coletivas).

A ação foi julgada improcedente, por unanimidade, confirmando-se a constitucionalidade da previsão legal, que, à época da decisão, já restara, como visto, constitucionalizada pela nova redação do artigo 134 da Constituição Federal. Vejamos ementa do julgado:

> *"AÇÃO DIRETA DE INCONSTITUCIONALIDADE. LEGITIMIDADE ATIVA DA DEFENSORIA PÚBLICA PARA AJUIZAR AÇÃO CIVIL PÚBLICA (ART. 5º, INC. II, DA LEI N. 7.347/1985, ALTERADO PELO ART. 2º DA LEI N. 11.448/2007). TUTELA DE INTERESSES TRANSINDIVIDUAIS (COLETIVOS STRITO SENSU E DIFUSOS) E INDIVIDUAIS HOMOGÊNEOS. DEFENSORIA PÚBLICA: INSTITUIÇÃO ESSENCIAL À FUNÇÃO JURISDICIONAL. ACESSO À JUSTIÇA. NECESSITADO: DEFINIÇÃO SEGUNDO PRINCÍPIOS HERMENÊUTICOS GARANTIDORES DA FORÇA NORMATIVA DA CONSTITUIÇÃO E DA MÁXIMA EFETIVIDADE DAS NORMAS CONSTITUCIONAIS: ART. 5º, INCS. XXXV, LXIV, LXXVIII, DA CONSTITUIÇÃO DA REPÚBLICA. INEXISTÊNCIA DE NORMA DE EXCLUSIVIDADE DO MINISTÉRIO PÚBLICO PARA AJUIZAMENTO DE AÇÃO CIVIL PÚBLICA. AUSÊNCIA DE PREJUÍZO INSTITUCIONAL DO MINISTÉRIO PÚBLICO PELO RECONHECIMENTO DA LEGITIMIDADE DA DEFENSORIA PÚBLICA. AÇÃO JULGADA IMPROCEDENTE"*[25],[26]

Interessante notar que a legitimidade dos demais entes previstos no artigo 5º da Lei 7.347/85, como os entes federados (União, Estados e Municípios), as autarquias, empresa públicas, fundações, sociedades de economia mista e associações, não foi contestada pela autora da ADI.

4.7. Representação da Defensoria Pública pelo Defensor Público-Geral

O artigo 8º, inciso II, da Lei Complementar 80/94 (Lei Orgânica Nacional da Defensoria Pública – LONDP) prevê que cabe ao Defensor Público-Geral, dentre outras atribuições, representar a Defensoria Pú-

---

25. ADI 3943 / DF. AÇÃO DIRETA DE INCONSTITUCIONALIDADE. Relatora Ministra Cármen Lúcia. Julgamento: 07/05/2015. Órgão Julgador: Tribunal Pleno.

26. Não satisfeita, a CONAMP apresentou Embargos de Declaração em 12/08/2015, ainda pendentes de julgamento.

211

blica da União judicial e extrajudicialmente. A obviedade da previsão não impediu que fosse objeto de Ação Direta de Inconstitucionalidade – ADI 5603[27], alegando-se violação aos artigos 131, *caput*, e 134, §1º da Constituição Federal, que estabelecem caber à Advocacia-Geral da União representar a União, judicial e extrajudicialmente.

Argumenta-se que se tratando as Defensorias Públicas de entidades desprovidas de personalidade jurídica (ou seja, tendo natureza de órgãos), a Defensoria Pública da União, que integra a União, não pode atuar em juízo sem intervenção da Advocacia-Geral da União. O artigo da lei complementar, portanto, estaria a atribuir a pessoa estranha ao quadro de Advocacia de Estado o exercício, intransferível e indisponível, das funções de representação judicial de unidade federada. Além disso, alega-se que a representação judicial por meio do chefe da instituição representaria o exercício da advocacia, o que é vedado pelo artigo 134, parágrafo 1º da Constituição Federal[28].

Sobre o mérito, alguns pontos merecem ser explanados. Inicialmente, importante observar que apesar de a Defensoria Pública não deter personalidade jurídica, ostenta personalidade judiciária. Reconhecendo a personalidade judiciária da Defensoria Pública:

> "Considerando a personalidade judiciária de que se reveste a Defensoria Pública da União para a defesa de suas prerrogativas institucionais, entendo que detém *legitimatio ad causam* ativa para a presente impetração"[29].

> "Tal legitimidade existe quando o órgão despersonalizado, por não dispor de meios extrajudiciais eficazes para garantir seus direitos-função contra outra instância de Poder do Estado, necessita da tutela jurisdicional"[30].

No caso da Defensoria Pública, como se observa por meio dos próprios exemplos trazidos neste texto, o litígio ocorre, no mais das vezes, contra o próprio Poder Executivo (a União, no plano federal) ou em face do Ministério Público ou da própria Advocacia-Geral. Os conflitos também ocorrem de forma inversa, tendo a Defensoria Pública da União,

---

27. Ajuizada pela Associação Nacional dos Advogados da União – ANAUNI.

28. O pedido final da ação requer que seja "declarada a inconstitucionalidade do art. 8º, inciso II, da LC n. 80/1994, seja afastada, em qualquer hipótese, a possibilidade de o Defensor Público-Geral da União representar judicial ou extrajudicialmente a Defensoria Pública da União".

29. STF. MS 33193 MC / DF. MEDIDA CAUTELAR EM MANDADO DE SEGURANÇA. Min. ROSA WEBER. Julgamento: 30/10/2014. No mesmo sentido: STF. STA 800.

30. RE 595.176-AgR/DF, Rel. Min. Joaquim Barbosa.

Cap. 7 • A AUTONOMIA DA DEFENSORIA PÚBLICA E O SUPREMO TRIBUNAL FEDERAL

representada pelo Defensor Público-Geral, que ajuizar a ação, quando, por exemplo, ocorrem cortes promovidos pelo Poder Executivo na sua proposta orçamentária.

Quanto à capacidade postulatória (de qualquer Defensor Público, inclusive do Defensor Público-Geral Federal), esta decorre diretamente da Constituição Federal e da própria lei complementar 80 (Art. 4º, §6º), motivo pelo qual não há que se confundir o exercício das atribuições funcionais com o exercício da advocacia[31]. Aliás, o Defensor Público-Geral Federal não apenas representa a Defensoria Pública da União como, ainda, atua perante o Supremo Tribunal Federal (art. 23, LC 80/94).

Mais duas observações são pertinentes: há dispositivo similar ao atacado, na Lei Complementar n. 75/1993, que estabelece competir ao Procurador-Geral da República representar o Ministério Público[32]. Nada obstante, a associação autora da ADI jamais o contestou. Sobre o tema, escreveu Fredie Didier:

> "O fato de o Ministério Público não possuir personalidade jurídica (na acepção tradicional) em nada interfere nesse particular. É inegável que ele possui personalidade judiciária e, principalmente, que se trata de ente com esfera e patrimônio jurídico próprios, o que o torna sujeito de direitos.
>
> Quando vai a juízo na defesa de situações jurídicas por ele titularizadas, como é o caso, a sua legitimação é ordinária. Sim, ordinária: nem sempre a atuação do MP dá-se na condição de legitimado extraordinário, como se supõe indevidamente. Esse é o primeiro ponto a ser destacado no julgamento em questão.
>
> O Ministério Público possui autonomia que lhe confere direitos e obrigações, decorrendo daí a capacidade postulatória em caso de ameaça ou violação de sua esfera jurídica.
>
> (...)
>
> Assim, pode o Ministério Público ajuizar ação visando, por exemplo, à salvaguarda do princípio da independência funcional, da autonomia administrativa ou do poder de requisição, como, aliás, já reconheceu o Superior Tribunal de Justiça (MS 5.370/DF).
>
> (...)
>
> Essa afirmação, a nosso ver, não comporta contraposição séria quando se refere à defesa de direitos individuais indisponíveis, sociais e às

---

31. Nesse sentido: RECURSO EM HABEAS CORPUS Nº 61.848 – PA. STJ. Quinta Turma. Min. Felix Fisher. Julgado em 04/08/2016.

32. Art. 26. São atribuições do Procurador-Geral da República, como Chefe do Ministério Público da União: I - representar a instituição; Art. 49. São atribuições do Procurador-Geral da República, como Chefe do Ministério Público Federal: I - representar o Ministério Público Federal.

prerrogativas institucionais. Entretanto, por ser o Ministério Público um ente dotado de autonomia administrativa, há uma gama de direitos e obrigações atrelados à Instituição que são dissociados tanto de suas atividades finalísticas quanto de suas prerrogativas, o que certamente ensejará peculiaridades processuais outras que escapam à finalidade deste texto, cujo propósito é apenas o de afirmar o acerto teórico de uma decisão do Supremo Tribunal Federal".[33]

A autonomia institucional conferida à Defensoria Pública veio reforçar esse entendimento, que também se aplica à instituição.

Outro ponto interessante de se observar é que o dispositivo objeto da ADI em comento (Art. 8º, II da LC 80) encontra-se previsto na referida lei complementar desde o seu nascedouro, ou seja, desde o ano de 1994, só vindo a ser contestado mais de duas décadas depois. Apesar disso, a autora da ação requereu a concessão de medida cautelar visando suspender a aplicação do dispositivo, a qual restou indeferida.

Na decisão, o Ministro Relator reputou que "um fator juridicamente relevante consistente na circunstância de a Lei Complementar nº 80 estar em vigor desde 13/01/1994, vale dizer, o dispositivo legal ora impugnado ingressou, em nosso sistema de direito positivo, há mais de 22 (vinte e dois) anos, o que faz incidir, no caso, diretriz jurisprudencial que o Supremo Tribunal Federal firmou a propósito do tema", de forma que "o tardio ajuizamento da ação direta de inconstitucionalidade, quando já decorrido lapso temporal considerável desde a edição do ato normativo impugnado, desautoriza o reconhecimento de situação alegadamente configuradora do "periculum in mora", o que inviabilizaria, em tese, a concessão da medida cautelar postulada"[34].

Demais a mais, adotou-se o rito procedimento abreviado previsto no art. 12 da Lei nº 9.868/99, motivo pelo qual aguarde-se que a questão seja decidida com brevidade.

4.8. O ataque direto à autonomia da Defensoria Pública

A autonomia institucional, por fim, incomodou o Poder Executivo Federal, a ponto vir a ajuizar Ação Direta de Inconstitucionalidade (ADI

---

33. DIDIER, Fredie. Editorial 159: *O Ministério Público como legitimado ordinário e sua capacidade postulatória*. Disponível em: http://www.frediedidier.com.br/editorial/editorial-159/. Acesso em: 18.12.2016.

34. ADI 1.185-MC/DF, Rel. Min. SEPÚLVEDA PERTENCE; ADI 1.561-MC/SC, Rel. Min. SYDNEY SANCHES; ADI 1.923-MC/DF, Red. p/ o acórdão Min. EROS GRAU; ADI 1.935-MC/RO , Rel. Min. MARCO AURÉLIO; ADI 2.674-MC-AgR/PI, Rel. Min. CELSO DE MELLO.

5296) contra a autonomia conferida à Defensoria Pública da União pela Emenda Constitucional 74 de 2013 (com o claro propósito de atingir, reflexamente, também a autonomia das Defensorias Públicas Estaduais).

Na ação, ajuizada pela presidência da República, sob orientação do Advogado-Geral da União, também signatário da peça, sustenta-se que a emenda supramencionada, de iniciativa parlamentar, teria vício de iniciativa, na medida em que somente o chefe do Poder Executivo poderia propor tal alteração, por tratar do regime jurídico de servidores públicos, afrontando, por consequência, a separação dos poderes. A tese, portanto, é a de que a autorização constitucional dada às Casas Legislativas para a iniciativa de proposição de emenda constitucional constante no artigo 60, I, da Constituição da República não alcança matéria contemplada no seu artigo 61, § 1º, II, "c", pela necessária leitura conjunta desses preceitos. Em suma, alega-se inconstitucionalidade formal da emenda, por vício de iniciativa.

Acerca da argumentação exposta na ADI é possível afirmar que o redator da petição inicial confunde a autonomia da instituição com o regime jurídico de seus servidores. Demais disso, utiliza-se de precedentes da Corte inaplicáveis ao caso, pois os julgados trazidos versam sobre usurpação de reserva de iniciativa para emendas às Constituições Estaduais (poder constituinte derivado decorrente, e não ao poder constituinte derivado reformador). Por fim, não há identidade entre o rol dos legitimados para a propositura de emenda à Constituição (art. 60, I a III) e o dos atores aos quais é reservada a iniciativa legislativa sobre determinada matéria (a iniciativa privativa de leis sobre determinadas matérias é assegurada, no plano federal, ao Presidente da República - art. 61, § 1º -, ao Supremo Tribunal Federal - art. 93 e 96, II -, aos Tribunais Superiores - art. 96, II -, ao Procurador-Geral da República - arts. 127, § 2º, e 128, § 5º - e ao Defensor Público-Geral Federal - art. 134, §4º[35]).

A tese esposada na ADI, assim, caso acolhida, traria ainda outro problema, já que as matérias cuja iniciativa legislativa é reservada ao Supremo Tribunal Federal, aos Tribunais Superiores, ao Defensor Público-Geral Federal ou ao Procurador-Geral da República não poderiam ser objeto de emenda constitucional. Nenhum desses legitimados figura no rol do art. 60, de forma que não poderiam propor emenda sobre tais matérias.

---

35. Note-se que a iniciativa do Defensor Público-Geral Federal somente veio com a emenda constitucional 80 de 2014, posteriormente, portanto, à EC 74 de 2016. A ADI, todavia, só foi ajuizada no ano de 2015.

Interessante ainda notar que o suposto vício de iniciativa alegado também ocorreria em diversas outras emendas que modificaram a Constituição Federal, mas que por atingir outros (como até mesmo o Poder Judiciário) foram olvidadas pelo signatário da petição[36].

A ADI, ainda pendente de julgamento final[37], teve pedido de medida cautelar analisado pelos Ministros da Corte, os quais decidiram não ser, no plano federal, ao poder constituinte derivado, "extensível a cláusula de reserva de iniciativa do Chefe do Poder Executivo, prevista de modo expresso no art. 61, § 1º, apenas para o poder legislativo complementar e ordinário – poderes constituídos", assim como que "o conteúdo da Emenda Constitucional nº 74/2013 não se mostra assimilável às matérias do art. 61, § 1º, II, "c", da Constituição da República, considerado o seu objeto: a posição institucional da Defensoria Pública da União, e não o regime jurídico dos respectivos integrantes".

Observou, ainda, que "a concessão de autonomia às Defensorias Públicas da União, dos Estados e do Distrito Federal encontra respaldo nas melhores práticas recomendadas pela comunidade jurídica internacional e não se mostra incompatível, em si, com a ordem constitucional", já que, em sua natureza, as atribuições da instituição "não guardam vinculação direta à essência da atividade executiva"[38].

5. ENCERRAMENTO

A autonomia conferida à Defensoria Pública é essencial para o correto desempenho de suas atribuições. Apesar disso, não são poucos os ataques à instituição, que violam, em última análise, o direito fundamental à assistência jurídica integral e gratuita.

Em razão disso, ao Supremo Tribunal Federal chegam diversas ações envolvendo a temática. Como guardião da constituição, a Corte vê-se com a atribuição de resolver tais demandas, acabando por ser res-

---

36. Mais de sessenta emendas constitucionais tiveram origem em propostas de iniciativa parlamentar, dentre as quais vinte e quatro versam assuntos sobre os quais a edição de lei ordinária ou complementar está sujeita à reserva de iniciativa do Poder Executivo ou do Judiciário, conforme listou a ministra relatora em seu voto.

37. Já há, todavia, maioria de votos pelo indeferimento da ação, estando o julgamento suspenso em razão de pedido de vista.

38. Trechos em aspas retirados da ementa do julgado. ADI 5296 MC / DF. MEDIDA CAUTELAR NA AÇÃO DIRETA DE INCONSTITUCIONALIDADE. Relatora Ministra Rosa Weber. Julgamento: 18/05/2016. Órgão Julgador: Tribunal Pleno.

ponsável, em grande parte, pela definição da própria continuidade do serviço de assistência jurídica ao necessitado.

Os casos trazidos exemplificam situações nas quais a corte constitucional foi chamada a decidir questão afetas à da Defensoria Pública e, por consequência, ao acesso à Justiça, tendo, em todas elas, reafirmado e preservado à autonomia institucional. Tais questões são relevantes, pois revigoram e possibilitam o prosseguimento da expansão da assistência jurídica aos vulneráveis, contribuindo, em última análise, para a construção de uma sociedade mais justa e igualitária.

6. REFERÊNCIAS

ALVES, Cléber Franciso. *Justiça para todos!* Assistência jurídica gratuita nos estados unidos, na frança e no brasil. Rio de Janeiro: Lúmen Juris, 2006.

BONAVIDES, Paulo. *Curso de direito constitucional.* 10. ed. Brasil: Malheiros, 2000.

DIDIER, Fredie. Editorial 159: *O Ministério Público como legitimado ordinário e sua capacidade postulatória.* Disponível em: <http://www.frediedidier.com.br/editorial/editorial-159/>. Acesso em: 18.12.2016.

FENSTERSEIFER, Tiago. *Defensoria Pública, direitos fundamentais e ação civil pública.* São Paulo: Saraiva, 2015.

ESTEVES, Diogo; SILVA, Franklyn Roger Alves. *Princípios institucionais da Defensoria Pública.* Rio de Janeiro: Forense, 2014.

FILHO, Edilson Santana Gonçalves. Defensoria pública e a tutela coletiva de direitos. 1. ed. Salvador: JusPodvm, 2016.

GRINOVER, Ada Pellegrini. *Acesso à justiça e o Código de Defesa do Consumidor.* O processo em evolução. Rio de Janeiro: Forense Universitária, 1996.

LIMA, Frederico Viana de. *Defensoria Pública.* 3. ed. Salvador: JusPodvm, 2014.

MAIA, Maurílio Casas. *Autonomia: promessa do constituinte à Defensoria e um débito histórico quitado.* Disponível em: http://emporiododireito.com.br/autonomia-defensoria/. Acesso em 01.05.2015.

MAIA, Maurílio Casas. *Expressão e instrumento do regime democrático? 'Communitas', 'Vulnerabilis et Plebis' – Algumas dimensões da missão do Estado defensor".* Revista jurídica virtual Empório do Direito. Disponível em: <http://emporiododireito.com.br/expressao-e-instrumento-do-regime-democratico-communitas-vulnerabilis--et-plebis-algumas-dimensoes-da-missao-do-estado-defensor-por-maurilio-casas--maia/>. Acesso em 24.07.2016.

MENDES, Gilmar Ferreira; STRECK, Lenio Luiz; SARLET, Ingo Wolfgang; CANOTILHO, J. J. Gomes. (Corrds.). *Comentários à constituição do Brasil.* São Paulo: Saraiva/Almedina, 2013.

MONTESQUIEU, Charles Louis de Secondat. *O espírito das leis.* 4. ed. São Paulo: Martins Editora, 2005.

NETO, Cláudio Pereira de Souza. *Constitucionalidade da autonomia da Defensoria Pública da União.* Disponível em: http://congressoemfoco.uol.com.br/noticias/outrosdestaques/constitucionalidade-da-autonomia-da-defensoria-publica-da-uniao/. Acesso em 01.05.20163.

PAZ, Carlos Eduardo. *A evolução do regime jurídico constitucional da Defensoria Pública*. Consultor Jurídico. Disponível em: <http://www.conjur.com.br/2016-set-13/carlos-paz-evolucao-regime-juridico-constitucional-defensoria>. Acesso em 13.09.2016.

ROCHA, Amélia Soares da. *Defensoria Pública: fundamentos, organização e funcionamento*. São Paulo: Atlas, 2013.

ROCHA, Jorge Bheron. *O histórico do arcabouço normativo da Defensoria Pública: da assistência judiciária à assistência defensorial internacional*. In: ANTUNES, Maria João; SANTOS, Cláudia Cruz; AMARAL, Cláudio do Prado (Orgs). *Os novos atores da justiça penal*. Coimbra: Almedina, 2016.

SARMENTO, Daniel. *Dimensões constitucionais da defensoria pública da união*. Disponível em: <http://www.anadef.org.br/images/Parecer_ANADEF_CERTO.pdf>. Acesso em 25.10.2015.

SARMENTO, Daniel. *Direitos fundamentais e relações privadas*. Rio de Janeiro: Lúmen Júris, 2004.

SILVA, JOSÉ AFONSO. *Curso de direito constitucional positivo*. São Paulo: Malheiros, 2000.

CAPÍTULO 8

The Essence of equal Justice: Truly Independent Counsel for The Poor!

Earl Johnson Jr.

For centuries it has been recognized that the only thing that holds a society together in the long run is the social contract between government and its citizens. And a basic precept of that social contract is that law and the courts will offer equal justice to citizens from different economic and social classes. Outside the courtrooms their lives are very different—some live in mansions, others in hovels, and many in modest housing; some feast on lavish cuisine, others barely survive scavenging for leftovers, and many dine on ordinary foods; and, some enjoy yachts, foreign vacations, and an extravagant lifestyle, while others struggle to survive day to day and can only dream about a better life, and many of the rest must settle for an occasional restaurant dinner or brief vacation.

But when they enter the nation's courts all those citizens, from whatever class, must stand equal before the bar of justice. To do otherwise is to breach the social contract and invite lack of respect for the nation's laws and eventually encourage its disintegration. Those who are unable to enforce the laws that purport to protect them have no reason to obey the laws intended to restrain them. Lawlessness and disorder become the only option and a way of life for the many who no longer have faith in the justice system or the government that structured and supports that system.

And what does it take to provide that equal justice to all classes in a society, when millions cannot afford the lawyers absolutely essential to that goal? The obvious answer that countries of every ideology across the world have adopted is government-paid legal aid for those who can't afford their own.

Less obvious but equally essential is that the lawyer the government funds to represent a citizen must be fully independent of government control and influence. That lawyer must be the poor person's lawyer with absolute loyalty to that person's cause and best interests, not those of the government. To ensure that absolute loyalty to the client requires that the lawyer (or public defenders, when it is the case) enjoy administrative and financial independence from the Executive Branch of government. This need is easier to see when the lawyer is defending an accused in a criminal case, where the Executive Branch, in the form of the prosecutor, is on the other side of the courtroom. But it is equally true in civil cases. In many of those cases, the individual poor person is opposing other parts of the Executive Branch—a public housing administration, a social security department, or the like. But even when the poor person is arrayed against another private person or private entity—a wealthy individual, a business, a bank, a landlord, or the like--both the appearance and the reality of equal justice require the poor person's lawyer to be, and to be seen as, his or her lawyer, loyal to him or her alone, and not to the government that pays the lawyer's salary.

The essential complete separation of the legal aid lawyer (or public defenders, when it is the case) from the Executive Branch has been accomplished in different ways in different countries. After a few years as a part of the Federal government's Executive Branch, the United States decided it was essential to separate the nation's legal aid program from the control of that Branch. So it set up an independent non-profit corporation to take over the legal aid function, *a corporation empowered to submit its own budget request to the legislative branch*. That non-profit corporation, in turn, does not employ the lawyers who provide legal services to the poor. Rather, it makes grants to local non-profit corporations who hire the lawyers, set the priorities, and serve the clients. It is not an arrangement I would necessarily recommend to other countries, but it has worked quite well in the U.S.

Brazil has, especially in recent years, found an effective way of achieving the same goal through constitutional (Art. 134, §§ 2º and 3º) and legislative provisions that have begun to carve out a similar level of administrative and budgetary autonomy for the nation's Public Defenders. It would be a tragedy if that nation failed to follow through on that path or retreated in any way from the independence it provides to the public defenders expected to represent the country's many low income citizens. Poor people are entitled to expect the public defenders assigned to them are "their" lawyers, loyal without reservation to them and their interests, not those of the government or anyone who has influence with the government. When such expectations are met, equal justice is served and the social contract is intact. When such expectations are disappointed, justice is not equal and the social contract is threatened.

220

CAPÍTULO 9

A Essência do Acesso Igualitário à Justiça: Patronos verdadeiramente independentes para os pobres

Earl Johnson Jr.[1]
(Tradução de Cleber Francisco Alves)

---

1. Nota do tradutor (NT): O jurista Earl Johson Jr é um dos principais juristas norte-americanos que se dedica aos estudos de direito comparado sobre o tema do acesso à justiça para os pobres. Ele foi um dos primeiros diretores do "Legal Services Program", na década de 60, que estruturou nacionalmente os serviços de assistência jurídica gratuita, em casos não criminais, para os pobres, nos Estados Unidos. Na década de 70 foi um dos principais colaboradores do Prof. Mauro Cappelletti no "Projeto Florença", sendo um dos co-autores do primeiro livro publicado sob a égide desse projeto: *"Toward Equal Justice: a comparative study of legal aid in modern societies"*, no ano de 1975. Em 1981, participou de outra obra coletiva organizada por Mauro Cappelletti (ou seja, o livro *"Access to Justice and the Welfare State"*), no qual escreveu um dos capítulos centrais da obra, na qual, à moda de ficção científica, apresentou o que ele imaginava como sendo quatro cenários possíveis para o sistema judiciário norte-americano. O artigo, escrito no início da década dos anos oitenta do século passado, fazia "prognósticos" para o, então, longínquo século XXI. Num dos cenários que imaginou em seu trabalho, Johnson descreveu exatamente a possível criação de um "quarto" poder exatamente para cuidar da assistência jurídica aos pobres, com o intuito exatamente de resguardar a autonomia e independência desse serviço público. Eis o que disse, na época, o Dr. Johnson, repita-se, num ensaio de "futurologia", sem nenhum compromisso com a realidade: *"Only recently has the national legal service solved the major problem that has plagued it since its birth more than a decade ago – independence from real or imagined political domination. Less than a year ago, the United States Constitution was amended to create a fourth branch of government, the so-called advocacy branch. This branch is headed by a Chief Advocate who stands on a par with the President, the Chief Justice, and the Speaker of the House. Although the advocacy branch has other responsibilities and divisions, including providing citizen representation before legislatures, over 80 percent of its funds and more than two-thirds of its personnel are involved in the national legal service. The constitutional amendment that created the advocacy branch also provides a secure base of government funding not subject to legislative or executive interference."*(página186). De algum modo, o modelo brasileiro latente no Texto Constitucional de 1988, depois aperfeiçoado com as Emendas Constitucionais 45/2004, 74/2013 e 80/2014, transforma em realidade esse modelo esboçado no texto do Dr. Johnson. A obra mais recente do Dr. Johnson é o livro (em 03 volumes) *"To Establish Justice for All – The Past and Future of Civil Legal Aid in the United States"*, publicado no ano de 2014 (ver: <http://www.abc-clio.com/ABC-CLIOCorporate/product.aspx?pc=C6873C>).

Por séculos, tem sido reconhecido que a única coisa que mantém uma sociedade unida, a longo prazo, é o contrato social entre o governo e os seus cidadãos. E um princípio fundamental inerente a tal contrato social é que a Lei (isto é, o Direito) e os tribunais vão oferecer acesso igualitário à justiça para os cidadãos de diferentes classes econômicas e sociais. Fora dos tribunais suas vidas são muito diferentes: alguns vivem em mansões, outros em casebres, e muitos em modesta habitação; alguns se alimentam em luxuosos e refinados banquetes, outros mal conseguem sobreviver catando restos de comida no lixo, enquanto outros têm suas refeições cotidianas na simplicidade de alimentos comuns; alguns usufruem de seus iates, de viagens de férias ao exterior, esbanjando num modo de vida perdulário, enquanto outros lutam para sobreviver no dia-a-dia e podem apenas devanear com uma vida melhor, sendo que a maioria dos demais se contenta com a oportunidade ocasional de jantar fora, em um restaurante, ou com alguns poucos dias de férias.

Mas quando ingressam nos tribunais judiciários da nação, todos aqueles cidadãos, qualquer que seja sua classe, tem que ter uma posição de igualdade perante a Justiça. Do contrário estará sendo rompido o contrato social, o que induz ao total desrespeito ao ordenamento jurídico nacional e, eventualmente, fomenta sua desintegração. Aqueles que são incapazes de obter efetividade no cumprimento das leis que existem com o propósito de protegê-los não tem razão alguma para obedecer leis que apenas limitam sua liberdade. Anarquia/ilegalidade (ou, melhor, proscrição do regime da legalidade)[2] e desordem tornam-se única opção e modo de vida para a maioria dos cidadãos que já não terão mais fé no sistema de justiça ou no governo que estruturou e dá suporte a tal sistema.

E então, o que é necessário para assegurar essa justiça isonômica/igualitária para todas as classes numa sociedade, quando milhões não podem custear despesas com assistência e patrocínio jurídico, absolutamente essenciais para esse objetivo? A resposta óbvia que os países, qualquer que seja sua ideologia ao redor do mundo, adotaram é a assistência jurídica gratuita (*legal aid*) custeada pelo governo (ou seja, com recursos públicos) em favor daqueles que não podem pagar tais despesas com seus próprios recursos.

---

2. Nota do tradutor (NT): Para facilitar a contextualização e melhor compreensão do texto, foram inseridas algumas notas, entre parênteses, com intuito de melhor explicar certas expressões cuja tradução literal não seria suficiente para explicitar o sentido das palavras usadas pelo autor.

Menos óbvio, mas igualmente essencial, é que o advogado remunerado com recursos públicos para patrocinar os interesses de um cidadão em juízo seja totalmente independente do controle e de qualquer influência dos governantes. Tal advogado deve ser o defensor do cidadão carente, com absoluta lealdade à causa daquela pessoa e a seus melhores interesses, e não aos dos governantes. Para assegurar essa absoluta lealdade ao cliente exige-se que *o defensor desfrute de autonomia administrativa e independência financeira perante os que integram o Poder Executivo*. Esta necessidade é mais evidente quando o defensor está defendendo um acusado em um caso criminal, em que o Poder Executivo[3], através do promotor de justiça, está no lado adversário na sala de audiências. Mas é igualmente verdade em casos civis. Em muitos desses casos, a pessoa carente tem como adversário outros órgãos do governo vinculados ao Poder Executivo – o serviço público gestor de habitações populares, o serviço de seguridade ou previdência social, ou similares. Mas, ainda quando a pessoa pobre está litigando contra outra pessoa física ou entidade privada – por exemplo: uma pessoa muito rica, um empresário, um banco, um locador, ou algo semelhante – tanto a aparência quanto a efetiva igualdade perante a justiça exigem que o advogado/defensor da pessoa carente, seja não só efetivamente, mas que também transpareça ser, o "seu" advogado, leal ao cliente em si, e não aos governantes que pagam seu salário.

Esta fundamental separação completa do advogado/defensor que atua no serviço de assistência jurídica gratuita estatal (*legal aid*) relativamente ao Poder Executivo tem sido implementada de variadas maneiras em diferentes países. Depois de (figurar) por alguns anos como parte integrante do Poder Executivo do governo federal, os Estados Unidos decidiram que era essencial separar o Programa Federal de Assistência Jurídica Gratuita norte-americano, tirando-o do controle do Executivo. Para tanto, foi criada uma instituição pública (corporação) independente, sem fins lucrativos, para gerir os serviços de assistência jurídica gratuita (*legal aid*), **uma entidade que tem competência legal para elaborar sua própria proposta orçamentária e submetê-la direta-**

---

3. Nota do Tradutor (NT): Nota do tradutor: Para entender o texto, é preciso ter presente que, nos EUA, a instituição do Ministério Público não goza do mesmo grau de autonomia que tem no Brasil, ou seja, é considerado integrante do Poder Executivo. Ora, se naquele contexto, sob o argumento da paridade de armas, é reconhecida como indispensável a autonomia da defesa frente à acusação, com maior razão isso se justifica no caso do Brasil, em que o próprio Ministério Público possui plena autonomia perante o Poder Executivo. Por isso, não faz sentido que sua contraparte, ou seja, a Defensoria Pública, seja privada de idêntica autonomia.

mente ao Poder Legislativo. Essa instituição (denominada *Legal Services Corporation*), por sua vez, não emprega diretamente os advogados que prestam serviços jurídicos para os pobres. Em vez disso, ela repassa subsídios às organizações locais da sociedade civil, que sejam sem fins lucrativos, as quais contratam os advogados (NT: normalmente em regime assalariado, com dedicação integral, que prestam os serviços aos carentes), definem suas prioridades, e atendem os clientes. Este não é um arranjo que eu necessariamente recomendaria para outros países, mas tem funcionado bem nos EUA (para resguardar a independência e autonomia do serviço!).

O Brasil tem, sobretudo nos últimos anos, encontrado uma maneira eficaz de alcançar o mesmo objetivo (resguardar a independência e autonomia do serviço) através de disposições constitucionais (Art. 134, §§ 2º e 3º) e legislativas que começaram a esculpir um nível semelhante de autonomia administrativa e orçamentária para a Defensoria Pública nacional. Seria uma tragédia se essa nação não conseguisse permanecer nesse caminho ou se viesse a retroceder de alguma forma no grau de independência que proporciona aos defensores públicos aos quais cabe prestar assistência jurídica aos inúmeros cidadãos carentes do país. As pessoas pobres têm o direito de contar que os defensores públicos aos quais compete prestar-lhes assistência jurídica: são os "seus" advogados, plenamente leais a si e a seus interesses, e não aos (interesses) do governo ou de quem quer que seja que tenha influência sobre os governantes. Quando são satisfeitas tais expectativas, a justiça igualitária/isonômica é efetivada e o contrato social resta intacto. Porém, quando essas expectativas não são correspondidas, a justiça é desigual e o contrato social está sob ameaça.

CAPÍTULO 10

A consagração constitucional do modelo de Assistência Jurídica aos necessitados e a autonomia da Defensoria Pública em face da Ordem dos Advogados do Brasil

Tiago Fensterseifer

Sumário: 1. O modelo público de Assistência Jurídica Integral e gratuita às pessoas necessitadas consolidado na Constituição Federal de 1988; 2. A autonomia (funcional e administrativa) da Defensoria Pública consagrada constitucionalmente por meio das Emendas Constitucionais n. 45/2004 (Reforma do Poder Judiciário), n. 69/2012 (DP/DF) e n. 74/2013 (DPU); 2.1. A autonomia da Defensoria Pública frente aos três poderes republicanos (Legislativo, Executivo e Judiciário); 3. A Autonomia da Defensoria Pública em face da Ordem dos Advogados do Brasil (OAB); 3.1. Distinção entre advocacia privada e o múnus público exercido pela Defensoria Pública; 3.2. A (in)constitucionalidade da obrigatoriedade de os convênios complementares de assistência judicial serem firmados com a OAB: a jurisprudência firmada pelo STF nas ADI 4.163/SP e ADI 4270/SC; 3.3. A questão da desvinculação dos Defensores Públicos dos quadros da OAB e a não subordinação funcional dos Defensores Públicos ao Tribunal de Ética Disciplinar da OAB (TED): breves considerações sobre a ADI 4.636/DF ajuizada pelo Conselho Federal da OAB junto ao STF; 4. Conclusões articuladas

1. O MODELO PÚBLICO DE ASSISTÊNCIA JURÍDICA INTEGRAL E GRATUITA ÀS PESSOAS NECESSITADAS CONSOLIDADO NA CONSTITUIÇÃO FEDERAL DE 1988

> "Cumpre, desse modo, ao Poder Público dotar-se de uma organização formal e material que lhe permita realizar, na expressão concreta de sua atuação, a obrigação constitucional mencionada, proporcionando efetivamente, aos necessitados plena orientação jurídica e integral

assistência judiciária, para que os direitos e as liberdades das pessoas atingidas pelo injusto estigma da exclusão social não se convertam em proclamações inúteis nem se transformem em expectativas vãs. A questão da Defensoria Pública, portanto, não pode (e não deve) ser tratada de maneira inconsequente, porque de sua adequada organização e efetiva institucionalização depende a proteção jurisdicional de milhões de pessoas – carentes e desassistidas – que sofrem inaceitável processo de exclusão que as coloca, injustamente, à margem das grandes conquistas jurídicas e sociais" (Ministro Celso de Mello).[1]

"É dever constitucional do Estado oferecer assistência jurídica gratuita aos que não disponham de meios para contratação de advogado, tendo sido a Defensoria Pública eleita, pela Carta Magna, como o único órgão estatal predestinado ao exercício ordinário dessa competência. Daí, qualquer política pública que desvie pessoas ou verbas para outra entidade, com o mesmo objetivo, em prejuízo da Defensoria, insulta a Constituição da República" (Ministro Cesar Peluzo).[2]

A CF/88, como forma de reforçar o regime constitucional da Defensoria Pública brasileira na persecução da defesa e promoção dos direitos fundamentais dos indivíduos e grupos sociais necessitados (ou vulneráveis), estabeleceu um modelo público de assistência jurídica integral e gratuita desde a sua gênese em 1988. Após novas alterações do seu regime constitucional por labor do constituinte derivado (EC 45/2004, EC 69/2012, EC 74/2013 e EC 80/2014), a consolidação do modelo público de assistência jurídica resultou ainda mais cristalizada no texto constitucional, inclusive a ponto de o legislador constitucional estabelecer prazo (de oito anos, a contar de 2014) para que seja assegurado pelo Estado brasileiro - União, Estados e Distrito Federal – a presença de Defensor Público em todas as comarcas do País (art. 94 do ADCT da CF/88). Os convênios suplementares e mesmo a prestação de assistência judicial a título honorífico por advogados privados, dada a sua incompatibilidade com o atual conceito e amplitude do direito fundamental à assistência jurídica de titularidade das pessoas necessitadas (ou vulneráveis), conforme se verá com mais detalhes à frente, resultam em afronta ao atual regime constitucional.

Em sede doutrinária, notadamente em relação ao regime adotado na Lei Fundamental de 1988, Gustavo S. dos Reis, Daniel G. Zveibel e Gustavo Junqueira assinalam que

"no que toca à opção do constituinte pelo modelo, significa que a partir de 1988 houve constitucionalização do modelo de assistência jurídi-

---

1.   STF, Ag. Inst. 598.212 ED, 2ª Turma, Rel. Min. Celso Mello, j. 25.03.2014.
2.   STF, ADI 4.163/SP, Tribunal Pleno, Rel. Min. Cesar Peluzo, j. 29.02.2012.

Cap. 10 • A CONSAGRAÇÃO CONSTITUCIONAL DO MODELO DE ASSISTÊNCIA JURÍDICA

ca, optando-se pela Defensoria Pública. Com isso, não mais prevalece o regime anterior, quando as demais Constituições se omitiam acerca do modelo destinado a prestar assistência jurídica e, assim, tornava-se facultativo à União ou ao Estado-Membro que p fizesse por meio dos modelos *judicare*, público ou misto".[3]

A privação do exercício da advocacia privada pelo Defensor Público estabelecida no art. 134, § 1º, da CF/88 – da mesma forma como prevê o art. 128, § 5º, II, b, do texto constitucional em relação aos membros do Ministério Público - é expressão da dicotomia entre o múnus púbico exercido pelo Defensor Público na prestação da assistência jurídica aos necessitados e a advocacia privada. Trata-se em verdade, da atuação do Estado em prol da justiça social, estabelecendo parâmetros diferenciados de proteção jurídica em favor dos indivíduos e grupos sociais necessitados, notadamente em relação aos seus direitos fundamentais. Tal espírito institucional é enunciado de forma paradigmática na nova redação do *caput* do art. 134 da CF/88, estabelecido por meio da EC 80/2014, ao prever, como já o fazia o art. 1º da LC 80/94 (após as alterações substanciais promovidas pela LC 132/2009), que a Defensoria Pública se trata de "expressão e instrumento do regime democrático", cabendo-lhe a função de exercer (suas atribuições) na "promoção dos *direitos humanos* e a defesa, em todos os graus, judicial e extrajudicial, dos *direitos individuais* e *coletivos*, de forma integral e gratuita, aos necessitados". Ademais, a EC 80/2014, de forma inédita, assegurou seção própria para a Defensoria Pública (Seção IV) no Capítulo IV - Das Funções Essenciais à Justiça, separando-a da Advocacia (Seção III) e da Advocacia Pública (Seção II), o que também foi adotado pelo NCPC (art.185).

Num primeiro momento, até para compreender adequadamente o regime público delineado constitucionalmente para a prestação da assistência jurídica aos necessitados, entende-se oportuno situar o "lugar" na Defensoria Pública no âmbito do nosso Sistema de Justiça. No conceito de advocacia pública *lato sensu* traçado por Sérgio Sérvulo da Cunha, tem-se compreendida: a) a defesa do interesse público; b) defesa do público; e c) defesa do governo. Conforme assevera o autor,

---

3. REIS, Gustavo S. dos; ZVEIBEL; Daniel G.; JUNQUEIRA Gustavo. *Comentários à Lei da Defensoria Pública*. São Paulo: Saraiva, 2013, p. 25. Os autores detalhem, com base na doutrina de Mauro Cappelletti e Bryan Garth (CAPPELLETTI, Mauro; e GARTH, Bryant. *Acesso à justiça*. Tradução de Ellen Gracie Northfleet. Porto Alegre: Fabris, 1988, p. 35-47), as distinções entre os diferentes modelos de prestação da assistência jurídica aos necessitados: a) Sistema *Judicare* (Estado remunera advogados privados); b) Sistema Público; c) Sistema Misto (p. 29).

os distintos patrocínios de interesses "podem (e devem) ser entregues a diferentes agências do governo, dotadas de estatuto próprio, como acontece com o Ministério Público (defesa do interesse público), com a Defensoria Pública (defesa do público) e com a Advocacia Pública *stricto sensu* (defesa do governo)".[4] A CF/88, seguindo tal alinhamento, após o Capítulo III que trata do Poder Judiciário (art. 92 e ss.), consagrou outro específico (Capítulo IV - *Das Funções Essenciais à Justiça*, art. 127 e ss.), no qual está consagrada, além da advocacia privada, a advocacia pública *lato sensu* (Ministério Público, Defensoria Pública e Advocacia Pública *stricto sensu*).

Tal compreensão está adequada à natureza pública da prestação de assistência jurídica aos indivíduos e grupos sociais em situação de vulnerabilidade. Há, por assim dizer, interesse público evidente na assistência jurídica prestada aos necessitados. Se tomada como padrão normativo a própria CF/88, vislumbra-se um ordenamento jurídico e, de igual sorte, um Estado que tem, entre os seus objetivos fundamentais (art. 3º), "construir uma sociedade livre, justa e solidária" (I) e "erradicar a pobreza e a marginalização e reduzir as desigualdades sociais e regionais" (III). O compromisso de assegurar condições de igualdade material e inserção de todos os indivíduos no pacto constitucional passa necessariamente pelo tratamento jurídico-político *desigual* dos necessitados, assegurando-lhes proteção jurídica especial, como ocorre por intermédio de práticas estatais tal qual a prestação assistência jurídica integral e gratuita, com o claro objetivo de garantir efetiva condição político-jurídica de igualdade aos indivíduos e grupos sociais vulneráveis no âmbito da nossa comunidade estatal. Sem a apropriação da assistência jurídica aos necessitados pela esfera pública, o fosso da desigualdade só tenderia a aumentar no contexto político-jurídico brasileiro. Eis a razão para o constituinte de 1988 delinear um modelo público de assistência jurídica aos necessitados, criando uma instituição pública (Defensoria Pública) dotada de autonomia para a prestação de tal serviço público essencial, conforme se pode apreender do conteúdo norma inscrita nos arts. 5º, LXXIV, e 134.[5]

---

4. SÉRVULO DA CUNHA, Sérgio. *Fundamentos de direito constitucional*. São Paulo: Saraiva, 2004, p. 381.

5. Da mesma forma, o art. 24 da CF/88 dispõe que "compete à União, aos Estados e ao Distrito Federal legislar concorrentemente sobre: (...) XIII - assistência jurídica e Defensoria pública, bem como, na mesma perspectiva da competência legislativa, o art. 22 assevera que "compete privativamente à União legislar sobre: (...) XVII - organização judiciária, do Ministério Público e da Defensoria Pública do Distrito Federal e dos Territórios, bem como organização administrativa destes". E, no plano da competência material, dispõe o art. 21 da CF/88 que "compete

Cap. 10 • A CONSAGRAÇÃO CONSTITUCIONAL DO MODELO DE ASSISTÊNCIA JURÍDICA

O atual regime constitucional edificado pela CF/88, e reforçado pelo legislador constitucional derivado (EC 45/2005, e EC 74/2013 e EC 80/2014), estabelece o dever do Estado brasileiro de, por meio de políticas públicas levadas a efeito por instituição pública específica, no caso, a Defensoria Pública, prestar assistência jurídica integral e gratuita aos indivíduos e grupos sociais necessitados (ou vulneráveis). O mesmo entendimento é defendido por Cláudia Maria da Costa Gonçalves, ao assinalar que

> "a atual Constituição inovou no trato jurídico da assistência social que, hoje, nos termos das prescrições da nossa Carta Maior, é caracterizada como política pública, a ser implantada de modo descentralizado e democrático. A assistência jurídica, por isso mesmo, recebeu novo tratamento na atual Constituição: primeiro, porque passou a ser atribuição do Estado prestá-la, através das Defensorias Públicas da União, dos Estados, do Distrito Federal e até dos Territórios; segundo, porque a assistência jurídica tornou-e, por força do art. 134 da Constituição Federal de 1988, uma das mediações da assistência social e, por via reflexa, das nossas políticas públicas".[6]

Tal perspectiva foi substancialmente reforçada na medida em que a CF/88 consagrou a assistência jurídica como *direito fundamental* (art. 5º, LXXIV). De acordo com Carlos Weis, também partindo da premissa de superação do modelo de "assistencialismo" antes predominante para o serviço público essencial estabelecido a partir da CF/88,

> "há, portanto, uma evidente transmutação. Passa-se da ideia de assistência judiciária para o de acesso à justiça; de assistencialismo público para serviço público essencial; de extensão da Advocacia privada aos financeiramente carentes à promoção dos direitos humanos; de mera promoção judicial de demandas privadas à identificação dos direitos fundamentais da população e sua instrumentalização, eventualmente pela via judicial. Daí porque é essencial a compreensão da natureza distinta das Defensorias Públicas, em comparação com os serviços de assistência judiciária antes existentes (ainda que nomeados Defensorias Públicas), a fim de que se organize o novo serviço público em razão de sua real finalidade, constitucionalmente desenhada".[7]

à União: (...) XIII - organizar e manter o Poder Judiciário, o Ministério Público e a Defensoria Pública do Distrito Federal e dos Territórios".

6. GONÇALVES, Cláudia Maria da Costa. *Assistência jurídica pública*: direitos humanos e políticas sociais. 2.ed. Curitiba: Juruá, 2010., p. 77.

7. WEIS, Carlos. "Direitos humanos e Defensoria Pública". In: *Boletim do IBCCRIM*. São Paulo, v.10, n.115, jun. 2002, p. 5-6.

O Estatuto da OAB (Lei 8.904/94), reforçando tal entendimento, deixa evidente o caráter subsidiário da atuação da OAB na prestação de assistência judicial ou judiciária e o dever de progressividade conferido ao Estado na implementação e ampliação da assistência jurídica prestada por meio da Defensoria Pública. Tal é o conteúdo na norma inscrita no § 1º do art. 22 do referido diploma, ao assinalar que "o advogado, quando indicado para patrocinar causa de juridicamente necessitado, *no caso de impossibilidade da Defensoria Pública no local da prestação de serviço*, tem direito aos honorários fixados pelo juiz, segundo tabela organizada pelo Conselho Seccional da OAB, e pagos pelo Estado". Resulta expresso na norma em questão que a prestação de assistência judicial à necessitado por meio de advogado somente se dará apenas "*no caso de impossibilidade da Defensoria Pública no local da prestação de serviço*".

Existindo Defensoria Pública, e tal é o rumo traçado pela CF/88, não haveria mais espaço para tal atuação subsidiária da OAB, sobretudo diante da previsão do art. 98 da ADCT antes referido. Também o inciso XII do art. 34 da legislação em comento, a respeito das "Infrações e Sanções Disciplinares", estabelece como infração disciplinar "recusar-se a prestar, sem justo motivo, assistência jurídica, *quando nomeado em virtude de impossibilidade da Defensoria Pública*". A nomeação de advogado para atuar em prol de pessoa necessitada só se legitimaria na impossibilidade de a Defensoria Pública o fazê-lo. No entanto, é bom que fique claro que não se trata aqui de *advocacia pro bono*[8], *ou seja, de patrocínio gracioso de causa jurídica prestado por qualquer advogado ou entidade, o que, no entender deste autor, estaria perfeitamente permitido à luz do paradigma solidarista vigente no marco jurídico contemporâneo.*

---

8. O Conselho Federal da OAB (Conselho Pleno) aprovou, em 14.06.2015, o texto que será integrado, sob a forma de um novo capítulo exclusivo, no novo Código de Ética e Disciplina da OAB, acerca da *advocacia pro bono*. De acordo com a normativa estabelecida: "Art. 30. No exercício da advocacia pro bono, e ao atuar como defensor nomeado, conveniado ou dativo, o advogado empregará o zelo e a dedicação habituais, de forma que a parte por ele assistida se sinta amparada e confie no seu patrocínio. § 1º *Considera-se advocacia pro bono a prestação gratuita, eventual e voluntária de serviços jurídicos em favor de instituições sociais sem fins econômicos e aos seus assistidos, sempre que os beneficiários não dispuserem de recursos para a contratação de profissional.* § 2º A advocacia pro bono pode ser exercida em favor de pessoas naturais que, igualmente, não dispuserem de recursos para, sem prejuízo do próprio sustento, contratar advogado. § 3º A advocacia pro bono não pode ser utilizada para fins político-partidários ou eleitorais, nem beneficiar instituições que visem a tais objetivos, ou como instrumento de publicidade para captação de clientela" (grifos do autor). Disponível em: http://www.conjur.com.br/2015-jun-14/codigo-etica-advocacia-liberara--pro-bono-pessoa-fisica

2. A AUTONOMIA (FUNCIONAL E ADMINISTRATIVA) DA DEFENSORIA PÚBLICA CONSAGRADA CONSTITUCIONALMENTE POR MEIO DAS EMENDAS CONSTITUCIONAIS N. 45/2004 (REFORMA DO PODER JUDICIÁRIO), N. 69/2012 (DP/DF) E N. 74/2013 (DPU)

2.1. A autonomia da Defensoria Pública frente aos três poderes republicanos (Legislativo, Executivo e Judiciário)

A CF/88, por intermédio da EC 45/2004 (Reforma do Poder Judiciário) e em reforço ao modelo público de assistência jurídica aos necessitados, estabeleceu novo regime constitucional para a Defensoria Pública, ao assegurar à instituição, conforme preconizado no dispositivo citado anteriormente, *autonomia funcional e administrativa*, bem como iniciativa de sua proposta orçamentária dentro dos limites estabelecidos na lei de diretrizes orçamentárias e subordinação ao disposto no art. 99, § 2, da CF/88. A ampliação da autonomia institucional (funcional, administrativa e financeira) conferida à Defensoria Pública pelo texto constitucional verificou-se, num primeiro momento apenas às Defensorias Públicas Estaduais (EC 45/2004), mas posteriormente também à Defensoria Pública do Distrito Federal (EC 69/2012) e à Defensoria Pública da União - DPU (EC 74/2013), assegurando à instituição importante instrumento para perseguir os seus objetivos de forma plena e independente no plano da efetivação dos direitos fundamentais das pessoas necessitadas. Na trilha do fortalecimento do regime constitucional da Defensoria Pública brasileira, não se pode deixar de registrar a recente EC 80/2014.

Trata-se, juntamente com a EC 45/2004, do principal passo dado pelo legislador constituinte derivado no sentido de cristalizar o novo paradigma institucional da Defensoria Pública brasileira, na esteira da autonomia que já lhe havia sido assegurada anteriormente pela EC 45/2004. Entre várias outras inovações importantes trazidas pela nova redação do *caput* do art. 134 da CF/88 – por exemplo, o reconhecimento da Defensoria Pública como "como expressão e instrumento do regime democrático" e o papel que lhe cumpre exercer (suas atribuições) na "promoção dos *direitos humanos* e a defesa, em todos os graus, judicial e extrajudicial, dos *direitos individuais* e *coletivos*", vale destacar a consagração de seção própria para a Defensoria Pública (Seção IV), separando-a da Advocacia (Seção III). A respeito do "lugar" reservado à Defen-

---

. Acesso em: 19 de dezembro de 2015.

soria Pública no sistema constitucional regente da estrutura política do Estado brasileiro, Diogo Esteves e Franklyn R. Alves Silva pontuam que

> "ao prever a Defensoria Pública em capítulo autônomo, houve a renúncia por parte do constituinte em definir explicitamente a instituição entre os Poderes do Estado, outorgando-lhe a necessária autonomia para o exercício de suas atribuições constitucionais".[9]

Reconhece-se, a partir de tal inovação constitucional, um novo patamar institucional para a Defensoria Pública, aproximando o seu regime jurídico – para alguns, em simetria – ao de outras instituições públicas republicanas detentoras de tal autonomia, como é o caso, por exemplo, do Ministério Público (art. 127, § 2º, da CF/88)[10]. Com base em tal entendimento, Dirley da Cunha Júnior assevera que a atribuição de autonomia funcional e administrativa às Defensoria Públicas Estaduais, no plano constitucional, diante do novo § 2º acrescido ao art. 134 da nossa Lei Fundamental (pela EC 45/2004), representa manifesto compromisso do Estado brasileiro no tocante ao seu dever constitucional de garantir o direito fundamental de acesso à justiça das pessoas desprovidas de recursos financeiros. Como pontua o autor,

> "as Defensorias Públicas revelam-se como um dos mais importantes e fundamentais instrumentos de afirmação judicial dos direitos humanos e, consectariamente, de fortalecimento do Estado Democrático do Direito, vez porque atua como veículo das reivindicações dos segmentos mais carentes da sociedade junto ao Poder Judiciário, na efetivação e concretização dos direitos fundamentais".[11]

A autonomia atribuída à Defensoria Pública – a exemplo do que já havia ocorrido com o Ministério Público desde 1988, com base no art. 127, § 2º, da CF/88 – estabelece um realinhamento do Estado brasileiro, do ponto de vista político-organizacional, na medida em que cria duas instituições públicas singulares no âmbito do nosso Sistema de Justiça e, de modo inovador, dissociadas do guarda-chuva institucional dos três

---

9. ESTEVES, Diogo; ALVES SILVA, Franklyn Roger. *Princípios institucionais da Defensoria Pública.* Rio de Janeiro: GEN/Forense, 2014, p. 37.

10. Na doutrina, acerca do regime constitucional de autonomia conferido ao Ministério Público, v. MARTINS JUNIOR, Wallace Paiva. *Ministério Público*: a Constituição e as leis orgânicas. São Paulo: Atlas, 2015, p. 45-64. Segundo entendimento de Caio C. Paiva, "a Defensoria Pública é uma instituição *de* e não *do* Estado. O seu caráter público, longe de enquadrá-la como um órgão do Poder Executivo, apenas conforma a sua integração na estrutura estatal, tendo, neste ponto, existência similar à do Ministério Público". PAIVA, Caio Cezar. *Prática penal para Defensoria Pública.* Rio de Janeiro: Gen/Forense, 2016, p. 8.

11. CUNHA JÚNIOR, Dirley da. *Curso de direito constitucional.* Salvador: Editora Juspodivm, 2008, p. 979.

Cap. 10 • A CONSAGRAÇÃO CONSTITUCIONAL DO MODELO DE ASSISTÊNCIA JURÍDICA

poderes republicanos (Legislativo, Executivo e Judiciário[12]). Em texto sobre a autonomia do Ministério Público e alinhado com o nosso entendimento aqui lançado, Fábio Kerche pontua que "os constituintes brasileiros de 1987/88 retiraram o Ministério Público de sua ligação direta com o Poder Executivo sem colocá-lo subordinado ao Poder Legislativo ou ao Judiciário".[13] É precisa nesse sentido a lição de Diogo de Figueiredo Moreira Neto, considerando a natureza e regime jurídico *sui generis* inerente a algumas instituições (como é o caso da Defensoria Pública), apartando-as de qualquer vinculação aos três poderes republicanos e, ao mesmo tempo, assegurando-as autonomia e independência funcional (neste último caso, aos seus membros):

> "A Constituição de 1988 acrescentou às três funções tradicionais do Estado, certas funções de *fiscalização, controle, zeladoria, provocação* e *defesa* que, tal como as *funções jurisdicionais*, devam estar isentas de comprometimento político-partidário, tenham especialização técnica e sejam garantidas em sua autonomia de desempenho, constituindo um quarto bloco de funções constitucionalmente independentes, com seus respectivos órgãos próprios – *Tribunais de Contas, Ministério Público, Advocacia Pública, Defensoria Pública* e a *Ordem dos Advogados do Brasil*. Embora não constitua, este quarto bloco, outro Poder do Estado, mas, ao contrário, mantém suas respectivas identidades fracionárias, todas essas funções, com seus órgãos próprios, individuais ou coletivos, se caracterizam pelo *exercício autônomo* das respectivas expressões de *poder estatal* que lhe são constitucionalmente cometidas para o desempenho de suas específicas missões, por meio de *atos próprios*".[14]

---

12. A autonomia da Defensoria Pública frente ao Poder Judiciário resultou caracterizada de forma emblemática em decisão recente do STJ: "PENAL. PROCESSUAL PENAL. HABEAS CORPUS SUBSTITUTIVO. TRANCAMENTO DE INVESTIGAÇÃO PENAL. CRIME DE DESOBEDIÊNCIA. AÇÃO PENAL. RENÚNCIA DE DEFENSOR DATIVO. *REQUISIÇÃO JUDICIAL. NOMEAÇÃO DE DEFENSOR PÚBLICO. NÃO CUMPRIMENTO. ATO DE GESTÃO DO DEFENSOR PÚBLICO GERAL. AUTONOMIA ADMINISTRATIVA E FINANCEIRA.* ATIPICIDADE. OCORRÊNCIA. (...). 3. *A autonomia administrativa e a independência funcional asseguradas constitucionalmente às Defensorias Públicas não permitem a ingerência do Poder Judiciário acerca da necessária opção de critérios de atuação pelo Defensor Geral e a independência da atividade da advocacia. 4. Não configura o tipo penal de desobediência o não atendimento a requisição judicial de Defensor Público, pois lícita a designação de advogados pelo critério do possível, por seu gestor.* Atipicidade reconhecida. 5. Habeas corpus não conhecido, mas concedida a ordem de ofício para trancar o procedimento investigatório nº 0042254-22.2013.8.24.0023, em trâmite no Juizado Especial Criminal da Capital do Estado de Santa Catarina" (grifos do autor) (STJ, HC 310.901/SC, 6ª Turma, Rel. Min. Nefi Cordeiro, j. 16.06.2016).

13. KERCHE, Fábio. "Autonomia e discricionariedade do Ministério Público no Brasil". In: *Dados – Revista de Ciências Sociais*, Vol. 50(n. 2). Rio de Janeiro: UERJ, 2007, p. 260.

14. MOREIRA NETO, Diogo de Figueiredo. *Curso de direito administrativo*. 16.ed. Rio de Janeiro: GEN/Forense, 2014, p. 28.

A autonomia constitucional assegurada ao Ministério Público desde 1988 e, mais recentemente, à Defensoria Pública (EC 45/2004 e EC 74/2013) representa, notadamente, o distanciamento de tais instituições do espectro institucional do Poder Executivo, muito embora, no caso da Defensoria Pública, isso ainda não seja sentido com a devida intensidade na prática em alguns Estados e mesmo no âmbito federal, enfrentando forte resistência política por parte do Poder Executivo. A partir do delineamento constitucional estabelecido para a organização dos três poderes republicanos, conforme leciona Cleber Francisco Alves,

> "parece inequívoco que a sistematização adotada pela Constituição Federal brasileira de 1988, no que se refere ao Título da Organização dos Poderes, quis indicar a conveniência de que tais órgãos, especificamente o Ministério Público e a Defensoria Pública, não sejam mais considerados como formalmente integrantes do Poder Executivo".[15]

O autor destaca ainda que, diferentemente do tratamento constitucional dispensado ao Tribunal de Contas – também detentor de certa autonomia, mas vinculado institucionalmente ao Poder Legislativo, inclusive com caráter auxiliar da função desempenhada pelos órgãos parlamentares -, o Ministério Público e a Defensoria Pública "foram disciplinadas em seções próprias dentro de um mesmo capítulo *fora* dos três Poderes clássicos".[16] Tampouco há qualquer subordinação ou vínculo hierárquico-institucional do Ministério Público e da Defensoria Pública em relação ao Poder Judiciário, como decorrência natural da autonomia constitucional que lhes foi atribuída pela CF/88.[17] Ademais, cabe frisar que tanto o Ministério Público (*caput* do art. 127) quanto a Defensoria Pública (*caput* do art. 134) são reconhecidos pelo texto constitucional como "instituições permanentes" da configuração do Estado brasileiro. A atribuição da nomenclatura "instituição" revela que ambas as instituições não são "órgão", expressão utilizada no âmbito do regime administrativista como ente geralmente subordinado e integrante de algum dos Poderes Republicanos. O mesmo não ocorre com a expressão "instituição", dotada de outro regime jurídico compa-

---

15. ALVES, Cleber Francisco. *Justiça para todos*: assistência jurídica gratuita nos Estados Unidos, na França e no Brasil. Rio de Janeiro: Lumen Juris, 2006, p. 309.

16. Idem, ibidem.

17. Sobre o tema, asseverou o Ministro Carlos Ayres Britto do STF, na ADI 3643/RJ: "as Defensorias Públicas não fazem parte do desenho institucional do Poder Judiciário" (STF, ADI 3643/RJ, Tribunal Pleno, Rel. Min. Carlos Ayres Britto, j. 08.11.2006).

Cap. 10 • A CONSAGRAÇÃO CONSTITUCIONAL DO MODELO DE ASSISTÊNCIA JURÍDICA

tível com a ideia de autonomia e independência em relação a outros poderes estatais.[18]

O novo regime constitucional conferido à Defensoria Pública foi transposto para o plano infraconstitucional por intermédio das alterações trazidas pela LC 132/2009 à LC 80/94, a qual conforme se pode apreender dos seus arts. 97-A[19] e 97-B[20], trouxe maior concretização

---

18. Na jurisprudência, registra-se posição do STF acerca da autonomia (e, e portando, não subordinação) da Defensoria Pública em face do Poder Executivo: "CONSTITUCIONAL. ARTS. 7º, VII, 16, *CAPUT* E PARÁGRAFO ÚNICO, DA LEI 8.559/2006, DO ESTADO DO MARANHÃO, QUE INSEREM A DEFENSORIA PÚBLICA DAQUELA UNIDADE DA FEDERAÇÃO NA ESTRUTURA DO PODER EXECUTIVO LOCAL. OFENSA AO ART. 134, § 2º, DA CONSTITUIÇÃO FEDERAL. ADI PROCEDENTE. I – A EC 45/04 reforçou a autonomia funcional e administrativa às defensorias públicas estaduais, ao assegurar-lhes a iniciativa para a propositura de seus orçamentos (art. 134, § 2º). II – Qualquer medida normativa que suprima essa autonomia da Defensoria Pública, vinculando-a a outros Poderes, em especial ao Executivo, implicará violação à Constituição Federal. Precedentes. III – ADI julgada procedente" (STF, ADI 4056/MA, Tribunal Pleno, Rel. Min. Ricardo Lewandowski, j. 07.03.2012).

19. "Art. 97-A. À Defensoria Pública do Estado é assegurada autonomia funcional, administrativa e iniciativa para elaboração de sua proposta orçamentária, dentro dos limites estabelecidos na lei de diretrizes orçamentárias, cabendo-lhe, especialmente: I – abrir concurso público e prover os cargos de suas Carreiras e dos serviços auxiliares; II – organizar os serviços auxiliares; III – praticar atos próprios de gestão; IV – compor os seus órgãos de administração superior e de atuação; V – elaborar suas folhas de pagamento e expedir os competentes demonstrativos; VI – praticar atos e decidir sobre situação funcional e administrativa do pessoal, ativo e inativo da Carreira, e dos serviços auxiliares, organizados em quadros próprios; VII – exercer outras competências decorrentes de sua autonomia".

20. "Art. 97-B. A Defensoria Pública do Estado elaborará sua proposta orçamentária atendendo aos seus princípios, às diretrizes e aos limites definidos na lei de diretrizes orçamentárias, encaminhando-a ao Chefe do Poder Executivo para consolidação e encaminhamento ao Poder Legislativo. § 1º Se a Defensoria Pública do Estado não encaminhar a respectiva proposta orçamentária dentro do prazo estabelecido na lei de diretrizes orçamentárias, o Poder Executivo considerará, para fins de consolidação da proposta orçamentária anual, os valores aprovados na lei orçamentária vigente, ajustados de acordo com os limites estipulados na forma do *caput*. § 2º Se a proposta orçamentária de que trata este artigo for encaminhada em desacordo com os limites estipulados no *caput*, o Poder Executivo procederá aos ajustes necessários para fim de consolidação da proposta orçamentária anual. § 3º Durante a execução orçamentária do exercício, não poderá haver a realização de despesas que extrapolem os limites estabelecidos na lei de diretrizes orçamentárias, exceto se previamente autorizadas, mediante a abertura de créditos suplementares ou especiais. § 4º Os recursos correspondentes às suas dotações orçamentárias próprias e globais, compreendidos os créditos suplementares e especiais, ser-lhe-ão entregues, até o dia 20 (vinte) de cada mês, na forma do art. 168 da Constituição Federal. § 5º As decisões da Defensoria Pública do Estado, fundadas em sua autonomia funcional e administrativa, obedecidas as formalidades legais, têm eficácia plena e executoriedade imediata, ressalvada a competência constitucional do Poder Judiciário e do Tribunal de Contas. § 6º A fiscalização contábil, financeira, orçamentária, operacional e patrimonial da Defensoria Pública do Estado, quanto à legalidade, legitimidade, aplicação de dotações e recursos próprios e renúncia de receitas, será exercida pelo Poder Legislativo, mediante controle externo e pelo sistema de controle interno estabelecido em lei".

235

normativa para o dispositivo constitucional em comento. A norma do art. 97-A, por conta do que estabelece seu inciso VII, trata-se de rol apenas *exemplificativo* de atribuições e competências a serem realizadas pela Defensoria Pública no âmbito da sua autonomia constitucional. Ao contrário do que podem pensar alguns, as autonomias conferidas as instituições públicas, justificam-se em razão das suas atribuições e objetivos institucionais. No caso da Defensoria Pública, a autonomia institucional está a serviço justamente dos indivíduos e grupos sociais necessitados, já que os direitos e interesses destes contrapõem-se, muitas vezes, aos interesses do próprio Estado (nos âmbitos federal, estadual e municipal), como se verifica, por exemplo, na reivindicação de direitos sociais (medicamentos, tratamento médico, vagas em creche e escola, etc.) em face do Poder Executivo. É por tal razão e com essa preocupação em mente, ou seja, a proteção dos vulneráveis, que o constituinte derivado entendeu por bem reforçar o regime jurídico da Defensoria Pública (na linha do que havia feito antes com o Ministério Público) com as autonomias que lhe foram atribuídas.

No tocante à distinção entre a *autonomia administrativa* e a *autonomia funcional*, recorre-se à lição de José Afonso da Silva, para quem a *autonomia administrativa* "significa que cabe à Instituição organizar sua administração, suas unidades administrativas, praticar atos de gestão, decidir sobre situação funcional de seu pessoal, propor ao Poder Legislativo a criação e extinção de seus serviços auxiliares, prover cargos nos termos da lei, estabelecer a política remuneratória, observado o art. 169, e os planos de carreira de seu pessoal, tal como está previsto para o Ministério Público".[21] Entre os desdobramentos mais significativos atrelados à autonomia administrativa, está a iniciativa legislativa conferida expressamente à Defensoria Pública por meio do art. 134, § 4º, da CF/88 (inserido pela EC 80/2014), ao aplicar à instituição o mesmo regramento previsto para o Poder Judiciário nos arts. 93 e 96, II.[22]

---

21. SILVA. José Afonso. Comentário contextual à Constituição. 9. ed. São Paulo: Malheiros, 2015, p. 629.

22. Para Patrícia Kettermann, a autonomia administrativa "possibilita à Defensoria Pública o pleno exercício dos atos necessários à gestão administrativo-institucional (e por esta razão havia questionamentos acerca da efetiva existência de autonomia sem a iniciativa de lei, já que a instituição dependia do Poder Executivo para atos essenciais de gestão; esta discussão já estava superada mesmo antes da EC 80/2014, mas, após a sua entrada em vigor, restam afastados quaisquer argumentos em contrário)". KETTERMANN, Patrícia. *Defensoria Pública* (Coleção para Entender Direito). São Paulo: Estúdio Editores, 2015, p. 32-33. A alteração legislativa referida diz respeito à possibilidade de iniciativa de lei para, por exemplo, a criação e a extinção de cargos, a remuneração dos seus servidores e a fixação do subsídio de seus membros (Defensores Públicos).

Cap. 10 • A CONSAGRAÇÃO CONSTITUCIONAL DO MODELO DE ASSISTÊNCIA JURÍDICA

No que se refere à *autonomia funcional*, "se entende o exercício de suas funções livre de ingerências de qualquer outro órgão do Estado. É predicativo institucional, tanto que se poderia falar – e às vezes se fala – em autonomia institucional, mas ela se comunica aos membros da instituição, porque suas atividades-fim se realizam por meio deles. Assim, eles compartilham dessa autonomia institucional, porque não tem que aceitar interferência de autoridades ou órgãos de outro Poder no exercício de suas funções institucionais".[23]

Não se deve confundir, todavia, a *autonomia funcional* atribuída à Defensoria Pública (enquanto instituição) com a *independência funcional* reservada (também em sede constitucional, no § 4º do art. 134, inserido por meio da EC 80/2014[24]) aos seus membros, ou seja, aos Defensores Públicos no exercício das suas atribuições, muito embora os dois institutos jurídicos possuam a mesma finalidade de assegurar o livre desempenho das atribuições que lhes são impostas pela Constituição. Retomando a lição de José Afonso da Silva referida anteriormente, a razão maior para a concessão de tais autonomias à instituição (e também aos seus membros, sob a forma da independência funcional) reside justamente no adequado desempenho das suas funções e fins institucionais frente a tentativas de ingerência externa, o que, no caso da Defensoria Pública, representa a tutela e promoção dos direitos dos necessitados.

Entendimento equivalente, muito embora desenvolvido pelo autor para o regime jurídico do Ministério Público, é sustentado também por Wallace Paiva Martins Júnior, ao sinalizar que:

> "a soma da autonomia institucional e da independência funcional de seus membros (e as garantias da inamovibilidade, da irredutibilidade estipendial e da vitaliciedade) resulta na independência constitucional ou orgânica (art. 127, § 1º) em sua atuação e em face de outros órgãos ou poderes estatais, alforriados do cumprimento de ordens, recomendações, instruções ou injunções externas".[25]

O marco normativo delineado no art. 134 da CF/88, no tocante à autonomia reservada à Defensoria Pública e aos Defensores Públicos, encontra amparo no art. 4º, § 2º, da LC 80/94, com redação conferida

---

23. SILVA, *Comentário contextual à Constituição...*, p. 629.

24. Acerca do tema, dispõe o § 4º do art. 134 da CF/88: "§ 4º São princípios institucionais da Defensoria Pública a unidade, a indivisibilidade e a independência funcional, aplicando-se também, no que couber, o disposto no art. 93 e no inciso II do art. 96 desta Constituição Federal" (incluído pela EC 80/2014).

25. MARTINS JUNIOR, *Ministério Público...*, p. 46.

pela LC 132/2009, ao determinar que "as funções institucionais da Defensoria Pública serão exercidas inclusive contra as Pessoas Jurídicas de Direito Público". A defesa de direitos das pessoas necessitadas implicará, muitas vezes, a adoção de medidas administrativas e judiciais – inclusive de natureza coletiva e em matérias atinentes a políticas públicas – em face dos entes públicos, e especialmente do Poder Executivo. De tal sorte, a consagração constitucional e infraconstitucional da autonomia institucional da Defensoria Pública é peça elementar para o adequado cumprimento das suas atribuições institucionais, não podendo, em hipótese alguma, a instituição encontrar-se subordinada ao Poder Executivo. A sua subordinação deve ser somente aos interesses e direitos legítimos dos indivíduos e grupos sociais necessitados, à lei e à Constituição, tal qual se espera de qualquer instituição pública republicana.

Como "contrapartida" à autonomia conferida à Defensoria Pública, do ponto de vista do controle social ou popular da instituição, é importante sinalizar para a inovação institucional, ao menos se comparada com o modelo das demais instituições que compõem o nosso Sistema de Justiça, proporcionada pela consagração da Ouvidoria-Geral como órgão auxiliar da Defensoria Pública do Estado, de promoção da qualidade dos serviços prestados pela instituição (art. 105-A, *caput*), bem como da adoção de um modelo de *Ouvidoria Externa*[26] *no âmbito da Defensoria Pública brasileira, ou seja, de assegurar que o cargo de Ouvidor-Geral seja exercido por cidadão "não integrante da carreira", conforme se pode apreender do disposto no art. 105-B da LC 80/94, inserido pela LC132/2009.*[27] *A novidade em si está atrelada à vedação de que integrantes da carreira, ou seja, os próprios Defensores Públicos venham a ocupar tal posto. O espírito democrático-participativo que permeia tal inovação legislativa deve ser elogiado, ainda mais se tomarmos como parâmetro a blindagem institucional e falta de transparência que têm caracterizado as instituições do nosso Sistema de Justiça (em especial, o Poder Judiciário e o Ministério Público), além de legitimar o regime jurídico de autonomia inerente à Defensoria Pública.*

---

26. Segundo Patrícia Kettermann, a existência de uma Ouvidoria Externa, cuja função é de atuar como instância articuladora e de comunicação entre os usuários e a instituição, "é reflexo do fato de ser a Defensoria Pública expressão e instrumento do regime democrático e garante a observância estrita de seus objetivos institucionais e o exercício das funções institucionais de tal forma, que efetivamente se transformem no serviço público ao qual os seus destinatários têm direito". KETTERMANN, *Defensoria Pública...*, p. 68-69.

27. De acordo com o dispositivo em questão, "o Ouvidor-Geral será escolhido pelo Conselho Superior, dentre cidadãos de reputação ilibada, não integrante da Carreira, indicados em lista tríplice formada pela sociedade civil, para mandato de 2 (dois) anos, permitida 1 (uma) recondução".

Cap. 10 • A CONSAGRAÇÃO CONSTITUCIONAL DO MODELO DE ASSISTÊNCIA JURÍDICA

Explorando ainda a questão, a vedação constitucional ao exercício da advocacia fora das atribuições institucionais (ou seja, advocacia privada)[28], conforme dispõe o art. 134, § 1º[29], da CF/88, também, ao ver deste autor, legitima e dá guarida normativa às autonomias constitucionais da Defensoria Pública, além, é claro, da garantia da inamovibilidade, da estruturação da carreira pública, com ingresso em concurso público de provas e títulos, em todo similar ao que ocorre no caso do Ministério Público (e da Magistratura). Também pelo prisma da equiparação de regime jurídico e, consequentemente, de "paridade de armas" entre o órgão estatal acusador e o órgão estatal de defesa, nos parece que a autonomia constitucional assegurada à Defensoria Pública – o Ministério Público já era detentor de tal autonomia desde o texto original da CF/88 - se justifica. Do contrário, nos pareceria incorreto alegar a existência efetiva de um "Sistema Penal Acusatório" no Brasil, ou seja, com um órgão acusador detentor de um regime jurídico de autonomia e independência e, do outro lado, um órgão de defesa sem a mesma prerrogativa para a sua atuação, submetido a ingerência externas.

---

28. A vedação constitucional ao exercício da advocacia fora das atribuições institucionais pelos Defensores Públicos está assentada na jurisprudência do STF: "AÇÃO DIRETA DE INCONSTI-TUCIONALIDADE. ART. 137 DA LEI COMPLEMENTAR N. 65, DE 16 DE JANEIRO DE 2003, DO ESTADO DE MINAS GERAIS. DEFENSOR PÚBLICO. EXERCÍCIO DA ADVOCACIA À MARGEM DAS ATRIBUIÇÕES INSTITUCIONAIS. INCONSTITUCIONALIDADE. VIOLAÇÃO DO ART. 134 DA CONSTITUIÇÃO DO BRASIL. 1. O § 1º do artigo 134 da Constituição do Brasil repudia o desempenho, pelos membros da Defensoria Pública, de atividades próprias da advocacia privada. Improcede o argumento de que o exercício da advocacia pelos Defensores Públicos somente seria vedado após a fixação dos subsídios aplicáveis às carreiras típicas de Estado. 2. Os §§ 1º e 2º do artigo 134 da Constituição do Brasil veiculam regras atinentes à estruturação das defensorias públicas, que o legislador ordinário não pode ignorar. 3. Pedido julgado procedente para declarar a inconstitucionalidade do artigo 137 da Lei Complementar n. 65, do Estado de Minas Gerais (STF, ADI 3043/MG, Tribunal Pleno, Rel. Min. Eros Grau, j. 26.04.2006)".

29. "Art. 134 (...) § 1º Lei complementar organizará a Defensoria Pública da União e do Distrito Federal e dos Territórios e prescreverá normas gerais para sua organização nos Estados, em cargos de carreira, providos, na classe inicial, mediante concurso público de provas e títulos, assegurada a seus integrantes a garantia da inamovibilidade e vedado o exercício da advocacia fora das atribuições institucionais". No tocante à à vedação do exercício da advocacia fora das atribuições institucionais, a norma constitucional foi replicada no plano infraconstitucional na LC 80/94: "(Das Proibições) Art. 130. Além das proibições decorrentes do exercício de cargo público, aos membros da Defensoria Pública dos Estados é vedado: I - exercer a advocacia fora das atribuições institucionais; II - requerer, advogar, ou praticar em Juízo ou fora dele, atos que de qualquer forma colidam com as funções inerentes ao seu cargo, ou com os preceitos éticos de sua profissão; III - receber, a qualquer título e sob qualquer pretexto, honorários, percentagens ou custas processuais, em razão de suas atribuições; IV - exercer o comércio ou participar de sociedade comercial, exceto como cotista ou acionista; V - exercer atividade político-partidária, enquanto atuar junto à Justiça Eleitoral".

No plano jurisprudencial e acerca da própria eficácia e aplicabilidade imediata da norma inscrita no art. 134, § 2º, da CF/88, cumpre destacar decisão do Supremo Tribunal Federal no âmbito da ADI 3.569/PE, com voto-relator proferido pelo Ministro Sepúlveda Pertence, incorporando parecer do Procurador-Geral da República. A ação em questão versava sobre a vinculação e consequente subordinação da Defensoria Pública à Secretaria Estadual de Justiça e Direitos Humanos (portanto, órgão vinculado e subordinado ao Poder Executivo). Segundo entendimento lançado pelo Min. Sepúlveda Pertence no seu voto-relator:

> "(...) ao contrário do alegado pelos requeridos, *a norma inscrita no supra-transcrito artigo 134, § 2º, da Constituição Federal é auto-aplicável e de eficácia imediata, haja vista ser a Defensoria Pública um instrumento de efetivação dos direitos humanos.* 12. De fato, o papel da Defensoria Pública como instrumento de afirmação da dignidade humana, através da garantia do acesso ao Poder Judiciário, é relevante e fundamental à construção de um verdadeiro Estado Democrático de Direito, daí porque possui eficácia imediata a norma que assegura a *autonomia da Instituição.* 13. *Isso significa que a vinculação da Defensoria Pública a qualquer outra estrutura do Estado se revela inconstitucional, na medida em que impede o pleno exercício de suas funções institucionais, dentre as quais se inclui a possibilidade de, com vistas a garantir os direitos dos cidadãos, agir com liberdade contra o próprio Poder Público"* (grifos do autor).[30]

---

30. "I. Ação direta de inconstitucionalidade: art. 2º, inciso IV, alínea c, da L. est. 12.755, de 22 de março de 2005, do Estado de Pernambuco, que estabelece a vinculação da Defensoria Pública estadual à Secretaria de Justiça e Direitos Humanos: violação do art. 134, § 2º, da Constituição Federal, com a redação da EC 45/04: inconstitucionalidade declarada. 1. A EC 45/04 outorgou expressamente autonomia funcional e administrativa às defensorias públicas estaduais, além da iniciativa para a propositura de seus orçamentos (art. 134, § 2º): donde, ser inconstitucional a norma local que estabelece a vinculação da Defensoria Pública a Secretaria de Estado. 2. A norma de autonomia inscrita no art. 134, § 2º, da Constituição Federal pela EC 45/04 é de eficácia plena e aplicabilidade imediata, dado ser a Defensoria Pública um instrumento de efetivação dos direitos humanos. II. *Defensoria Pública: vinculação à Secretaria de Justiça, por força da LC est (PE) 20/98: revogação, dada a incompatibilidade com o novo texto constitucional* 1. É da jurisprudência do Supremo Tribunal - malgrado o dissenso do Relator - que a antinomia entre norma ordinária anterior e a Constituição superveniente se resolve em mera revogação da primeira, a cuja declaração não se presta a ação direta. 2. O mesmo raciocínio é aplicado quando, por força de emenda à Constituição, a lei ordinária ou complementar anterior se torna incompatível com o texto constitucional modificado: precedentes" (grifos do autor) (STF, ADI 3569/PE, Tribunal Pleno, Rel. Min. Sepúlveda Pertence, j. 02.04.2007). No mesmo sentido, consolidando entendimento pacífico do STF na matéria: "AÇÃO DIRETA DE INCONSTITUCIONALIDADE. ORGANIZAÇÃO E ESTRUTURA DA ADMINISTRAÇÃO PÚBLICA. DEFENSORIA PÚBLICA DO ESTADO DE MINAS GERAIS. LEIS DELEGADAS N. 112 E 117, AMBAS DE 2007. 1. Lei Delegada n. 112/2007, art. 26, inc. I, alínea h: Defensoria Pública de Minas Gerais órgão integrante do Poder Executivo mineiro. 2. Lei Delegada n. 117/2007, art. 10; expressão "e a Defensoria Pública", instituição subordinada ao Governador do Estado de Minas Gerais, integrando a Secretaria de Estado de Defesa Social. 3. O art. 134, § 2º, da Cons-

Cap. 10 • A CONSAGRAÇÃO CONSTITUCIONAL DO MODELO DE ASSISTÊNCIA JURÍDICA

Também acerca da autonomia da Defensoria Pública, em passagem do voto-relator do Min. Cesar Peluzo na ADI 4.163/SP, resultou consignado que:

> "Escusaria dizer que o conceito de autonomia equivale à ideia de auto-administração, a qual implica poder de escolha, guiado pelo interesse público, entre as alternativas juridicamente reconhecidas a certo órgão. Numa síntese, é autônomo o órgão que se rege e atua mediante decisões próprias, nos limites de suas competências legais, sem imposições nem restrições de ordem heterônoma. Daí se tira, sem grande esforço, que a autonomia outorgada no art. 134, § 2°, da Constituição da República, como meio ou instrumento necessário para o correto e frutuoso desempenho das atribuições institucionais, pressupõe, no âmbito destas, correspondente liberdade de atuação funcional e administrativa, cuja limitação ou desnaturamento por norma subalterna tipifica situação de clara inconstitucionalidade".[31]

As duas passagens de decisões do STF bem resumem tudo o que foi dito até aqui, alinhavando as razões político-jurídicas que estão na base da decisão do constituinte derivado de consagrar a autonomia da Defensoria Pública, é oportuno destacar a Resolução AG/RES 2656 (XLI-0/11), aprovada, em 07 de junho de 2011, pela Organização dos Estados Americanos (OEA). Tal Resolução, que versa sobre as "Garantias de Acesso à Justiça: o Papel dos Defensores Públicos Oficiais", reconheceu, de forma inédita, o papel da Defensoria Pública e dos Defensores Públicos no âmbito do Sistema Interamericano de Proteção dos Direitos Humanos, entendendo por bem, no seu item 4, "recomendar aos Estados membros que já disponham do serviço de assistência jurídica gratuita que adotem medidas que garantam que os defensores públicos oficiais gozem de *independência e autonomia funcional*" (grifos do autor). Trata-se, sem dúvida, de documento internacional inédito sobre a matéria, e em relação ao qual o modelo público de assistência jurídica prestada pela Defensoria Pública brasileira foi determinante – somada à experiência similar existente em outros países do continente americano -, objetivando a expansão de tal experiência aos demais países que integram a OEA.

No entanto, em que pese a conquista em sede constitucional da autonomia da DPU, registra-se o ajuizamento da ADI 5.296/DF pela Presi-

---

tituição da República, é norma de eficácia plena e aplicabilidade imediata. 4. *A Defensoria Pública dos Estados tem autonomia funcional e administrativa, incabível relação de subordinação a qualquer Secretaria de Estado.* Precedente. 5. Ação direta de inconstitucionalidade julgada procedente" (grifos do autor) (STF, ADI 3965/MG, Tribunal Pleno, Rel. Min. Cármen Lúcia, j. 07.03. 2012).

31. STF, ADI 4.163/SP, Tribunal Pleno, Rel. Min. Cesar Peluzo, j. 29.02.2012.

241

dência da República em face do § 3º do art. 134 da CF/88, incorporado por meio da EC 74/2013, ainda pendente de julgamento final (muito embora indeferida a medica cautelar pleiteada pela maioria dos Ministros da nossa Corte Constitucional).

3. A AUTONOMIA DA DEFENSORIA PÚBLICA EM FACE DA ORDEM DOS ADVOGADOS DO BRASIL (OAB)

3.1. Distinção entre advocacia privada e o múnus público exercido pela Defensoria Pública

> "A assistência jurídica integral e gratuita custeada ou fornecida pelo Estado será exercida pela Defensoria Pública" (Art. 4º, § 5º, da LC 80/94, incluído pela LC 132/2009)

Na trilha do fortalecimento do regime constitucional da Defensoria Pública brasileira, não se pode deixar de registrar que a recente EC 80/2014, entre outras inovações importantes trazidas pela nova redação do *caput* do art. 134 da CF/88, estabeleceu de forma bastante clara a diferenciação entre o múnus público exercido pela instituição e a advocacia privada. A pedra de toque fundamental na nova arquitetura constitucional para diferenciar o regime jurídico da advocacia privada daquele próprio da Defensoria Pública foi dada por meio da consagração de seção própria para esta última (Seção IV), separando-a da Advocacia (Privada) (Seção III), e também da própria Advocacia Pública (Seção II). Ademais, no rol das novas atribuições consagradas no *caput* do art. 134 da CF/88, verificam-se questões que denotam o *regime público* que permeia a atuação da Defensoria Pública, entre os quais o reconhecimento da Instituição "como expressão e instrumento do regime democrático" e o papel que lhe cumpre exercer (em outras palavras, suas atribuições) na "promoção dos *direitos humanos* e a defesa, em todos os graus, judicial e extrajudicial, dos *direitos individuais* e *coletivos*".

Para ilustrar tal distinção, vale destacar as palavras do Ministro Lewandowski, em seu voto no julgamento da ADI 3643/RJ, ao assinalar que o advogado, "embora faça parte do tripé, no qual se assenta a prestação jurisdicional, ele se aparta um pouco desta categoria especial, desse *status* especial que se dá à Defensoria Pública". Há, por assim dizer, um regime constitucional especial e diferenciado delineado para a Defensoria Pública (e os Defensores Públicos), afastando-a do regime da advocacia em sentido estrito (privada), de modo a reforçar o entendimento aqui sustentado.

De acordo com Diogo de Figueiredo Moreira Neto:

"São todas, genericamente, *funções de advocacia*, tomadas em seu sentido mais amplo, divididas em dois tipos básicos: a *advocacia privada* e a *advocacia pública* (tomada aqui também em seu sentido mais amplo). A *advocacia privada* é prestada por advogados, em caráter particular, atuando na zeladoria, promoção e defesa de todos os interesses jurídicos, de modo geral, excetuando-se as atuações reservadas exclusivamente aos órgãos da *advocacia pública* (CF, art.. 133). Esta, a *advocacia pública*, é prestada organicamente na estrutura do Estado, através de órgãos unipessoais e funcionalmente independentes, subdividindo-se em três modalidades: a *advocacia da sociedade*, cometida ao Ministério Público (CF, art. 127), a *advocacia de Estado*, reservada expressamente à Advocacia-Geral da União, Procuradores dos Estados e do Distrito Federal (CF, arts. 131 e 132) e, implicitamente, aos Procuradores autárquicos e fundacionais e aos Procuradores de Municípios com investidura estatutária, e a *advocacia dos hipossuficientes*, confiada à Defensoria Pública (CF, art. 134)".[32]

Sem entender necessário retomar aqui todos os argumentos lançados anteriormente para justificar a autonomia constitucional da Defensoria Pública em face dos poderes republicanos (também aplicados ao caso), cabe destacar a fragilidade, do ponto de vista normativo, qualquer posicionamento que pretenda sustentar a existência de algum tipo de subordinação ou vinculação da Defensoria Pública (e, igualmente, dos Defensores Públicos) perante a Ordem dos Advogados do Brasil (OAB), entidade que, muito embora possua certa natureza *sui generis* em relação aos demais conselhos profissionais[33], assenta-se no regime jurí-

---

32. MOREIRA NETO, *Curso de direito administrativo...*, p. 29.

33. A natureza *sui generis* do regime jurídico (entre público e privado) da OAB resultou consagrado no julgamento da ADI 3026/DF: "AÇÃO DIRETA DE INCONSTITUCIONALIDADE. § 1º DO ARTIGO 79 DA LEI N. 8.906, 2ª PARTE. 'SERVIDORES' DA ORDEM DOS ADVOGADOS DO BRASIL. PRECEITO QUE POSSIBILITA A OPÇÃO PELO REGIME CELESTISTA. COMPENSAÇÃO PELA ESCOLHA DO REGIME JURÍDICO NO MOMENTO DA APOSENTADORIA. INDENIZAÇÃO. IMPOSIÇÃO DOS DITAMES INERENTES À ADMINISTRAÇÃO PÚBLICA DIRETA E INDIRETA. CONCURSO PÚBLICO (ART. 37, II DA CONSTITUIÇÃO DO BRASIL). INEXIGÊNCIA DE CONCURSO PÚBLICO PARA A ADMISSÃO DOS CONTRATADOS PELA OAB. AUTARQUIAS ESPECIAIS E AGÊNCIAS. CARÁTER JURÍDICO DA OAB. ENTIDADE PRESTADORA DE SERVIÇO PÚBLICO INDEPENDENTE. CATEGORIA ÍMPAR NO ELENCO DAS PERSONALIDADES JURÍDICAS EXISTENTES NO DIREITO BRASILEIRO. AUTONOMIA E INDEPENDÊNCIA DA ENTIDADE. PRINCÍPIO DA MORALIDADE. VIOLAÇÃO DO ARTIGO 37, *CAPUT*, DA CONSTITUIÇÃO DO BRASIL. NÃO OCORRÊNCIA. 1. A Lei n. 8.906, artigo 79, § 1º, possibilitou aos "servidores" da OAB, cujo regime outrora era estatutário, a opção pelo regime celetista. Compensação pela escolha: indenização a ser paga à época da aposentadoria. 2. Não procede a alegação de que a OAB sujeita-se aos ditames impostos à Administração Pública Direta e Indireta. 3. A OAB não é uma entidade da Administração Indireta da União. A Ordem é um serviço público independente, categoria ímpar no elenco das personalidades jurídicas existentes no direito brasileiro.

dico de natureza preponderantemente privada (por exemplo, não está sujeita ao controle pelo Tribunal de Contas), cabendo à entidade regular, na sua essência, atividade profissional genuinamente privada, como o é a advocacia. Ademais, a LC 132/2009 ensejou verdadeira revolução nas atribuições institucionais reservadas à Defensoria Pública, afastando (ainda mais) as atribuições dos Defensores Públicos daquilo que se poderia designar de uma "advocacia privada". De acordo com Diogo Esteves e Franklyn Alves Silva acerca dessa questão,

> "com o advento da Lei Complementar 132/2009, essa separação ontológica entre advogados e Defensores Públicos restou ainda mais evidenciada, sendo significativamente ampliadas as funções institucionais de caráter eminentemente coletivo da Defensoria Pública. A reafirmação da legitimidade para a propositura de demandas coletivas (art. 4º, VII, VIII, X e XI), a autorização legal para convicar audiências públicas (art. 4º, XXII) e para participar dos conselhos de direitos (art. 4º, XX) demonstram que a atuação funcional da Defensoria Pública não mais se encontra adstrita à defesa dos direitos subjetivos individuais das pessoas economicamente necessitadas. Com essa nova racionalidade funcional, a ideia simplória de que os Defensores Públicos seriam simples advogados dos pobres restou definitivamente soterrada".[34]

A distinção conceitual desenvolvida anteriormente entre os conceitos de "assistência judiciária" e "assistência jurídica" também é por demais elucidativa a respeito da diferenciação entre o regime da advo-

---

4. A OAB não está incluída na categoria na qual se inserem essas que se tem referido como "autarquias especiais" para pretender-se afirmar equivocada independência das hoje chamadas "agências". 5. Por não consubstanciar uma entidade da Administração Indireta, a OAB não está sujeita a controle da Administração, nem a qualquer das suas partes está vinculada. Essa não-vinculação é formal e materialmente necessária. 6. A OAB ocupa-se de atividades atinentes aos advogados, que exercem função constitucionalmente privilegiada, na medida em que são indispensáveis à administração da Justiça [artigo 133 da CB/88]. É entidade cuja finalidade é afeita a atribuições, interesses e seleção de advogados. Não há ordem de relação ou dependência entre a OAB e qualquer órgão público. 7. A Ordem dos Advogados do Brasil, cujas características são autonomia e independência, não pode ser tida como congênere dos demais órgãos de fiscalização profissional. A OAB não está voltada exclusivamente a finalidades corporativas. Possui finalidade institucional. 8. Embora decorra de determinação legal, o regime estatutário imposto aos empregados da OAB não é compatível com a entidade, que é autônoma e independente. 9. Improcede o pedido do requerente no sentido de que se dê interpretação conforme o artigo 37, inciso II, da Constituição do Brasil ao *caput* do artigo 79 da Lei n. 8.906, que determina a aplicação do regime trabalhista aos servidores da OAB. 10. Incabível a exigência de concurso público para admissão dos contratados sob o regime trabalhista pela OAB. 11. Princípio da moralidade. Ética da legalidade e moralidade. Confinamento do princípio da moralidade ao âmbito da ética da legalidade, que não pode ser ultrapassada, sob pena de dissolução do próprio sistema. Desvio de poder ou de finalidade. 12. Julgo improcedente o pedido" (STF, ADI 3026/DF, Tribunal Pleno, Rel. Min. Eros Grau, j. 08.06.2006).

34. ESTEVES; ALVES SILVA, *Princípios institucionais da Defensoria Pública...*, p. 83-84.

cacia privada e aquele da assistência jurídica prestada pela Defensoria Pública. A natureza pública do regime jurídico-constitucional que rege a Defensoria Púbica e a prestação do serviço público de assistência jurídica (como expressão do direito fundamental à assistência jurídica de titularidade dos indivíduos e grupos sociais necessitados), sedimentada na sua base pela autonomia que a Lei Fundamental de 1988 lhe atribui, afasta qualquer possibilidade de ingerência de outra entidade - repita-se, não estatal e tampouco regida pelo regime dos princípios que norteiam a Administração Pública –, como é o caso da OAB.[35]

3.2. A (in)constitucionalidade da obrigatoriedade de os convênios complementares de assistência judicial serem firmados com a OAB: a jurisprudência firmada pelo STF nas ADI 4.163/SP e ADI 4270/SC

A autonomia constitucional (administrativa e funcional) conferida à Defensoria Pública traduz-se por meio de um leque amplo de efeitos jurídicos, muitos ainda carentes de maior desenvolvimento teórico e jurisprudencial, bem como de uma compreensão adequada por parte dos atores do nosso Sistema de Justiça. É fato que tal autonomia, muito embora seja similar à atribuída em tempos anteriores ao Ministério Público (especialmente a partir da sua nova configuração constitucional delineada na CF/88), se trata de inovação legislativa constitucional e infraconstitucional relativamente recente, sendo, nessa perspectiva, natural certa incompreensão acerca do seu conteúdo e amplitude. Para além dos efeitos trazidos para a relação entre a Defensoria Pública e os Poderes da República (Legislativo, Executivo e Judiciário), cumpre destacar, conforme tratado anteriormente, a incidência da sua autonomia em face da Ordem dos Advogados do Brasil, o que restou concretizado no plano normativo por meio das alterações trazidas pela LC 132/2009 ao texto da Lei Orgânica Nacional da Defensoria Pública (LC 80/94). A razão para se dispensar uma análise mais detida à relação entre Defensoria Pública

---

35. A ausência de qualquer vinculação entre a Defensoria Pública e a OAB também conduz à necessidade de se revisar o espaço reservado àquela na composição dos Tribunais pela regra do quinto constitucional. O fato de os membros da Defensoria Pública não integrarem os Tribunais Estaduais e Federais pela regra referida (isso tem ocorrido na prática, face a relação de conflito de interesses constante entre as instituições), implica, na prática, sub-representação dos interesses (e defesa dos direitos) dos indivíduos e grupos sociais necessitados nas nossas Cortes de Justiça, perpetuando posição jurisprudencial (é fácil perceber isso, por exemplo, no âmbito penal) que lhes é desfavorável em muitos casos, haja vista que, por exemplo, o Ministério Público tem seu lugar reservado.

e OAB está justamente atrelada à celebração de convênios com a OAB para a prestação de assistência jurídica, de modo complementar (por exemplo, como ocorre até hoje no Estado de São Paulo[36]) ou mesmo em completa substituição à Defensoria Pública (como ocorria no Estado de Santa Catarina até 2012[37]).

A nossa Lei Fundamental de 1988 delineia, na esteira do que se sustentou anteriormente, um modelo público de assistência jurídica

---

36. O STF, por unanimidade, decidiu que a "obrigatoriedade" de convênio entre a OAB-SP e a Defensoria Pública de São Paulo fere a Constituição Federal. De acordo com a nossa Corte Constitucional, os dispositivos da Constituição do Estado de São Paulo (art. 109) e da Lei Complementar Estadual 988/2006 (art. 234) que versam sobre a obrigatoriedade da celebração de convênio entre a Defensoria Pública de São Paulo e a Seccional Paulista da OAB afrontam o regime constitucional (e, em particular, sua autonomia) delineado para a Defensoria Pública pela Lei Fundamental de 1988. "EMENTA: 1. (...). 3. INCONSTITUCIONALIDADE. Ação de descumprimento de preceito fundamental – ADPF. Art. 109 da Constituição do Estado de São Paulo e art. 234 da Lei Complementar estadual nº 988/2006. Defensoria Pública. Assistência jurídica integral e gratuita aos necessitados. Previsões de obrigatoriedade de celebração de convênio exclusivo com a seção local da Ordem dos Advogados do Brasil – OAB-SP. Inadmissibilidade. Desnaturação do conceito de convênio. Mutilação da autonomia funcional, administrativa e financeira da Defensoria. Ofensa consequente ao art. 134, § 2º, cc. art. 5º, LXXIV, da CF. Inconstitucionalidade reconhecida à norma da lei complementar, ulterior à EC nº 45/2004, que introduziu o § 2º do art. 134 da CF, e interpretação conforme atribuída ao dispositivo constitucional estadual, anterior à emenda. Ação direta de inconstitucionalidade conhecida como ADPF e julgada, em parte, procedente, para esses fins. Voto parcialmente vencido, que acolhia o pedido da ação direta. É inconstitucional toda norma que, impondo a Defensoria Pública Estadual, para prestação de serviço jurídico integral e gratuito aos necessitados, a obrigatoriedade de assinatura de convênio exclusivo com a Ordem dos Advogados do Brasil, ou com qualquer outra entidade, viola, por conseguinte, a autonomia funcional, administrativa e financeira daquele órgão público" (STF, ADI 4163/SP, Tribunal Pleno, Rel. Min. Cesar Peluzo, j. 29.02.2012).

37. A Defensoria Pública do Estado de Santa Catarina foi criada no ano de 2012, por meio da Lei Complementar Estadual 575, de 02 de agosto de 2012, em cumprimento à decisão do Supremo Tribunal Federal exarada no julgamento da ADI 4270/SC, que estabeleceu o prazo de 12 meses para que o ente federativo estadual, em cumprimento ao disposto na CF/88, promovesse a criação da instituição. "EMENTA: Art. 104 da constituição do Estado de Santa Catarina. Lei complementar estadual 155/1997. Convênio com a seccional da Ordem dos Advogados do Brasil (OAB/SC) para prestação de serviço de "defensoria pública dativa". Inexistência, no Estado de Santa Catarina, de órgão estatal destinado à orientação jurídica e à defesa dos necessitados. Situação institucional que configura severo ataque à dignidade do ser humano. Violação do inc. LXXIV do art. 5º e do art. 134, *caput*, da redação originária da Constituição de 1988. Ações diretas julgadas procedentes para declarar a inconstitucionalidade do art. 104 da constituição do Estado de Santa Catarina e da lei complementar estadual 155/1997 e admitir a continuidade dos serviços atualmente prestados pelo Estado de Santa Catarina mediante convênio com a OAB/SC pelo prazo máximo de 1 (um) ano da data do julgamento da presente ação, ao fim do qual deverá estar em funcionamento órgão estadual de defensoria pública estruturado de acordo com a Constituição de 1988 e em estrita observância à legislação complementar nacional" (LC 80/1994). (STF, ADI 4270/SC e ADI 3892/SC, Tribunal Pleno, Rel. Min. Joaquim Barbosa, j. 14.03.2012).

integral à população necessitada, em semelhança aos sistemas públicos de saúde e educação (embora não em caráter universal, como no caso destes), sendo, para dizer o mínimo e desde logo, de flagrante inconstitucionalidade os convênios firmados entre alguns Estados da Federação e as suas respectivas Seccionais da OAB, os quais constituem, a exemplo do que ocorre nos Estados de São Paulo (onde há Defensoria Pública, mas o número de Defensores Públicos é insuficiente) e Santa Catarina (onde a Defensoria Pública foi criada somente após decisão do STF, embora em número de Defensores Públicos e estrutura absolutamente insuficientes), verdadeiro óbice – especialmente de ordem político – ao crescimento institucional e à efetiva implementação do modelo público de assistência jurídica consagrado pela CF/88, e não apenas de assistência judicial individual, como prestado por meio dos convênios com a OAB. Tais convênios, como referido, restringem-se a prestar mera *assistência judicial individual* aos necessitados, e não assistência jurídica integral e gratuita, conforme preconiza o texto constitucional e a legislação infraconstitucional que regulamente a matéria.

Em que pese o respeito aos advogados particulares que se empenham de forma digna a prestar tal assistência judicial, a Defensoria Pública tem um espectro infinitamente mais amplo de atuação, para muito além da mera assistência judicial individual, conforme já sinalizado em tópico anterior quando se discorreu de modo específico sobre o tema. A perpetuação de tais convênios, por sua vez, implica restrição inconstitucional ao direito fundamental à assistência jurídica[38] e ao modelo público de assistência jurídica por meio da Defensoria Pública consagrados pela Lei Fundamental de 1988 (art. 5º, LXXIV, e art. 134 da CF/88). O último aceno constitucional contrário à celebração de tais convênios pode ser apreendido do art. 98 do Ato das Disposições Constitucionais Transitórias (ADCT), inserido pela EC 80/2014, ao estabelecer prazo derradeiro (de oito anos) para o Estado brasileiro (nos planos federal, estadual e distrital) dar conta de assegurar a presença de Defensor Público em todas as unidades jurisdicionais (art. 98).

---

38. Em parecer formulado por Virgílio Afonso da Silva, a pedido da Conectas Direitos Humanos, que figurou como *amicus curiae* na ADI 4163/DF, o mesmo destacou que a obrigatoriedade do convênio com a OAB (prevista no art. 109 da Constituição do Estado de São Paulo), no que se refere ao direito fundamental à assistência jurídicas, "impõe restrições fáticas e jurídicas desproporcionais, sendo, portanto, inconstitucional". Disponível em: http://www.anadep. org.br/wtksite/cms/conteudo/6297/2009-Defensoria-Conectas.pdf. Acesso em: 19 de dezembro de 2016.

Em passagem do voto-relator do Min. Cesar Peluzo na ADI 4.163/SP, resultou assinalado sobre o "modelo público" de assistência jurídica consagrado pela CF/88 e o caráter temporário (e precário) dos convênios firmados com a OAB que:

> "O § 2º do art. 14 da Lei Complementar nº 98/99 autoriza se firme convênio com entidade pública que desempenhe as funções da Defensoria, quando esta ainda não exista na unidade da federação. Velhíssima jurisprudência desta Suprema Corte já definiu que tal função é exclusiva da Defensoria, donde ser admissível exercício por outro órgão somente onde essa não tenha sido ainda criada (STF, RE 135.328/SP, Tribunal Pleno, Rel. Min. Marco Aurélio, j. 29.06.1994) (...) É dever constitucional do Estado oferecer assistência jurídica gratuita aos que não disponham de meios para contratação de advogado, tendo sido a Defensoria Pública eleita, pela Carta Magna, como o único órgão estatal predestinado ao exercício ordinário dessa competência. Daí, qualquer política pública que desvie pessoas ou verbas para outra entidade, com o mesmo objetivo, em prejuízo da Defensoria, insulta a Constituição da República. Não pode o Estado de São Paulo, sob o pálio de convênios firmados para responder a situações temporárias, furtar-se ao dever jurídico-constitucional de institucionalização plena e de respeito absoluto à autonomia da Defensoria Pública. Em suma, é inconstitucional o art. 234 da Lei Complementar nº 988/2006".[39]

A Defensoria Pública, por sua vez, possui uma *atuação extrajudicial* extremamente abrangente, através, por exemplo, da mediação, da conciliação e da primazia da resolução extrajudicial de conflitos (art. 4º, II), do atendimento multidisciplinar de cunho psicossocial (art. 4º, IV), da convocação de conferências e audiências públicas para participação da sociedade civil nos temas afetos ao interesse de indivíduos e grupos sociais necessitados (art. 4º, XXII), de práticas de orientação jurídica e educação em direitos (art. 4º, I e III), da representação aos sistemas internacionais de proteção dos direitos humanos, postulando perante seus órgãos (art. 4º, IV), da fiscalização e participação na gestão de políticas públicas, inclusive através do assento de Defensores Públicos nos respectivos conselhos temáticos de âmbito municipal, estadual e federal (art. 4º, XX). Além disso, a própria *atuação judicial* empregada pela Defensoria Pública supera sobremaneira a atuação individual dos advogados conveniados, dada a legitimidade da instituição para a propositura de ações civis públicas e todas as demais ações cabíveis no sentido de tutelar direitos difusos, coletivos em sentido estrito e individuais homogêneos, conforme preconizado pelos art. 4º,

---

39. STF, ADI 4.163/SP, Tribunal Pleno, Rel. Min. Cesar Peluzo, j. 29.02.2012.

Cap. 10 • A CONSAGRAÇÃO CONSTITUCIONAL DO MODELO DE ASSISTÊNCIA JURÍDICA

VII, da LC 80/94, com redação dada pela LC 132/2009, e art. 5º, II, da Lei 7.347/85.

É preciso, nesse sentido, ou seja, no que diz respeito ao âmbito limitado da assistência jurídica prestada por meio de convênios com a OAB (em outras palavras, "mera assistência judiciária individual"), o seguinte trecho do voto do Ministro Joaquim Barbosa no julgamento da ADI 4270/SC, questionando o convênio mantido entre o Estado de Santa Catarina e a Seccional da OAB do referido ente federativo:

"Não se pode ignorar, também, que, enquanto o Defensor Público integrante de carreira específica dedica-se exclusivamente ao atendimento da população que necessita dos serviços de assistência, o advogado privado convertido em defensor dativo certamente prioriza, por uma questão de limitação da jornada de trabalho, os seus clientes que podem oferecer uma remuneração maior do que aquela que é repassada pelo Estado, a qual observa a tabela de remuneração básica dos serviços de advogado. Essas observações sugerem que a questão da criação de um serviço de assistência judiciária não pode ser vista apenas sob o ângulo estatístico e muito menos da perspectiva da mera economia de recursos. Veja-se, a título de exemplo, o fato de que a defensoria dativa organizada pelo Estado de Santa Catarina com apoio da seção local da OAB não está preparada e tampouco possui competência para atuar na defesa de direitos coletivos, difusos ou individuais homogêneos dos hipossuficientes e dos consumidores, atribuição que hoje se encontra plenamente reconhecida à defensoria pública (incs. VII e VIII do art. 4º da LC 80/1994, na redação da LC 132/2009). Note-se, também, que a ênfase do modelo catarinense na assistência jurídica prestada sob o ângulo do apoio ao litígio judicial deixa de lado todos os esforços que vem sendo empreendidos por várias organizações no sentido de consolidar a cultura da resolução extrajudicial de disputas. A Defensoria Pública como instituição do Estado encontra-se apta para atuar nessa frente, linha de ação essencial para reduzir a quantidade de processos e tornar mais ágil o funcionamento da justiça (inc. II do art. 4º da LC 80/1994, na redação da LC 132/2009)".[40]

Há, ante a omissão ou atuação insuficiente do Estado ao manter tais convênios com a OAB e não criar e estruturar de forma adequada a Defensoria Pública, flagrante prejuízo e violação a direitos fundamentais de indivíduos e grupos sociais necessitados, na medida em que não

---

40. STF, ADI 4270/SC, Tribunal Pleno, Rel. Min. Joaquim Barbosa, j. 14.03.2012.

assegura aos mesmos a prestação do serviço público de assistência jurídica integral e gratuita nos moldes delineados pela CF/88 e pela LC 80/94[41], perpetuando situação de "inconstitucionalidade progressiva", conforme consagrado na jurisprudência da nossa Corte Constitucional (na interpretação do art. 68 do CPP).[42] Com isso, tem-se restrição inconstitucional ao direito fundamental à assistência jurídica dos indivíduos e grupos sociais necessitados, limitando-o ao espectro restrito da assistência judicial individual. Ademais, diferentemente de outros convênios de assistência jurídica complementar firmados, por exemplo, com escritórios modelos de universidades, entidades públicas e privadas especializadas no entendimento a determinados grupos vulneráveis (criança e adolescente, vítimas de violência doméstica, pessoas privadas de liberdade, idosos, etc.), os convênios firmados com a OAB – tomando como exemplo os casos de São Paulo e Santa Catarina que foram objeto de ações perante o STF - retiram da Defensoria Pública a autonomia que lhe foi consagrada constitucionalmente, bem como constituem verdadeiro "óbice político" (pela resistência político-corporativa da entidade classista) à criação e ampliação dos seus quadros e estrutura.

No mesmo sentido, reproduz-se o entendimento de Carlos Weis sobre o tema:

> "ao prever a criação de órgãos estatais de Defensoria Pública, a Constituição Federal claramente afastou-se do modelo assistencialista vedando que, como regra, sejam celebrados convênios para contratação de advogados privados custeados pelos cofres públicos. Pois, ao criar uma nova instituição jurídica, a Constituição atribuiu-lhe a função de concorrer para o acesso à justiça social, especialmente no que diz respeito à orientação jurídica da população, algo inalcançável pela advocacia privada, seja em razão de sua estrutura pulverizada, seja pela natural finalidade lucrativa que envolve a atividade do profissional liberal. A forja

---

41. Quanto à obrigatoriedade de a Defensoria Pública do Estado de São Paulo firmar convênio com a Seccional Paulista da Ordem dos Advogados do Brasil para a prestação suplementar de assistência judicial individual, conforme enunciam o art. 109 da Constituição do Estado de São Paulo e o art. 234 da Lei Complementar Estadual 988/2009, ambos contestados no âmbito da ADI 4163 proposta pela Procuradoria-Geral da República, Virgílio Afonso da Silva, em sede de parecer elaborado a pedido da Conectas Direitos Humanos, na qualidade de *amicus curiae* na referida ação, assevera que os dispositivos impugnados, "para além de seus efeitos inconstitucionais na autonomia das Defensorias Públicas, têm efeitos inconstitucionais também na realização do direito fundamental à assistência jurídica gratuita aos necessitados (art. 5°, LXXIV)" (p. 4). Disponível em: http://www.anadep.org.br/wtksite/cms/conteudo/6297/2009-Defensoria-Conectas.pdf. Acesso em: 20 de setembro de 2015.

42. STF, RE 135.328/SP, Tribunal Pleno, Rel. Min. Marco Aurélio, j. 29.06.1994; e STF, RE 147.776/SP, 1ª Turma, Rel. Min. Sepúlveda Pertence, j. 19.05.1998.

Cap. 10 • A CONSAGRAÇÃO CONSTITUCIONAL DO MODELO DE ASSISTÊNCIA JURÍDICA

> dessa nova e real identidade institucional é crucial para demonstrar a essencial distinção entre os serviços das Defensorias Públicas e daqueles prestados por advogados conveniados".[43]

Por derradeiro, cabe frisar que os convênios com a OAB para a prestação de assistência judiciária expressam, ademais, verdadeira burla à exigência constitucional de concurso público de provas e títulos para o exercício do cargo de Defensor Público (art. 37, II, e 134, § 1º, da CF/88). Não por outra razão, no julgamento da ADI 4163/SP, o Ministro Cezar Peluso acenou que a realização de concurso público "é regra primordial para prestação de serviço jurídico pela administração pública, enquanto atividade estatal permanente", bem como que se trata de situação excepcional e temporária a prestação e assistência jurídica à população carente "por profissionais outros que não Defensores Públicos estaduais concursados, seja mediante convênio com a OAB, seja mediante alternativas legítimas".[44]

3.3. A questão da desvinculação dos Defensores Públicos dos quadros da OAB e a não subordinação funcional dos Defensores Públicos ao Tribunal de Ética Disciplinar da OAB (TED): breves considerações sobre a ADI 4.636/DF ajuizada pelo Conselho Federal da OAB junto ao STF

Entre os temas relacionados à questão da autonomia da Defensoria Pública em face da OAB, está também a "desvinculação" dos Defensores Públicos dos quadros da Ordem dos Advogados do Brasil. Conforme já assinalado anteriormente, a LC 132/2009 trouxe nova roupagem normativa à Lei Orgânica Nacional da Defensoria Pública, e, entre os seus novos dispositivos, estabeleceu, no § 6.º do art. 4º, que "a capacidade

---

43. WEIS, *Direitos humanos e Defensoria Pública...*, p. 5-6. De acordo com Cleber Francisco Alves, seguindo o mesmo raciocínio proposto na fundamentação trilhada até aqui, "as modalidades de convênios celebrados pelos Estados com a Ordem dos Advogados do Brasil, notadamente em Santa Catarina e em São Paulo, segundo nosso parecer, estão ostensivamente em confronto com as normas constitucionais que disciplinam a prestação de assistência jurídica aos necessitados". ALVES, *Justiça para todos...*, p. 316.

44. A jurisprudência do STF tem assentado entendimento pacífico a respeito da exigência de concurso público para o cargo de Defensor Público, considerando incompatíveis com a atual ordem constitucional, inadmitindo a contratação de servidores temporários para exercer função de Defensor Público (STF, ADI 2.229/ES, Tribunal Pleno, Rel. Min. Carlos Velloso, j. 09.06.2004; e STF, ADI 3.700/RN, Tribunal Pleno, Rel. Min. Ayres Britto, j. 15.10.2008), bem como a transposição dos cargos de assistente jurídico de penitenciária e de analista de justiça para Defensor Público, sem prévio concurso, em violação às normas que estruturam a Defensoria Pública no país (ADI 3.819/AC, Tribunal Pleno, Rel. Min. Eros Grau, j. 24.10.2007).

251

postulatória do Defensor Público decorre *exclusivamente* de sua nomeação e posse no cargo público".[45] Tal dispositivo, por sua vez, caminha na perspectiva de concretizar a autonomia institucional consagrada por meio das EC 45/2004 e EC 74/2013, que acrescentaram, respectivamente, o §2° e o § 3º ao art. 134 da CF/88. Outro fundamento, também de índole constitucional e já pontuado anteriormente, que merece destaque para a análise da desvinculação institucional em questão, até porque a OAB não se trata de instituição genuinamente pública, diz respeito ao rearranjo feito pela EC 80/2014, ao separar a Advocacia e a Defensoria Pública (antes juntas na Secção III) em seções próprias do "Capítulo IV - Das Funções Essenciais à Justiça". A Defensoria Pública passou a constar da Seção IV, permanecendo a Advocacia na Seção III.

O Estatuto da Advocacia e da OAB (Lei 8.906/94), ademais, não tem o padrão legislativo exigido pela CF/88 para regulamentar o regime jurídico da Defensoria Pública, por não se tratar de "lei complementar". De tal sorte, a EC 45/2004, mantendo o conteúdo anterior da norma inscrita no antigo parágrafo único do art. 134 da CF/88, determina, no seu § 1º, a indispensabilidade de *lei complementar* para regulamentar a organização da Defensoria Pública em todos os âmbitos da Federação.[46] Portanto, segundo o ordenamento jurídico brasileiro vigente, não caberia, em hipótese alguma, à lei ordinária, como é o caso do Estatuto da OAB, dispor sobre temas que se referem à organização e ao regime jurídico da Defensoria Pública. Ademais, cumpre ainda sinalizar que é de iniciativa privativa do Presidente da República a *lei complementar* que organiza a Defensoria Pública da União, bem como normas gerais para a organização da Defensoria Pública dos Estados, do Distrito Federal e dos Territórios, nos termos do art. art. 61, §1°, II, "d", da CF/88.[47] Sobre o tema, já consolidou entendimento o Supremo Tribunal Federal, ao dispor que "só cabe lei complementar, no sistema de direito positivo brasileiro,

---

45. O dispositivo em questão foi reproduzido, no plano estadual, pelo art. 4º, § 4º, da Lei Orgânica da Defensoria Pública do Estado do Paraná (Lei Complementar Estadual 359/2011): "§4º A capacidade postulatória do Defensor Público do Estado decorre exclusivamente de sua nomeação e posse no cargo público".

46. "Art. 134 (...) § 1º *Lei complementar* organizará a Defensoria Pública da União e do Distrito Federal e dos Territórios e prescreverá normas gerais para sua organização nos Estados, em cargos de carreira, providos, na classe inicial, mediante concurso público de provas e títulos, assegurada a seus integrantes a garantia da inamovibilidade e vedado o exercício da advocacia fora das atribuições institucionais".

47. De modo complementar, assinala o art. 24, XIII, da CF/88 que "compete à União, aos Estados e ao Distrito Federal legislar concorrentemente sobre (...) XIII - assistência jurídica e Defensoria pública.

Cap. 10 • A CONSAGRAÇÃO CONSTITUCIONAL DO MODELO DE ASSISTÊNCIA JURÍDICA

quando formalmente reclamada a sua edição por norma constitucional explícita".[48] É esse, por certo, o caso previsto para o regime jurídico da Defensoria Pública.

De tal sorte, considerando a premissa levantada no parágrafo antecedente, o § 1.º do art. 3.º da Lei 8.906/94[49] e outros dispositivos que se referem à Defensoria Pública no mesmo diploma[50] padecem de vício de inconstitucionalidade[51], tanto formal quanto material. Uma vez que lei ordinária invadiu matéria reservada à lei complementar, desrespeitou-se a iniciativa privativa do Presidente da República, além de que o dispositivo impõe ao Defensor Público submissão a regime jurídico incompatível com as autonomias constitucionais previstas nos § 2º e § 3º do art. 134 da CF/88 e na LC 80/94 (com as inovações trazidas pela LC 132/2009). Ademais, enquanto não existir manifestação expressa do STF em sentido contrário, ou seja, atribuindo inconstitucionalidade ao § 6.º do art. 4º da LC 80/94, presume-se constitucional e vigente o dispositivo em tela e todo o bloco normativo constitucional e infraconstitucional que dá amparo à capacidade postulatória decorrer exclusivamente de nomeação e posse do cargo de Defensor Público.[52] Tal entendimento,

---

48. "E M E N T A: ADIN - LEI N. 8.443/92 - MINISTÉRIO PÚBLICO JUNTO AO TCU - INSTITUIÇÃO QUE NÃO INTEGRA O MINISTÉRIO PÚBLICO DA UNIÃO - TAXATIVIDADE DO ROL INSCRITO NO ART. 128, I, DA CONSTITUIÇÃO - VINCULAÇÃO ADMINISTRATIVA A CORTE DE CONTAS - COMPETÊNCIA DO TCU PARA FAZER INSTAURAR O PROCESSO LEGISLATIVO CONCERNENTE A ESTRUTURAÇÃO ORGÂNICA DO MINISTÉRIO PÚBLICO QUE PERANTE ELE ATUA (CF, ART. 73, *CAPUT*, IN FINE) - MATÉRIA SUJEITA AO DOMÍNIO NORMATIVO DA LEGISLAÇÃO ORDINARIA - *ENUMERAÇÃO EXAUSTIVA DAS HIPÓTESES CONSTITUCIONAIS DE REGRAMENTO MEDIANTE LEI COMPLEMENTAR* - INTELIGENCIA DA NORMA INSCRITA NO ART. 130 DA CONSTITUIÇÃO - AÇÃO DIRETA IMPROCEDENTE. (...)" (grifos do autor). (STF, ADI 789/DF, Tribunal Pleno, Rel. Min. Celso de Mello, j. 26.05.94).

49. "Art. 3º O exercício da atividade de advocacia no território brasileiro e a denominação de advogado são privativos dos inscritos na Ordem dos Advogados do Brasil (OAB). § 1º Exercem atividade de advocacia, sujeitando-se ao regime desta lei, além do regime próprio a que se subordinem, os integrantes da Advocacia-Geral da União, da Procuradoria da Fazenda Nacional, da *Defensoria Pública* e das Procuradorias e Consultorias Jurídicas dos Estados, do Distrito Federal, dos Municípios e das respectivas entidades de administração indireta e fundacional".

50. Além do § 1.º do art. 3.º da Lei 8.906/94, também dispõe sobre Defensoria Pública ou fazem referência à instituição os arts. 22, § 2º, 29 e 34, XII, do referido diploma.

51. De modo a asseverar o vício de inconstitucionalidade formal inerente ao diploma legislativo em questão, v. ALVES, *Justiça para todos...*, p. 325.

52. A Corregedoria-Geral da Defensoria Pública do Estado de São Paulo exarou manifestação sobre o tema no expediente CGDP 033/2009, entendendo que a desvinculação não implica falta funcional ou impossibilidade de exercício das funções de Defensor Público por ausência de capacidade postulatória. WEIS, Carlos. *Parecer da Corregedoria-Geral da Defensoria Pública do Estado de São Paulo sobre Autonomia Funcional, Autonomia Administrativa e Independência*

muito embora se tratar de novel dispositivo de lei, já encontra ressonância na jurisprudência.[53]

Na doutrina, registra-se o entendimento de Kettermann, para quem

> "a criação de Seção própria para a Defensoria Pública na Constituição Federal, por força da mesma EC 80/2014, demonstra cabalmente que a Defensoria Pública não é outra coisa que não a Defensoria Pública, ou seja, não é advocacia nem advocacia pública, razão pela qual a capacidade postulatória dos seus agentes políticos decorre exclusivamente da posse no cargo, tendo em vista que o regramento aplicável é o previsto na LC 80/94. (...) O exemplo mais atual e importante é o Novo Código de Processo Civil, que traz Seção própria para a Defensoria Pública e supera o anterior tratamento confuso, mencionando os Defensores Públicos e os advogados, em todos os dispositivos pertinentes, como entes diferentes que são".[54]

Ainda sobre a capacidade postulatória dos Defensores Públicos, cumpre assinalar que há inúmeras exceções legais, tal qual ocorre com a Defensoria Pública, no sentido de dispensar a inscrição na OAB e, inclusive, de dispensar o patrocínio da causa por advogado, sempre no sentido de afirmar o próprio preceito constitucional de acesso à justiça. De modo exemplificativo, vale destacar a capacidade postulatória do trabalhador na Justiça do Trabalho[55], do cidadão em demandas de menor complexidade e menor valor monetário nos Juizados Especiais Cíveis[56], bem como a possibilidade de impetração de *habeas corpus*. O Supremo Tribunal Federal, nesse sentido, foi chamado a decidir na ADI 1127/DF sobre eventual monopólio do *no que tange à capacidade postulatória*. A ação em questão foi proposta pela Associação dos Magistrados do Brasil (AMB), reconhecendo ao cidadão a possibilidade de acionar o Poder

---

Funcional (2007). Disponível em: http://www.anadep.org.br/wtk/pagina/materia?id=4155. Acesso em 01 de dezembro de 2015.

53. O Tribunal de Justiça do Estado de São Paulo já se manifestou sobre o tema: "Processual. Defensoria Pública. Capacidade postulatória. Defensor Público desligado da OAB. Irrelevância. Lei Complementar n. 132/2009. Suficiência da nomeação e posse no cargo público correspondente. Preliminar dos apelados rejeitada. Apelação conhecida (...)" (TJSP, Apel. Cível 990.10.550904-5, Comarca da Araçatuba, 2ª Câmara de Direito Privado, Rel. Des. Fabio Tabosa, j. 03.05.2011).

54. KETTERMANN, *Defensoria Pública...*, p. 66-67.

55. V. Consolidação das Leis do Trabalho - CLT (Decreto-Lei 5.452/43): "Art. 791 - Os empregados e os empregadores poderão reclamar pessoalmente perante a Justiça do Trabalho e acompanhar as suas reclamações até o final".

56. V. Lei 9.099/95 (Juizados Especiais): "Art. 9º Nas causas de valor até vinte salários mínimos, as partes comparecerão pessoalmente, podendo ser assistidas por advogado; nas de valor superior, a assistência é obrigatória".

Cap. 10 • A CONSAGRAÇÃO CONSTITUCIONAL DO MODELO DE ASSISTÊNCIA JURÍDICA

Judiciário por si só, já que a prescrição estampada no Estatuto da Advocacia significa ofensa ao princípio constitucional do amplo acesso à justiça.[57]

Complementando o dispositivo que assegura a liberdade da instituição e dos seus membros para postular em juízo, após a investidura do Defensor Público no cargo, o § 9º, do art. 4º, da LC 80/94, como consequência lógica da ausência de vinculação à entidade de classe da advocacia, dispõe que "o exercício do cargo de Defensor Público é comprovado mediante apresentação de carteira funcional expedida pela respectiva Defensoria Pública, conforme modelo previsto nesta Lei Complementar, a qual valerá como documento de identidade e terá fé pública em todo o território nacional" (incluído pela LC 132/2009).

Portanto, a forma como o Defensor Público se apresenta e se identifica, inclusive perante o Poder Judiciário, é por meio da carteira funcional, com dados, características e numeração própria (e, portanto, não a carteira da OAB). Nessa linha, a Presidência da República, em 18 de novembro de 2010, editou o Decreto nº 7.360[58], sendo que, em nenhum momento, prescreveu que a identificação do Defensor Público será feito por meio da numeração obtida após inscrição nos quadros da OAB. Além da capacidade postulatória e identificação própria, a LC 80/94, em seu art. 128, XI, tratando, por óbvio, como institutos autônomos, dispõe que

---

57. "AÇÃO DIRETA DE INCONSTITUCIONALIDADE. LEI 8.906, DE 4 DE JULHO DE 1994. ESTATUTO DA ADVOCACIA E A ORDEM DOS ADVOGADOS DO BRASIL. DISPOSITIVOS IMPUGNADOS PELA AMB. PREJUDICADO O PEDIDO QUANTO À EXPRESSÃO "JUIZADOS ESPECIAIS", EM RAZÃO DA SUPERVENIÊNCIA DA LEI 9.099/1995. AÇÃO DIRETA CONHECIDA EM PARTE E, NESSA PARTE, JULGADA PARCIALMENTE PROCEDENTE. I – O advogado é indispensável à administração da Justiça. Sua presença, contudo, pode ser dispensada em certos atos jurisdicionais". (STF, ADI 1127/DF, Tribunal Pleno, Rel. para acórdão Min. Ricardo Lewandowski, j. 17.05.2006).

58. Decreto nº 7.360, de 18 de novembro de 2010. Institui modelo de carteira funcional dos membros da carreira de Defensor Público e dá outras providências. Art. 1º Fica instituído modelo de carteira funcional dos membros da carreira de Defensor Público, nos termos do § 9o do art. 4o da Lei Complementar no 80, de 12 de janeiro de 1994.

Parágrafo único. O exercício do cargo de Defensor Público, com todas as prerrogativas que lhes são atribuídas pela legislação vigente para o desempenho de sua missão institucional, é comprovado mediante a apresentação da carteira funcional de que trata este Decreto, a qual valerá como documento de identidade e terá fé pública em todo o território nacional. Art. 2º A carteira funcional dos membros da carreira de Defensor Público será expedida pela Defensoria Pública, de acordo com as seguintes características relativas à sua confecção e formatação: (...) § 1º. (...) VII - ao lado da foto: a) o número da matrícula funcional na respectiva Defensoria Pública; b) a data de admissão na instituição; c) o número da identidade civil, órgão emissor e unidade federativa; d) o número de inscrição no Cadastro de Pessoa Física do Ministério da Fazenda - CPF; e e) a data de nascimento".

255

é prerrogativa do Defensor Público: "representar a parte, em feito administrativo ou judicial, *independentemente de mandato*".

Segundo Reis, Zveibel e Junqueira,

> "o que nos parece colocar uma pá de cal sobre a questão da constitucionalidade da capacidade postulatória autônoma do Defensor Públicos consiste no fato que seria ilógico a Constituição prescrever autonomia constitucional da Defensoria Pública e, de outro lado, permitir que seus membros fossem subordinados a uma entidade privada que possui, inclusive, alguns conflitos de interesse em relação à Defensoria Pública. Essa hipótese ilógica corresponderia à Constituição dar autonomia constitucional com a mão direita e retirar ao mesmo tempo com a mão esquerda".[59]

Em decisão recente de lavra do Min. Felix Fischer acerca do *princípio do defensor natural* e da impossibilidade de substituição *ad hoc* de Defensor Público (por advogado) pelo juízo da causa em processo criminal, resultou consagrado expressamente que "os Defensores Públicos não são advogados públicos, possuem regime disciplinar próprio e têm sua capacidade postulatória decorrente diretamente da Constituição Federal".[60]

---

59. REIS; ZVEIBIL; JUNQUEIRA, *Comentários à lei da Defensoria Pública...*, p. 95.

60. "RECURSO ORDINÁRIO EM HABEAS CORPUS. PROCESSUAL PENAL. DEFENSOR PÚBLICO NATURAL. DEFENSORIA PÚBLICA. NOMEAÇÃO DE ADVOGADO AD HOC. VIOLAÇÃO DO CONTRADITÓRIO E DA AMPLA DEFESA. NULIDADE PROCESSUAL RECONHECIDA. RECURSO PROVIDO. I - A Defensoria Pública é instituição permanente, essencial à função jurisdicional do Estado, incumbindo-lhe, como expressão e instrumento do regime democrático, fundamentalmente, a orientação jurídica, a promoção dos direitos humanos e a defesa, em todos os graus, judicial e extrajudicial, dos direitos individuais e coletivos, de forma integral e gratuita, aos necessitados, na forma do inciso LXXIV do art. 5º da Constituição Federal. II - São direitos dos assistidos da Defensoria Pública, além daqueles previstos na legislação estadual ou em atos normativos internos, o patrocínio de seus direitos e interesses pelo defensor natural (artigo 4º-A, IV, Lei Complementar nº 80/94). III - Os Defensores Públicos não são advogados públicos, possuem regime disciplinar próprio e têm sua capacidade postulatória decorrente diretamente da Constituição Federal. IV - Na linha da jurisprudência do eg. Supremo Tribunal Federal e desta eg. Corte, "O Supremo Tribunal Federal firmou o entendimento de que é nulo o processo quando há nomeação de defensor dativo em comarcas em que existe Defensoria Pública estruturada, só se admitindo a designação de advogado *ad hoc* para atuar no feito quando não há órgão de assistência judiciária na comarca, ou se este não está devidamente organizado na localidade, havendo desproporção entre os assistidos e os respectivos defensores. Precedente" (grifos do autor) (HC n. 337.754/SC, Quinta Turma, Rel. Min. Jorge Mussi, DJe de 26/11/2015). V - No caso dos autos há violação dos princípios da ampla defesa, do contraditório e do defensor público natural, tendo em vista a nomeação de defensor ad hoc para realizar audiência de instrução e julgamento ao invés do Defensor Público Federal que já patrocinava a causa. VI - As pessoas assistidas pela Defensoria Pública são vulneráveis e deve ser assegurado seu direito de realizar a audiência prévia, a orientação para o interrogatório e as perguntas que serão feitas para as testemunhas (realizadas pela defesa técnica) com

Cap. 10 • A CONSAGRAÇÃO CONSTITUCIONAL DO MODELO DE ASSISTÊNCIA JURÍDICA

Ocorre que, inconformada com o novo cenário legislativo dirigente do regime jurídico da Defensoria Pública brasileira, notadamente em relação ao conteúdo acrescido pela LC 132/2009 à LC 80/94, a OAB, por seu Conselho Federal, ajuizou a ADI 4.636/DF[61] perante o STF, questionando diversos dispositivos da LC 80/94, entre eles o art. 4.º, V e § 6º, que atribui capacidade postulatória ao Defensor Público como decorrência exclusiva do exercício do respectivo cargo público, portanto, sem necessidade de filiação junto aos quadros corporativos da OAB. A ação em questão também objetiva manter o poder correcional da OAB (no caso, do seu Tribunal de Ética Disciplinar - TED) sobre os Defensores Públicos (já submetidos no campo disciplinar às respectivas Corregedorias).[62]

---

seu Defensor Público natural. Recurso ordinário em habeas corpus provido" (grifos do autor) (STJ, RO em HC 61.848/PA, 5ª Turma, Rel. Min. Felix Fischer, j. 04.08.2016).

61. O professor Celso Antônio Bandeira de Mello elaborou parecer jurídico para a Associação Nacional dos Defensores Públicos (ANADEP), no qual defende a constitucionalidade dos dispositivos da LC 132/2009, impugnados pela OAB na ADI 4.636/DF. Disponível em: http://www.anadep.org.br/wtksite/grm/envio/1155/Parecer_Bandeira_de_Melo.pdf. Acesso em: 03 de dezembro de 2016.

62. O Tribunal Regional Federal da 3ª Região, no julgamento do recurso de apelação em decorrência do mandado de segurança impetrado pela APADEP - Associação Paulista de Defensores Públicos julgou favoravelmente à obrigatoriedade de inscrição de Defensor Público nos quadros da OAB, mas afastando o controle correcional do Tribunal de Ética da OAB em face dos Defensores Públicos. "MANDADO DE SEGURANÇA COLETIVO. CONSTITUCIONAL E ADMINISTRATIVO. DEFENSOR PÚBLICO E INSCRIÇÃO NA OAB. COMPATIBILIDADE DA LEGISLAÇÃO DAS CARREIRAS DE ADVOGADO. CONTRIBUIÇÃO DEVIDA AO CONSELHO. BIS IN IDEM VEDADO NA APLICAÇÃO DE PENALIDADES PREVALECENDO A LEI ESPECIAL EXCETO NA OMISSÃO DESTA EM FACE DO ESTATUTO DA ORDEM DOS ADVOGADOS. 1. Apela a Associação Paulista de Defensores Públicos contra a sentença que denegou a ordem, nos autos de mandado de segurança coletivo impetrado contra ato do Presidente da Ordem dos Advogados do Brasil - Seção de São Paulo (Primeira e Segundas Câmaras Recursais), consubstanciado no indeferimento dos pedidos de cancelamento das inscrições na OAB. 2. A Defensoria Pública possui previsão constitucional no artigo 134 da Carta Magna e em ordenamentos infraconstitucionais (a Lei Complementar nº 80/94 e a Lei Complementar nº 988/06 do Estado de São Paulo) e não são incompatíveis as funções que exerce com o que dispõe o artigo 3º da Lei nº 8.906, de 04/07/1994 (EAOAB). 3. Atuam os Defensores Públicos como autênticos advogados na defesa dos interesses dos necessitados que não possuem condições de custear as despesas com a contratação de um patrono particular. É cediço utilizarem-se os defensores públicos, no exercício do cargo, do número da inscrição na OAB como identificação nas peças processuais que subscrevem, além de concorrerem na classe dos advogados ao quinto constitucional destinado à categoria a compor os Tribunais, na forma do artigo 94 da Constituição Federal. 4. Como advogados e, nessa qualidade, os defensores públicos devem possuir inscrição dos quadros da OAB, contribuindo para o Conselho na forma prevista na legislação de regência. 6. O Defensor Público deve submeter-se a ambos os regimes (estatutário e OAB), não sendo possível a ele aplicar os comandos da Lei nº 8.906/94 quando conflitantes com a legislação específica e estatutária, pois, no confronto, devem prevalecer as disposições que regem a carreira, para que não ocorra o bis in idem; preocupação maior que a meu ver é o grande mote trazido neste pleito recursal. 7. Não prospera o pedido de restituição dos valores relativos às

Aproveitando o apanhado argumentativo lançado até aqui, cumpre tecer algumas considerações a respeito da subordinação (ou não) dos Defensores Públicos ao Tribunal de Ética e Disciplina da OAB, estabelecido de forma genérica no art. 70, § 1º, da Lei 8.906/94, para julgar os processos disciplinares dos advogados inscritos na OAB. Mais uma vez, para iniciar a análise do tema, é oportuno salientar a autonomia constitucional conferida à Defensoria Pública, por força do disposto no art. 134, § 2º e § 3º, no que tange às esferas institucionais de ordem administrativa e funcional. O texto foi expresso no sentido de reconhecer a *autonomia funcional* dos Defensores Públicos. Não bastasse isso, no tocante aos deveres funcionais dos membros da Defensoria Pública dos Estados – e dispositivo idêntico da mesma lei se aplica aos Defensores Públicos da União (arts. 11, 12 e 13) e do Distrito Federal e Territórios (arts. 59, 60 e 61) -, sua fiscalização e aplicação de penalidades, a LC 80/94 – repita-se, a Lei Orgânica Nacional da Defensoria Pública – estabeleceu que as Defensorias Públicas contarão com Corregedoria-Geral, cuja atribuição é justamente de fiscalizar a atividade funcional e a conduta dos membros e servidores da Instituição, conforme dispõem os arts. 103, 104 e 105 do diploma legislativo referido.[63]

---

anuidades pagas após a propositura do presente writ, pois, à míngua de concessão de liminar, os valores das contribuições acabaram sendo recolhidos, tampouco as contribuições feitas em datas que precederam a propositura desta impetração, porquanto evidente a inadequação do mandado de segurança para o pleito, via que não se destina à condenação da parte na restituição de valores pagos indevidamente. 8. Remessa oficial não conhecida. Apelação parcialmente provida. (TRF3, AC 0016414-67.2012.4.03.6100, 3ª Turma, Rel. Des. Federal Nery Júnior. 04.02.2016).

63. "(SEÇÃO III - Da Corregedoria-Geral da Defensoria Pública do Estado) Art. 103. A Corregedoria-Geral é órgão de fiscalização da atividade funcional e da conduta dos membros e dos servidores da Instituição. Art. 104. A Corregedoria-Geral é exercida pelo Corregedor-Geral indicado dentre os integrantes da classe mais elevada da Carreira, em lista tríplice formada pelo Conselho Superior, e nomeado pelo Defensor Público-Geral para mandato de 2 (dois) anos, permitida 1 (uma) recondução. (Redação dada pela LC 132/09).

§ 1º O Corregedor-Geral poderá ser destituído por proposta do Defensor Público-Geral, pelo voto de dois terços do Conselho Superior, antes do término do mandato. (Renumerado pela LC 132/09).

§ 2º A lei estadual poderá criar um ou mais cargos de Sub-Corregedor, fixando as atribuições e especificando a forma de designação. Art. 105. À Corregedoria-Geral da Defensoria Pública do Estado compete: I - realizar correições e inspeções funcionais; II - sugerir ao Defensor Público-Geral o afastamento de Defensor Público que esteja sendo submetido a correição, sindicância ou processo administrativo disciplinar, quando cabível; III - propor, fundamentadamente, ao Conselho Superior a suspensão do estágio probatório de membro da Defensoria Pública do Estado; IV - apresentar ao Defensor Público-Geral, em janeiro de cada ano, relatório das atividades desenvolvidas no ano anterior; V - receber e processar as representações contra os membros da Defensoria Pública do Estado, encaminhado-as, com parecer, ao Conse-

Cap. 10 • A CONSAGRAÇÃO CONSTITUCIONAL DO MODELO DE ASSISTÊNCIA JURÍDICA

Há aqui, como já apontado na questão da desvinculação dos Defensores Públicos dos quadros da OAB, também discussão a respeito da natureza dos diplomas legislativos em comento, uma vez que a norma constitucional inscrita no art. 134, § 1º, exige a natureza de *lei complementar* para regulamentar matéria atinente à organização da Defensoria Pública, coisa que a Lei 8.906/94 não é. Trata-se, por imposição constitucional, de matéria reservada à lei complementar, sendo que somente a LC 80/94 possui tal natureza e *status* legislativo. De tal sorte, pode-se afirmar que, quando pretendeu regulamentar qualquer matéria relativa à organização da Defensoria Pública, o Estatuto da OAB, invadiu de forma indevida esfera normativa reservada à lei complementar. De acordo com o Parecer nº 4, de 24 de julho de 2008, da Corregedoria-Geral da Defensoria Pública do Estado de São Paulo, em especial no que tange à impossibilidade de fiscalização dos Defensores Públicos pelo Tribunal de Ética Disciplinar da referida entidade de classe, o então Corregedor-Geral da Defensoria Pública Paulista, o Defensor Público Carlos Weis, pontuou que

> "resta patente que a Constituição Federal exige que a organização da Defensoria Pública se dê por meio de lei complementar, por força do art. 143, § 1º, o que afasta definitivamente a incidência do Estatuto da Advocacia sobre a atividade dos membros da Defensoria Pública e, mais especificamente, sobre a fixação dos deveres no exercício da profissão e do órgão encarregado de apreciar denúncias de sua não observância".[64]

No mesmo documento, a respeito do controle correcional do Tribunal de Ética da OAB em face dos Defensores Públicos, Weis pontua que:

---

lho Superior; VI - propor a instauração de processo disciplinar contra membros da Defensoria Pública do Estado e seus servidores; VII - acompanhar o estágio probatório dos membros da Defensoria Pública do Estado; VIII - propor a exoneração de membros da Defensoria Pública do Estado que não cumprirem as condições do estágio probatório. IX – baixar normas, no limite de suas atribuições, visando à regularidade e ao aperfeiçoamento das atividades da Defensoria Pública, resguardada a independência funcional de seus membros; (Incluído pela LC 132/2009).

X – manter atualizados os assentamentos funcionais e os dados estatísticos de atuação dos membros da Defensoria Pública, para efeito de aferição de merecimento; (Incluído pela LC 132/2009).

XI – expedir recomendações aos membros da Defensoria Pública sobre matéria afeta à competência da Corregedoria-Geral da Defensoria Pública; (Incluído pela LC 132/2009).

XII – desempenhar outras atribuições previstas em lei ou no regulamento interno da Defensoria Pública. (Incluído pela LC 132/2009)".

64. WEIS, Carlos. *Parecer da Corregedoria-Geral da Defensoria Pública do Estado de São Paulo sobre Autonomia Funcional, Autonomia Administrativa e Independência Funcional (2007).* Disponível em: http://www.anadep.org.br/wtk/pagina/materia?id=4155. Acesso em 01 de dezembro de 2015.

"em decorrência do mandamento constitucional, o Tribunal de Ética e Disciplina, cuja natureza é de órgão administrativo da Ordem dos Advogados do Brasil, não possui competência para apreciar reclamações contra Defensor Público e, muito menos, estabelecer sanções, o mesmo valendo para o Conselho Seccional, que, seguindo o Estatuto da Advocacia, determina a aplicação da sanção."

De modo complementar, vale registrar que, enquanto um advogado privado se sujeita apenas ao Tribunal de Ética da seccional a que é filiado, o Defensor Público está sujeito aos princípios constitucionais da Administração Pública (art. 37 da CF/88), aos deveres funcionais do cargo (arts. 11 da LC 80/94), à Corregedoria-Geral da Defensoria Pública, ao Conselho Superior da Defensoria Pública, ao Código de Ética da Administração Pública e ao Código de Ética da Defensoria Pública. Há, por assim dizer, regime jurídico sólido para afastar qualquer ingerência ou poder correcional da OAB frente os Defensores Públicos, tendo como argumento central, além da existência de órgão correcional próprio, repita-se, a autonomia constitucional assegurada à instituição.

A proteção das pessoas necessitadas carrega evidente interesse de natureza pública, na medida em que o próprio ordenamento jurídico dispensa proteção jurídica especial a tais indivíduos e grupos sociais. A advocacia (*"em sentido lato"*) exercida pela Defensoria Pública é exercida de acordo com essa natureza pública (interesse público primário), diferenciando-se substancialmente da advocacia privada, exercida por profissionais liberais, uma vez que o interesse predominante desta última é de natureza privada, ao contrário da assistência jurídica prestada aos necessitados, detentores de especial proteção jurídica estabelecida na CF/88. A própria CF/88, conforme tratado anteriormente, diferencia a Defensoria Pública - e, por tanto, o serviço público de assistência jurídica aos necessitados - da *advocacia em sentido estrito*, ou seja, da advocacia privada. Além disso, cumpre assinalar que a advocacia em sentido estrito é vedada constitucionalmente aos Defensores Públicos, ao dispor o art. 134, § 1º, ser "vedado o exercício da advocacia fora das atribuições institucionais". E, nessa perspectiva, não deveria ser outra a interpretação senão a ausência de qualquer vinculação obrigatória ou subordinação da Defensoria Pública (e dos Defensores Públicos) em face da OAB.

4. CONCLUSÕES ARTICULADAS

4.1. A Constituição Federal de 1988 consagrou o modelo público (e o serviço público essencial) de assistência jurídica integral e gratuita às pessoas necessitadas. A privação do exercício da advocacia privada

Cap. 10 • A CONSAGRAÇÃO CONSTITUCIONAL DO MODELO DE ASSISTÊNCIA JURÍDICA

pelo Defensor Público estabelecida no art. 134, § 1º, da CF/88 – da mesma forma como prevê o art. 128, § 5º, II, b, do texto constitucional em relação aos membros do Ministério Público - é expressão da dicotomia entre o múnus púbico exercido pelo Defensor Público na prestação da assistência jurídica aos necessitados e a advocacia privada. Trata-se em verdade, da atuação do Estado em prol da justiça social, estabelecendo parâmetros diferenciados de proteção jurídica em favor dos indivíduos e grupos sociais necessitados, notadamente em relação ao exercício dos seus direitos fundamentais. Tal espírito institucional é enunciado de forma paradigmática na nova redação do *caput* do art. 134 da CF/88, estabelecido por meio da EC 80/2014, ao prever, como já o fazia o art. 1º da LC 80/94 (após as alterações substanciais promovidas pela LC 132/2009), que a Defensoria Pública se trata de "expressão e instrumento do regime democrático", cabendo-lhe a função de exercer (suas atribuições) na "promoção dos *direitos humanos* e a defesa, em todos os graus, judicial e extrajudicial, dos *direitos individuais* e *coletivos*, de forma integral e gratuita, aos necessitados".

4.2. Ademais, a EC 80/2014, de forma inédita, assegurou seção própria para a Defensoria Pública (Seção IV) no Capítulo IV - Das Funções Essenciais à Justiça, separando-a da Advocacia (Seção III) e da Advocacia Pública (Seção II), o que também foi adotado pelo NCPC (art.185), criando base normativa sólida em sede constitucional para o modelo público de assistência jurídica aos necessitados. Sem a apropriação da assistência jurídica aos necessitados pela esfera pública, o fosso da desigualdade só tenderia a aumentar no contexto político-jurídico brasileiro. Eis a razão para o constituinte de 1988 delinear um modelo público de assistência jurídica aos necessitados, criando uma instituição pública (Defensoria Pública) dotada de autonomia para a prestação de tal serviço público essencial, conforme se pode apreender do conteúdo norma inscrita nos arts. 5º, LXXIV, e 134.

4.3. A CF/88, por intermédio da EC 45/2004 (Reforma do Poder Judiciário) e em reforço ao modelo público de assistência jurídica aos necessitados, estabeleceu novo regime constitucional para a Defensoria Pública, ao assegurar à instituição, conforme preconizado no dispositivo citado anteriormente, *autonomia funcional e administrativa*, bem como iniciativa de sua proposta orçamentária dentro dos limites estabelecidos na lei de diretrizes orçamentárias e subordinação ao disposto no art. 99, § 2, da CF/88. A ampliação da autonomia institucional (funcional, administrativa e financeira) conferida à Defensoria Pública pelo texto constitucional alcançou, num primeiro momento, apenas as Defensorias

261

Públicas Estaduais (EC 45/2004), mas, posteriormente, também a Defensoria Pública do Distrito Federal (EC 69/2012) e a Defensoria Pública da União - DPU (EC 74/2013), assegurando à instituição importante instrumento para perseguir os seus objetivos de forma plena e independente no sentido da efetivação dos direitos fundamentais das pessoas necessitadas.

4.4. A nossa Lei Fundamental de 1988 delineia, na esteira do que sustentamos anteriormente, um modelo público de assistência jurídica integral à população necessitada, em semelhança aos sistemas públicos de saúde e educação (embora não em caráter universal, como no caso destes), sendo, para dizer o mínimo, de flagrante inconstitucionalidade os convênios firmados entre alguns Estados da Federação e as suas respectivas Seccionais da OAB, os quais constituem, a exemplo do que ocorre nos Estados de São Paulo (onde há Defensoria Pública, mas o número de Defensores Públicos é insuficiente) e Santa Catarina (onde a Defensoria Pública foi criada somente após decisão do STF, embora em número de Defensores Públicos e estrutura absolutamente insuficientes), verdadeiro óbice – especialmente de ordem político – ao crescimento institucional e à efetiva implementação do modelo público de assistência jurídica consagrado pela CF/88, e não apenas de assistência judicial individual, como prestado por meio dos convênios com a OAB. Tais convênios, como referido, restringem-se a prestar mera *assistência judicial individual* aos necessitados, e não assistência jurídica integral e gratuita, conforme preconiza o texto constitucional e a legislação infraconstitucional que regulamenta a matéria. Por derradeiro, cabe frisar que os convênios com a OAB para a prestação de assistência judiciária expressam, ademais, verdadeira burla à exigência constitucional de concurso público de provas e títulos para o exercício do cargo de Defensor Público (art. 37, II, e 134, § 1º, da CF/88), bem como caracterizam limitação inconstitucional ao direito fundamental à assistência jurídica titularizado pelos indivíduos e grupos sociais necessitados.

CAPÍTULO 11

A autonomia da Defensoria e os reflexos no Processo Coletivo

Carlos Almeida Filho

Sumário: 1. Introdução; 2. O que é Defensoria Pública?; 3. Onde se localiza a Defensoria Pública?; 4. Poderia se conceber Defensoria Pública de maneira diversa?; 5. Do que se precisa para se ter Defensoria Pública?; 6. Os reflexos da autonomia no processo coletivo; 7. Conclusão 8. Referências

1. INTRODUÇÃO

Atualmente não mais se discute a necessidade de tratamento coletivo de demandas. Na atual sociedade de massas é axiomática a resolução de demandas a encerrar miríade de tutelas de igual quilate. Tal se observa desde o tímido início com a Lei da Ação Popular, com a evolução da Lei da Ação Civil Pública e agora com o recrudescer de medidas *erga omnes* ou *ultra partes* no Código de Processo Civil.

Dentre as várias justificações para a existência de uma processualística coletiva, a máxima tutela de vulneráveis aparenta ser a mais bem conectada aos primados do Estado Democrático de Direito que se quer ver florescer cá no Brasil, haja vista que, *v.g.*, a ausência de medicamento a uma idosa é o reflexo de uma deficiência a atingir milhares, ou as condições insalubres de encarceramento de um indivíduo não são diferentes dos inúmeros que se encontram no mesmo estabelecimento, ou mesmo a deficiência de qualquer política pública não pode ser avaliada pelo prisma das necessidades de um indivíduo.

Daí a legislação caminha, por vezes errática, no sentido de uma máxima efetivação de direitos fundamentais, como se mostra bem candente no Código de Defesa do Consumidor, ao procurar ajustar os baldrames do processo coletivo de acordo a extensão dos interesses em jogo. Óbvio que tal não se dá sem infinitas discussões acerca dos reflexos de cada opção política do Legislador, fato que se observa num sem-número de casos, alguns a ganhar devida atenção do Pretório Excelso. O fato é que não se pode ter tratamento coletivo de demandas estaqueada, haja vista que, como Erik Jayme já prescreveu, o Direito é um "sistema de vasos comunicantes".

Desta forma, mormente num atual panorama de precedentes à brasileira, cada demanda ganha expressão de visibilidade, a poder se constituir em *leading case* para a construção de possíveis ulteriores entendimentos vinculantes. Por tal razão o compreender das lides não mais admite ser tacanho, pois já urge abandonar o paradigma de Tício e Mélvio,[1] fazendo com que num Estado que se pretenda Democrático de Direito a dialeticidade não corra somente no binômio do Autor-Réu, quando a *ratio decidendi* das demandas as exsurgem, clamando pela intervenção de terceiros. Tanto assim o é, que o "terceiro enigmático"[2] *amicus curiae,* outrora identificado como cativo dos processos de controle objetivo de constitucionalidade, acaba, na nova processualística civil, a poder colaborar com o julgamento de demandas individuais, onde se busca a "tutela de interesses ou direitos não subjetivados pelas partes litigantes"[3] mas que podem ser vinculantes ou persuasivos a terceiros.

Assim, hodiernamente se tem o processo civil não como expressão de "propriedade das partes", se assim se pode dizer. Seus rumos não se conduzem tão somente por suas exclusivas manifestações, havendo de tolerar, pelo respeito à necessidade de legitimação das decisões judiciais, o manifestar de estranhos interessados.

Oras, se o processo civil assim se concebe, como bem se procurará demonstrar, é axiomático que o tratar coletivo das demandas detenha, por muito mais, essa expressão: o processo não tem dono, pois ninguém é titular exclusivo da dor de uma miríade. Nesse sentido é que esclarece o andar errático - agora - do ordenamento jurídico nacional na efetiva tutela de interesses coletivos: sua discussão admite e exige que o máximo de interessados se possam ver presentes. E a Defensoria Pública faz parte dessa discussão.

---

1. ALMEIDA FILHO, Carlos Alberto Souza de. Breves linhas sobre parametrização do cômputo da reparação por Dano Social. Revista de Direito Privado. Vol. 70, Ano 17, Outubro/2016, p. 173.

2. BUENO, Cassio Scarpinella. *Amicus curiae* no processo civil brasileiro: um estranho enigmático. 3ª ed. São Paulo: Saraiva, 2012.

3. *Idem, p. 594.*

Num analisar estritamente dogmático do Direito um dia há de se pasmar com tanta quizília pela inclusão da Defensoria Pública no rol dos legitimados ativos à tutela coletiva, pois se o Judiciário extrai legitimidade de seus julgados da discussão democrática havida em suas baias, o podar de uma voz se constitui em odiosa tirania.

Mas essa voz, a Defensoria, não subsiste em um corpo fraco. E é isto que as seguintes linhas tentam demonstrar.

2. O QUE É DEFENSORIA PÚBLICA?

À justificação da existência do Estado, propalada é a ideia de que à necessidade de viver em paz e harmonia houve a condição do baixar d'armas individuais, entregando-se-lhe o monopólio do Poder. O objetivo, deveras, é que pacote mínimo de direitos fundamentais faça parte do patrimônio de cada indivíduo. Tal, hodiernamente, especialmente assentado com o nascimento da Declaração Universal dos Direitos Humanos.

Cá por estas terras, o processo de redemocratização fez imbricar no nosso Estado um DNA nitidamente social, fazendo com que a Carta de 1988 encerrasse um extenso rol de direitos fundamentais, o que, por óbvio, ao menos no papel, justifica a existência de todo o aparato estatal presente: ele existe para atender ao ser humano.

É óbvio que a mudança legislativa, mesmo num texto de altíssima importância como a Constituição da República, não se traduz em imediatas transformações sociais. É normal que o romper com um *establishment* de desmandos e de inversão das funções do Estado caminhe mais devagar do que a esperança dos sedentos de Justiça deseja. Mas, é justamente nesse Brasil, em franco processo de mutação que se vem observando reengenharia estrutural lenta, mas – acredito – profunda que se vem extraindo do espírito de nossa Carta: a construção de uma sociedade livre, justa e solidária.

Daí, nosso Estado vem, gradualmente, a cumprir o *script* previsto pelos constituintes de 1987, e buscando a muito custo, com as Instituições que se consolidam, a preservação dos direitos fundamentais de primeira dimensão[4]. Todavia, ainda atroz dificuldade se busca fincar bases mínimas em direitos sociais – ou fundamentais de segunda dimensão –, pois a estes, diferentemente dos primeiros, se exige um sair da inércia,

---

4. É assente que a utilização de tais classificações são meramente didáticas, dado o já lecionado por Fábio Konder Comparato sobre a não gradação dentre os direitos humanos.

se exige ação, planejamento e investimento, algo que nosso Brasil ainda se recusa a fazer.

Mas a fé continua mesmo assim. Mestre Canotilho afirma que o galgar dos direitos fundamentais – e galgar é a analogia correta – se faz num crescer que não admite retrocessos, um caminhar para cima, por caminhos às vezes tortuosos e difíceis, que demanda, a cada vitória o fincar de bases. Efeito *cliquet*, como o mestre descreve: o alpinista – Brasil – em cada ponto seguro finca seus pinos, a não admitir quedas quando dos próximos passos (ou governos?).

É com esta ótica que se analisa a existência de Defensoria Pública, pois a Carta de 1988 veio incrustada da obrigação do resgate social: o extremamente desigual Brasil reconhece a necessidade de retirar do ocaso os inúmeros que não têm direito à mínima dignidade e atribui para si esta obrigação: resgate, modificação da realidade social é, então direito fundamental, que deve ser exercido não mais como esmoler, mas sim como *munus*, haja vista ser direito público subjetivo do indivíduo a dignidade e seus consectários.

A Defensoria Pública é, então Direito Fundamental, e um dos mais preciosos, pois se constitui em lídimo direito à esperança, à possibilidade da construção de viver melhor e com dignidade. E isso bem se observa na sua evolução legislativa: errática, como se disse há pouco, galga, a cada ano, bases sólidas onde ficar seus estamentos a traduzir a justificação da existência do Estado como tal.

Nascida em 1988, em tímida referência no art. 5º, LXXIV da Constituição, e com parâmetros ainda tacanhos no art. 134, a Defensoria Pública caminhou ainda um bom tempo com a alcunha de "advocacia dos pobres", numa locução tão pejorativa - cuja finalidade era apequenar sua missão e discriminar seus beneficiários -, que a fazia parecer um "estranho no ninho" no sistema judiciário, causando incredulidade quanto à sua utilidade. O agir de membros cônscios de sua Missão convulsionou o coreto onde se incrustava a novel Instituição obrigando ao reconhecimento de seu efetivo papel de resgate social: não uma advocacia de pobres, mas sim uma Defensora de vulneráveis: de fato, o próprio Estado a olhar para onde, outrora, se desviava de qualquer atenção. E isso, justamente isso, demandou correção legislativa quanto ao papel da Defensoria, ora, inicialmente, com a Emenda Constitucional nº 45/2004 - a lhe conferir autonomia -, e agora mais recente, com a Emenda Constitucional nº 80/2014 - a lhe consolidar a tutela coletiva.

Hoje, ao menos legislativamente, a Defensoria Pública tem corpo e missão bem definidos, tanto a sua Lei Orgânica Nacional - Lei Complementar nº 80/1994 -, como as demais legislações processuais civis ou penais conferem-lhe *munus* inarredáveis à manutenção dos mínimos estamentos de Direitos Humanos que o Estado Brasileiro se comprometeu a cumprir, fazendo com que, em um papel imbricado com outras demais Instituições - como o Ministério Público, por exemplo - a Defensoria Pública seja Órgão ativo na promoção de dignidade e cidadania.

3. ONDE SE LOCALIZA A DEFENSORIA PÚBLICA?

Por vezes, de dentro de seu território, ou de suas estruturas, dificultoso se torna recordar o que é o Estado. O modelo brasileiro, de incentivo à iniciativa privada, mas de forte interferência dos entes federativos tende a tornar turva a visão mesmo para operadores do Direito, pois são inúmeras as faces do Estado: são milhares de entes políticos, todos autônomos, cada um com suas subdivisões de Poder e cada um desses com suas outorgas ou delegações de serviços típicos, daí incontáveis autarquias, fundações e empresas públicas e privadas.

O que se quer dizer com isso?

Que em tudo, o indivíduo enxerga o Estado: ao comerciar, somente o faz se o Estado autorizar; que este mesmo Estado pode aferir por agências reguladoras a qualidade do produto; o mesmo Estado ainda cria estruturas de defesa do consumidor, para as demandas serem julgadas pelo Estado, com o Estado em diversos momentos atacando e defendendo. No processo penal isso é particularmente evidente: do início da *persecutio criminis* pela autoridade policial, passando pelo oferecimento da denúncia pelo *Parquet*, ao desembocar no Judiciário com a Defensoria presente num dos polos. O Estado acusa, defende e julga. O mesmo Estado.

Tal como um corpo vivo, o Estado demanda a existência de diversos órgãos internos a demandar, em sintonia, funcionamento harmônico, mesmo que tal possa parecer contraditório. A dor, por exemplo, é um excelente mecanismo de sobrevivência, pois sem dor o corpo se desgastaria até a falência. De igual maneira o Estado precisa de mecanismos que evitem que os indivíduos sejam castigados, de mecanismos que se voltem mesmo contra ele e apontem o agir incorreto.

Nosso Brasil ainda tateia a expressão de cada um dos Poderes da República, ainda experimenta os limites da independência de cada um dos seus entes políticos, mas já crê, desde a Carta de 1988, que para a democracia efetiva é necessário fortalecer as Instituições para melhor servir ao indivíduo, e é neste patamar que surge a Defensoria Pública: ela é o próprio Estado; além do Legislador, do Administrador e do Julgador, é o Estado-Defensor, que se reveste da mesma estatura que suas demais faces possuem, e com a mesma independência se volta contra qualquer uma parte de si tendente a anular direitos fundamentais. E isso é muito importante, pois sem Defensoria Pública, sem Estado-Defensor, sinaliza-se o desrespeito à própria finalidade da Constituição, da própria razão de existir do Estado, pois ele existe para o indivíduo, não para si mesmo.

A Defensoria Pública é o Estado contra o próprio Estado para garantir os direitos fundamentais do indivíduo.

Daí, tal qual os demais Poderes da República, não se pode conceber Defensoria Pública que não seja independente e autônoma o suficiente para garantir sua própria sobrevivência, razão esta a não se admitir sujeição, de qualquer forma, da Defensoria, a qualquer Poder.

4. PODERIA SE CONCEBER DEFENSORIA PÚBLICA DE MANEIRA DIVERSA?

O indivíduo, como determina a Constituição da República, tem direito à assistência jurídica integral, isto é, em todas as possíveis demandas e de forma resolutiva. O Estado não presta assistência jurídica se não fornece serviço permanente e independente. Desta forma, a concepção da Defensoria Pública, como prevê a Constituição, é de uma Instituição que, para o destinatário, possa ser una, ou seja, não um grande escritório, ou departamento, com advogados, mas um corpo com Membros, onde o jurisdicionado possa continuar fruindo de seus serviços independentemente de quaisquer mudanças internas. Aqui a grande diferenciação com a louvável advocacia *pro bono*, pois nesta há identificação da assistência jurídica gratuita no benemerente causídico, encerrando-se nele a Sorte do assistido.

O Estado não pode admitir tal circunstância como a panaceia, haja vista que o contingente de bons samaritanos não ser suficiente para atendimento da brutal demanda desvalidos. Isso até mesmo porque, contrário mesmo ao que se expôs no capítulo anterior, estaria a negar sua própria existência ao negar integralidade na atenção de seus cidadãos. Até mesmo porque assistência jurídica não é assistencialismo, não é favor.

Portanto, qual um Estado dentro do Estado, exatamente como um Poder - mas não o sendo -, essa face do Estado deve ter corpulência própria e todo independente para cumprir sua missão de resgate social, por isso exige preço de ser autônoma, garantindo aos seus membros, como corolário, independência funcional, mas exigindo, em contrapartida, unidade e indivisibilidade.

Desta forma é óbvio que o mister da Defensoria não pode ser exercido sem autonomia, pois sob o jugo de qualquer Poder estaria podada de agir quando contrariasse seus interesses - e isso não é um passado muito distante. A Defensoria, como já reconhece a Constituição da República, necessita de total independência, pois senão não é Defensoria, mas arremedo de defesa, escritório simplório à prestação formal de assistência judiciária. E isso é especialmente dramático no Brasil atual, onde o Estado, notadamente o Executivo, é, em tese, o maior prestador de serviços à população, tornando-se o maior violador de liberdades individuais e coletivas. Afinal de contas, desapropriações, demissões, prisões, etc., decorrem do Estado e os Tribunais têm causas aos borbotões a denunciar irregularidades em todas as operações estatais. Assim, lógica é a compreensão de que, para um exercício livre e desembaraçado de defesa dos direitos vituperados pelo Estado, a Defensoria deve dele estar distante.

Contudo, de nada adianta autonomia se esta não for acompanhada do necessário mínimo repasse orçamentário, pois, de igual modo, de que vale a autonomia do Quasimodo frente à força dos hercúleos outros Poderes (devidamente alimentados com generosas fatias orçamentárias)? Como já se disse alhures, de nada adiantam os louvores em prol de uma Defensoria independente se esta não tem força para combater as iniquidades que lhes batem à porta. Para começar, é inconcebível a desproporção entre os repasses do *Parquet* e da Defensoria, nada a nítida disparidade de armas. Como se conceber, *v.g.*, a existência de processos penais, com condenações, sem a existência de defesa técnica, mas sempre com acusação estatal? Em segundo lugar, há de se repensar verdadeiramente a distribuição das receitas orçamentárias, uma luta que se tentou levar à frente com o PLP 114/2011: se a Defensoria é essencial, como todos dizem, tal não pode ser um apanágio vazio, pois palavras não se prestam ao pagamento de pessoal ou de estruturas mínimas.

Sem autonomia, a Defensoria como prevê a Constituição não existe. Sem orçamento a Defensoria sufoca com o peso do próprio "sucesso", pois emperrará com a torrente incessante de que não dará conta.

5. DO QUE SE PRECISA PARA SE TER DEFENSORIA PÚBLICA?

Em uma análise teleológica, desatrelada do texto constitucional, a percepção da necessidade de uma instituição de salvaguarda de direitos fundamentais acaba na conclusão da construção de Defensorias Públicas. Mesmo na primitiva acepção de uma instituição destinada exclusivamente à defesa no processo penal, a compreensão é de que o cidadão não se pode conceber despido de direitos mínimos. Esse é o motor da existência da Defensoria brasileira, que deve perseguir direitos fundamentais a todos em situação de vulnerabilidade.

Ao cumprimento desta missão, além dos requisitos mínimos acima descritos, necessário haver um arcabouço de ferramentas aptas à consecução da tarefa. *In casu*, como o espectro de condutas positivas ou negativas a podar a fruição de direitos fundamentais é incalculável, impossível tarifar quais os mecanismos de que possa dispor a Defensoria Pública. O fato é que somente se tem efetiva defesa de direitos fundamentais se eles forem efetivamente resguardados. Desta maneira, a Defensoria necessita do manejo de todos os instrumentos aptos ao debelar de vituperações, sejam elas individuais ou coletivas. É justamente por tal razão que o art. 4º, VII da Lei Complementar nº 80/1994 se constrói com conceitos jurídicos indeterminados e cláusula aberta: "promover ação civil pública e todas as espécies de ações capazes de propiciar a adequada tutela dos direitos difusos, coletivos ou individuais homogêneos quando o resultado da demanda puder beneficiar grupo de pessoas hipossuficientes".

Mais do que isso em verdade, pois a Defensoria Pública não se constitui unicamente em porta para acesso ao Judiciário, sua expressão é bem maior, seus membros não estão imbricados ao processo judicial, não só podendo, como devendo agir em outras arenas, pugnando pela resolução extrajudicial de conflitos, seja de forma administrativa, ou mesmo no traçado de políticas públicas dentro do Legislativo, ou na participação ativa em todos os Conselhos existentes dentro de cada ente federativo - conselhos penitenciários, das cidades, do consumidor. etc. -, ou mesmo perante os órgão de controle, como as Cortes de Contas. Como bem prega Evenin Ávila, grande Defensor do Distrito Federal, por vezes o agir no Judiciário, a conter lesões já ocorridas é revolver "água suja", exigindo-se do Defensor, que é agente político, que vá evitar o dano mais acima, discutindo orçamento, tareando políticas públicas.

À Defensoria, como instituição de efetiva proteção ao indivíduo, se exige integração de membros livres e independentes funcionais, voca-

Cap. 11 • A AUTONOMIA DA DEFENSORIA E OS REFLEXOS NO PROCESSO COLETIVO

cionados ao combate das mazelas em todas as esferas de Poder e com o instigar de todos os entes Políticos e Administrativos possíveis - daí a *mens* do poder requisitório.

6. OS REFLEXOS DA AUTONOMIA NO PROCESSO COLETIVO

Ao menos no cenário constitucional a Defensoria surge no art. 134 com uma redação tacanha: "A Defensoria Pública é instituição essencial à função jurisdicional do Estado, incumbindo-lhe a orientação jurídica e a defesa, em todos os graus, dos necessitados, na forma do art. 5º, LX-XIV". Só.

Mesmo essa visão pequena do que se deve constituir Defensoria prestou-se ao arrimo de atuação prospectiva observado em todos os cantos onde se viu florescer a Instituição. Essa mesma atuação, proativa em muitos casos, foi justamente a razão da evolução legislativa que se teve em volta da Defensoria. É inexorável, pois, que a atual redação do art. 134 não se presta a carta de intenções, mas sim ao testemunho do que se vê no atuar da Defensoria Pública. É o guerrear de Defensores Públicos que permitiu à novel instituição galgar seu respeito perante todas as demais. Mas isso não vem sem contestações ou mesmo sem paradoxais atitudes. Veja-se o caso da ADI 3943 proposta pelo CONAMP contra a tutela coletiva a cargo da Defensoria Pública, por exemplo.

Apesar do Pretório Excelso ter rechaçado, à unanimidade, a ação direta de inconstitucionalidade, o intento de parte do panteão jurídico nacional seria de restringir o manejo de ações coletivas, ou mesmo de negar somente à Defensoria Pública seu manejo. Uma visão tacanha e mesquinha, pois contrasta com a própria lógica: quem ganha com a retirada de uma das vozes em defesa da população? Esta, com certeza não o é. Doutra banda, restringir à Defensoria Pública a tutela de direitos individuais apenas é o mesmo que se negar direito a quem dela não se consegue achegar, ou seja, se negar direitos à milhares, dado ser óbvio que nem todos chegarão a ser atendidos no varejo. Imagine-se o quão iníquo é se resguardar direitos de um usuário de plano de saúde, cujo contrato tem cláusula abusiva, e se negar idêntico direito a outros milhares que não tiver a sorte de serem individualmente alcançados pela Defensoria. Paradoxo mesmo é a batalha pela economia processual, a busca pela solução paradigma no processo civil, em contraste com judicialização em massa de demandas de igual quilate. Todavia, apesar de ainda haver uma renitente quizília quanto à atuação coletiva da Defensoria Pública, observa-se um gradual diminuir no coro, tanto assim o é que o grande

Maurílio Casas Maia já assevera termos passado pela Segunda Onda de Acesso à Justiça[5], com a integração, pela Defensoria Pública, dos cidadãos vulneráveis através de manejo de ações coletivas.

Mas, mesmo o potencial legislativo do manejar de ações coletivas não é garantia efetiva de sua tutela. Como já asseverado acima, sem autonomia e orçamento tal é inviável. Numa análise bem rasa da questão, o simples conduzir da Defensoria por quem não seja Defensoria implica no restringir dos instrumentos de combate às iniquidades. Desta forma, onde a Defensoria esteve sob o tacão do Executivo, medidas coletivas não foram implementadas. Ainda que se confira liberdade administrativa às Defensorias, não há efetiva autonomia sem orçamento, pois a liberdade para decidir o quanto é necessário para seu conduzir, bem como onde investir é essencial para a estruturação de uma Defensoria efetiva.

Talvez hodiernamente possa parecer que tais discussões pertençam ao passado, pois todos bradam a autonomia da Defensoria, mas, em verdade, ainda se está muito longe do mínimo necessário patamar a se poder efetivamente ter e crer em defesa dos vulneráveis. Para tanto, basta se observar a ainda esmagadora quantidade de cidades que não contam com os préstimos da Instituição, bem como a ainda deficiente quantidade de órgãos de execução para dar conta das mais variadas demandas.

Sem orçamento - que é corolário da autonomia -, a Defensoria precisa se voltar para ao atendimento das demandas mais essenciais, qual seja a defesa no processo penal e a salvaguarda da família, restando à margem os cuidados com a tutela do consumidor, por exemplo, e, sempre, a tutela coletiva. E isso se vê Brasil afora, onde mesmo que todos os Estados possuam Defensorias instaladas, nem todas contam com órgãos de Tutela Coletiva, ou, quando os tem, ainda em quantidade de membros e pessoal muito menor do que o necessário. O resultado disso? O óbvio: uma miríade de casos que clamam socorro à Instituição acabam não sendo amparados.

Sem autonomia efetiva e plena não há como se conceber tutela coletiva pela Defensoria Pública.

---

5. CASAS MAIA, Maurilio. A Segunda Onda de acesso à Justiça e os necessitados constitucionais: por uma visão democrática da Defensoria Pública. In: COSTA-CORRÊA, André L.; SEIXAS, Bernardo Silva de; SOUZA, Roberta Kelly Silva; SILVIO, Solange Almeida Holanda. (Org.). *Direitos e garantias fundamentais*: novas perspectivas. Birigui-SP: Boreal, 2015, p. 184.

7. CONCLUSÃO

Em 2012, inaugurando os trabalhos do I Congresso Nacional da Associação Brasileira de Advogados Públicos, o mestre Celso Antônio Bandeira de Mello, confessou: "não há nada mais nobre que a Defensoria Pública. (...) É a coisa mais linda que alguém pode fazer na vida. Se me voltassem os anos, eu seria defensor público".[6]

De fato, a Defensoria é um sacerdócio, me é o sentido da minha vida. Nada mais gratificante do que viver para ajudar aos outros.

Mas a Defensoria também precisa de ajuda, sem isso como ajudar aos outros?

A Defensoria precisa, cada vez mais, de guerreiros em suas hostes, compreendendo que ela, qual rebento de árvore nova, ainda necessita de muito cuidado para crescer forte e sólida. O nosso papel, como Defensores nesses tempos, é justamente garantir a razão de sua existência, provendo os frutos àqueles que precisam de Justiça, mas cuidando para que nossa bela Casa possa crescer sobre nossos esforços.

A Defensoria não é para qualquer um, pois Defensor tem que ter coração, tem que sentir a dor de quem lhe demanda amparo e estar ciente de que sua missão jamais cessará. A Defensoria não é instituição milenar, qual o Judiciário, mas vem para integrar o todo sempre, pois o Estado Civilizado não pode mais prescindir de justiça social. Os percalços que hoje sofremos serão, oxalá, um dia, reminiscências de um passado turbulento, onde a briga pelo direito de brigar pelos outros seja reconhecida como o erro que é. E graças aos esforços de seus abnegados membros se chegará, como se vem chegando até hoje, ao momento em que seu agir será pleno na defesa do cidadão.

Defensor tem que ter coração.

Nós somos filhos do Estado Democrático de Direito

8. REFERÊNCIAS

ALMEIDA FILHO, Carlos Alberto Souza de. Breves linhas sobre parametrização do cômputo da reparação por Dano Social. *Revista de Direito Privado*. Vol. 70, Ano 17, Outubro/2016, p. 173.

---

6. http://noticias.r7.com/sao-paulo/noticias/-nao-ha-nada-mais-nobre-que-a-defensoria-publica-diz-especialista-20120809.html

BUENO, Cassio Scarpinella. *Amicus curiae no processo civil brasileiro*: um estranho enigmático. 3ª ed. São Paulo: Saraiva, 2012.

COMPARATO, Fábio Konder. *A afirmação histórica dos direitos humanos*. 13ª ed., São Paulo: Saraiva, 2016.

CASAS MAIA, Maurilio. A Segunda Onda de acesso à Justiça e os necessitados constitucionais: por uma visão democrática da Defensoria Pública. In: COSTA-CORRÊA, André L.; SEIXAS, Bernardo Silva de; SOUZA, Roberta Kelly Silva; SILVIO, Solange Almeida Holanda. (Org.). *Direitos e garantias fundamentais*: novas perspectivas. Birigui-SP: Boreal, 2015, p. 182-204.

COSTA-CORRÊA, André L. SEIXAS, Bernardo Silva de. SOUZA, Roberta Kelly Silva. SILVIO, Solange Almeida Holanda. *Direitos e garantias fundamentais*: novas perspectivas. São Paulo: Boreal Editora, 2015.

CUNHA JÚNIOR. Dirley. Curso de Direito Constitucional. 2ª, ed. Bahia: Juspodivm, 2013.

CAPÍTULO 12

A Autonomia da Defensoria Pública e a Súmula 421 do STJ: uma análise a partir de sucessão de erros de nossos tribunais

Bruno de Almeida Passadore

Sumário: 1. Introdução; 2. Brevíssimo arcabouço histórico; 3. Autonomia e a Lei Orçamentária 18.409/2014 do Estado do Paraná; 4. O Primeiro Erro: a súmula 421 do STJ; 5. O Segundo Erro: a má utilização da repercussão geral; 5.1. O uso da repercussão geral enquanto simples instrumento de redução de acervo processual; 5.2 O equívoco em não reconhecer a repercussão geral em casos de condenação da Administração Pública ao pagamento de honorários em favor da Defensoria Pública; 6. O Terceiro Erro: equívocos do Tribunal de Justiça do Estado do Paraná na aplicação de mecanismos racionalizadores do discurso jurisdicional; 6.1. A forma inconsistente de aplicação de *distinguishing*; 6.2 A aplicação da Súmula 421 sem qualquer consideração do caso concreto; 7. Mas há algum alento: o reconhecimento da superação da súmula 421 pelo Tribunal de Justiça do Estado de São Paulo; 8. Conclusão

1. INTRODUÇÃO

No presente trabalho nos propomos a discutir e analisar o posicionamento de nossas cortes em relação à autonomia constitucionalmente conferida à Defensoria Pública[1]. Notadamente, trataremos dos limites da sua autonomia financeira em relação à temática de honorários

---

1. Acerca do corrente uso, em nosso posicionamento inadequado, do termo *"as Defensorias Públicas"*, ver: PASSADORE, Bruno de Almeida, **Autonomia da Defensoria e a Súmula 421 do STJ: breves considerações.** in Revista Eletrônica *"Consultor Jurídico"* de 13/09/2016, disponível em http://www.conjur.com.br/2016-set-13/tribuna-defensoria-autonomia-defensoria-sumula-421-stj-breves-consideracoes, acesso em 07/12/2016.

sucumbenciais em casos em que litiga contra a Administração Pública, bem como os efeitos de aludido entendimento em outros órgãos, sobretudo no Ministério Público. Pretendemos, com isso, evidenciar o descompasso com todo o arcabouço normativo pátrio e o posicionamento do Supremo Tribunal Federal (STF) acerca das disposições constitucionais aplicáveis à instituição.

2. BREVÍSSIMO ARCABOUÇO HISTÓRICO

Sem qualquer pretensão de esgotar o tema, cumpre-nos fazer pequena remissão histórica acerca da autonomia da Defensoria Pública. De início observa-se que o regramento e *status* constitucional da instituição foi alterado significativamente desde a primeira previsão de envergadura constitucional do órgão, a qual se deu na Constituição de 1988[2].

---

2. O benefício da isenção de custas e emolumentos para acesso ao Judiciário foi previsto pela primeira vez em *legislação nacional* no texto da Constituição de 1934 (art. 113, inc. 32), apesar de alguns códigos de processo estaduais (pré-1939), já preverem aludida isenção, como ocorria, por exemplo, no Código de Processo Civil e Comercial do Estado de São Paulo de 1930. Por outro lado, a assistência jurídica, a qual vai além da simples justiça gratuita e que envolve a criação de um órgão público para assistência de hipossuficientes, é consideravelmente mais recente. Aponta-se que em período pré-1988, no Distrito Federal, era tarefa do cargo inicial de membro do Ministério Público prestar assistência jurídica aos hipossuficientes, e algo similar também ocorria no Estado do Rio de Janeiro, consagrando-se, nessas localidades, órgão estatal de *"procuratura de justiça"* via defesa pública, ao lado dos promotores de justiça, que procuravam justiça via acusação pública. Por sua vez, no Estado de São Paulo referida atividade se dava por meio do serviço de procuradores do estado, através da conhecida Procuradoria de Assistência Judiciária. Todavia, apenas o constituinte de 1988 estabeleceu um órgão de caráter nacional com atribuição específica de tal atividade: a Defensoria Pública. Aponta-se, finalmente, que a atividade de aludido órgão *vai além da assistência jurídica aos hipossuficientes*, mormente a partir da edição da Emenda Constitucional 80/2014. Afinal, *se é um dos objetivos constitucionais erradicar a pobreza* (art. 1º, III, da CF), *chegaria a ser paradoxal argumentar que um órgão voltado apenas para assistência dos pobres seja uma "instituição permanente"* (art. 134, *caput,* da CF), ou seja, ou erradicar a pobreza não seria *efetivamente* um objetivo constitucional, ou a Defensoria Pública possui atribuições muito mais amplas do que uma leitura superficial acerca do papel da instituição possa sugerir. Neste caminhar, entre estas outras funções, consagra-se o papel da Defensoria Pública como curadora dos Direitos Humanos no Brasil (art. 134, *caput,* da CF). Para maiores detalhes sobre o histórico da assistência jurídica no Brasil, bem como a diferenciação entre assistência jurídica integral e gratuita, assistência judiciária (ou benefício da justiça gratuita) e advocacia dativa, ver: SOARES DOS REIS, Gustavo Augusto; ZVEIBIL, Daniel Guimarães; e JUNQUEIRA, Gustavo, **Comentários à Lei da Defensoria Pública.** São Paulo: Ed. Saraiva, 2013, p. 21/34; e MAIA, Maurílio Casas, **O "21 de julho" e o modelo de Defensoria Pública Brasileira,** disponível em http://emporiododireito.com.br/o-21-de-julho/, acesso em 31/07/2016.

Inicialmente, se tratava de órgão vinculado ao Poder Executivo, e deste dependente administrativa e politicamente[3-4]. Todavia, para exercer com desembaraço sua função, sobretudo contra o próprio Poder Público, era preciso conferir à Defensoria Pública independência e autonomia no exercício de suas atividades.

Por essa razão, o constituinte derivado, através da Emenda Constitucional (EC) 45/2004 - no caso dos estados - e da EC 74/2013 - no caso da União – assegurou *autonomia* funcional e administrativa *à Defensoria Pública*, além da prerrogativa de propor seu próprio orçamento, conforme art. 134, §2º e §3º, da Constituição Federal[5]. Situação que, em última análise, procurou *proteger a própria sociedade contra arroubos autoritários* comuns dos entes federados que *se dirigiam contra a Defensoria Pública de maneira imediata, mas atingiam toda a comunidade de forma mediata*. Algo, aliás, bem reconhecido pelo próprio STF:

> [R]econhecer a autonomia administrativa e funcional da Defensoria Pública em face da União é protegê-la contra 'o seu grande adversário' nos processos em que a Defensoria Pública atua. E *não é possível correr o risco de deixar o interesse público primário que ela defende à mercê de a União ficar contrariada pela eventual lesão a seus interesses públicos e secundários*, que são os do erário[6].

---

3. Neste sentido: *"Antigamente, este era o cenário do qual participava a Defensoria Pública Estadual e da União, ou seja, nada além de um arremedo de secretaria ou ministério, desprovida, portanto, de personalidade jurídica e de autoria de qualquer ordem, inclusive a administrativa"* (BARBOSA, Rafael Vinheiro Monteiro; e MAGNANI, Daniella de Albuquerque, **O NCPC, a Defensoria Pública no Processo Individual e a Superação da Súmula 421-STJ**. *in* Coleção Repercussões do Novo CPC, coord. José Augusto Garcia de Sousa, Salvador: Ed. JusPodivm, 2015, Vol. 5 – Defensoria Pública, p. 690).

4. Para uma análise pormenorizada sobre a história da Defensoria Pública, perpassando pelo seu estabelecimento no Rio de Janeiro, as discussões durante a assembleia constituinte que culminou com o texto de 1988, bem como sobre a evolução do papel da instituição, a qual deixou de ser mero braço do Poder Executivo, ver: MARTINS, Rodrigo Azambuja, **Uma História da Defensoria Pública**. *In* Os Novos Atores da Justiça Penal, coord. Maria João Antunes *et. alii.*, Coimbra: Ed. Almedina, 2016, p. 221/264; e ROCHA, Jorge Bheron, **O Histórico do Arcabouço Normativo da Defensoria: da Assistência Judiciária à Assistência Defensorial Internacional**. *In* Os Novos Atores da Justiça Penal, coord. Maria João Antunes *et. alii.*, Coimbra: Ed. Almedina, 2016, p. 265/315.

5. *"§ 2º Às Defensorias Públicas Estaduais são asseguradas autonomia funcional e administrativa e a iniciativa de sua proposta orçamentária dentro dos limites estabelecidos na lei de diretrizes orçamentárias e subordinação ao disposto no art. 99, § 2º; § 3º Aplica-se o disposto no § 2º às Defensorias Públicas da União e do Distrito Federal".*

6. Supremo Tribunal Federal, Medida Cautelar na Ação Direta de Inconstitucionalidade 5.296/DF, voto do Ministro Luis Roberto Barroso, j. 18/05/2016, p. 99 – grifos adicionados.

Neste caminhar, dotar a Defensoria Pública de ferramental que lhe permita fortalecer-se e atuar com desenvoltura é uma das formas de romper com a ainda comum divisão entre "incluídos" e "excluídos" na sociedade brasileira[7]. Em detrimento, portanto, de criar uma instituição dócil à Administração Pública, conferir-lhe autonomia significa se contrapor a exclusões sociais, tornando não apenas programática, mas efetivamente realizável o direito fundamental de acesso à justiça[8]-[9].

A corroborar a interpretação, cumpre também registrar que a Assembleia Geral da Organização dos Estados Americanos fez aprovar a Resolução 2.821/2014[10] com o fito de recomendar a todos seus estados partes garantir a autonomia e o fortalecimento da Defensoria Pública e, consequentemente, aprofundar o do acesso à justiça em seus respectivos territórios.

Nesta mesma linha, os chefes de Estado dos países membros do Mercosul, na reunião ordinária XLIX de seu Conselho - datada de dezem-

---

7. Neste sentido: "[A] superestrutura constituída de superintegração/subintegração (inclusão/ exclusão) deslegitima uma sociedade constituída *não apenas no âmbito do Estado de Direito, mas* as a partir da sua base democrática [...]. [P]or *um lado a maior parte da população é 'integrada' na condição de obrigada, acusada, demandada, por outro lado, ela não é integrada na condição de demandante, de titular de direitos"* (MÜLLER, Friedrich, **Quem é o Povo?** trad. Peter Naumann. 7ª edição, São Paulo: Ed. RT, 2013, p. 90).

8. Frisamos nosso entendimento de que o *"acesso à Justiça"* vai além do simples *"acesso ao Judiciário".* Sobre este ponto, chega-se, inclusive, a se falar no fim da *"vetusta acepção da justiça monopolizada pelo Estado",* pela qual teríamos uma ampliação dos atores credenciados à cognição e aplicação do Direito, tarefa que não seria mais centrada exclusivamente no Poder Judiciário. Cria-se, assim, um *"sistema de justiça",* sendo o Judiciário apenas uma das peças, mas não a única e, talvez, sequer a mais importante. Neste sentido: MANCUSO, Rodolfo de Camargo, **Sistema Brasileiro de Precedentes.** São Paulo: Ed. RT, 2014, p. 304; e SOARES DOS REIS; ZVEIBIL; e JUNQUEIRA, **Comentários à Lei da Defensoria [...].** *Op. Cit.,* 2013, p. 19. Veja-se que de forma bastante paradigmática, o próprio Conselho Nacional de Justiça – instituição pública cujo principal objetivo é aperfeiçoar a atividade do Poder Judiciário no Brasil - em sua resolução 125 de 2010 reconhece, em seus considerandos, que o acesso à justiça vai *"além da vertente formal perante os órgãos judiciários"* (considerando 3º).

9. Não por outra razão, relacionou-se o papel da Defensoria Pública ao elementar *"direito a ter direitos".* Neste sentido: *"De nada valerão os direitos e de nenhum significado revestir-se-ão as liberdades, se os fundamentos em que eles se apoiam – além de desrespeitados pelo Poder Público ou transgredidos por particulares – também deixarem de contar com o suporte e apoio de um aparato institucional, como aquele proporcionados pela Defensoria Pública, cuja função precípua, por efeito de sua própria vocação constitucional (CF, art. 134), consiste em dar efetividade e expressão concreta, inclusive mediante acesso do lesado à jurisdição [...]"* (Supremo Tribunal Federal, Ação Direta de Inconstitucionalidade n. 2.903/PB, j. 01/12/2005, Relator Ministro Celso de Mello, p. 86).

10. Segundo o item 5 da Res. 2.821, resolve-se: *"Reiterar uma vez mais aos Estados membros que já dispõem do serviço de assistência jurídica gratuita, que adotem medidas destinadas a que os defensores públicos oficiais contem com um orçamento adequado e gozem de independência, autonomia funcional, financeira e/ou orçamentária e técnica"* – grifos adicionados.

bro de 2015 - firmaram o compromisso regional com o fortalecimento da Defensoria Pública, ressaltando a necessidade de ser conferida autonomia à instituição[11].

Em breve parênteses, e em relação a esta última situação, cumpre frisar que nos causa *grande estranheza* a mesma chefe de estado que, em dezembro de 2015, reconheceu e subscreveu documento internacional com o objetivo de aprofundar a independência da Defensoria Pública, tenha, em abril do mesmo ano, ajuizado a Ação Direita de Inconstitucionalidade (ADI) n. 5.296/DF precisamente contra a autonomia conferida à Defensoria Pública da União por meio da EC 74/2013.

Em que pese este posicionamento bastante contraditório da presidência da república, a Defensoria Pública teve sua autonomia prestigiada pelo plenário do STF ao ser negada medida cautelar na aludida ADI. Em tal julgado, foi *expressamente ressaltado que o aperfeiçoamento do regime democrático perpassa pela garantia de autonomia à Defensoria Pública*[12], na exata linha daquilo aqui apontado.

Ademais – e agora voltando ao centro do presente trabalho - por ser conferida à Defensoria Pública *garantia asseguratória de autonomia financeira*, já que previsto o dever de o ente federado repassar orçamento em *duodécimos* (art. 168 da CF[13]) à instituição[14], o Supremo Tribunal

---

11. Segundo o item 24 do *"Comunicado Conjunto de las Presidentas y los Presidentes de los Estados Partes del Mercosur y Estados Associados"* elaborado na reunião ordinária XLIX de 21/12/2015, os chefes de Estado do Mercosul: *"24. Resaltaron la* necesidad de avanzar en el fortalecimiento de los Sistemas de Defensoría Pública Oficial *con el propósito de garantizar el acceso a la justicia de las personas en condición de vulnerabilidad y asegurar el irrestricto respeto a los Derechos Humanos, destacando el compromiso con que actúan en consonancia. En ese contexto,* se comprometieron a incentivar la independencia técnica, la autonomía funcional y financiera, *por ser elementos que hacen a un efectivo ejercicio en materias de su competencia, en tanto que garantizan un servicio eficaz y gratuito, libre de cualquier injerencia, intervenciones o controles por parte de otros poderes del Estado"* – grifos adicionados.

12. Neste sentido: "[A] *teleologia da Constituição Federal ampara e legitima* [...] *o reconhecimento da* autonomia das Defensorias Públicas *da União, dos Estados e do Distrito Federal, enquanto* tendente ao aperfeiçoamento do próprio sistema democrático [...]. [A]*ssim, que da sua própria missão institucional pode ser apropriadamente deduzida a vocação da Defensoria Pública para a autonomia* [...] " (Supremo Tribunal Federal, Medida Cautelar na Ação Direta de Inconstitucionalidade 5.296/DF, voto da Relatora Ministra Rosa Weber, j. 18/05/2016, p. 64 – grifos adicionados).

13. *"Art. 168. Os recursos correspondentes às dotações orçamentárias, compreendidos os créditos suplementares e especiais, destinados aos órgãos dos Poderes Legislativo e Judiciário, do Ministério Público e da* Defensoria Pública, *ser-lhes-ão entregues até o dia 20 de cada mês, em duodécimos, na forma da lei complementar a que se refere o art. 165, § 9º"* – grifos adicionados.

14. LENZA, **Direito Constitucional Esquematizado.** 16ª edição, São Paulo: Saraiva, 2012, p. 707.

Federal passou a entender que, igualmente, a instituição gozava de referida autonomia financeira, apesar de esta não constar expressamente no texto constitucional[15].

Neste sentido, o constituinte derivado consagrou uma nova conformação constitucional da Defensoria Pública e que pressupõe a ampla *liberdade para escolha interna corporis de prioridades, criação de estruturas* - inclusive referente à nomeação e à posse de membros e servidores[16] - *e regulamentação dos procedimentos internos* da instituição, no intuito de bem realizar as suas obrigações constitucionalmente previstas, e *sem qualquer tipo de ingerência do Poder Executivo*[17].

3. AUTONOMIA E A LEI ORÇAMENTÁRIA 18.409/2014 DO ESTADO DO PARANÁ

Considerando a autonomia defensorial, se de um lado é verdade que os recursos destinados à Defensoria Pública advêm de determinado ente federativo - tal qual ocorre com os tribunais de justiças e o Ministério Público -, de outro lado, e uma vez *aprovado o seu orçamento, o Poder Executivo não tem nenhuma legitimidade para gerir os recursos destinados à instituição.*

Tanto assim que, como dito, o art. 168 da Constituição Federal determina o repasse duodecimal das parcelas orçamentárias pelo ente federativo à instituição, tratando-se de um dever de repasse *prioritário* de quantias - não estando, portanto, sujeito a qualquer tipo de programação financeira ou fluxo de arrecadação - já que se trata de valores destinados ao órgão autônomo e não ao Executivo do ente federado, não tendo este qualquer poder de gestão sobre tais quantias. Consagra-se, nesta linha, *a divisão de cofres entre Defensoria Pública e Poder Executivo*

---

15. Por todos: Supremo Tribunal Federal, Ação Direta de Inconstitucionalidade n. 4.163/SP, Relator Ministro Cézar Peluso, j. 29/02/2012.

16. Aponta-se que o órgão especial do Tribunal de Justiça do Estado do Paraná declarou, em caráter incidental, a inconstitucionalidade parcial do art. 86 da Lei Orgânica da Defensoria Pública local (LC 136/2011) no disposto que previa a *nomeação conjunta* realizada pelo Defensor Público Geral *e pelo Chefe do Executivo* de membros e servidores da instituição, reconhecendo que este dispositivo violava a autonomia consagrada ao órgão. Em tal julgado, foi reconhecido, como inerente à aludida autonomia, a nomeação *privativa* de membros e servidores da instituição pelo Defensor Público Geral: Tribunal de Justiça do Estado do Paraná, Mandado de Segurança n. 1.329.036-9, Relator Desembargador Luís Carlos Xavier, j. 03/08/2015.

17. SOARES DOS REIS; ZVEIBIL; e JUNQUEIRA, **Comentários à Lei da Defensoria [...]**. *Op. Cit.*, 2013, p. 40/41 e 108/109.

da unidade federativa com a qual se relaciona, decorrente da aludida autonomia institucional[18].

Bastante ilustrativo acerca da questão, se deu no âmbito de ação constitucional em que o STF analisou dispositivo da Lei Orçamentária Anual do Estado do Paraná para o exercício financeiro do ano de 2015.

Neste diploma legislativo, estabeleceu-se a possibilidade de abertura de créditos suplementares pelo Poder Executivo local a partir do orçamento da Defensoria Pública - algo, vale apontar, bastante comum em secretarias estaduais locais. Assim, o art. 16 da Lei Estadual paranaense n. 18.409/2014, estabeleceu:

> Art. 16. Fica o Poder Executivo autorizado a abrir créditos suplementares no orçamento da Administração Geral do Estado – Recursos sob Supervisão da Secretaria de Estado da Fazenda, até o montante de R$ 90.000.000,00 (noventa milhões de reais), *utilizando para cobertura do crédito orçamentário, recursos da Defensoria Pública* – grifos adicionados.

Autorizava-se, portanto que o *executivo local invadisse o orçamento da instituição e lá buscasse até 90 milhões de reais para abertura de créditos suplementares* durante o curso do ano. Este tema, por sua vez, chegou ao nosso tribunal de cúpula, através da ADI n. 5.218/PR.

A corte, lembrando a autonomia funcional, administrativa e financeira da instituição reconheceu que *qualquer ingerência nos cofres da Defensoria Pública por parte do Poder Executivo violava referida autonomia* e, assim, em medida cautelar, suspendeu os efeitos da aludida norma até julgamento final da ação[19].

Em suma, reconheceu-se ser *inerente à autonomia da Defensoria Pública a "divisão de cofres" em relação ao Estado do Paraná*, isto é, apesar de os recursos públicos aplicados na instituição advirem do entre

---

18. Supremo Tribunal Federal, Mandado de Segurança n. 21.450/MT, Relator Ministro Octavio Gallotti, j. 08/04/1992. Vale apontar que esta ação versava sobre repasse orçamentário na forma de duodécimos ao Tribunal de Justiça do Estado do Mato Grosso, e é anterior à Emenda Constitucional 45/2004 que conferiu autonomia à Defensoria Pública. O raciocínio desenvolvido em referido Mandado de Segurança, porém, mostra-se plenamente aplicável à atual conformação constitucional da Defensoria Pública.

19. Aponta-se que, ante o decurso do ano de 2015, e, por consequência, do exercício financeiro do referido ano, aplicou-se entendimento consolidado na corte suprema no sentido de que, caso exaurida a eficácia normativa de lei orçamentária impugnada via ação constitucional, em virtude de decurso de exercício financeiro, esta restaria prejudicada (por todos: Supremo Tribunal Federal, Ação Direita de Inconstitucionalidade n. 885/DF, Relator Ministro Néri da Silveira, DJ 31/08/2001). Assim, julgou-se prejudicada referida ação constitucional em 15/02/2016.

federado do qual faz parte, não seria possível imaginar que haveria qualquer "confusão" entre o orçamento da instituição e do ente federado, a autorizar que este busque recursos nos cofres da Defensoria Pública e remaneje-os para outras finalidades. A respeito da questão, em nível doutrinário já se afirmou:

> Se, por um lado, é verdade que os recursos destinados à Defensoria Pública advêm do ente federativo, também é verdade que, aprovado o orçamento, o poder Executivo Estadual já não é livre para gerir tais recursos. *A autonomia constitucional impede que o Executivo possa realocar recursos já destinados à Defensoria, que tem "caixa" independente.*[20]

Por outro lado, em que pese o exposto, ainda permanece consolidado entendimento no âmbito do Superior Tribunal de Justiça (STJ) e de nossas cortes locais de que seria incabível o pagamento de verba sucumbencial em favor da Defensoria Pública, quando esta se sagrasse vencedora em lide contra o ente federado a que esteja vinculada, algo que, como podemos imaginar, mostra-se bastante paradoxal ante aludido posicionamento doutrinário e de nossa corte suprema acerca da autonomia conferida à Defensoria Pública.

4. O PRIMEIRO ERRO: A SÚMULA 421 DO STJ

Na origem da discussão, relacionada ao pagamento de honorários em favor da Defensoria Pública em lides contra a Administração Pública, apontou-se que seria legalmente vedado ao defensor público perceber honorários pelas suas atividades[21].

Assim, se, diferentemente do que ocorre com os advogados públicos[22], *toda verba sucumbencial deveria ser revertida à própria Defensoria*

---

20. SOARES DOS REIS; ZVEIBIL; e JUNQUEIRA, **Comentários à Lei da Defensoria [...]**. *Op. Cit.*, 2013, p. 88/89 – grifos adicionados.

21. Conforme art. 46, III, 91, III e 130, III, todos da LONDP: *"Art. 46. Além das proibições decorrentes do exercício de cargo público, aos membros da Defensoria Pública da União é vedado: [...] III - receber, a qualquer título e sob qualquer pretexto, honorários, percentagens ou custas processuais, em razão de suas atribuições; [...]". "Art. 91. Além das proibições decorrentes do exercício de cargo público, aos membros da Defensoria Pública do Distrito Federal e dos Territórios é vedado: [...] III - receber, a qualquer título e sob qualquer pretexto, honorários, percentagens ou custas processuais, em razão de suas atribuições; [...]". "Art. 130. Além das proibições decorrentes do exercício de cargo público, aos membros da Defensoria Pública dos Estados é vedado: [...] III - receber, a qualquer título e sob qualquer pretexto, honorários, percentagens ou custas processuais, em razão de suas atribuições; [...]".*

22. Frisa-se que há discussão acerca da vinculação de defensores públicos aos quadros da OAB e se este seriam, tais quais procuradores da fazenda pública, enquadrados na categoria de advogados públicos. Tal questão foge da presente discussão, por outro lado, apenas apon-

Pública para o desenvolvimento de suas atividades[23], formou-se entendimento no sentido de que os honorários sucumbenciais eram destinados à própria instituição.

Como consequência, criou-se o seguinte raciocínio, em nosso entender equivocado: por ser a Defensoria Pública órgão do estado - ou da união, dependendo do caso -, seria incabível a condenação do poder público ao pagamento de verba honorária em favor da instituição, já que isto significaria pagar a si próprio, ou seja, ocorreria suposta confusão entre credor e devedor, a extinguir a obrigação por força do art. 381 do Código Civil[24].

Referida tese, levantada pelas procuradorias dos estados e da União, passou a ressonar nos órgãos jurisdicionais locais, até se fazer prevalecer no STJ[25]. Tamanha a força deste entendimento que deu origem ao enunciado sumular 421 deste tribunal, o qual estabelece: *"os honorários advocatícios não são devidos à Defensoria Pública quando ela atua contra a pessoa jurídica de direito público à qual pertença".*

Este posicionamento, por outro lado, mostra-se em dissonância com a Constituição, já que, como referido, em virtude da autonomia da instituição, é ampla a liberdade desta para gestão de seus recursos, havendo nítida divisão de cofres entre esta e a pessoa jurídica de direito público a que esteja vinculado, conforme observado anteriormente.

---

tamos nosso posicionamento no sentido de defensores públicos *não* serem considerados advogados públicos. A título de exemplo, frisa-se que causaria *perplexidade vedar ao defensor público perceber honorários sucumbenciais* pela sua atuação (art. 46, III, art. 91, III e art. 130, III, todos da LONDP), valores que são revertidos à própria Defensoria Pública, *sendo, por outro lado, legalmente estabelecido que o poder público não pode se apropriar dos honorários do advogado público*, os quais *não* podem ser revertidos ao órgão do qual faz parte. Veja-se o contido no art. 85, §19, do CPC-2015: *"§ 19. Os advogados públicos perceberão honorários de sucumbência, nos termos da lei".* Igualmente, já houve discussão no âmbito do STF acerca da questão, sendo confirmado o direito do advogado público de perceber honorários em razão de suas atividades, e, por consequência, proibindo-se o órgão em que este advogado atua de se apropriar de aludidas verbas: Supremo Tribunal Federal, Recurso Extraordinário n. 407.908/RJ, Relator Ministro Marco Aurélio, j. 13/04/2011. Igualmente, temos a seguinte consulta formulada no âmbito da OAB: Conselho Federal da Ordem dos Advogados do Brasil, Recurso n. 2008.08.02954-05, Relator Conselheiro Federal Luiz Carlos Levenzon, j. 08/01/2010.

23. Neste sentido: BARBOSA; e MAGNANI, **O NCPC, a Defensoria Pública [...]**. *Op. Cit.*, p. 688.

24. *"Art. 381. Extingue-se a obrigação, desde que na mesma pessoa se confundam as qualidades de credor e devedor".*

25. Por todos: Superior Tribunal de Justiça, Recurso Especial Repetitivo n. 1.108.013/RJ, Relatora Ministra Eliana Calmon, j. 03/06/2013.

Ademais, mesmo sendo esta situação bastante clara na atual conjuntura jurídica, em *obter dictum* o STF já se manifestou no sentido de que *inclusive antes das EC 45/2004 e 74/2013, a Defensoria Pública não pertencia ao Executivo*. Tais emendas, portanto, viriam tão-só a acabar com situação de subordinação funcional da instituição, a qual, desde a redação originária da Constituição, já não se confundia com o ente federativo a que vinculada:

> [A] *Defensoria Pública jamais pertenceu ao Poder Executivo*, de modo que o "descolamento" operado pela emenda constitucional não equivaleu à extração de um órgão da estrutura desse poder, mas tão somente ao fim da situação de subordinação funcional, administrativa e orçamentária quanto à iniciativa outrora experimentada pela entidade [...].[26]

Indo além, o equívoco da tese da confusão se mostra ainda mais evidente, tendo-se em vista dispositivo legal que traz a atribuição institucional de *"executar e receber as verbas sucumbenciais decorrentes de sua atuação, inclusive quando devidas por* quaisquer *entes públicos"* (art. 4º, XII, da Lei Orgânica Nacional da Defensoria Pública – Lei Complementar 80/94 – (LONDP))[27], bem como determinação de que as *"funções institucionais da Defensoria Pública serão exercidas inclusive contra as Pessoas Jurídicas de Direito Público"* (art. 4º, §2º, da LONDP)[28-29].

5. O SEGUNDO ERRO: A MÁ UTILIZAÇÃO DA REPERCUSSÃO GERAL

Por veicular, além de violação à lei, questão constitucional, procurou-se levar a presente discussão, através de recurso extraordinário, ao STF. Todavia, nas duas situações em que a corte, de forma colegiada, analisou a questão, *entendeu que não haveria repercussão geral em aludida matéria*, afirmando que qualquer que fosse a solução da controvérsia, esta seria carente de relevância jurídica, econômica, social ou política na

---

26. Supremo Tribunal Federal, Medida Cautelar na Ação Direta de Inconstitucionalidade 5.296/DF, voto do Ministro Dias Toffoli, j. 18/05/2016, p. 168 – grifos adicionados.

27. *"Art. 4º São funções institucionais da Defensoria Pública, dentre outras:* [...] *XXI – executar e receber as verbas sucumbenciais decorrentes de sua atuação,* inclusive quando devidas por quaisquer entes públicos, *destinando-as a fundos geridos pela Defensoria Pública e destinados, exclusivamente, ao aparelhamento da Defensoria Pública e à capacitação profissional de seus membros e servidores;* [...]" – grifos adicionados.

28. *"§ 2º As funções institucionais da Defensoria Pública serão exercidas inclusive contra as Pessoas Jurídicas de Direito Público".*

29. Neste sentido: BARBOSA; e MAGNANI, **O NCPC, a Defensoria Pública [...].** *Op. Cit.,* p. 681/682.

questão[30]. Tal posicionamento, por sua vez, é constantemente repedido de maneira monocrática na corte[31]. Por outro lado, este posicionamento reflete evidente erro na forma pela qual o corte tem abordado o instituto da repercussão geral.

5.1. O uso da repercussão geral enquanto simples instrumento de redução de acervo processual

Segundo dados do próprio Poder Judiciário, através do canal "*Justiça em Números*", percebemos que nosso sistema jurídico perpassa por um momento de grande crise, oriundo de um crescente número de processos que tramitam em nossas cortes:

> Tramitaram aproximadamente *95,14 milhões de processos* na Justiça, sendo que, dentre eles, 70%, ou seja, 66,8 milhões já estavam pendentes desde o início de 2013, com ingresso no decorrer do ano de 28,3 milhões de casos novos (30%). É preocupante constatar o *progressivo e constante aumento do acervo processual, que tem crescido a cada ano, a um percentual médio de 3,4%.*[32]

Tem-se, assim, um número absolutamente insuperável de processos, ao lado da constatação de que *a solução de tal problema não se esgotará com o simples aumento do aparato estatal direcionado à atividade judiciária* - seja através do aumento do número de servidores e juízes, seja através do aumento da estrutura material (prédios, equipamentos, etc.) -, sendo inviável imaginar que o mero "inflar" da estrutura do judiciário seja capaz de dar vazão ao crescimento geométrico da demanda por justiça[33].

---

30. Supremo Tribunal Federal, Repercussão Geral em Recurso Extraordinário n. 592.730/RS, Relator Ministro Menezes Direitos, j. 06/11/2008; e Tribunal Federal, Agravo Regimental no Recurso Extraordinário n. 757.999/SP, Relator Ministro Luiz Fux, j. 05/08/2014.

31. Entre outros: Supremo Tribunal Federal, Recurso Extraordinário n. 1.009.945/MT, decisão monocrática do relator Ministro Marco Aurélio, j. 21/11/2016; Supremo Tribunal Federal, Agravo em Recurso Extraordinário n. 991.256/DF, decisão monocrática do relator Ministro Marco Aurélio, j. 28/09/2016; Supremo Tribunal Federal, Agravo em Recurso Extraordinário n. 985.577/SC, decisão monocrática do relator Ministro Dias Toffoli, j. 31/08/2016; Supremo Tribunal Federal, Recurso Extraordinário n. 960.391/MT, decisão monocrática do relator Ministro Dias Toffoli, j. 26/04/2016; Supremo Tribunal Federal, Agravo em Recurso Extraordinário n. 933.096/SC, decisão monocrática da relatora Ministra Carmen Lúcia, j. 27/01/2016.

32. **Justiça em Números – 2014 (ano-base 2013)**, disponível em ftp://ftp.cnj.jus.br/Justica_em_Numeros/relatorio_jn2014.pdf, p. 34, acesso em 31/07/2016.

33. LEONEL, Ricardo de Barros, **Reclamação Constitucional.** São Paulo: Ed. RT, 2011, p. 90, n. 37. Também neste sentido: MANCUSO, **Sistema Brasileiro [...].** *Op. Cit.,* p. 254/255, 273 e 296/299.

Como consequência, cresce um pensamento absolutamente inadequado pelo qual a superação da crise do sistema jurídico perpassaria por uma enorme simplificação do discurso jurisdicional. Em outros termos, ganham espaço "soluções" que envolvam *decisões rápidas a partir de uma atividade jurisdicional mínima*[34].

Nesta linha de pensamento, temos o posicionamento de José Renato NALINI. Este chegou a sugerir que a resposta ao problema de incremento do número de processos judicias seria a simplificação da atividade jurisdicional, conforme noticiado em matéria veiculada no jornal "A Folha de São Paulo" de 29/12/2014. Em tal momento, o então presidente do Tribunal de Justiça do Estado de São Paulo chegou a apontar que a atenção à atividade doutrinária não deveria ser marcante na atividade profissional dos magistrados, devendo ser reduzida a momentos de lazer, e, *na atividade judicante, deveria ser dada prevalência à produção de decisões* ainda que parcamente fundamentadas[35].

Assim, ante as enormes dificuldades oriundas de uma *"justiça demorada"*, corremos o risco de cair em algo até mesmo mais perigoso, consistente em *"injustiças rápidas"*, baseadas em decisões mal fundamentadas, violadoras do contraditório, *etc*[36].

Todavia, e como não poderia ser diferente, a eficiência da atividade jurisdicional, vai muito *além de um simples aspecto quantitativo*, relacionado à rapidez do processo e solução do maior número de processos com o menor esforço possível, mas envolve também um *viés qualitativo da decisão judicial*, como se como bem entende Antônio do Passo CABRAL:

> O valor celeridade em si próprio, negligenciando a qualidade da prestação jurisdicional, o produto final do trabalho de julgamento significa uma visão distorcida da efetividade com a qual o direito processual contemporâneo, preocupado com resultados não pode compactuar.[37]

---

34. NUNES, Dierle José Coelho, **Processo Jurisdicional Democrático.** 1ª edição, 4ª reimpressão, Curitiba: Ed. Juruá, 2012, p. 43.

35. Veja-se a seguinte passagem da aludida reportagem: *"'Há magistrados céleres e outros que continuam a fazer de seu trabalho um artesanato precioso, com citações e menções doutrinárias', diz Nalini. Ele acha que a produção doutrinária deveria ser reservada para horas de lazer. 'Penso que precisamos enfrentar esta fase privilegiando a produção', diz o presidente do tribunal"* (**Tribunal cobra juízes com processos atrasados em SP.** *in "A Folha de São Paulo"*, edição n. 31.316, de 29 de dezembro de 2014, p. A4).

36. MANCUSO, **Sistema Brasileiro [...].** *Op. Cit*, p. 255.

37. **A Duração Razoável do Processo e a gestão do tempo no projeto de Novo Código de Processo Civil.** *in* Novas Tendências do Processo Civil: estudos sobre o projeto do novo código de processo civil, org. Freddie Didier Jr. *et alii*, Salvador: Ed. JusPodivum, 2013, p. 81.

Analisando esta situação, entendemos possível relacionar o aqui alegado com um criticado *desvirtuamento da utilização do instituto da repercussão geral*, o qual vem sendo reduzido a *simples* fator de redução do número de processos, ignorando, porém, a sua função de solucionar conflitos que extrapolem a lide individual, bem como o papel da corte de guardiã da Constituição[38].

Emblemático acerca da matéria, temos a análise da Reclamação n. 7.569/SP. Neste julgamento, o STF tornou mais evidente esta situação, ao afirmar que *não* caberia ao tribunal verificar como as decisões paradigmáticas por ele proferidas são levadas em consideração pelas demais cortes do país. Em outras palavras, entendeu que seria *desimportante para o STF a forma como são analisados os seus precedentes pelos demais órgãos jurisdicionais*, já que, como aparenta concluir, *a função da repercussão geral não seria trazer uma melhor prestação jurisdicional, mas, em realidade, apenas diminuir o número de processos que chegam à corte*. Confira-se:

> A análise individualizada da aplicação firmada por esta Corte no âmbito da repercussão geral acarretará um drástico aumento do número de reclamações a serem apreciadas neste Supremo Tribunal, o que certamente não estará em harmonia com o objetivo pretendido com a criação do requisito da repercussão geral.[39-40]

Nesta linha, acabamos por cair na crítica formulada por Bernardo Gonçalves FERNANDES pela qual alguns instrumentos uniformizadores de jurisprudência acabam por sofrer de uma leitura patológica, sendo vistos a partir da *"mera necessidade funcional de se tomar uma decisão, qualquer que ela seja!"*[41]. Assim, funcionam menos enquanto fator de melhoria da prestação jurisdicional, e mais como *simples mecanismo obsta-*

---

38. STRECK, Lênio Luiz; e ABBOUD, Georges, **O que é isto – o precedente judicial e as súmulas vinculantes?** 3ª edição, Porto Alegre: Ed. Livraria do Advogado, 2015, p. 142.

39. Supremo Tribunal Federal, Reclamação n. 7.569/SP, voto da Ministra Ellen Gracie, j. 19/11/2009, p. 167.

40. O Superior Tribunal de Justiça possui entendimento que também caminha neste sentido: "[A] *dmitido um ou mais recursos extraordinário/especiais pelo Tribunal de origem como representativo da controvérsia, ficam suspensos os demais recursos até o pronunciamento do Supremo Tribunal Federal/Superior Tribunal de Justiça. Ainda, julgado o feito, os recursos especiais sobrestados na origem deverão receber novo juízo pelo Tribunal de origem. Dessa forma, admi-*tir-se qualquer tipo de irresignação por parte do recorrente para se 'destrancar' o recurso sobrestado, seria o mesmo que desconstituir as diretrizes traçadas pela reforma da Justiça e uma afronta ao ditame da razoável duração do processo, assim como a celeridade de sua tramitação *(art. 5º, inciso LXXVIII, da CF/88)*" (Superior Tribunal de Justiça, Agravo Regimental no Mandado de Segurança n. 17.942/RJ, voto do Ministro Massami Uyeda, j. 27/06/2012, p. 6 – grifos adicionados).

41. **Curso de Direito Constitucional.** 4ª edição, Salvador: Ed. Juspodivm, 2012, p. 973.

tivo do acesso do jurisdicionado às cortes - mormente as superiores -, no intuito de reduzir o acervo processual[42].

Neste caminhar, não haveria razão para que houvesse análise pelo próprio STF acerca, por exemplo, de um *distinguishing* equivocado realizado pelo tribunal recorrido, cabendo a este órgão jurisdicional *internamente* analisar a adequada aplicação da decisão paradigma, sem que a corte suprema seja incomodada.

Este posicionamento, ademais, veio inadequadamente refletido na L. 13.256/2016 que, alterando o CPC-2015 (antes mesmo de sua entrada em vigência!), restaurou a competência dos tribunais locais para proferir o primeiro juízo de admissibilidade de recursos especiais e extraordinários. Além disto, consagrou o seguinte posicionamento das cortes superiores: da decisão que aplica um precedente de cunho obrigatório, caberia tão-só recursos no âmbito da própria corte local, impossibilitando (ou, ao menos, dificultando sobremodo[43]) o acesso aos tribunais superiores em tais casos[44-45].

---

42. MANCUSO, **Sistema Brasileiro [...]**. *Op. Cit*, p. 260.

43. Alexandre Freitas CÂMARA defende que a L. 13.256/2016 não teria impossibilitado o acesso das cortes superiores nesses casos, mas sim criado um "caminho mais longo". Frisamos nossa concordância com este posicionamento, sob pena de ofensa constitucional, como bem aponta o jurista fluminense. Veja-se: **Novo CPC reformado permite superação de decisões vinculantes,** *in* Revista Eletrônica *"Consultor Jurídico"* de 12/02/2016, disponível em: http://www.conjur.com.br/2016-fev-12/alexandre-camara-cpc-permite-superacao-decisoes-vinculantes, acesso em 07/08/2016.

44. Neste sentido: *"RECLAMAÇÃO. SUPOSTA APLICAÇÃO INDEVIDA PELA PRESIDÊNCIA DO TRIBUNAL DE ORIGEM DO INSTITUTO DA REPERCUSSÃO GERAL. DECISÃO PROFERIDA PELO PLENÁRIO DO SUPREMO TRIBUNAL FEDERAL NO JULGAMENTO DO RECURSO EXTRAORDINÁRIO 576.336-RG/RO. ALEGAÇÃO DE USURPAÇÃO DE COMPETÊNCIA DO SUPREMO TRIBUNAL FEDERAL E DE AFRONTA À SÚMULA STF 727. INOCORRÊNCIA. [...] 2. O Plenário desta Corte decidiu, no julgamento da Ação Cautelar 2.177-MC-QO/PE, que a jurisdição do Supremo Tribunal Federal somente se inicia com a manutenção, pelo Tribunal de origem, de decisão contrária ao entendimento firmado no julgamento da repercussão geral, nos termos do § 4º do art. 543-B do Código de Processo Civil. 3. Fora dessa específica hipótese não há previsão legal de cabimento de recurso ou de outro remédio processual para o Supremo Tribunal Federal. 4. Inteligência dos arts. 543-B do Código de Processo Civil e 328-A do Regimento Interno do Supremo Tribunal Federal. 5. Possibilidade de a parte que considerar equivocada a aplicação da repercussão geral interpor agravo interno perante o Tribunal de origem. 6. Oportunidade de correção, no próprio âmbito do Tribunal de origem, seja em juízo de retratação, seja por decisão colegiada, do eventual equívoco. 7. Não-conhecimento da presente reclamação e cassação da liminar anteriormente deferida. 8. Determinação de envio dos autos ao Tribunal de origem para seu processamento como agravo interno. [...]"* (Supremo Tribunal Federal, Reclamação n. 7.569/SP, Relatora Ministra Ellen Gracie, j. 19/11/2009). Este posicionamento se repete no âmbito do STJ, por todos: Superior Tribunal de Justiça, Recurso Ordinário em Mandado de Segurança n. 35.441/RJ, Relator Ministro Herman Benjamin, j. 06/12/2012.

45. Eis a redação do art. 1.030 do CPC-2015, com a redação dada pela L. 13.256: *" Art. 1.030. Recebida a petição do recurso* [extraordinário ou especial] *pela secretaria do tribunal, o recorrido será*

Tornou-se, assim, irrelevante a ocorrência famigerada *"hiperintegração na aplicação dos precedentes"* das cortes superiores, em que, a partir de uma ampliação inadequada de um julgado, algum órgão jurisdicional toma uma decisão em qualquer sentido[46], como que a repetir a lenda de Procusto[47] sendo utilizados os seus precedentes:

> [C]omo um bufete de restaurante *self service*. [Em que] O sujeito vai lá apenas para justificar a decisão solipsista que já tomou ou mesmo aderir a qualquer enunciado, nesse último caso quando não decide nada, apenas *acha* a decisão.[48-49]

---

intimado para apresentar contrarrazões no prazo de 15 (quinze) dias, findo o qual os autos serão conclusos ao presidente ou ao vice-presidente do tribunal recorrido, que deverá: I – negar seguimento: a) a recurso extraordinário que discuta questão constitucional à qual o Supremo Tribunal Federal não tenha reconhecido a existência de repercussão geral ou a recurso extraordinário interposto contra acórdão que esteja em conformidade com entendimento do Supremo Tribunal Federal exarado no regime de repercussão geral; b) a recurso extraordinário ou a recurso especial interposto contra acórdão que esteja em conformidade com entendimento do Supremo Tribunal Federal ou do Superior Tribunal de Justiça, respectivamente, exarado no regime de julgamento de recursos repetitivos; II – encaminhar o processo ao órgão julgador para realização do juízo de retratação, se o acórdão recorrido divergir do entendimento do Supremo Tribunal Federal ou do Superior Tribunal de Justiça exarado, conforme o caso, nos regimes de repercussão geral ou de recursos repetitivos; III – sobrestar o recurso que versar sobre controvérsia de caráter repetitivo ainda não decidida pelo Supremo Tribunal Federal ou pelo Superior Tribunal de Justiça, conforme se trate de matéria constitucional ou infraconstitucional; [...] § 2º Da decisão proferida com fundamento nos incisos I e III caberá agravo interno, nos termos do art. 1.021" – grifos adicionados.

46. *"Há hiperintegração na interpretação* [dos precedentes] *quando os fatos de um caso com alguma especificidade e restrição acabam se tornando um parâmetro geral para casos subsequentes que não guardam suficientes padrões de identificação com ele. É como se uma decisão singular inaugurasse uma nova afinação da orquestra, e todo o restante da prática jurídica se modulasse por ele, de forma nem sempre pertinente"* (RAMIRES, Maurício, **Crítica à Aplicação de Precedentes no Direito Brasileiro.** Porto Alegre: Ed. Livraria do Advogado, 2010, p. 109). Neste mesmo sentido: THEODORO JR, Humberto; NUNES, Dierle; e BAHIA, Alexandre; PEDRON, Flávio Quinaud, **Novo CPC: fundamentos e sistematizações.** 2ª edição, Rio de Janeiro: Ed. Forense, 2015, p. 353.

47. De acordo com a *"Encyclopædia Britannica"*, Procusto era um bandido da mitologia grega, filho de Poseidon e que representava a intolerância do homem para com seus semelhantes. Segundo a lenda, Procusto possuía uma casa na estrada entre Atenas e Elêusis e sempre que um viajante passava por referido caminho, Procusto convidava-o a pernoitar em sua residência, dotada de uma cama pretensamente com o exato tamanho de Procusto. Por sua vez, caso o convidado não encaixasse perfeitamente em tal, Procusto lhes serrava os membros, se maiores que a cama, ou esticava-os até arrancar suas partes, se menores. Todavia, Procusto possuía, em realidade, duas camas de tamanhos diversos a nunca ser possível que uma pessoa se encaixasse perfeitamente em seu leito. Em batalha mitológica, o herói ateniense Teseu derrotou Procusto, submetendo-o ao mesmo flagelo que era imposto a seus convidados, serrando sua cabeça e pernas (http://global.britannica.com/topic/Procrustes, acesso em 08/08/2016).

48. ROSA, Alexandre Morais da, **A Teoria dos Jogos aplicada ao Processo Penal.** 2ª edição, Lisboa: Ed. Rei dos Livros, p. 152/153.

49. Preocupação próxima à da aqui desenvolvida é trazida por: LEONEL, **Reclamação Constitucional.** *Op. Cit.*, 2011, p. 281/288.

Como se verá no item abaixo, a inadmissão de recurso extraordinário por suposta ausência de repercussão geral no caso da suposta impossibilidade de condenação da Administração Pública ao pagamento de honorários sucumbenciais, mostra-se intimamente relacionado com a presente crítica acerca da utilização de instrumentos uniformizadores de jurisprudência, sob uma (incorreta) perspectiva de mera redução de acervo processual[50].

5.2 O equívoco em não reconhecer a repercussão geral em casos de condenação da Administração Pública ao pagamento de honorários em favor da Defensoria Pública

Voltando ao caso da verba honorária em favor da Defensoria Pública, observa-se, além da *transcendência* do tema, a grande *relevância*[51] econômica da questão, algo que se demonstra tendo em vista apenas o enorme número de ações em que é veiculado pedido de medicamento em face do poder público, que, se por um lado, chegam à casa de *centenas de milhares*[52], por outro, *em algumas localidades mais de 90% dessas ações são ajuizadas por meio da Defensoria Pública!*[53]

Em paralelo a isto, observa-se relevância jurídica na questão, já que versa sobre limites da capacidade de ingerência do Poder Executivo em um órgão constitucional autônomo e de grande relevância para o sistema de distribuição de justiça. Ademais, há forte indicativo de que o

---

50. Para uma análise mais pormenorizada acerca da questão, ver: MANCUSO, **Sistema Brasileiro** [...]. *Op. Cit*, p. 260/299.

51. "*A fim de caracterizar a existência de repercussão geral e, assim, viabilizar o conhecimento do recurso extraordinário, o legislador alçou mão de uma fórmula que conjuga relevância e transcendência (repercussão geral = relevância + transcendência). A questão debatida tem de ser relevante do ponto de vista econômico, político, social ou jurídico, além de transcender o interesse subjetivo das partes na causa. Tem de contribuir, em outras palavras, para a persecução da unidade do direito no Estado Constitucional brasileiro, compatibilizando e/ou desenvolvendo soluções de problemas de ordem constitucional. Presente o binômio, caracterizada está a repercussão geral da controvérsia*" (SARLET, Ingo; MARINONI, Luiz Guilherme; e MITIDIERO, Daniel, **Curso de Direito Constitucional.** 4ª edição, São Paulo: Ed. Saraiva, 2015, p. 998). No mesmo sentido: MARINONI, Luiz Guilherme; e MITIDIERO, Daniel, **Repercussão Geral no Recurso Extraordinário.** 3ª edição, São Paulo: Ed. RT, 2012, p. 40.

52. Segundo notícia veiculada no jornal "*Zero Hora*", até meados de 2013 pendiam mais de 220.000 ações veiculando pedidos de medicamentos no judiciário brasileiro: http://zh.clicrbs.com.br/rs/noticias/noticia/2013/11/com-113-mil-processos-rs-e-campeao-nacional-em-acoes--judiciais-na-saude-4336052.html, acesso em 07/08/2016.

53. DINIZ, Débora; MACHADO, Teresa Robichez de Carvalho; e PENALVA, Janaina, **A judicialização da saúde no Distrito Federal.** *In* Revista Ciência & Saúde Coletiva, vol. 19, n. 2, fev./2014, p. 593.

posicionamento do STJ acerca da autonomia da Defensoria Pública não se coaduna com aquele exposto pelo consolidado entendimento do STF sobre o tema.

Demonstra-se, neste caminhar, tanto o *preenchimento dos requisitos de relevância e transcendência* contidos no art. art. 1035, §1º, do CPC-2015[54], a configurar a repercussão geral da questão; quanto aquele contido no art. 1035, §3º, I, do mesmo diploma[55] e que determina existir *repercussão geral, independentemente da demonstração de relevância e transcendência da questão, em casos de descompasso da decisão recorrida com o posicionamento da corte suprema*[56], situação que torna imperioso, sob qualquer um dos dois prismas, o conhecimento de recurso extraordinário sobre o tema. Por outro lado, o STF, em acórdão da lavra de Luiz Fux, insiste em afirmar que:

> [A] condenação em honorários advocatícios em favor da Defensoria Pública, nas demandas ajuizadas contra o próprio ente federativo a que está vinculado o aludido órgão, não revela repercussão geral apta a tornar o apelo extremo admissível.[57]

Portanto, vislumbra-se grande problema na leitura do instituto da repercussão geral pelo STF, o qual, como dito, *antes de funcionar como um meio de racionalização da prestação da tutela jurisdicional eficaz, aproxima-se de mero fator de redução do número de ações que pendem no tribunal e, como consequência, de mero instrumento de abertura para escolha dos casos que serão julgados pela corte.*

Tal instituto acaba por se assemelhar, e apesar de não ser este o projeto constitucional, à antiga *"arguição de relevância",* requisito previsto durante regime pré-1988 para que fossem conhecidos recursos extraordinários. Por sua vez, em tal período, as decisões acerca do preenchimento ou não do requisito de relevância se davam em sessões secretas

---

54. *"Art. 1.035. O Supremo Tribunal Federal, em decisão irrecorrível, não conhecerá do recurso extraordinário quando a questão constitucional nele versada não tiver repercussão geral, nos termos deste artigo. § 1º Para efeito de repercussão geral, será considerada a existência ou não de questões relevantes do ponto de vista econômico, político, social ou jurídico que ultrapassem os interesses subjetivos do processo".*

55. *"§ 3º Haverá repercussão geral sempre que o recurso impugnar acórdão que: I - contrarie súmula ou jurisprudência dominante do Supremo Tribunal Federal;* [...]".

56. SARLET; MARINONI; MITIDIERO, **Curso de Direito Constitucional.** *Op. Cit.,* 2015, p. 1002 e MARINONI; e MITIDIERO, **Repercussão Geral [...].** *Op. Cit.,* 2012, p. 46/47.

57. Supremo Tribunal Federal, Agravo Regimental no Recurso Extraordinário n. 757.999/SP, voto do Ministro Luiz Fux, j. 05/08/2014, p. 5.

e sem qualquer fundamentação, *autorizando*, em realidade, *que o STF simplesmente escolhesse os casos que seriam por ele analisados*[58].

Assim, como se (ainda) fosse compatível com nosso sistema jurídico a possibilidade de o STF controlar sua própria atuação a partir da escolha dos casos que serão por ele julgados, *o preenchimento da repercussão geral se mostra, na prática, como uma questão de discricionariedade da corte*. Neste sentido, apesar da decisão acerca do preenchimento ou não do requisito de repercussão geral exigir fundamentação, esta caminha em qualquer sentido, viabilizando, neste aspecto, um suposto *"autocontrole"* da própria atuação da corte, algo visto com ares de novidade[59], porém incompatível com nosso ordenamento jurídico.

Como dito, a repercussão geral, tendo em vista a leitura a nosso ver patológica do STF sobre o tema, parece repristinar a antiga fórmula contida no parágrafo único do art. 119 da constituição autoritária de 1967 (com a redação dada pela EC 01/1969)[60], autorizando-se o STF a selecionar, conforme interesses da própria corte, os recursos que iria analisar. Assim, permite-se a algumas vezes agir com o interesse de refrear o fluxo excessivo de processos, e, em outras, no intuito de não levar à pauta questões contrárias aos interesses do poder constituído[61].

Sobre este caso, veja-se a decisão cautelar e monocrática do ministro Luiz Fux[62] que, em setembro de 2014, determinou o pagamento de auxílio de legitimidade duvidosa a membros do Poder Judiciário que gera custo aos cofres públicos na casa dos *bilhões de reais*[63]. Até a data

---

58. Sobre as diferenças entre a repercussão geral e a antiga arguição de relevância, ver: SARLET; MARINONI; MITIDIERO, **Curso de Direito Constitucional**. *Op. Cit.*, 2015, p. 996/997 e MARINONI; e MITIDIERO, **Repercussão Geral [...]**. *Op. Cit.*, 2012, p. 36/38.

59. Aponta-se que respeitável posicionamento doutrinário entende ser isto algo salutar (por todos: MITIDIERO, Daniel, **Cortes Superiores e Cortes Supremas: do controle à interpretação da jurisprudência ao precedente**. São Paulo: Ed. RT, 2013, p. 69 e 99). Todavia, conforme exposto no presente trabalho, com ele não coadunamos.

60. *"As causas a que se refere o item III, alíneas a e d, deste artigo* [referente à competência do STF para julgamento de recursos extraordinários], *serão indicadas pelo Supremo Tribunal Federal no regimento interno [...]"* – grifos adicionados.

61. MANCUSO, **Sistema Brasileiro [...]**. *Op. Cit*, p. 295.

62. Supremo Tribunal Federal, Ação Originária n. 1.773, medida liminar concedida em 15/09/2014.

63. Segundo a Advocacia-Geral da União, o pagamento de auxílio-moradia a juízes e membros do Ministério Público gera um impacto de 840 milhões de reais anuais aos cofres públicos. Informação disponível em: http://m.folha.uol.com.br/poder/2014/10/1525733-governo--quer-vetar-auxilio-moradia-a-juiz.shtml?mobile, acesso em 07/12/2016.

Cap. 12 • A AUTONOMIA DA DEFENSORIA PÚBLICA E A SÚMULA 421 DO STJ

de fechamento deste trabalho - ou seja, passados mais de 800 dias - o caso ainda não foi levado a julgamento pelo plenário da corte, tampouco o Agravo Regimental interposto pela Advocacia Geral da União contra aludida decisão cautelar.

Neste caminhar, o *conhecimento de recursos extraordinários*, aproxima-se da concessão de uma *"graça suprema"* pelo STF, lembrando a antiga prerrogativa conferida ao *Lord Chancellor* no direito inglês, o qual, até meados do século XIX, possuía o poder de conceder *"equitable remedies ad misericordium"* a casos a este apresentado, no intuito de solucionar questões de injustiça, discricionariamente assim por este consideradas[64]-[65].

Assim, o comportamento do STF, em se recursar a analisar a aplicação e o conteúdo da súmula 421 do STJ, via recurso extraordinário, por uma suposta ausência de repercussão geral, demonstra, a nosso ver, erro no uso do instituto. De fator de melhoria da atividade jurisdicional, a repercussão geral transformar-se em mecanismo de simples redução do acervo processual da corte suprema, bem como em mecanismo autorizativo de medidas autoritárias consistentes na possibilidade de *escolha* de casos que serão julgados pela corte.

Ressalta-se, porém, que, em decisão monocrática de outubro de 2016, o *Ministro Luís Roberto Barroso*, no âmbito da Reclamação n. 25.236/SP, *suspendeu decisão do TRF-2* a qual negou seguimento a re-

---

64. Sobre a *equity* inglesa: *"A* equity *caracterizava-se por ser um* recurso voltado à autoridade real diante da injustiça de flagrante casos concretos, *que eram despachados pelo chanceler* (Keeper of King's Conscience), *encarregado de orientar e guiar o rei em sua decisão. De forma esquemática, podem ser apontados cinco diferenças fundamentais entre o* common law *e a* equity, *são elas: a) as regras da* equity, *desenvolvidas pelo Tribunal da Chancelaria, possuíam origem histórica diferentes das do* common law, *que eram oriundas dos Tribunais de Westminster; b) a aplicação das regras da* equity *era feita exclusivamente pelos Tribunais da Chancelaria, à exceção dos Tribunais de Westminster; c) o processo da* equity *não comportava júri, diferentemente do* common law; *d) as soluções que podiam ser solicitadas ao Tribunal de* equity *não coincidiam com as que se submetiam ao tribunal do* common law; *e) a outorga de uma solução de* equity *possuía caráter discricionário. [...] a* equity, *em seus julgamentos, não primava pela obrigatoriedade de seguir o direito, de modo que sua característica essencial era admitir* julgados fundados precipuamente na consciência" (STRECK; e ABBOUD, **O que é isto - o precedente judicial [...]?** *Op. Cit.,* 2015, p. 26 – grifos no original e adicionados). Por sua vez, aludido sistema foi extinto com a *Judicature Act* de 1873 (*Ibidem,* p. 27).

65. Outra situação bastante paradigmática se dá com a crescente leitura do STF acerca da restrição do uso de *Habeas Corpus.* Argumenta-se que não cabe à corte conhecer da ação mandamental em uma séria de situações – como em caso de *Habeas Corpus* impetrado contra denegação de medida liminar, em substituição a recursos ordinário, *etc.* -, limitando sua amplitude constitucional, mas, em algumas situações, o STF entende por bem conceder uma "graça" ao paciente e conceder ordem de *Habeas Corpus* de ofício.

293

curso extraordinário cujo objetivo era reformar acórdão que deixou de condenar a União a pagar honorários sucumbenciais em favor da DPU, e *determinou a remessa de autos ao STF, sinalizando a necessidade de melhor análise da questão*[66].

Apesar, portanto, do histórico de confirmação monocráticas das duas decisões colegiadas da corte acerca da ausência de repercussão geral sobre o tema, é de se aguardar nova decisão colegiada sobre a questão, momento em que esperemos uma revisão de posicionamento do tribunal.

6. O TERCEIRO ERRO: EQUÍVOCOS DO TRIBUNAL DE JUSTIÇA DO ESTADO DO PARANÁ NA APLICAÇÃO DE MECANISMOS RACIONALIZADORES DO DISCURSO JURISDICIONAL

6.1. A forma inconsistente de aplicação de *distinguishing*

Inobstante todo o já alegado e ante as dificuldades em superar o entendimento consolidado no enunciado sumular anteriormente firmado, passou-se a apontar a necessidade de distinção entre o posicionamento do STJ e a situação concreta da Defensoria Pública do Estado do Paraná perante o Judiciário local.

No caso, argumentou-se que o enunciado 421 não seria aplicável à Defensoria Pública paranaense, uma vez que no estado teria sido criado um fundo especial por lei[67] - denominado Fundo de Aparelhamento da Defensoria Pública – e que teria por finalidade atualizar e capacitar profissionalmente os membros e servidores da instituição, tendo fonte de receita própria e diversa do orçamento da Defensoria Pública, sendo uma de suas receitas, precisamente, os honorários de sucumbência revertidos à instituição[68].

Fez-se, a respeito, paralelo com Fundo Especial do Ministério Público do Estado do Paraná, criado pela Lei Estadual 12.241/1998, o qual igual-

---

66. Acerca da questão, manifestou-se: "[O] *quadro acima descrito* [de confirmação do Recurso Extraordinário n. 592.730/RS e do Agravo Regimental no Recurso Extraordinário n. 757.999/SP] *tem impedido a subida de novos recursos extraordinários sobre o tema, de forma condizente com a lógica de uma manifestação negativa quanto à repercussão geral. Ocorre que deve ser viabilizada a revisão de tese, a fim de não engessar a jurisprudência à vista de novas necessidades ou de uma mudança de perspectiva com o passar do tempo"* (Supremo Tribunal Federal, Reclamação n. 25.236/SP, decisão monocrática do relator Ministro Luis Roberto Barroso, j. 28/10/2016, p. 4).

67. Art. 228 e seguintes da Lei Complementar Estadual 136/2011.

68. Art. 230, II, da Lei Complementar Estadual 136/2011.

Cap. 12 • A AUTONOMIA DA DEFENSORIA PÚBLICA E A SÚMULA 421 DO STJ

mente tem como uma das suas fontes de receita eventual verba honorária recebida em decorrência de sua atividade[69], *havendo, por sua vez, entendimento no âmbito do Tribunal de Justiça do Estado do Paraná* (TJ-PR) *de que seria devido tal valor mesmo pelo Estado do Paraná quando sucumbente em ações nas quais o Ministério Público atuasse em prol de interesses individuais indisponíveis* – como em casos relacionadas à área de saúde -, sob a alegação de que tal fundo teria finalidade própria e gestor específico[70].

Passou-se, portanto, a argumentar que o fato de existir um fundo da Defensoria Pública seria um fato suficiente para viabilizar a restrição (*restrictive distinguishig*) do entendimento consolidado no âmbito do STJ, o qual, portanto, seria inaplicável à Defensoria Pública paranaense. Por outro lado, em que pese não termos notícia de sucesso de aludida tese[71], percebeu-se que o TJ-PR passou, em realidade, a realizar uma ampliação (*ampliative distinguishing*)[72] do entendimento do STJ em prejuízo da autonomia do Ministério Público:

> Diante desta análise, não há como condenar o Estado a pagar honorários advocatícios a si próprio, configurando, assim, a confusão existente entre credor e devedor, nos termos do artigo 381 do Código Civil. [...]
>
> Em relação à Defensoria Pública, que também não possui personalidade jurídica, o colendo Superior Tribunal de Justiça editou a Súmula n.º 421, cuja redação prescreve que "(...) os honorários advocatícios não são devidos à Defensoria Pública quando ela atua contra a pessoa jurídica de direito público à qual pertença". Assim, a legislação invocada pelo Ministério Público (Lei Estadual n. 12.241/98), não tem aplicação no caso *sub judice*, impondo-se, em razão disso, afastar a condenação do Estado do Paraná ao pagamento dos honorários advocatícios imposta pela sentença[73].

---

69. Art. 3º, XV, da Lei Estadual 12.241/1998.

70. Neste sentido, entre outros: Tribunal de Justiça do Estado do Paraná, Apelação Cível n. 553.256-9, Relator Desembargador Fábio André Santos Muniz, j. 05/05/2009; Tribunal de Justiça do Estado do Paraná, Apelação Cível n. 480.066-0, Relatora Desembargadora Regina Afonso Portes, j. 13/04/2009; Tribunal de Justiça do Estado do Paraná, Apelação Cível n. 625.103.4, Relatora Desembargadora Vania Maria da Silva Kramer, j. 1º/06/2010; Tribunal de Justiça do Estado do Paraná, Agravo Regimental n. 579.459-0, Relatora Desembargadora Lélia Samardã Giacomet, j. 22/09/2009.

71. Por todos: Tribunal de Justiça do Estado do Paraná, Apelação Cível n. 1.366.679-4, Relatora Desembargadora Maria Aparecida Blanco se Lima, j. 07/07/2015.

72. Para uma análise acerca do instituto do *ampliative distinguishing* e do *restrictive distinguishing* ver: DIDIER JR, Fredie; BRAGA, Paula Sarno; e OLIVEIRA, Rafael Alexandria, **Curso de Direito Processual Civil – Volume 2: teoria da prova, direito probatório, decisão, precedente, coisa julgada e tutela provisória.** 10ª edição, Salvador: Ed. Juspodivm, p. 490/494

73. Tribunal de Justiça do Estado do Paraná, Apelação Cível n. 1.245.954-0, Relator Desembargador Abraham Lincoln Calixto, j. 11/11/2014, p. 10/12.

295

Neste aspecto, ignorando autonomia do Ministério Público prevista na Constituição Federal, entendeu-se por bem ampliar um equivocado entendimento em prejuízo de outro órgão constitucional autônomo, passando o tribunal local a entender que também haveria "confusão" entre o órgão ministerial e o Estado do Paraná.

Não obstante todo o alegado, *o tribunal paranaense possui entendimento totalmente incoerente com o aqui apontado em relação ao Fundo da Justiça (FUNJUS)*, criado pela Lei Estadual n. 15.942/2008. Este fundo tem por finalidade fazer frente aos custos decorrentes do processo de estatização de varas judiciárias privadas e tem como parte de suas receitas valores recolhidos a título de taxas judiciária. Por sua vez, o TJ-PR, analisando caso em que houve sucumbência do Estado do Paraná - e, portanto, sua condenação ao pagamento de valores vertidos a referido fundo -, assim se manifestou:

> No entanto, ao contrário do defendido pelo Agravante [o Estado do Paraná], *as figuras de sujeito ativo e sujeito passivo não se confundem na mesma pessoa*, uma vez que as custas constituem-se receitas destinadas ao próprio Poder Judiciário. [...]
>
> Não há, pois, que se falar em confusão, na medida em que *as custas* judiciais arrecadadas pelas serventias estatizadas *destinam-se a órgão integrante da estrutura do Poder Judiciário, e não do Poder Executivo Estadual*. Nessa esteira, o art. 99 da Constituição Federal preceitua que "*Ao Poder Judiciário é assegurada autonomia administrativa e financeira*". O seu § 1º ratifica essa autonomia ao conceder aos tribunais a prerrogativa de elaborarem seus próprios orçamentos.
>
> Diante da limitação encontrada no art. 20, II, B, da Lei Complementar n. 101/2000 (Lei de Responsabilidade Fiscal), que estabelece o teto máximo de 6% do orçamento com despesas de pessoal, o FUNJUS acaba por complementar essa renda, com o objetivo de obtenção de receitas para concretizar o processo de estatização das serventias. [...]
>
> Assim, *as custas arrecadadas na forma da Lei n. 15942/2008 são devidas ao Poder Judiciário do Paraná pelo Estado o Paraná, não se permitindo concluir pela confusão alegada*. [...]
>
> Não há, assim, a confusão alegada, uma vez que *o Poder Judiciário possui orçamento próprio, tendo o FUNJUS destinação própria*, determinada por lei [...].[74]

Este posicionamento, inclusive, restou consolidado em *incidente de uniformização de jurisprudência*, previsto no revogado CPC-1973, res-

---

74. Tribunal de Justiça do Estado do Paraná, Agravo de Instrumento n. 1161981-5, Relator Desembargador Salvatore Antonio Astuti, j. 14/05/2014, p. 03/05.

tando assentado igualmente que *não ocorreria confusão entre credor e devedor* já que, ante a autonomia do órgão jurisdicional, não seria crível considerar que valores destinados ao TJ-PR se confundiam com aqueles do Estado do Paraná, havendo orçamentos e cofres distintos entre eles. Ademais, referidos valores seriam direcionados a fundo específico com finalidade própria, estabelecendo-se, inclusive, *enunciado sumular,* ante a consolidação de tal entendimento na corte, com a seguinte redação: "*É cabível a condenação da Fazenda Pública estadual ao pagamento das custas processuais nos casos em que a serventia for estatizada, não havendo que se falar em confusão patrimonial*"[75].

Em outras palavras, *a mesma autonomia, e a mesma existência de um fundo específico que torna incabível a tese de confusão entre os cofres do Tribunal de Justiça e do Estado do Paraná, abre espaço exatamente para essa tese em desfavor do Ministério Público e da Defensoria Pública.*

Não se está aqui, por óbvio, a criticar o posicionamento em relação à ausência de confusão entre TJ-PR e o Estado do Paraná. Em realidade, e como é possível extrair da argumentação até aqui desenvolvida, considera-se evidente este posicionamento ante a autonomia conferida ao Poder Judiciário, autonomia equivalente àquela da Defensoria Pública e do Ministério Público.

Apenas a título de argumento, e no que se refere à proximidade de tratamento entre o Judiciário e a Defensoria Pública - a qual, ressalta-se, apesar de não ser enquadrada como "Poder" é vista como um órgão constitucional autônomo, tal qual o Ministério Público -, em relação à autonomia de ambos, veja-se a seguinte passagem da medida cautelar na Ação Direita de Inconstitucionalidade n. 5.218/PR, cujo conteúdo obviamente é extensível ao Ministério Público:

> De fato, essa emenda apresenta outros instrumentos que objetivam o fortalecimento da independência e da autonomia funcional da Defensoria Pública, dentre eles a constitucionalização dos princípios institucionais da unidade, da indivisibilidade e da independência funcional, ampliando o conceito e a missão da Instituição.
>
> Foi a EC 80 que trouxe a garantia de iniciativa de lei à Defensoria Pública, além do paralelismo natural entre os Tribunais de Justiça (TJs) e as DPEs, e, no que couber, a aplicação de preceitos do Estatuto da Magistratura de responsabilidade do Supremo Tribunal Federal, como: exigência de três anos de atividade jurídica para os concursos públicos de ingres-

---

75. Tribunal de Justiça do Estado do Paraná, Incidente de Uniformização de Jurisprudência n. 1.329.914-8, Relator Desembargador Silvio Dias, j. 20/11/2015.

so à carreira, mudança nos critérios de promoção por merecimento e antiguidade, previsão de cursos de preparação, aperfeiçoamento e promoção dos Defensores Públicos, subsídios remuneratórios, além do incentivo à criação do Conselho Nacional da Defensoria Pública (CNDP).[76]

Em suma, em que pese o conhecimento acerca da extensão constitucional da autonomia conferido ao Poder Judiciário – a qual, como visto, é equivalente àquele conferida à Defensoria Pública -, o TJ-PR se furta ao dever de fazer as distinções devidas, chegando a até mesmo fazer uma ampliação de tais entendimentos em detrimento do Ministério Público e ao arrepio da Constituição.

6.2 A aplicação da Súmula 421 sem qualquer consideração do caso concreto

Indo além, aponta-se que tamanho o descompromisso com a devida aplicação das normas jurídicas que, no âmbito do judiciário paranaense, chegou-se a "rescindir" em sede de execução de título judicial, e sem qualquer amparo normativo, decisão transitada em julgado, independentemente de ação rescisória ou mecanismo que o valha.

Acerca da questão, houve ação proposta por meio da Defensoria Pública local em face do Estado do Paraná referente a pedido de medicamento. Em tal caso, houve a procedência do pedido em primeiro grau, tendo, por sua vez, o juízo singular condenado a fazenda estadual ao pagamento de honorários em favor da Defensoria, não se atentado ao teor da súmula 421. Apresentado recurso pelo Estado, novamente não se levantou aludido enunciado e, por sua *vez, o judiciário local manteve integralmente a decisão de primeira instância e esta transitou em julgado.*

Assim, iniciou-se a execução de referido título executivo. O Estado do Paraná, então, apresentou embargo à execução e *finalmente* veiculou tese da impossibilidade de condenação ao pagamento de honorários sucumbenciais em favor da Defensoria Pública, ante o teor do enunciado sumular em comento. A tese foi acolhida pelo juízo de primeiro grau e, mesmo após apresentação de recurso alegando-se à coisa julgada, o órgão recursal assim se pronunciou:

> [N]ão obstante o *trânsito em julgado* do v. acórdão que fixou honorários advocatícios à Defensoria Pública, entendo que a *decisão foi totalmente*

---

76. Supremo Tribunal Federal, Medida Cautelar na Ação Direta de Inconstitucionalidade n. 5.218/PR, j. 16/01/2015.

contrária à Súmula do Superior Tribunal de Justiça e ao entendimento jurisprudencial dominante, o que *macula o título executivo judicial*, sendo, destarte, inexigível[77].

O que é mais surpreendente, é que este posicionamento reverberou no judiciário local, havendo decisão de outros órgãos julgadores em mesmo sentido, *ignorando-se por completo a eficácia preclusiva da coisa julgada* a obstar a rediscussão da justiça da decisão transitada em julgada no bojo do procedimento de sua execução. Confira-se:

> No caso dos autos, ao contrário do que alega a parte recorrente, o entendimento do Superior Tribunal de Justiça, que culminou na Súmula 421, concerne aos casos em que a pessoa jurídica de direito público sucumbente é a mesma da qual a Defensoria Pública, enquanto representante da parte opositora da lide, faz parte [...]
>
> [S]alienta-se que *não há ofensa à coisa julgada material, uma vez que a referida condenação não fora objeto de discussão e análise no processo principal.*[78]

A partir da suposta "clareza" do enunciado sumular, coloca-se de lado as lições mais comezinhas de direito, e, no caso específico, ante o teor de referida súmula, ignora-se, por completo, o disposto no art. 508 do CPC-2015[79]. Por este dispositivo, consagra-se a denominada *eficácia preclusiva da coisa julgada*, e ante um imperativo da segurança jurídica, pelo qual as questões levadas a juízo não podem ficar sem decisão definitiva para sempre, *impede-se a rediscussão da matéria após julgamento definitivo de mérito* – exceto em alguns casos específicos e por meios pré-estabelecidos, como se dá com a ação rescisória. Assim, para efeitos judiciais, as matérias de defesa que poderiam ter sido levantadas pelo condenado no intuito de obstar a formação do título, mas não o foram, tornam-se irrelevantes.[80] Um exemplo trazido pela doutrina torna mais clara a situação:

---

77. Tribunal de Justiça do Estado do Paraná, Recurso Inominado n. 0016666-72.2015.8.16.0182, 4ª Turma Recursal, Rel. Anne Regina Mendes, j. 24/05/2016, p. 03.

78. Tribunal de Justiça do Estado do Paraná, Recurso Inominado n. 0020626-36.2015.8.16.0182, 3ª Turma Recursal, Rel. Daniel Tempski Ferreira da Costa, j. 21/07/2016, p. 01/02.

79. *"Art. 508.* Transitada em julgado *a decisão de mérito, considerar-se-ão* deduzidas e repelidas *todas as alegações e as* defesas que a parte poderia opor *tanto ao acolhimento quanto à rejeição do pedido."*

80. Sobre a eficácia preclusiva da coisa julgada, a doutrina assim a resume: *"A eficácia preclusiva da coisa julgada consiste em tornar irrelevante, para efeitos de controverter as questões decididas com força de coisa julgada, eventuais alegações e defesas que poderiam ter sido formuladas em juízo, mas não o foram"* (MARINONI, Luiz Guilherme, e MITIDIERO, Daniel, **Código de Processo Civil Comentado Artigo por Artigo.** 2ª edição, São Paulo: Ed. RT, 2010, p. 446/447).

Exemplo em que a eficácia preclusiva se manifesta é o de demanda condenatória julgada procedente, com a condenação do réu a cumprir a obrigação. Haja ele alegado que já fizera o pagamento antes da sentença, sendo essa defesa rejeitada na sentença, ou não haja sequer feito tal alegação, em qualquer dessas hipóteses não lhe será possível propor na sequência uma outra demanda, contra o autor da primeira, pedindo a devolução do valor referente ao primeiro pagamento com fundamento na ausência de causa jurídica para pagamento em duplicidade. [81]

Não se trata, por evidente, de impedir que o executado se insurja contra a execução baseada em título executivo transitado em julgado, sob pena de afronta ao contraditório e à ampla defesa. Por outro lado, não lhe é facultado, como dito, rediscutir a justiça do título no curso da própria execução, exceto em caso de decisão judicial baseada em dispositivo normativo declarado inconstitucional pelo STF (art. 525, §12[82] e art. 535, §5º[83], ambos do CPC-2015), ou em casos em que houve vício citatório no processo de conhecimento, tendo este transcorrido à revelia do executado[84]. Assim, como regra, eventuais causas extintivas ou modificativas do direito do credor apenas podem ser levantadas pelo executado *caso sejam supervenientes ao trânsito em julgado da decisão de mérito* (art. 525, §1º, VII[85] e art. 535, VI[86], ambos do CPC-2015), algo que não ocorre na situação aqui discutida.

---

81. DINAMARCO, Cândido Rangel; e CARRILHO LOPES, Bruno Vasconcelos, **Teoria Geral do Novo Processo Civil**. São Paulo: Ed. Malheiros, 2016, p. 203/204.

82. *"§ 12. Para efeito do disposto no inciso III do § 1º deste artigo, considera-se também inexigível a obrigação reconhecida em título executivo judicial fundado em lei ou ato normativo considerado inconstitucional pelo Supremo Tribunal Federal, ou fundado em aplicação ou interpretação da lei ou do ato normativo tido pelo Supremo Tribunal Federal como incompatível com a Constituição Federal, em controle de constitucionalidade concentrado ou difuso".*

83. *"§ 5º Para efeito do disposto no inciso III do caput deste artigo, considera-se também inexigível a obrigação reconhecida em título executivo judicial fundado em lei ou ato normativo considerado inconstitucional pelo Supremo Tribunal Federal, ou fundado em aplicação ou interpretação da lei ou do ato normativo tido pelo Supremo Tribunal Federal como incompatível com a Constituição Federal, em controle de constitucionalidade concentrado ou difuso".*

84. Art. 525, §1º, I e art. 535, I, ambos do CPC-2015.

85. *"§ 1º Na impugnação, o executado poderá alegar: [...] VII - qualquer causa modificativa ou extintiva da obrigação, como pagamento, novação, compensação, transação ou prescrição, desde que supervenientes à sentença"* – grifos adicionados.

86. *"Art. 535. A Fazenda Pública será intimada na pessoa de seu representante judicial, por carga, remessa ou meio eletrônico, para, querendo, no prazo de 30 (trinta) dias e nos próprios autos, impugnar a execução, podendo arguir: [...] VI - qualquer causa modificativa ou extintiva da obrigação, como pagamento, novação, compensação, transação ou prescrição, desde que supervenientes ao trânsito em julgado da sentença"* - grifos adicionados.

Cap. 12 • A AUTONOMIA DA DEFENSORIA PÚBLICA E A SÚMULA 421 DO STJ

Todavia, patente no posicionamento do judiciário paranaense acima exposados, uma leitura pela qual os enunciados sumulares, ante sua descrição abstrata, e sua finalidade de consagrar posicionamento com nítido viés de impactar em casos futuros, seriam aplicados por "subsunção", independentemente de uma análise pormenorizada do caso *sub judice* em paralelo àqueles que originaram o entendimento sumulado[87].

Trata-se de equivocada entificação do enunciado sumular, como se este fosse capaz de indicar objetivamente a *ratio decidendi* de um caso levado a julgamento e, como dito, aplicado subsuntivamente e sem qualquer análise do caso concreto que lhe deu origem[88].

Esta dificuldade, vale apontar, não se trata de "privilégio" do judiciário paranaense, ocorrendo, inclusive no âmbito do STF, situação percebida com clareza quando a Ministra Ellen Gracie defende que o enunciado sumular ideal seria aquela que não fosse possível de interpretação, afirmando: "*A súmula vinculante é algo que não deve ser passível de interpretação, deve ser suficientemente clara para ser aplicada sem maior tergiversação*".[89] Em outros termos, segundo o posicionamento da então ministra, deve-se aplicar referido enunciado sem qualquer consideração acerca dos fatos do caso julgado e daqueles que deram origem a referida súmula.

Por "natural", portanto, que o fato de estarmos lidando com decisão transitada em julgado se mostra irrelevante, já que, ante a entificação de sentido trazido pela súmula, esta será aplicada por subsunção e tendo em vista o enunciado que diz "*os honorários advocatícios não são devidos à Defensoria Pública quando ela atua contra a pessoa jurídica de direito público à qual pertença*", nada mais "lógico" que execução de título judicial transitado em julgado seja extinta.

Volta-se à questão da hiperintegração dos precedentes anteriormente abordada, e de evidente simplificação do fenômeno jurídico. Afinal com um método de estabelecimento de respeito simplório de

---

87. STRECK; e ABBOUD, **O que é isto – o precedente judicial [...]**? *Op. Cit.*, 2015, p. 62/63.

88. "[É] *preciso entender que a aplicação de uma súmula não pode ser feita a partir de procedimento dedutivo. Que as súmulas são textos, não há dúvida. Só que 'esse texto' não é uma proposição assertórica. Portanto, não pode ser aplicada de forma irrestrita e por mera subsunção ou por dedução*" (STRECK; e ABBOUD, **O que é isto – o precedente judicial [...]**? *Op. Cit.*, 2015, p. 72/73 – grifos no original).

89. Conforme notícia veiculada no sítio eletrônico do Supremo Tribunal Federal e intitulada: "*Plenário edita 14ª Súmula Vinculante e permite acesso de advogado a inquérito policial sigiloso*", disponível em http://www.stf.jus.br/portal/cms/verNoticiaDetalhe.asp?idConteudo=102548

301

observação de julgados anteriores, isenta-se o julgador de uma análise minuciosa do caso concreto e do anterior, criando-se uma inadequada estandardização do Direito.

Neste ambiente, o caso concreto acaba se perdendo na busca de algum precedente aplicável a ela[90], e este passa a justificar de modo amplo e potencial posições em causas com as mais diversas e estranhas peculiaridades, uma vez que: "[S]uas origens são esquecidas e ele se torna um novo tronco genealógico, sua prole se une com outras estirpes e continuam a permear o Direito".[91] Abre-se espaço, como dito, para a denominada hiperintegração na aplicação dos precedentes e para todos os seus riscos, já abordados.

7. MAS HÁ ALGUM ALENTO: O RECONHECIMENTO DA SUPERAÇÃO DA SÚMULA 421 PELO TRIBUNAL DE JUSTIÇA DO ESTADO DE SÃO PAULO

Conforme abordado no item 2 do presente trabalho, a Defensoria Pública, desde a sua primeira remissão em texto constitucional, ocorrida na redação originária da Constituição de 1988, passou por diversas alterações em sua estrutura, sendo alçada, em nível constitucional, à categoria de instrumento do regime democrático pelo constituinte derivado, através da Emenda Constitucional n. 80 de 2014.

Para cumprir com esse objetivo a Defensoria Pública ganhou status de órgão constitucional autônomo, na medida em que, com a redação do art. 134, § 2º e §3º da Constituição Federal[92], passou a ter assegurada autonomia funcional e administrativa, bem como a iniciativa de sua proposta orçamentária dentro dos limites estabelecidos na lei de diretrizes

---

, acesso em 09/08/2016. Aponta-se que este entendimento já foi reiterado pelo Ministro Marco Aurélio o qual afirmou: "Não se admitindo sequer interpretação [referindo-se aos enunciados sumulares], porque o verbete já é o resultado de interpretações reiteradas do Tribunal" (Supremo Tribunal Federal, Habeas Corpus n. 85.185/SP, j. 10/08/2005, debate entre ministros, p. 824).

90. STRECK, Lênio Luiz, **Neoconstitucionalismo, positivismo e pós-positivismo.** in Garantismo, Hermenêutica e (Neo)constitucionalismo: um debate com Luigi Ferrajoli, coord. Luigi Ferrajoli, et. alii., Porte Alegre: Ed. Livraria do Advogado, 2012, p. 81.

91. CARDOZO, Benjamin N., **A Natureza do Processo Judicial,** trad. Silvana Vieira. São Paulo: Ed. Martins Fontes, 2004, p. 32.

92. "§ 2º Às Defensorias Públicas Estaduais são asseguradas autonomia funcional e administrativa e a iniciativa de sua proposta orçamentária dentro dos limites estabelecidos na lei de diretrizes orçamentárias e subordinação ao disposto no art. 99, § 2º. 3º Aplica-se o disposto no § 2º às Defensorias Públicas da União e do Distrito Federal".

orçamentárias (autonomia orçamentária). Ademais, o art. 168 da Constituição[93] garantiu autonomia financeira à instituição porquanto que estabelece que os recursos correspondentes às suas dotações orçamentárias, compreendidos os créditos suplementares e especiais, ser-lhe-ão entregues até o dia 20 de cada mês, em duodécimos, na forma da Lei Complementar 101/2000 (Lei de Responsabilidade Fiscal).

É importante ressaltar, também, que a EC 80/2014, reforçando a autonomia institucional e administrativa da Defensoria Pública, determinou a aplicação do art. 93 e do art. 96, II, da Constitucional (art. 134, §4º do CF[94]) à instituição conferindo, dentre outros aspectos, iniciativa legislativa exclusiva ao Defensor Público Geral sobre matérias de interesse da instituição[95], tal qual ocorre com o Poder Judiciário e o Ministério Público.

Em suma, a partir das alterações conferidas, principalmente pelas ECs 45/2004 e 80/2014 e pela Lei Complementar 132/2009 – diploma que reformou substancialmente a LONDP -, a Defensoria Pública foi liberta de toda limitação oriunda de vinculações que já existiram em relação ao Poder Executivo e à Ordem dos Advogados do Brasil, sempre no intuito de cumprir com seu mister constitucional. Assim, e como visto em tópico anterior, após a edição de referidos diplomas legais e constitucionais, a Defensoria Pública passou a ostentar autonomia plena, que não dispunha na formulação originária do constituinte de 1988.

Pois bem. Analisando os casos que deram origem ao enunciado 421 do STJ, conforme informação da própria corte[96], denota-se que o caso

---

93. *"Art. 168. Os recursos correspondentes às dotações orçamentárias, compreendidos os créditos suplementares e especiais, destinados aos órgãos dos Poderes Legislativo e Judiciário, do Ministério Público e da Defensoria Pública, ser-lhes-ão entregues até o dia 20 de cada mês, em duodécimos, na forma da lei complementar a que se refere o art. 165, § 9º"* – grifos adicionados.

94. *"§ 4º São princípios institucionais da Defensoria Pública a unidade, a indivisibilidade e a independência funcional, aplicando-se também, no que couber, o disposto no art. 93 e no inciso II do art. 96 desta Constituição Federal".*

95. Esta questão, restou consagrada na medida cautelar da Ação Direta de Inconstitucionalidade n. 5.217, em que foi suspensa a Lei Complementar do Estado do Paraná n. 180 de dezembro de 2014, norma alteradora de dispositivos da Lei Orgânica da Defensoria Pública local (LC 136/2011). Em aludida medida cautelar, datada de janeiro de 2015, *suspendeu-se a LCE 180 tendo em vista sua inconstitucionalidade formal oriunda de vício de iniciativa*, uma vez que o *processo legislativo* da lei em questão foi *deflagrado pelo chefe do Poder Executivo* paranaense, atentado, portanto, contra o art. 134, §4º, cumulado com o art. 93, *caput*, ambos da Constituição Federal.

96. Disponível em: https://ww2.stj.jus.br/docs_internet/revista/eletronica/stj-revista-sumulas-2014_40_capSumula421.pdf

mais recente a que se refere é datado de junho de 2009, ou seja, até mesmo anterior à Lei Complementar 132/09, datada de outubro de referido ano.

Os casos que ensejaram a edição do enunciado sumular em questão são: Agravo Regimental no Recurso Especial n. 755.631/MG, julgado em 10/06/2008; Agravo Regimental no Recurso Especial n. 1.028.463/RJ, julgado em 25/09/2008; Agravo Regimental no Recurso Especial n. 1.039.387/MG, julgado em 03/06/2008; Agravo Regimental no Recurso Especial n. 1.054.873/RS, julgado em 11/11/2008; Agravo Regimental no Recurso Especial n. 1.084.534/MG, julgado em 18/12/2008; Embargos de Divergência no Recurso Especial n. 480.598/RS, julgado em 13/04/2005; Embargos de Divergência no Recurso Especial n. 566.551/RS, julgado em 10/11/2004; Recurso Especial n. 740.568/RS, julgado em 16/10/2008; Recurso Especial n. 852.459/RJ, julgado em 11/12/2007; Recurso Especial n. 1.052.920/MS, julgado em 17/06/2008; em finalmente, o Recurso Especial n. 1.108.013/RJ, julgado em 03/06/2009.

Neste sentido, não só possível, como estritamente necessária a realização do *overrulling* de tal posicionamento, em decorrência de toda alteração normativa ocorrida desde outubro de 2009[97]. Acerca da questão, apontamos que não só a alteração legislativa (e mormente constitucional!) é causa de alteração de posicionamento consolidado nos tribunais, como, em referidos casos, esta alteração de entendimento pode ser realizada por qualquer órgão jurisdicional, e não apenas aquele prolator da posicionamento a ser seguido.

Vejamos, a respeito os enunciados, 322 e 324 do Fórum Permanente de Processualistas Civis, ambos editados no encontro de Vitória realizado em maio de 2015:

> A *modificação de precedente vinculante poderá fundar-se, entre outros motivos, na <u>revogação ou modificação da lei</u> em que ele se baseou, ou em alteração econômica, política, cultural ou social referente à matéria decidida.* (Grupo: Precedentes)
>
> *Lei nova, incompatível com o precedente judicial, é fato que acarreta a não aplicação do precedente <u>por qualquer juiz ou tribunal</u>, ressalvado o reconhecimento de sua inconstitucionalidade, a realização de interpretação conforme ou a pronúncia de nulidade sem redução de texto.* (Grupo: Precedentes)

, acesso em 08/08/2016.

97.   Neste sentido: BARBOSA; e MAGNANI, **O NCPC, a Defensoria Pública [...]**. *Op. Cit.,* p. 696/698.

Ante esta situação, apesar de posicionamento *ainda* incipiente, denota-se que há crescimento da linha de entendimento acerca da superação de referido enunciado no âmbito no tribunal de justiça bandeirante. Esta corte, ciente das alterações aqui exposta, assim já se manifestou:

> Revisitando o tema, tenho que as inovações legislativas posteriores à edição da Súmula 421, do C. STJ, não mais impedem a Defensoria Pública de receber honorários, quando vitoriosa em causa contra o próprio Estado de que é integrante. [...]
>
> A ideia de autonomia diz respeito, justamente, a esta especificação no orçamento [...] e [s]e os orçamentos são distintos, e se as verbas auferidas têm destinação específica, não há como perpetuar-se a tese da confusão, que norteou a consolidação jurisprudencial.[98]-[99]

Há de se concluir, portanto, que, não obstante as dificuldades alegadas, há repercussão, em alguns órgãos fracionários de tribunais estaduais, acerca da tese da inadequação da 421 do STJ, em virtude da consolidação da autonomia da Defensoria Pública nos últimos anos[100].

8. CONCLUSÃO

Como pudemos perceber no decorrer do presente trabalho, concluímos que o entendimento acerca da suposta impossibilidade de condenação da Fazenda Pública a que vinculada a Defensoria Pública, ante uma hipotética confusão entre credor e devedor, em que pese pacificada no âmbito do STJ, dando ensejo, inclusive, a enunciado sumular neste sentido, se mostra absolutamente equivocada.

---

98. Tribunal de Justiça do Estado de São Paulo, Apelação Cível n. 1020766-79.2014.8.26.0224, 10ª Câmara de Direito Público, Rel. Des. Marcelo Semer, j. 13/04/2015, p. 08/09. Neste mesmo sentido, destacamos também os seguintes julgados: Tribunal de Justiça do Estado de São Paulo, Apelação Cível n. 0051780-97.2012.8.26.0053, 7ª Câmara de Direito Público, Rel. Des. Magalhães Coelho, j. 23/06/2014; e Tribunal de Justiça do Estado de São Paulo, Apelação Cível n. 0032716-37.2011.8.26.0506, 3ª Câmara de Direito Público, Rel. Des. Camargo Pereira, j. 27/08/2013.

99. No âmbito do judiciário sul-mato-grossense, porém em momento ainda anterior à edição da súmula 421, ver: Tribunal de Justiça do Estado do Mato Grosso do Sul, Embargos de Declaração em Apelação Cível n. 2004.013245-7/0001-00, Relator Desembargador Oswaldo Rodrigues de Melo, j. 06/06/2005.

100. Acerca da questão e analisando especificamente as alterações legais e constitucionais que tornaram insubsistente o enunciado sumular 421, afirma-se: "*Tomando de empréstimo as lições cunhas na doutrina do* stare decisis, *a confiança no precedente e sua força vinculante, dependem da persistência dos pressupostos factuais da decisão, de modo que,* alteradas as premissas de foto e de direito, espera-se do tribunal a superação do entendimento antecedente*" (BARBOSA; e MAGNANI, **O NCPC, a Defensoria Pública [...]**. *Op. Cit.*, p. 698 – grifos adicionados).

Isto se dá em virtude da consagração da autonomia funcional, administrativa e financeira conferida à Defensoria Pública decorrente das alterações trazidas pelas Emendas Constitucionais 45/2004 e 80/2014, bem como pela Lei Complementar 132/2009.

Todavia, apesar do nítido conflito entre a tese exposta pela súmula 421 do STJ e o posicionamento da corte suprema acerca da autonomia da instituição, o STF *inadequadamente* se furta ao seu dever de enfrentar a matéria, sob um falacioso argumento de que referida questão seria carente de repercussão geral.

Ainda, denota-se que a aplicação da súmula 421 se dá de forma superficial, não sendo levado em conta todo o arcabouço institucional e legal por detrás da questão. Em outras palavras, ante o teor do texto de aludido enunciado, as cortes passam a aplica-lo "subsuntivamente" não se atentando para peculiaridades do caso, utilizando referida súmula como mero fator simplificador da atividade jurisdicional e não, efetivamente, como meio de melhor racionalização do discurso das cortes.

Por outro lado, em que pese todo o alegado, percebemos um entendimento crescente, ainda que minoritário, nos tribunais locais acerca da necessidade de *overruling* do entendimento do STJ. Neste sentido, e tendo em vista o indicativo de que o STF esteja em vias de reanalisar colegiadamente seu posicionamento acerca da repercussão geral sobre o tema, esperamos que as questões aqui analisadas possam vir a sensibilizar as cortes superiores e, assim, sepultar por vez a ultrapassada súmula em questão.

CAPÍTULO 13

Defensoria Pública, autonomia e a eterna polêmica dos honorários

Rafael Vinheiro Monteiro Barbosa e
Juliana Mieko Rodrigues Oka

Sumário: 1. Introdução; 2. Defensoria Pública e a Emenda Constitucional nº 80 de 2014; 3. Funções Institucionais e Honorários Sucumbenciais; 4. Conclusão; 5. Referências

1. INTRODUÇÃO

A Constituição de 1988 inovou não só ao traçar novos contornos ao modelo de assistência jurídica integral e gratuita, mas ao estabelecer, na mesma linha, a Defensoria Pública como instituição responsável por tais atribuições.

Embora louvável a intenção do Poder Constituinte, o surgimento paulatino das Defensorias Públicas Estaduais se deu em latente descompasso com a previsão constitucional, ficando, segundo juízo de conveniência e oportunidade, a critério dos Poderes Executivo e Legislativo de cada ente federativo.

A fim de neutralizar esse quadro, a Emenda Constitucional nº 45 de 2004, que instituiu profundas mudanças no Poder Judiciário, assentou, em disposição inovadora, para que fosse, finalmente, possível cumprir com a sua missão, a autonomia funcional, administrativa e, em certa medida, orçamentário-financeira da Defensoria Pública. Posteriormente, com o advento da Emenda Constitucional nº 80 de 2014, as alterações realizadas tiveram o escopo de consolidar a Instituição outorgando-lhe o *status* de Função Essencial à Justiça.

Não obstante esse novo espectro sob o qual passou a se encarar a Instituição, em decorrência das sensíveis alterações no plano constitu-

307

cional, e, ainda, das modificações provocadas pela Lei Complementar nº 132 de 2009, que, ao modificar a Lei Complementar nº 80 de 1994, instituiu expressamente como função institucional *a execução e o recebimento de verbas decorrentes de sua atuação, a condenação ao pagamento dos honorários sucumbenciais, em causas por ela patrocinadas,* sempre exsurgiu como ponto controverso.

Decerto que a atual conjuntura desperta, inarredavelmente, a necessidade de revisitação de questões polêmicas supostamente "já" consolidadas, entre as quais, a exemplo, a impossibilidade de condenação ao pagamento dos honorários sucumbenciais, quando a sua atuação se dá contra a pessoa jurídica de direito público a que integre. Na mesma medida, provoca o enfrentamento de novas controvérsias postas à nossa reflexão.

Nessa esteira, recorrentes têm sido os pronunciamentos, do Tribunal de Justiça do Mato Grosso e, de modo mais esparso, do Rio de Janeiro, pela impossibilidade, após a consagração como Função Essencial à Justiça, da condenação ao pagamento dos honorários sucumbenciais em favor da Defensoria Pública, já que, desde então, esta passaria a ter um regime jurídico semelhante ao Poder Judiciário e Ministério Público.

Ao argumento de que estes não podem ter honorários, decorrentes da sua atuação, arbitrados em seu favor, esse obstinado entendimento propala que não poderia, de igual modo, a Defensoria Pública fazer jus ao recebimento das verbas provenientes de seu vitorioso patrocínio.

Assim, para enfrentar a eterna polêmica relativa aos honorários sucumbenciais, agora sob este novo aspecto, o presente trabalho se propõe ao estudo das evoluções percebidas no plano constitucional até o advento da Emenda Constitucional nº 80 de 2014 e das funções institucionais da Defensoria Pública.

2. DEFENSORIA PÚBLICA E A EMENDA CONSTITUCIONAL Nº 80 DE 2014

É, até certo ponto, lugar comum afirmar que a Emenda Constitucional nº 80 de 2014 trouxe substanciais alterações, no regime constitucional, para a Defensoria Pública. No entanto, a real magnitude desses novos contornos só poderá ser corretamente compreendida após o olhar sobre o longo e tortuoso caminho que foi trilhado.

O Poder Constituinte, ciente dos obstáculos que podem vir a entravar o acesso à justiça, andou além do que simplesmente prever, no inciso

XXXV do seu art. 5º, que *"a lei não excluirá da apreciação do Poder Judiciário lesão ou ameaça do direito"*.

Atencioso às dificuldades naturalmente enfrentadas por aqueles que são desprovidos de recursos para a efetivação dos seus direitos e, ainda, à necessidade de criação de um instrumento que garantisse, de modo universal, o acesso à justiça, sob pena de fadar esse quadro à eterna perpetuação, o Texto Constitucional dispôs, mais adiante do mesmo dispositivo, precisamente no LXXIV, que *"o Estado prestará assistência jurídica integral e gratuita aos que comprovarem insuficiência de recursos"*.

Não obstante seja importante a previsão de assistência *jurídica* integral – e não de mais assistência judiciária, conforme presente nas Constituições anteriores –, a maior inovação, certamente, ao menos no cenário da promoção dos direitos dos necessitados, foi a criação da Defensoria Pública.

Com efeito, foi-se muito mais além do que simplesmente garantir o acesso à justiça ou a prestação de assistência judiciária integral e gratuita: estabeleceu-se qual seria, a partir de então, a instituição responsável por essa atribuição.

Porém, como já teve oportunidade de expor em trabalho anterior, o surgimento da Instituição não foi acompanhado dos aparatos legais e estruturais, necessários para que fosse possível cumprir a missão designada no plano constitucional, impossibilitando que a Defensoria Pública ocupasse, de forma digna, o posto que lhe foi outorgado.[1]

Não só o surgimento das Defensorias Públicas estaduais deu-se de modo paulatino, a critério dos Poderes Executivo e Legislativo dos respectivos entes federativos, como, mesmo naqueles em já estavam consolidadas, inúmeras eram as limitações, sobretudo estrutural e financeira, por elas enfrentadas.

A despeito das recentes vitórias da Instituição, a preocupação com esse cenário persiste, conforme bem pontuou José Augusto Garcia de Souza, "[a]inda hoje, 2015, há Estados brasileiros praticamente sem Defensoria, em franco desrespeito à nossa Constituição. Outros Estados até

---

1. *Cf.* MONTEIRO BARBOSA, Rafael Vinheiro; MAGNANI, Daniella de Albuquerque. O NCPC, a Defensoria Pública no Processo Individual e a Superação da Súmula 421-STJ. *Repercussões do Novo CPC, v. 5: Defensoria Pública*. SOUSA, José Augusto Garcia de (coord.). Salvador: JusPodivm, 2015. p. 677-702.

possuem Defensorias consolidadas, mas em condições de grande precariedade estrutural, quadro de todo incompatível com a prestação de uma assistência jurídica integral".[2]

Diante do cenário apresentado, não é difícil entender por que, ao passo que as demais carreiras, em pura ascensão, deslanchavam e suas respectivas Instituições caminhavam, após importantes conquistas, para plena consolidação, a Defensoria Pública seguia em via oposta.

Não só em razão de o seu surgimento ter ocorrido apenas na nova ordem jurídico-constitucional, mas, principalmente, como decorrência da grande apatia, para que não se diga má vontade, na criação de meios que possibilitassem a sua evolução, a Instituição ficou fadada a um papel coadjuvante, que, em nada, era compatível com a magnitude do seu mister constitucional.

Conhecida como aquela que implantou profundas reformas no Poder Judiciário como um todo, a Emenda Constitucional nº 45 de 2004, buscando neutralizar a nocividade dessa conjuntura, conferiu à Defensoria Pública – que teve, no âmbito estadual, na grande parte das vezes, sua origem atrelada às secretarias de justiça ou direitos humanos – autonomia funcional, administrativa e orçamentário-financeira.

O então parágrafo único, preservada a redação, foi remunerado para parágrafo primeiro[3] e criou-se o parágrafo segundo com a disposição a seguir: *"Às Defensorias Públicas Estaduais são asseguradas autonomia funcional e administrativa e a iniciativa de sua proposta orçamentária dentro dos limites estabelecidos na lei de diretrizes orçamentárias e subordinação ao disposto no art. 99, § 2º".*

Destacando a importância da inovação constitucional, "a autonomia funcional garante à Defensoria Pública plena liberdade de atuação no exercício de suas funções institucionais, submetendo-se unicamente aos limites determinados pela Constituição Federal, pela lei e pela própria

---

2. SOUSA, José Augusto Garcia de. A Defensoria Pública e o Código de Processo Civil de 2015: Novos Caminhos – e Responsabilidades – para uma Instituição enfim Essencial. *Repercussões do Novo CPC, v. 5: Defensoria Pública*. SOUSA, José Augusto Garcia de (coord.). Salvador: JusPodivm, 2015. p. 469-526.

3. Art. 134, CF. (...) § 1º Lei complementar organizará a Defensoria Pública da União e do Distrito Federal e dos Territórios e prescreverá normas gerais para sua organização nos Estados, em cargos de carreira, providos, na classe inicial, mediante concurso público de provas e títulos, assegurada a seus integrantes a garantia da inamovibilidade e vedado o exercício da advocacia fora das atribuições institucionais.

310

consciência de seus membros. Diante de sua autonomia funcional, a Instituição se encontra protegida de toda e qualquer ingerência externa, garantindo-se aos Defensores Públicos a possibilidade de agir com liberdade na defesa dos direitos das classes socialmente oprimidas, inclusive contra o próprio Poder Público".[4]

Por sua vez, Gustavo Corgosinho conceitua a autonomia administrativa como "capacidade atribuída a determinado órgão para assumir integralmente a condução e a gestão de sus próprios interesses e negócios, subordinando-se apenas e tão somente ao seu regime jurídico administrativo".[5]

Embora não haja previsão explicita da autonomia financeira, a ideia encontra-se incorporada pelo próprio dispositivo na medida em que se permite a iniciativa de sua proposta orçamentária e na garantia, assentada pela nova redação do art. 168[6], do repasse do duodécimo, até o dia 20 de cada mês, que anteriormente era prevista somente aos órgãos dos Poderes Legislativo, Judiciário e Judiciário e do Ministério Público.

A autonomia financeira nada mais traduz senão na possibilidade concedida à Instituição de elaborar a proposta do próprio orçamento, delimitando os recursos financeiros que entende como necessários para o desempenho de suas funções.[7]

Assim, se a Defensoria Pública, por muito tempo, padeceu, ante a apatia dos Poderes Executivo e Legislativo, que pouco interesse mostra-

---

4. ESTEVES, Diogo; SILVA, Franklyn Roger Alves. *Princípios Institucionais da Defensoria Pública: de acordo com a EC 74/2013 (Defensoria Pública da União)*. Rio de Janeiro: Forense, 2014. p. 39. No mesmo sentido, "[É] evidente que a autonomia funcional valoriza a instituição na medida em que lhe outorga poder político, permitindo a valoração de conveniência e oportunidade sobre os meios para a prestação da melhor assistência jurídica à população carente". SOARES DOS REIS, Gustavo Augusto; ZVEIBIL, Daniel Guimarães; JUNQUEIRA, Gustavo. Comentários à Lei da Defensoria Pública. São Paulo: Saraiva, 2013. p. 40.

5. CORGOSINHO, Gustavo. *Defensoria Pública princípios institucionais e regime jurídico*, 2009. In: ESTEVES, Diogo; SILVA, Franklyn Roger Alves. *Princípios Institucionais da Defensoria Pública: de acordo com a EC 74/2013 (Defensoria Pública da União)*. Rio de Janeiro: Forense, 2014. p. 40.

6. Art. 168, CF. (...) Os recursos correspondentes às dotações orçamentárias, compreendidos os créditos suplementares e especiais, destinados aos órgãos dos Poderes Legislativo e Judiciário, do Ministério Público e da Defensoria Pública, ser-lhes-ão entregues até o dia 20 de cada mês, em duodécimos, na forma da lei complementar a que se refere o art. 165, § 9º.

7. Neste sentido: LIMA, Frederico Rodrigues Viana de. Defensoria Pública. Salvador: JusPodivm, 2010. p. 92; ESTEVES, Diogo; SILVA, Franklyn Roger Alves. *Princípios Institucionais da Defensoria Pública: de acordo com a EC 74/2013 (Defensoria Pública da União)*. Rio de Janeiro: Forense, 2014. p. 41.

vam na criação de mecanismos que contribuíssem para o seu aperfeiçoamento e evolução, a Emenda Constitucional nº 45 buscou conferir, pela autonomia outorgada, a minoração da dependência dos demais Poderes e a necessária proteção contra qualquer interferência externa para que fosse possível a consecução, sem qualquer sujeição, dos seus desempenhos.

Mais tarde, no mesmo compasso, a Lei Complementar nº 132 de 2009, replicando essa mesma disposição em seu *caput*, incluiu na Lei Complementar nº 80 de 1994, o artigo 97-A, indicando a intenção de, no plano infraconstitucional, estruturar a Instituição.[8]

Não se pode olvidar, como recorda José Augusto Garcia de Sousa, que, nesse lapso temporal, embora comumente passe despercebido, a importante participação da jurisprudência do Supremo Tribunal no fortalecimento da Defensoria Pública. Segundo o autor, inúmeras as decisões que lhe foram favoráveis.[9]

Por último, veio a Emenda Constitucional nº 80 de 2014, que alçou a Defensoria Pública ao seu maior nível de maturação. Decerto que, mesmo antes, a Instituição já despontava, ao lado da Advocacia, como Função Essencial à Justiça e, ainda, como Instituição Essencial à atividade jurisdicional do Estado.

No entanto, por muito tempo, em razão das deficiências expostas, a Defensoria Pública, não obstante sua primordial importância, limitou-se, principalmente se comparada com as demais Instituições que possuem esse mesmo *status*, a um papel secundário.

Seguindo o mesmo fluxo que converge para a consolidação da Defensoria Pública das modificações constitucionais anteriores, esta derradeira Emenda revela-se sobremaneira impactante. A primeira modificação por ela empregada foi a alteração do *caput* do art. 134, que pas-

---

8. MONTEIRO BARBOSA, Rafael Vinheiro; MAGNANI, Daniella de Albuquerque. O NCPC, a Defensoria Pública no Processo Individual e a Superação da Súmula 421-STJ. *Repercussões do Novo CPC, v. 5: Defensoria Pública*. SOUSA, José Augusto Garcia de (coord.). Salvador: JusPodivm, 2015. p. 677-702.

9. "Na última década, a jurisprudência do Supremo mostrou-se muito sensível à necessidade de fortificar a Defensoria Pública - e, consequentemente, a assistência proporcionada às pessoas carentes-, servindo ainda à superação de resistência, não raros férreas, à consolidação da instituição". SOUSA, José Augusto Garcia de. A Defensoria Pública e o Código de Processo Civil de 2015: Novos Caminhos – e Responsabilidades – para uma Instituição enfim Essencial. Repercussões do Novo CPC, v. 5: Defensoria Pública. SOUSA, José Augusto Garcia de (coord.). Salvador: JusPodivm, 2015. p. 469-526.

sou a vigorar com a seguinte redação: *"A Defensoria Pública é Instituição permanente, essencial à função jurisdicional do Estado, incumbindo-lhe, como expressão e instrumento do regime democrático, fundamentalmente, a orientação jurídica, a promoção dos direitos humanos e a defesa, em todos os graus, judicial e extrajudicial, dos direitos individuais e coletivos, de forma integral e gratuita, aos necessitados, na forma do inciso LXXIV do art. 5º desta Constituição Federal".*

A inovação ampliou, se confrontada com a original,[10] que era muito mais enxuta, o conceito e a missão da Instituição, reproduzindo, no plano constitucional, idêntica disposição já prevista, desde as alterações empregadas pela Lei Complementar nº 139 de 2009, no art. 1º[11] da Lei nº 80 de 1994, esta que organiza a Defensoria Pública da União, do Distrito Federal e dos Territórios e prescreve normas gerais para sua organização nos Estados.

Ademais, houve a inclusão do § 4º no mesmo dispositivo, que passou a estabelecer, no andar constitucional, serem princípios institucionais a *unidade,* a *indivisibilidade* e a *independência funcional,* disposição esta que, assim como a anterior, já encontrava guarda na Lei Complementar nº 80, precisamente, no art. 3º[12]. Indubitavelmente, a maior inovação fica a cargo da parte final do artigo, por estabelecer, ainda, que são aplicados, no que couber, o disposto no art. 93 e no inciso II do art. 96 da Constituição Federal.

Se a Emenda Constitucional nº 45 sofreu duras críticas por ter se omitido ao não conferir à Defensoria Pública a iniciativa para deflagrar os processos legislativas de seu interesse, do mesmo modo que fizera com o Ministério Público e o Poder Judiciário, a nº 80 soterrou a controvérsia, referendando, quando provê aplicação, no que couber, do inciso II do art.96, a sua autonomia legislativa.

---

10. Art. 134, CF. (...) A Defensoria Pública é instituição essencial à função jurisdicional do Estado, incumbindo-lhe a orientação jurídica e a defesa, em todos os graus, dos necessitados, na forma do art. 5º, LXXIV. (Redação Original).

11. Art. 1º, LC nº 80/94. (...) A Defensoria Pública é instituição permanente, essencial à função jurisdicional do Estado, incumbindo-lhe, como expressão e instrumento do regime democrático, fundamentalmente, a orientação jurídica, a promoção dos direitos humanos e a defesa, em todos os graus, judicial e extrajudicial, dos direitos individuais e coletivos, de forma integral e gratuita, aos necessitados, assim considerados na forma do inciso LXXIV do art. 5º da Constituição Federal.

12. Art. 3º, LC nº 80/94. (...) São princípios institucionais da Defensoria Pública a unidade, a indivisibilidade e a independência funcional.

A aplicação, naquilo que for compatível à sua estrutura, do art. 93 também é ponto que deve ser destacado. Isso porque, até certo, aproximou a estrutura organizacional da Defensoria à do Poder Judiciário. Não se pode deixar de pontuar, de igual maneira, que não obstante a inovação no plano constitucional, já havia na Lei Complementar nº 80, pontos de encontro que apontavam, antes mesmo da disposição no andar constitucional, para certa similitude na organização.

Ao passo que o inciso I do art. 93 previa que o ingresso na Magistratura será realizado mediante concurso público de prova e títulos e com participação da Ordem dos Advogados do Brasil em todas as fases, o art. 24 da Lei Complementar nº 80 dispunha que o ingresso na carreira da Defensoria Pública far-se-á mediante aprovação prévia em concurso público, de âmbito nacional, de provas e títulos, com a participação da Ordem dos Advogados do Brasil. O inciso II do art. 93 ordena que a promoção de entrância para entrância siga, alternadamente, o critério de antiguidade e de merecimento, enquanto que o art. 31 da Lei prescreve que a promoções obedecerão aos critérios de antiguidade e merecimento, alternadamente.

Outra inovação foi a inserção da Defensoria, em seção própria, não mais partilhada com a Advocacia, no capítulo referente às funções essenciais à Justiça. Ainda que discreta, a mudança carrega consigo, ao menos, dois aspectos que merecem ser destacados: a um, finalmente, a Instituição foi alçada ao seu papel de protagonista, no cenário constitucional e, a dois, a opção declarada pela desvinculação explicita, para aqueles que eventualmente remanesciam na incerteza, que Defensoria vai muito além de mera "Advocacia para os pobres", afirmando sua vocação de agente de transformação social.[13]

A derradeira inovação foi o acréscimo do art. 98 ao Ato das Disposições Constitucionais Transitórias. Referendando, uma vez mais, o caráter essencial da Instituição, o dispositivo estabeleceu o prazo de 8 (oito) anos, a partir de sua publicação, para que todas as unidades contem com a presença de defensores públicos, devendo o número deles ser proporcional à efetiva demanda e respectiva população. No lapso temporal indicado, a lotação dos defensores públicos deverá atender, prioritaria-

---

13. SCHWARTZ, Fábio. O Novo CPC e os Avanços Legislativos que Contribuem na Superação os Obstáculos e na Afirmação Institucional da Defensoria Pública para Atuação na Tutela Coletiva. *Repercussões do Novo CPC, v. 5: Defensoria Pública*. SOUSA, José Augusto Garcia de (coord.). Salvador: JusPodivm, 2015. p. 187-203.

Cap. 13 • DEFENSORIA PÚBLICA, AUTONOMIA E A ETERNA POLÊMICA DOS HONORÁRIOS

mente, as regiões com maiores índices de exclusão social e adensamento populacional.

É de se ver, portanto, que as alterações implantadas pela Emenda Constitucional nº 80 de 2014 convergem para um único caminho: o intento de traçar, no plano constitucional, um novo perfil à Defensoria Pública, correspondente ao seu papel como Instituição essencial à realização da justiça, no que se refere à garantia da assistência gratuita aos necessitados.[14]

Todos esses pontos a consolidam, agora assim, como uma Função Essencial à Justiça, que pretende a promoção dos direitos humanos e a defesa, em todos os graus, inclusive no âmbito extrajudicial, dos direitos individuais e coletivos dos necessitados, não mais se limitando à antiquada leitura de que a essencialidade de sua atuação girava em torno da prerrogativa única de movimentar o Judiciário.[15-16]

Não se pode esquecer, outrossim, que parte das alterações postas fizeram nada mais do que incorporar, frise-se, em alguns casos, por meio de replicação idêntica, ao plano constitucional, previsões que já existiam na legislação própria. É claro que a sua reprodução na Constituição tem todo um significado para a consolidação e para o reconhecimento da

---

14. ALVES, Cleber Francisco. Assistência Jurídica Integral da Defensoria Pública no Novo Código de Processo Civil. *Repercussões do Novo CPC, v. 5: Defensoria Pública*. SOUSA, José Augusto Garcia de (coord.). Salvador: JusPodivm, 2015. p. 537-553.

15. Em sentido contrário, Paulo Gustavo Gonet Branco e Gilmar Ferreira Mendes, ao cuidarem do estudo sobre as Funções Essenciais à Justiça, entendem que "[O] Poder Judiciário desempenha papel capital para reter os Poderes Legislativo e Executivo nas fronteiras dispostas constitucionalmente às suas ações. Como meio de limitação do próprio Poder Judiciário, entretanto, recursa-se que ele possa agir por iniciativa própria. A jurisdição depende de provocação para ser exercida. A prerrogativa de movimentar o Poder Judiciário mostra-se, desse modo, crucial; daí a importância da ação dos entes e pessoas que oficiam perante os juízos e que, por isso, exercem funções essenciais à Justiça". (*Curso de Direito Constitucional*. 7. ed. São Paulo: Saraiva, 2012. p. 1.077).

16. Defendendo que a atuação da Defensoria Pública, enquanto Função Essencial à Justiça vai muito além do que simplesmente do que provocar a jurisdição, Diogo Esteves e Franklyn Roger Alves Silva assinalam que, "[a]o definirmos a Defensoria Pública como função essencial à justiça, é preciso ter em mente que a expressão justiça restou empregada pelo legislador constitucional em seu sentido mais amplo, garantindo uma extensiva atuação institucional junto à todos os Poderes Estatais, com o objetivo de preservar os valores constitucionalmente estabelecidos. A essencialidade à justiça, portanto, não se refere apenas à atuação perante o Judiciário, meramente realizando a distribuição de ações e promovendo a defesa dos réus em juízo. O termo justiça deve ser analisado de maneira mais extensiva, permitindo a atuação da Defensoria Pública perante cada um dos Poderes do Estado, exigindo a realização do valor justiça por todos eles". (*Princípios Institucionais da Defensoria Pública: de acordo com a EC 74/2013 (Defensoria Pública da União)*. Rio de Janeiro: Forense, 2014. p. 21).

315

Instituição, mas o que se deve frisar é que as disposições, na generalidade, já se encontravam integradas ao seu regime jurídico.

Por conseguinte, a questão que se deve passar a investigar é se, com a incorporação ao Texto Constitucional destas previsões que já existiam no plano legal ou com as novas previsões de cunho organizacional, houve profunda alteração nas funções institucionais, para que seja possível afirmar que à Defensoria Pública já não são mais devidos honorários de sucumbência.

3. FUNÇÕES INSTITUCIONAIS E HONORÁRIOS SUCUMBENCIAIS

A reversão, em favor da Defensoria Pública, dos honorários sucumbenciais, no caso de vitória processual dos seus assistidos, sempre foi um tema cercado de tabus. Porém, nunca houve qualquer mistério nessa equação.

É certo que não faz jus a Instituição ao recebimento de honorários contratuais, já que, em razão da prestação da assistência jurídica *integral* e *gratuita*, não seria possível, como explicitamente proibida, a estipulação de pagamento, pelos necessitados, da prestação dos serviços relacionados a atuação dos Defensores Públicos. No entanto, o mesmo raciocínio não se transporta à percepção dos honorários sucumbenciais.

Como já defendido em estudo anterior sobre o tema, a vitória do assistido da Defensoria Pública, na demanda, é situação mais do que suficiente para o arbitramento dos honorários sucumbenciais em seu favor.[17]

Isso porque os honorários de sucumbência, que são devidos pela parte vencida, possuem caráter remuneratório e visam à premiação do trabalho vitorioso, despendido pelo profissional ao longo do processo. Aliás, se por muito tempo a redação do art. 20 da legislação processual anterior deu margens à interpretações divergentes, no sentido de possuírem estes honorários natureza ressarcitória, porquanto prestavam a reembolsar os gastos com a contratação do patrono, o novo regramento optou por declaradamente referendar, no seu art. 85[18], o posicionamen-

---

17. MONTEIRO BARBOSA, Rafael Vinheiro; MAGNANI, Daniella de Albuquerque. O NCPC, a Defensoria Pública no Processo Individual e a Superação da Súmula 421-STJ. *Repercussões do Novo CPC, v. 5: Defensoria Pública*. SOUSA, José Augusto Garcia de (coord.). Salvador: JusPodivm, 2015. p. 677-702.

18. Art. 85, CPC/15. (...) Art. 85. A sentença condenará o vencido a pagar honorários ao advogado do vencedor.

to do art. 23 do Estatuto da Advocacia[19], Lei 8.906 de 1994, segundo o qual, em contraponto ao Código de 1973, a titularidade dos honorários arbitrados em decorrência da derrota processual é do advogado, não da parte vencedora.[20]

A resposta da equação é tão simples que, nem de perto, transparece as infinitas, e, diga-se de passagem, desnecessárias, controvérsias ao derredor do tema. É dizer: se a parte tiver seus interesses patrocinados pelo Defensor Público e for a vencedora da demanda, a consequência inarredável é a estipulação dos honorários sucumbenciais.

Não por outra razão, a Lei Complementar nº 132 instituiu, como umas das funções institucionais, no art. 4º, o seguinte inciso XXI: *"executar e receber as verbas sucumbenciais decorrentes de sua atuação, inclusive quando devidas por quaisquer entes públicos, destinando-as a fundos geridos pela Defensoria Pública e destinados, exclusivamente, ao aparelhamento da Defensoria Pública e à capacitação profissional de seus membros e servidores".*

Nem mesmo o fato de os valores recebidos a esse título possuírem destinação específica, por determinação legal, ao aparelhamento da entidade e à capacitação profissional dos seus membros e servidores – sendo vedado, por conseguinte, o seu rateio entre os Defensores – foi suficiente para obstar, ao longo dos anos, o arbitramento da verba honorária e o reconhecimento, mesmo com essas peculiaridades, de sua natureza remuneratória.[21]

Ademais, embora seja inegável que as recentes inovações pretendam o fortalecimento da Defensoria, não só a remuneração dos seus membros é a menor, mas o seu orçamento é sobremaneira inferior quando contrastado ao do Ministério Público e, ainda de modo mais pujan-

---

19. Art. 23, Lei 8.906/94. (...) Art. 23. Os honorários incluídos na condenação, por arbitramento ou sucumbência, pertencem ao advogado, tendo este direito autônomo para executar a sentença nesta parte, podendo requerer que o precatório, quando necessário, seja expedido em seu favor.

20. Sobre o tema, *cf.* MONTEIRO BARBOSA, Rafael Vinheiro; MAGNANI, Daniella de Albuquerque. Honorários contratuais vs. Honorários sucumbenciais: o que muda no NCPC?. *Grandes Temas do NCPC, v.2: Honorários advocatícios.* FURTADO, Marcus Vinicius; CAMARGO, Luiz Henrique Volpe (coord.). 2. ed. Salvador: JusPodivm, 2016. p. 265-281.

21. MONTEIRO BARBOSA, Rafael Vinheiro; MAGNANI, Daniella de Albuquerque. O NCPC, a Defensoria Pública no Processo Individual e a Superação da Súmula 421-STJ. *Repercussões do Novo CPC, v. 5: Defensoria Pública.* SOUSA, José Augusto Garcia de (coord.). Salvador: JusPodivm, 2015. p. 677-702.

317

te, ao do Poder Judiciário (pelo menos, essa é a realidade do Estado do Amazonas). Assim, o montante decorrente da atuação profissional exitosa desempenha papel decisivo para tentar remediar a falta de recursos financeiros, até hoje, enfrentada pela Instituição.

Contudo, segundo tenra, mas insistente, linha jurisprudencial, o advento da Emenda Constitucional nº 80 torna impossível a estipulação das verbas honorários. A 4ª Turma do Tribunal de Justiça do Mato Grosso do Sul consolidou, em diversos julgados, o entendimento de que teria ela dado uma nova roupagem à Defensoria, concedendo à Instituição as mesmas prerrogativas do Ministério Público e ao Poder Judiciário, de sorte que nenhum dos três poderia fazer jus ao recebimento de honorários sucumbenciais.[22]

A leitura atenta dos Acórdãos prolatados pela Turma aponta, ainda, que a nova redação do *caput* do art. 134 contempla a prestação da assistência jurídica de forma integral e gratuita, vedando o a pagamento da verba alçada a este título.

Sedimenta, no mesmo espeque, que, antes da modificação constitucional, a Instituição era equiparada à Advocacia e, por isso, era possível a estipulação dos honorários, conforme o art. 23 do Estatuto da Advocacia. A sua inserção em seção própria, no capítulo das Funções Essenciais à Justiça, juntamente com determinação prevista no art. 135 da Constituição, vedaria, sem qualquer excepcionalidade, o recebimento desta parcela extra, por atuarem seus membros no desempenho de *múnus* público.

---

22. Colecionam-se, a mero título exemplificativo, as ementas: "AGRAVO REGIMENTAL - AÇÃO DE OBRIGAÇÃO DE FAZER - REEXAME NECESSÁRIO - DECISÃO MONOCRÁTICA **CONDENAÇÃO DE HONORÁRIOS ADVOCATÍCIOS EM FAVOR DA DEFENSORIA PÚBLICA - VERBA HONORÁRIA INDEVIDA COM ADVENTO DA EC Nº 80/2014 - EQUIPARAÇÃO ÀS PRERROGATIVAS DA MAGISTRATURA E DO MINISTÉRIO PÚBLICO** – PRECEDENTES DESTE TRIBUNAL DE JUSTIÇA - RECURSO DESPROVIDO". (Tribunal de Justiça do Mato Grosso, Agravo Regimental nº 21525/2016, Quarta Câmara Cível, Desembargadora Antônia Siqueira Gonçalves Rodrigues, Data de Julgamento 01/03/2016) (grifou-se). "RECURSO DE APELAÇÃO E REEXAME NECESSÁRIO – AÇÃO DE OBRIGAÇÃO DE FAZER – SAÚDE – FORNECIMENTO DE MEDICAMENTO CONTÍNUO - HONORÁRIOS SUCUMBENCIAIS EM FAVOR DA DEFENSORIA PÚBLICA – INDEVIDOS – MULTA COMINATÓRIA COMO MEIO COERCITIVO – IMPOSSIBILIDADE - RECURSO DESPROVIDO – SENTENÇA RETIFICADA EM PARTE. (...) **Com o advento da Emenda Constitucional nº 80, de 04 de junho de 2014, equiparando a Defensoria Pública à Magistratura e Ministério Público, deve-se firmar entendimento de ser incabível o pagamento de honorários sucumbenciais em favor dos membros da Defensoria Pública. Precedente deste Tribunal**". (Tribunal de Justiça do Mato Grosso, Apelação Cível nº 174214/2014, Quarta Câmara Cível, Desembargador José Zuquim Nogueira, DJe 20/10/2015) (grifou-se).

Na mesma direção, a 14ª Câmara do Tribunal de Justiça do Rio de Janeiro, quando do julgamento da Remessa Necessária nº 0000854-60.2014.8.19.0046[23], suscitou incidente para que o Órgão Especial analisasse suposta "inconstitucionalidade" nos dispositivos das legislações federal e estadual que tratam da verba advocatícia devida à Defensoria.

Seguramente, e isto ficou delineado, de modo explícito, no tópico anterior, referida Emenda conferiu novos contornos constitucionais à Defensoria Pública. A compreensão destas mudanças é suficiente para afirmar, sem receio de errar, que, inobstante sua relevância, não houve qualquer alteração no cenário da estipulação dos honorários sucumbenciais em favor da Instituição.

A visão de que, ao conceder as "mesmas prerrogativas" asseguradas ao Ministério Público e ao Poder Judiciário obsta a estipulação da verba honorária é sobremaneira simplista. Utilizar-se da autonomia legislativa para deflagrar processos de seu interesse e da aplicação, no que for possível, da estrutura organizacional das duas carreiras como substrato para impedir a estipulação dos honorários em favor da Defensoria Pública é o mesmo que afirmar que o Poder Judiciário e o Ministério Público não fazem, só por essa razão, jus ao recebimento dos valores.

No entanto, o que impede a estipulação dos honorários não são as disposições de cunho organizacional ou a autonomia legislativa, mas as funções desempenhadas pela carreira. Recuperada a equação exposta alhures ("se a parte tiver seus interesses patrocinados pelo Defensor Público e for a vencedora da demanda, a consequência inarredável é a estipulação dos honorários sucumbenciais"), exsurge limpidamente a razão da remuneração do desempenho exitoso de suas funções institucionais.

O Poder Judiciário, no exercício da função jurisdicional de pacificar os conflitos postos à sua análise, por óbvio, não exerce o patrocínio de

---

23. "(...) EMENDA CONSTITUCIONAL N.º 80/2014 QUE, PARA CERTOS FINS, EQUIPAROU A DEFENSORIA PÚBLICA AO PODER JUDICIÁRIO E AO MINISTÉRIO PÚBLICO. APARENTE INCONSTITUCIONALIDADE DO ART. 4º, XXI, DA LEI COMPLEMENTAR FEDERAL N.º 80/1994, ART. 22, XVII, DA LEI COMPLEMENTAR ESTADUAL N.º 06/1977, E ART. 3º, I, DA LEI ESTADUAL N.º 1.146/1997. POSSSIBILIDADE DE SUBSISTÊNCIA DO DIREITO A RECEBER QUALQUER PARCELA A TÍTULO DE HONORÁRIOS ADVOCATÍCIOS. OBSERVÂNCIA DA SÚMULA VINCULANTE N.º 10-STF. INCIDÊNCIA DA CLÁUSULA DE RESERVA DE PLENÁRIO (ART. 97 DA LEI MAIOR). INCIDENTE DE INCONSTITUCIONALIDADE QUE SE SUSCITA, COM SUSPENSÃO DO JULGAMENTO DO APELO E REMESSA DOS AUTOS AO C. ÓRGÃO ESPECIAL." (Tribunal de Justiça do Rio de Janeiro, Remessa Necessária n.º 0000854-60.2014.8.19.0046, Décima Quarta Câmara Cível, Desembargador Gilberto Campista Guarino, DJe 22/11/2016). (Grifou-se).

nenhuma das partes; daí decorre a vedação. Além disso, o fato de exercer a Defensoria Pública *múnus* público, ou de ter o Legislador Constituinte optado por um modelo público de assistência jurídica, não obsta o direito à percepção dos honorários.

A respeito do sistema *judicare,* a doutrina especializada, recobrando as lições de Mauro Capelletti e Bryant Garth, adverte que "[a]dvogados são remunerados pelos cofres públicos, prestando assistência judiciária às pessoas necessitadas. Nota-se aqui que ao advogado mantém seu *status* de profissional liberal, de tal forma que a percepção de honorários através dos cofres públicos não o impede de exercer advocacia em prol de sua clientela privada".[24]

Por conseguinte, nesse regime, os profissionais têm direito ao recebimento dos honorários, quando seu desempenho é vitorioso, mesmo que estejam no exercício de *múnus* público. Essa fórmula se reproduz identicamente no sistema público de assistência jurídica, já que este apenas indica a opção pela criação de um órgão específico para o desempenho dessa tarefa e que seus membros, além de serem remunerados como servidores públicos, terão atuação exclusivamente direcionada a ela.

Inclusive, deve-se abrir um parêntese para explicitar a fragilidade do argumento de ser impossível a estipulação dos honorários em favor da Defensoria Pública, tão somente porque exerce *múnus* público. O Estatuto da Advocacia ressalta, no art. 2º, que, mesmo no ministério privado, o advogado presta serviço público e função social e que seus atos, no processo judicial, constituem *múnus* público. Desgarrando-se de qualquer dúvida que a vedação à percepção da verba honorária sucumbencial não decorre do simples exercício de *múnus* público.

Fosse esse o motivo, jamais teria sido possível, não somente com o advento da Emenda Constitucional nº 80, a reversão dos honorários em favor da Instituição, o que indica, de forma contundente, que não é essa a intenção do Poder Constituinte.

Deve-se frisar que a opção realizada, no tocante ao regime jurídico, da Defensoria Pública não se estende ao Ministério Público, sendo este o ponto crucial para se compreender a temática; embora tenham pon-

---

24. SOARES DOS REIS, Gustavo Augusto; ZVEIBIL, Daniel Guimarães; JUNQUEIRA, Gustavo. *Comentários à Lei da Defensoria Pública.* São Paulo: Saraiva, 2013. p. 29.

Cap. 13 • DEFENSORIA PÚBLICA, AUTONOMIA E A ETERNA POLÊMICA DOS HONORÁRIOS

tos de semelhanças nas suas funções com o Ministério Público, quando patrocina os interesses dos seus assistidos, mostra-se muito mais afim à Advocacia do que ao *Parquet*.

Transparece limpidamente, pois, que, se o Ministério Público não pode receber, sem qualquer excepcionalidade, verbas a esse título, a mesma lógica não se transporta à Defensoria Pública.

Igualmente simplista a visão de que a Defensoria Pública só poderia ter direito ao recebimento dos honorários sucumbenciais, porque, até então, compartilhava seção, no capítulo das Funções Essenciais à Justiça, com a Advocacia e que, só por isso, lhe era aplicado, por equiparação, o art. 23 do Estatuto da Advocacia.

Aponta a doutrina que "[a] organização tópico e o próprio conteúdo do capítulo destinado às "Funções Essenciais à Justiça" evidenciam a intenção do constituinte em separar a Defensoria Pública da advocacia comum. Na verdade, se a atuação funcional da Defensoria revestisse verdadeiro labor advocatício, a Seção III não precisaria ser denominada "Da Advocacia e da Defensoria"; bastaria que a referida seção fosse intitulada 'Da Advocacia' e nenhuma distinção adicional precisaria ser realizada. Ao inserir no texto constitucional a previsão de duas denominações distintas, legislador constituinte pretendeu claramente formalizar a instituição de duas funções também distintas que possuem apenas em comum a adjetivação 'essencial à justiça'".[25]

Até na conjuntura indigitada pelas decisões, a distinção entre as duas funções era evidente. Tampouco se olvidar que a legislação infraconstitucional realçou, inequivocamente, essa divisão: a Lei Complementar nº 132 instituiu o § 6º, no art. 4º, da Lei Complementar nº 80, segundo o qual, a capacidade postulatória do Defensor Público decorre exclusivamente de sua nomeação e posse no cargo público, prescindindo-se, assim, da inscrição nos quadros da Ordem dos Advogados.

Gustavo Augusto Soares dos Reis, Daniel Guimarães Zveibil e Gustavo Junqueira destacam que a vedação ao exercício dos atos de advocacia, cuja previsão se assenta nos arts. 46, inciso I, 91, inciso I e 130, inciso I, da Lei Complementar nº 80, "[r]eforça o caráter institucional da De-

---

25. ESTEVES, Diogo; SILVA, Franklyn Roger Alves. *Princípios Institucionais da Defensoria Pública: de acordo com a EC 74/2013 (Defensoria Pública da União)*. Rio de Janeiro: Forense, 2014. p. 684.

321

fensoria Pública e seu perfil de carreira de Estado: o defensor não pode advogar e não se confunde com o advogado".[26]

Em igual sentido, "[a] ampliação das funções institucionais de caráter eminentemente coletivo consolidou o perfil não individualista da Defensoria Pública, desmanchando definitivamente a ideia de que os Defensores Públicos seriam simples advogados dos pobres".[27]

Não só a dicção anterior era suficiente para demonstrar a distinção entre as duas atividades, como todo o arcabouço infraconstitucional apontava para a berrante dessemelhança entre as suas vocações. Com efeito, a inserção da Instituição em seção própria revela, em verdade, a preocupação, de caráter pedagógico, em tornar isto explícito para aquelas vozes que insistiam em nivelá-las.

Outro pronto que deve ser necessariamente enfrentado é a nova redação do *caput* do art. 134. Como já ressaltado, o dispositivo é a replicação integral do art. 1º da Lei Complementar nº 80. Nele, o legislador constitucional explicitou, sem dar margem para controvérsias, que, além da orientação jurídica e defesa dos direitos individuais e coletivos dos necessitados, incumbirá a Defensoria, sem prejuízo de outras atribuições, a promoção dos direitos humanos. Ao que tudo indica, buscou-se referendar disposição que, desde 2009, integrava o regime jurídico da Instituição e já era incorporada na prática, para transpor resistências enfrentada e legitimar a sua atuação mais robusta.

A contemplação da prestação de assistência jurídica de forma integral e gratuita também não é inovação decorrente da Emenda Constitucional nº 80; já encontrava guarda no Texto Constitucional desde sua redação original. Chega até a ser oblíqua linha jurisprudencial que tenta induzir que, após a vigência das reformas constitucionais de 2014, é indevido o pagamento de honorários sucumbenciais.

A uma, ainda que ocorra a estipulação da verba, a assistência prestada não deixará de ser gratuita, posto que a tarefa seguirá sendo remunerada, sem custos para os hipossuficientes, pelo Estado.

A duas, só se poderia cogitar a impossibilidade de estipulação dos honorários sucumbenciais, caso se entendesse que os honorários pos-

---

26. SOARES DOS REIS, Gustavo Augusto; ZVEIBIL, Daniel Guimarães; JUNQUEIRA, Gustavo. *Comentários à Lei da Defensoria Pública*. São Paulo: Saraiva, 2013. p. 39.

27. ESTEVES, Diogo; SILVA, Franklyn Roger Alves. *Princípios Institucionais da Defensoria Pública: de acordo com a EC 74/2013 (Defensoria Pública da União)*. Rio de Janeiro: Forense, 2014. p. 685.

suem natureza ressarcitória e são destinados ao reembolso das desposas com a contratação do profissional. Como, nesse cenário, o patrocínio se dá de forma gratuita, a reversão, em favor do hipossuficiente, da verba representaria verdadeiro locupletamento ilícito. De toda a sorte, o art. 85 do CPC soterrou qualquer controvérsia, ao indicar que a titularidade do direito é do advogado; ponto que apenas reforça o posicionamento do presente estudo.

A três, a conjugação dos dois pontos anteriores aponta, de modo contundente, para a existência de compatibilidade entre o sistema público de assistência jurídica gratuita e a percepção da verba estipulada em decorrência da atuação profissional exitosa.

Tampouco pode-se empregar, como argumento, o art. 135[28] da Constituição Federal, que foi acrescentado pela Emenda Constitucional nº 19 de 1998. A determinação de que os membros da carreira serão remunerados exclusivamente por subsídio fixado em parcela única nunca foi suficiente para obstar o direito à percepção dos honorários sucumbenciais.

A verba de sucumbência não esbarra na vedação a qualquer acréscimo à parcela fixa do subsídio, presente no § 4º do art. 39, porquanto eventual e variável, a ser revertida, por opção legal, para o Fundo de Aparelhamento da Instituição e, principalmente, devida pela parte sucumbente; carece, pois, de natureza orçamentária e se afasta de todas as características da remuneração estatal, esta, sim, sobre a qual recai tal proibição.

Forçoso concluir, portanto, que todos os pontos que sedimentam a visão empregada pelos Tribunais de Justiça do Mato Grosso do Sul e do Rio de Janeiro não se sustentam.

Em outra ocasião, um dos autores já destacou o quadro prejudicial que a subtração dos honorários sucumbenciais causa à Instituição. Pedimos vênia para recuperar dita passagem: "[a] subtração dos honorários sucumbenciais da Defensoria Pública, pouco importando a pessoa do devedor (inclusive, dos órgãos públicos estaduais/federais), penaliza triplamente a instituição, posto que, além de privar a pessoa do Defensor Público dessa parcela variável que, a toda evidência, incrementaria a sua remuneração, considerada a menor quando em con-

---

28. Art. 135, CF. (...) Os servidores integrantes das carreiras disciplinadas nas Seções II e III deste Capítulo serão remunerados na forma do art. 39, § 4º.

traste com a do Promotor e do Juiz de Direito, priva o órgão de volume considerável de investimento, que poderia ser alocado na estruturação do órgão e/ou na capacitação dos seus membros, em benefício dos necessitados".[29-30]

Nesse cenário, a aplicação dos argumentos indicados desgarrada de intepretação sistemática com o substrato legal existente, ou, pior, fazendo induzir que todos eles são decorrentes de alterações recentes e bastantes para romper com o cenário anterior, revela-se sobremaneira irresponsável e descompromissada, porquanto esvazia todo o sentido que se pretendeu dar, pela evolução constitucional, à consolidação e ao fortalecimento da Defensoria e só se presta a perpetuar e instigar a eterna polêmica que circundam os honorários sucumbenciais.

4. CONCLUSÃO

Inúmeras foram as resistências e objeções que tiveram de ser enfrentadas pela Defensoria Pública no decorrer de sua trajetória. Não à toa se diz que sua narrativa é marcada por inúmeras superações e a autoafirmações. Foi necessária, em distintas oportunidades, a intervenção forte do legislador constituinte para que fossem conferidos à Instituição os tão esperados meios (e o primeiro deles veio com o reconhecimento da autonomia funcional, administrativa e orçamentária) que garantissem a sua implementação e atuação de maneira efetiva.

Contudo, nem mesmo a evolução no plano constitucional e legal, materializada nas alterações substanciais instituídas pela Lei Complementar nº 132, foi suficiente para obstar o aparecimento de controvérsias, sob as mais diversas variáveis, acerca da reversão dos honorários sucumbenciais, em favor da Defensoria Pública.

---

29. MONTEIRO BARBOSA, Rafael Vinheiro; MAGNANI, Daniella de Albuquerque. O NCPC, a Defensoria Pública no Processo Individual e a Superação da Súmula 421-STJ. *Repercussões do Novo CPC, v. 5: Defensoria Pública*. SOUSA, José Augusto Garcia de (coord.). Salvador: JusPodivm, 2015. p. 677-702.

30. "No Tribunal de Justiça do Amazonas, a Terceira Câmara Cível, acolhendo recurso da Defensoria Pública do Estado do Amazonas, proferiu decisão inovadora com a seguinte Ementa: 'DIREITO PROCESSUAL CIVIL. SENTENÇA. DEVER DE FUNDAMENTAÇÃO. NULIDADE AFASTADA. HONORÁRIOS ADVOCATÍCIOS DE SUCUMBÊNCIA. DEFENSORIA PÚBLICA. MESMO ENTE FEDERADO. POSSIBILIDADE. APELAÇÃO CONHECIDA E PROVIDA'. (TJAM, Terceira Câmara Cível, Apelação Cível n. 0612236-90.2013.8.04.0001, Rel. Nélia Caminha Jorge, DJE 30/08/2017)".

Cap. 13 • DEFENSORIA PÚBLICA, AUTONOMIA E A ETERNA POLÊMICA DOS HONORÁRIOS

À polêmica existente sobre a impossibilidade de condenação ao pagamento dos honorários sucumbenciais, quando a atuação da Instituição se dá contra a pessoa jurídica de direito público a que integre, somou-se, agora, insistente diretriz que amplia, após o advento da Emenda Constitucional nº 80 de 2014, a vedação a todo e qualquer caso, independentemente da pessoa contra quem litigue.

As mudanças empreendidas por referida alteração constitucional foram delineadas, e, conforme já exposto, acreditamos que elas não alteram, sob qualquer ótica, a possibilidade de percepção das verbas decorre do seu sucesso profissional, devendo o tema ser analisado com fulcro em uma interpretação sistemática de todo ordenamento jurídico.

Todos os argumentos expendidos levam à conclusão de que o novo perfil da Instituição, traçado pela Emenda Constitucional nº 80, é totalmente compatível com o direito à percepção dos honorários sucumbenciais e que segue escorreita, como uma função institucional, prevista no inciso XXI do art. 4º da Lei Complementar nº 80, a execução e o recebimento das verbas sucumbenciais. Não havendo como se sustentar, portanto, a tese que embasa a linha jurisprudencial apontada.

5. REFERÊNCIAS

ALVES, Cleber Francisco. Assistência Jurídica Integral da Defensoria Pública no Novo Código de Processo Civil. *Repercussões do Novo CPC, v. 5: Defensoria Pública*. SOUSA, José Augusto Garcia de (coord.). Salvador: JusPodivm, 2015. p. 537-553.

ESTEVES, Diogo; SILVA, Franklyn Roger Alves. *Princípios Institucionais da Defensoria Pública: de acordo com a EC 74/2013 (Defensoria Pública da União)*. Rio de Janeiro: Forense, 2014.

CORGOSINHO, Gustavo. *Defensoria Pública princípios institucionais e regime jurídico*, 2009. In: ESTEVES, Diogo; SILVA, Franklyn Roger Alves. *Princípios Institucionais da Defensoria Pública: de acordo com a EC 74/2013 (Defensoria Pública da União)*. Rio de Janeiro: Forense, 2014.

MENDES, Gilmar Ferreira; BRANCO, Paulo Gustavo Gonet. *Curso de Direito Constitucional*. 7. ed. São Paulo: Saraiva, 2012.

MONTEIRO BARBOSA, Rafael Vinheiro; MAGNANI, Daniella de Albuquerque. Honorários contratuais vs. Honorários sucumbenciais: o que muda no NCPC?. *Grandes Temas do NCPC, v.2: Honorários advocatícios*. FURTADO, Marcus Vinicius; CAMARGO, Luiz Henrique Volpe (coord.). 2. ed. Salvador: JusPodivm, 2016. p. 265-281.

_____; _____. O NCPC, a Defensoria Pública no Processo Individual e a Superação da Súmula 421-STJ. *Repercussões do Novo CPC, v. 5: Defensoria Pública*. SOUSA, José Augusto Garcia de (coord.). Salvador: JusPodivm, 2015. p. 677-702.

_____; RIBEIRO, Pedro de Araújo. Honorários advocatícios e a inteligência dos arts. 389, 395 e 404 do Código Civil. *In. 10 Anos do Código Civil – Desafios e perspectivas*. VE-

NOSA, Sílvio de Salvo; GAGLIARDI, Rafael Villar; NASSER, Paulo Magalhães (coord.). São Paulo: Atlas, 2012. p. 328-359.

SOARES DOS REIS, Gustavo Augusto; ZVEIBIL, Daniel Guimarães; JUNQUEIRA, Gustavo. *Comentários à Lei da Defensoria Pública*. São Paulo: Saraiva, 2013.

SOUSA, José Augusto Garcia de Souza. A Defensoria Pública e o Código de Processo Civil de 2015: Novos Caminhos – e Responsabilidades – para uma Instituição enfim Essencial. *Repercussões do Novo CPC, v. 5: Defensoria Pública*. SOUSA, José Augusto Garcia de (coord.). Salvador: JusPodivm, 2015. p. 469-526.

SCHWARTZ, Fábio. O Novo CPC e os Avanços Legislativos que Contribuem na Superação os Obstáculos e na Afirmação Institucional da Defensoria Pública para Atuação na Tutela Coletiva. *Repercussões do Novo CPC, v. 5: Defensoria Pública*. SOUSA, José Augusto Garcia de (coord.). Salvador: JusPodivm, 2015. p. 187-203.

CAPÍTULO 14

Defensoria Pública: Autonomia, modelos de atuação e a missão de reduzir a pobreza

Élida Lauris

Sumário: 1. Introdução; 2. Heterodoxia Jurídica: As Iniciativas de Acesso à Justiça a partir de baixo e o combate à Pobreza; 2.1. Desenvolvimento através da implementação dos direitos humanos e da garantia de acesso à justiça; 2.2. Desenvolvimento através do legal empowerment do homo economicus; 2.3. Desenvolvimento através do legal empowerment do homo juridicus; 3. Qual modelo de atuação para a Defensoria Pública?; 3.1. A monocultura disciplinar do saber jurídico profissional; 3.2. A monocultura do tempo glacial do direito; 3.3. Pobres, carentes e necessitados de justiça: a monocultura de classificação social da assistência jurídica; 3.3.1. Pobreza contagiosa: as escalas dominantes na ordenação das instituições de justiça; 3.4. Monocultura produtivista: o valor económico da assistência jurídica; 4. Conclusão; BIBLIOGRAFIA

1. INTRODUÇÃO

A partir de meados da primeira década do ano 2000, a promessa do acesso à justiça ganha uma escala amplificadora, a escala transacional. A agenda das instituições transnacionais e de doadores de projetos de desenvolvimento recuperou a retórica do acesso à justiça enquanto compromisso com a mudança social e direitos humanos. O reflorescimento do tema veio acompanhado de mudanças na concepção acerca das prioridades de desenvolvimento, do papel das reformas jurídicas e da finalidade de construção de um Estado de direito[1]. Afirmando ter apren-

---

1. Na sua aceção mais simples o Estado de direito remete a um processo de sujeição da comunidade política ao controlo legal racional do poder pelo Estado. Esta aposta na dominação político-estatal resulta de uma dinâmica de legitimação que depende do cumprimento de,

dido que a escala faz o fenómeno (Santos, 2002a: 183-208), a cooperação jurídica internacional reivindica ter incorporado os ensinamentos que advieram do baixíssimo impacto de transformação social dos programas de reforma jurídica macroestruturais. Nesse sentido apoiam-se numa abordagem que consideram atacar a raiz do problema, deslocando a atenção para as especificidades dos contextos locais, especialmente para os pobres e grupos em desvantagem, como objetivo central do financiamento do desenvolvimento. Esta é a retórica responsável pelo renascimento do idealismo reformista do acesso à justiça, facilmente encontrada nos documentos do Banco Mundial, do Programa das Nações Unidas para o Desenvolvimento, do Banco Asiático para o Desenvolvimento, entre outros.

Se a orientação para o acesso à justiça parece uma resposta óbvia em face de investimentos macroestruturais de reforma judicial que mantiveram inalterados os padrões de exclusão e desigualdade dos países apoiados, a defesa do acesso à justiça enquanto reforma social orientada coloca uma questão mais difícil de resolver. Estará uma agenda transnacional de acesso à justiça necessariamente acompanhada da produção de um conhecimento sociológico e jurídico crítico *glocalizado*[2] *(Dirlik 200) acerca da reprodução das desigualdades no e pelo sistema jurídico? Ou cairá na fórmula one-fits-all-sizes* (Sudarshan, 2009)?

A equação acesso à justiça e desenvolvimento é elaborada a partir de uma constante, a pobreza. Quer na sua elaboração bélica neocolonial, guerra contra a pobreza, quer na sua elaboração humanitária, missão de reduzir a pobreza, o acesso à justiça representa uma variável significativa do desenvolvimento humano. Esta relação é tanto substantiva – a

---

pelo menos, duas condições: (a) sujeição do poder político ao ordenamento jurídico-constitucional; (b) igualdade de todos perante a lei.

2. Defendendo uma nova linguagem que recoloque a importância de reflexão sobre o local num mundo em que as ferramentas analíticas estão orientadas para o globalismo, Dirlik propõe a expressão glocal. De acordo com Escobar (2005: 70): *"o glocal" é uma primeira aproximação que sugere uma atenção equânime para a localização do global e para a globalização do local. As formas concretas pelas quais este tráfico em ambos os sentidos se leva a cabo não se conceituam facilmente. Mesmo o local dos movimentos sociais contra o capitalismo e as naturezas modernas está, de alguma maneira globalizado, por exemplo, na medida em que os movimentos sociais tomam emprestados os discursos metropolitanos de identidade e ambiente (Brosius, 1997: 47-69). Por outro lado, muitas formas do local se oferecem para o consumo global, desde o parentesco até os ofícios e o ecoturismo. O ponto aqui é distinguir as formas de globalização do local que se convertem em forças políticas efetivas em defesa do lugar e das identidades baseadas no lugar, assim como aquelas formas de localização do global que os locais podem utilizar para seu benefício.*

conquista de direitos pode representar ganhos materiais (direito ao trabalho, por exemplo) –, quanto simbólica – a conquista de voz perante o direito pode contribuir para o resgate do poder e do direito de existir em sistemas políticos de exploração/opressão. Esta relação é clara, como resta igualmente evidente a importância de uma referência normativa internacional dirigida à garantia da igualdade de todas/os e controlo do abuso de poder dos estados. Contudo, a construção geopolítica e social da pobreza e do desenvolvimento não se constitui num esforço simples de ação humanitária ou num exercício bem-intencionado de solidariedade por parte do mundo desenvolvido.

Com a invenção do terceiro mundo e da guerra contra a pobreza (Escobar, 2007) a linha que outrora separava o trânsito de exploração entre metrópoles e colônias foi substituída por uma pista de corrida. Nesta pista, a primeira impressão é que todos terão lugar na disputa por emancipação, desde que obviamente sejam competentes em incrementar o seu outro lado, a regulação. A distribuição desigual entre os lugares de disputa, mantém, embora noutros termos, a conhecida separação entre selvagens e civilizados. Neste novo contexto, rebatizados para doadores e receptores da ajuda internacional, consultores técnicos e assistidos. É esta separação que determina quem dita as prescrições de reforma jurídica e judicial e quem segue as tendências consideradas globais.

A linha de progresso traçada pelos objetivos de modernização, crescimento económico e liberalização política para o terceiro mundo não sendo mais colonial, é de colonialidade. Utilizo o termo colonialidade para distinguir dois aspetos essenciais: (1) a existência de uma relação estrutural de dominação; (2) a existência de uma relação estrutural de supressão que extrai o poder de autonomeação e autodiferenciação dos sujeitos (Mohanty, s.d.). Com base nas diferentes prescrições que assumiu a receita direito e desenvolvimento, pretendo demonstrar que o chamado global para a promoção do Estado de direito, na prática, significou a objetificação das populações do terceiro mundo e o seu aprisionamento em categorias amorfas (indivíduo liberal, utilitarista, *homo economicus, homo juridicus*).

Este texto inscreve-se no âmbito da tensão entre expectativas paradigmáticas e imaginação utópica subparadigmática (Santos, 2002a: 305-344). As expectativas paradigmáticas, hegemónicas, tentam desenvolver o direito ou para um Estado infantil ou para a sua população pobre. Os pobres, uma categoria que se encarrega de homogeneizar os sujeitos, são objetos a-históricos e, consequentemente, a-jurídicos e subdesenvolvidos. A imaginação utópica, por sua vez, alimenta-se de lutas subparadigmáticas que introduzem o uso do direito na construção de uma alternativa ao desenvolvimento, denunciando os danos e riscos sistemáticos produzidos pelo paradigma de desenvolvimento capitalista.

2. HETERODOXIA JURÍDICA: AS INICIATIVAS DE ACESSO À JUSTIÇA A PARTIR DE BAIXO E O COMBATE À POBREZA

Distingo três modalidades de iniciativas *bottom up* dirigidas à promoção do desenvolvimento através do direito: (a) implementação dos direitos humanos e garantia do acesso à justiça; (b) *legal empowerment* do *homo economicus*; (c) *legal empowerment* do *homo juridicus*.

2.1. Desenvolvimento através da implementação dos direitos humanos e da garantia de acesso à justiça

O marco do desenvolvimento como abordagem dirigida aos direitos humanos e garantia do acesso à justiça tem vindo a ser assumido com maior intensidade pelo Programa das Nações Unidas para o Desenvolvimento (PNUD). De acordo com a nota prática do acesso à justiça do PNUD (2004):

> UNDP is committed to using a human rights-based approach in its programming, guided by international human rights standards and principles. A human rights-based approach is useful to:
>
> a) Focus on the immediate, as well as underlying causes of the problem—the factors impeding access (lack of safeguards to access, or insufficient mechanisms that uphold justice for all under any circumstances);
>
> b) Identify the "claim holders" or beneficiaries — the most vulnerable (rural poor, women and children, people with diseases and disabilities, ethnic minorities, among others);
>
> c) Identify the "duty bearers"—the ones accountable for addressing the issues/problems (institutions, groups, community leaders, etc.); and
>
> d) Assess and analyse the capacity gaps of claim-holders to be able to claim their rights and of duty-bearers to be able to meet their obligations and use analysis to focus capacity development strategies.
>
> Access to justice is, therefore, much more than improving an individual's access to courts, or guaranteeing legal representation. It must be defined in terms of ensuring that legal and judicial outcomes are just and equitable. According to a human rights-based approach to development, it is important to identify the grievance that calls for a remedy or redress. A grievance is defined as a gross injury or loss that constitutes a violation of a country's civil or criminal law, or international human

rights standards. The capacity and actions needed to achieve access to justice, following a human rights-based approach, are outlined below.

Tendo em conta os objetivos de promoção de desenvolvimento humano e erradicação da pobreza, a defesa de uma abordagem de desenvolvimento que tem como foco o acesso à justiça e a defesa dos direitos humanos, reconhece primeiramente a existência de uma relação entre pobreza e falta de acesso à justiça. O desenvolvimento desequilibrado por parte do sistema político dos princípios de participação, responsabilização e transparência é conivente com os padrões de reprodução da pobreza na medida em que consolida a falta de acesso a oportunidades e de recursos básicos de parte significativa da população. Este é um processo que subtrai dos/das pobres o direito de existir e ter voz nos processos de tomada de decisão.

Da forma como é defendida na proposta do PNUD, a defesa do acesso à justiça e garantia de direitos como ponto nodal do desenvolvimento envolve a definição de uma estratégia de intervenção de largo espectro. Nesse sentido, pode envolver programas e medidas que se estendem desde aos mecanismos de governação constitucional até programas de desenvolvimento e participação comunitários. A proposta procura reunir polos considerados contrapostos como: iniciativas de reforma jurídica *bottom-up* e *top-down* e justiça formal e justiça informal. Defende ainda o envolvimento amplo e a interlocução entre diferentes atores (polícia, tribunais, assistentes sociais, magistradas/os do ministério público, autoridades tradicionais, trabalhadoras/res paralegais, entre outros), intervindo tanto no âmbito da justiça cível, quanto no âmbito da justiça criminal.

As iniciativas realizadas podem remeter assim a uma panóplia de campos de intervenção, entre eles:

1 Proteção jurídica – Garantia de um quadro normativo em que os direitos das/dos pobres e grupos em desvantagem possam estar assegurados em diferentes domínios jurídicos como receção doméstica dos tratados internacionais de direitos humanos, previsão de direitos na ordem constitucional, administrativa e na aplicação da justiça comunitária.

2 Consciência jurídica – Criação de condições de disseminação efetiva da informação, para que as/os pobres e grupos em desvantagem possam entender como encaminhar os seus direitos no âmbito do sistema de justiça, quais as várias entidades responsáveis pela proteção dos seus direitos e os passos necessários para iniciar os procedimentos jurídicos.

3 Aconselhamento e assistência jurídicos – Criação das condições necessárias, no âmbito do conhecimento jurídico especializado, para que as/os pobres possam acionar procedimentos jurídicos. O apoio profissional pode advir de profissionais dedicados ao sistema oficial de acesso à justiça (advogados, defensores públicos), atividades pro-bono, pessoas leigas com conhecimento jurídico (paralegais), etc.

4 Resolução de conflitos - Criação de condições que permitam o encaminhamento dos conflitos às instâncias mais adequadas para solucioná-los (tribunais, órgãos administrativos ou quase judicias, sistemas de autoridades tradicional).

5 Eficácia jurídica – Criação de condições que asseguram o cumprimento dos acordos e/ou decisões provenientes de instâncias estatais e não estatais.

6 Sociedade civil – Criação de condições para que a sociedade possa atuar no monitoramento e vigilância da política pública.

2.2. Desenvolvimento através do legal empowerment do homo economicus

Tal como a abordagem dirigida aos direitos humanos, a defesa do *legal empowerment*[3] *também tem como alvo a criação de condições para o exercício de direitos por parte das populações pobres e marginalizadas. De acordo com a Comissão de Legal Empowerment do programa justiça para os pobres do Banco Mundial (CLEP, s.d.):*

> In order to escape the poverty trap, poor people need a legal system that enables them to realize the full value of their physical and human capital. The three substantive cornerstones of the legal empowerment agenda are property law, labour law, and law for small business. Reform of the substantive law, however necessary, would not be sufficient to achieve true legal empowerment. For the legal system to play a role in empowering the poor to lift themselves out of poverty, they need more than laws conferring the appropriate mix of rights, powers, privileges, and immunities; they also need a legal and judicial system that can make these legal entitlements practical and meaningful. Empowering the poor and disadvantaged to seek remedies for injustice requires efforts to develop and/or strengthen linkages between formal and informal structures

---

3. A literatura sobre *legal empowerment* tem sido produzida por pesquisadores e consultores associados às agências de desenvolvimento e instituições financeiras. Sobre o tema ver, entre outros: CLEP, s.d.; World Bank, 2006; Clarke, 2011; Kokke e Vuskovik, 2010; Maru, 2010a; Maru, 2010b; Barendrecht e Langen, 2008 e Van Rooji, 2009.

and to counter biases inherent in both systems. Our working group has examined the issues involved and has developed guidelines to provide ways of improving access to justice.

A proposta assume como ponto de partida as múltiplas faces da vitimização dos/das pobres perante o sistema jurídico, defendendo a promoção do acesso à justiça como mecanismo de correção das disparidades. Analisando a dinâmica de reforma do direito e da justiça, a principal conclusão refere-se ao fato de, por um lado, as/os pobres serem os principais atingidos pelo mau funcionamento das instituições do Estado e, por outro lado, mesmo um funcionamento adequado das instituições estatais não lhes asseguraria um tratamento justo. A referência que subjaz à proposta de *legal empowerment* do Banco Mundial é o trabalho do economista peruano Hernando de Soto (1989 e 2000). De Soto argumenta que um dos principais problemas de subdesenvolvimento dos países periféricos assenta na impossibilidade de as propriedades e os negócios dos pobres serem capitalizados. Como as propriedades e negócios dos pobres integram a esfera da informalidade e dos sistemas normativos não estatais, um grupo economicamente ativo está, por princípio, excluído de contribuir para o funcionamento do mercado oficial.

Defendo que as iniciativas de *legal empowerment* que integram a formulação do Banco Mundial investem numa metodologia de eliminação da pobreza que consiste na capacitação de um *homo economicus*. Nesse sentido, a pobreza como manifestação estrutural do subdesenvolvimento das sociedades periféricas resulta numa dinâmica de reconhecimento oficial deficiente que deixou de fora atividades de consumo e produção que, uma vez formalizadas, poderiam ser aproveitadas em favor de funcionamento em larga escala do mercado. Nesse sentido, o *legal empowement* como meio de capacitação para que os pobres possam usar o direito e o sistema jurídico a fim de realizar integralmente o seu potencial humano circunscreve-se aos limites da precisa frase de De Soto (2000): "*In the midst of their own poorest neighborhoods and shanty towns, there are trillions of dollars, all ready to be put to use if only the mystery of how assets are transformed into capital can be unraveled*". A chave do progresso dependeria, então, de duas operações simples: (a) assegurar às/aos pobres a titulação legal da sua propriedade, deixando que o acesso ao crédito faça dela/e um/a empreendedor/a e (b) reconhecer juridicamente a/o pobre empreendedor/a informal.

Nesse sentido, as iniciativas de *legal empowerment* dirigidas ao *homo economicus* tomam em consideração as necessidades jurídicas que implicam sua formalização como trabalhador/a, consumidor/a e produtor/a, atuando principalmente nos campos da informalidade, simplificação do direito dos negócios e formalização dos direitos de propriedade.

A outra face da capacitação dos pobres como *homo economicus* do acesso à justiça está no reconhecimento da própria justiça como serviço que pode ser disponibilizado num mercado privado adaptado às necessidades da população carente. Esta é a ideia convocada pela proposta de microjustiça (Barendrecht e Van Nispen, 2007). A ideia de microjustiça, inspirada no microcrédito, visa adaptar os modos de funcionamento da justiça dos países de primeiro mundo e compatibilizá-los com o meio e os recursos disponíveis nos países de terceiro mundo. Defende-se que a construção de uma justiça que atenda às/aos pobres de maneira economicamente sustentável pode beneficiar-se com a adoção de princípios de mercado. Assim, certos serviços de justiça necessitados pela população poderiam ser facultados de forma simples, rápida e barata por fornecedores privados que, por sua vez, estariam beneficiados pela relação custo benefício, ou subsidiados pelo Estado ou doadores internacionais[4].

2.3. Desenvolvimento através do legal empowerment do homo juridicus

Nesta abordagem, a reabilitação da/o pobre perante o sistema jurídico é feita através da transferência de poder. Trata-se de um processo de criação de direitos, condições e oportunidades que conferem às/aos pobres a possibilidade de usar o direito e as ferramentas jurídicas para superar a marginalização social a que estão sujeitas/os. O *legal empowerment* funcionaria, portanto, como um meio de combate à pobreza e não um fim em si mesmo (Bruce *et al.*, 2007).

A estratégia de desenvolvimento adotada é a de satisfação das necessidades. Nesse sentido, amplia-se o escopo do *legal empowerment* para além das esferas de formalização da produção e do consumo, focando em medidas de desenvolvimento não necessariamente jurídicas, como organização comunitária e alfabetização.

A formulação mais completa do que denomino *legal empowerment* do *homo juridicus*, pode ser vista em Golub (2003):

> Legal empowerment differs from ROL orthodoxy in at least four additional ways: (1) attorneys support the poor as partners, instead of domina-

---

4. Uma outra definição de micro-justiça é desenvolvida por Slakmn e Okhorn (2006), desenvolvo-a mais à frente.

ting them as proprietors of expertise; (2) the disadvantaged play a role in setting priorities, rather than government officials and donor personnel dictating the agenda; (3) addressing these priorities frequently involves nonjudicial strategies that transcend narrow notions of legal systems, justice sectors, and institution building; (4) even more broadly, the use of law is often just part of integrated strategies that include other development activities.

Legal empowerment is not only an alternative to ROL orthodoxy; it should be an element of many mainstream socioeconomic development efforts (regarding, for example, public health, gender, rural development, irrigation, education) that generally do not address ROL or the legal needs of the poor.

Golub (2003) caracteriza o *legal empowerment* através de cinco elementos. Em primeiro lugar, trata-se de um processo cujas iniciativas procuram intensificar o controlo que as populações pobres têm sobre a sua própria vida. Numa segunda dimensão, esse processo não é apenas de fornecimento de recursos, mas de conscientização, assegurando que os grupos vitimizados ganhem a consciência de que efetivamente assumem uma posição de comando nas suas vidas. Em terceiro lugar, as iniciativas de *legal empowerment* detêm um papel direto e indireto na redução da pobreza. Diretamente podem repercutir em dividendos resultantes do uso e do gozo de direitos conquistados (exemplo: direito ao trabalho). Indiretamente combate uma perspetiva de pobreza que não se limita à noção de carência de recursos financeiros, dirigindo-se sobretudo à carência de poder. Consequentemente, iniciativas ligadas à criação de oportunidades, divulgação do conhecimento e fomento à participação atuam na recuperação do poder subtraído às populações pobres. Por fim, são iniciativas que se destacam por um papel central de pró-atividade e disseminação exercido pela sociedade civil.

Defendo que o acesso ao poder potenciado por mecanismos mais abrangentes de *legal empowerment* colaboram, em última instância, para a criação de um *homo juridicus*. A conduta hipotética do *homo juridicus* orienta-se pela submissão ao direito, pelo uso e gozo irrestrito e incondicional dos direitos subjetivos e pela defesa do direito contra qualquer ameaça (Rafare, 2010). Na capacitação que corrobora a figura do *homo juridicus* a mesma operação que propugna afastar a linha de marginalidade que discrimina as/os pobres integra nos canais de comunicação legal racional os momentos de ilegalidade, protesto e revolta. A luta contra a condição de pobreza estará assim tão investida na promoção dos/das pobres quanto na normalização e sujeição do/da marginal ao direito.

As iniciativas *bottom up* de desenvolvimento sociojurídico constituem uma resposta fraca porque mantêm a afirmação do capitalismo como modelo de desenvolvimento e o liberalismo como modelo de regulação política e jurídica hegemónicos, aniquilando qualquer possibilidade de imaginação utópica de uma paradigma emergente. Nesse sentido, as estratégias de desenvolvimento ainda que prioritariamente dirigidas aos/às pobres continuam a funcionar como um modelo de normalização em que a/o marginal/ilegal é promovido/da a incluído(a)/legal. Esta governamentalidade assenta na autonomia individual ou do grupo e dispensa a construção da solidariedade entre as lutas sociais. No mesmo sentido, uma sociedade civil guetizada é erguida como panaceia para os males de funcionamento do Estado. Uma sociedade civil secundária que, ao suplementar o Estado como propulsor das iniciativas de desenvolvimento, mantém intacto o mito de eficácia global do direito do Estado. A dimensão informal e comunitária contribui para afirmar uma ideologia de harmonização exterior à administração oficial da justiça. Os limites da dicotomia formal-informal acabam por reforçar a dominação de dentro para fora exercida pelo direito do Estado. Neste estabelecimento de fronteiras entre o oficial e o não oficial, o *bottom up* e o *top down,* os elementos epistemológicos de constituição do direito pela comunidade continuam a não ter validade fora do seu meio familiar. Facilmente se percebe que transferência do poder não equivale à partilha da autoridade e, nesse curso, a efetiva participação popular permanece no banco de reserva ou na segunda divisão do jogo de racionalidades que constituem a política pública de justiça.

3. QUAL MODELO DE ATUAÇÃO PARA A DEFENSORIA PÚBLICA?

Numa perspetiva sociopolítica, a adoção de modelos de reforma jurídica pelos Estados tem resultado da combinação e do confronto entre as estratégias de atores e instituições locais face ao imperativo de reformas globais voltadas para a redefinição do papel do sistema de justiça e da efetividade de direitos no âmbito da cooperação entre direito e desenvolvimento.

Estou de acordo com Santos (2011) quando defende a existência de dois grandes campos de luta no que refere à definição do papel da justiça nas reformas jurídicas e judiciais da atualidade. De um lado, o campo que corresponde ao paradigma hegemónico tem como protagonistas as instituições financeiras internacionais e as grandes agências de ajuda ao desenvolvimento. As orientações e recomendações emitidas nessa escala têm servido como referência normativa para implantação das reformas de construção e reconstrução do Estado no mundo pós-colonial e pós-comunista. A reformulação do ementário de reformas jurídicas e judiciais que acompanham a promoção do progresso nacional atendeu a diferentes desígnios, manifestados nas sucessivas gerações do movimento direito e desenvolvimento.

O campo de propostas de reformas estadocêntrico, orientado inicialmente pela máxima de modernização do Estado e liberalização política, foi posteriormente reconvertido à luz do Consenso de Washington e da meta de um modelo de desenvolvimento exclusivamente sustentado no crescimento económico. Neste contexto, sob o pretexto do crescimento económico, o paradigma hegemónico de reforma judicial resultou numa instrumentalização dos serviços de justiça em nome da eficiência, celeridade, previsibilidade dos negócios, segurança jurídica e proteção dos direitos de propriedade. A principal consequência desse processo foi a consolidação de uma dinâmica de concentração do poder em torno do conhecimento especializado internacional e das elites jurídico-políticas nacionais. A modernização e o progresso colaborou desse modo para a replicação de estados corrompidos pelo abuso de poder e por altos níveis de pauperização das suas populações.

Perversamente, as fragilidades do projeto de igualdade e controle do abuso do poder do paradigma direito e desenvolvimento ficaram expostas. Neste quadro, a reformulação da receita de promoção da igualdade através do direito implicou uma aposta na mudança de escala por meio da valorização de microiniciativas *bottom up* de acesso à justiça em detrimento das propostas de reforma macroestrutural. Argumentei que esta é uma reformulação a serviço dos propósitos de preservação do paradigma dominante na medida em que as microiniciativas de acesso à justiça reproduzem dois tipos ideias de atores sociais: o *homo juridicus* e o *homo ecomomicus*.

Um exercício de imaginação utópica no interior do paradigma dominante remete para a ação transformadora das lutas subparadigmáticas, manifestando a outra dimensão de disputa pelas propostas de reforma jurídica e judicial, o campo contra-hegemónico. Neste campo, cidadãs/ cidadãos e grupos sociais subalternizados interferem para transformar a orientação política da prática de exercício de direitos provocando as instâncias de resolução de conflitos nacionais e transnacionais na esperança de que os méritos substantivos dessas instituições se traduzam em ferramentas de transformação social.

A luta subparadigmática por resultados sociais mais justos neste contexto é uma luta por oportunidades de acesso à justiça que admitam a interpenetração turbulenta entre tendências de reformas da justiça universalistas e pluriversalistas.

Zemans (1996: 119-122), em termos ideais, faz a distinção entre dois modelos de atuação nas dinâmicas de acesso à justiça: modelo de serviço e modelo estratégico. Enquanto o modelo de serviço é tradicional e distingue-se por uma abordagem iminentemente jurídica e caritativa, o modelo estratégico é orientado a identificar os problemas sociais significantes enfrentados pelas comunidades assistidas. O modelo de serviços, tipicamente reproduzido no caso português, dirige a sua atenção a problemas e reivindicações discretas que podem ser facilmente categorizados do ponto de vista jurídico. Trata-se de uma intervenção exclusivamente legalista e individual cuja finalidade é assegurar a cada indivíduo os seus direitos e responsabilidades de acordo com padrões jurídicos objetivos e através de uma aplicação da ordem jurídica que se crê neutra e parcial.

Em sentido contrário, num modelo estratégico, muito embora, inevitavelmente, a microjustiça quotidiana dos casos individuais seja uma realidade canibalizadora, investe-se numa abordagem que assume preocupações dirigidas à investigação, à reforma e à educação no âmbito da aplicação do direito. Este esforço dirige-se a refletir paralelamente quer o tratamento jurídico dos casos individuais concretos, quer as causas de transformação social que lhe são subjacentes. Numa linha de ação orientada a fins, identificam-se áreas prioritárias ao desenvolvimento local das comunidades assistidas como foco primário de atenção: meio ambiente, habitação, não discriminação, etc.

O meu argumento nesta secção é que as lógicas de exercício de um modelo de serviço ou de um modelo estratégico de assistência jurídica estão contaminadas pelos modos de reprodução dominante do campo jurídico. Nesta esfera, as rivalidades e os critérios de classificação das corporações jurídicas dominantes, e entre estas e a política pública de acesso à justiça, obliteram outros modos de exercício do(s) direito(s) no âmbito do acesso à justiça. Penso que é importante trazer à tona o que Santos (2002b) denominou sociologia das ausências. Nos termos de Santos, a sociologia das ausências *é uma investigação que visa demonstrar que o que não existe é, na verdade, ativamente produzido como não existente, isto é, como uma alternativa não credível ao que existe*[5]. Como pretendo argumentar, são várias as lógicas monoculturais que funcionam como obstáculo ao pleno funcionamento da assistência jurídica como alternativa credível de acesso

---

5.   Os títulos desta secção inspiram-se em Santos (2002b) e nas cinco monoculturas elencadas como reprodutoras-chave das ausências na modernidade: monocultura do saber, monocultura do tempo linear, monocultura da escala dominante, monocultura da naturalização das diferenças e monocultura dos critérios de produtividade e da eficácia capitalista.

à justiça das populações pobres. Inicio com a monocultura que, no âmbito da promoção exclusiva do conhecimento jurídico especializado, denomino monocultura disciplinar do saber jurídico profissional.

3.1. A monocultura disciplinar do saber jurídico profissional

Tive oportunidade de argumentar, ao comparar os dois modelos de assistência jurídica, que a outra face da afirmação autonômica do campo jurídico é o apartamento dos modos de reprodução das profissões que o ocupam. Os critérios de verdade do que é dito e a legitimidade de quem diz, no âmbito da monocultura do saber jurídico profissional, evidenciam um círculo fechado de autoridade exclusiva das profissões juridicamente habilitadas nos processos de decisão. Identifico duas consequências trazidas pelo imperativo desta monocultura: (a) a alienação da pessoa titular do direito em relação ao tratamento profissional do caso jurídico concreto; (b) as dificuldades reais de implantação do atendimento multidisciplinar nos serviços destinados à resolução de conflitos de direito; (c) reações ao modelo de ouvidoria externa da defensoria pública.

3.2. A monocultura do tempo glacial do direito

Em Santos (2002b) a caracterização do imperativo de uma monocultura do tempo linear é feita com base no determinismo moderno da ideia de progresso. Categorias como modernização, desenvolvimento e futuro contribuem para uma lógica linear que evidencia o sentido e a direção da história como unívocos. O insucesso da eficaz burocratização weberiana no âmbito de processos judiciais cuja realidade é amplamente reconhecida como kafkiana faz com que a linearidade e o sentido do tempo do campo jurídico sejam considerados glaciais. Na formulação de Santos (2003), o tempo glacial é típico da capacidade de resposta dos tribunais após o que se convencionou chamar explosão de litigiosidade. A lentidão do tempo glacial do direito faz com que a alternativa de assistência jurídica como opção real de acesso aos direitos seja incomensurável.

O recurso à alternativa de assistência jurídica pode representar um obstáculo à realização do direito requerendo saídas não jurídicas dentro de um modelo estratégico de serviços jurídicos.

3.3. Pobres, carentes e necessitados de justiça: a monocultura de classificação social da assistência jurídica

A pergunta forte acerca dos sistemas oficiais de acesso à justiça, ao contrário do que pode parecer a julgar pela reflexão dos estudos sócio-

-jurídicos, não diz respeito à ampliação, diversificação, democratização ou carácter equitativo das estruturas de acesso à justiça. Na verdade, a idealização de sistemas de assistência jurídica relaciona-se com uma questão sociológica muito mais ampla, a pobreza. Não à toa, os significantes da assistência estão delimitados dentro de conceitos como o de necessidade e/ou insuficiência de recursos.

Não é difícil constatar que a lógica da assistência funciona dentro de uma classificação social dominante que circunscreveu esta intervenção como ação caritativa das profissões ou providência do Estado. Facilmente se percebe, ainda, que as hierarquias naturalizadas no sistema de justiça localizam na base da pirâmide não só as/os pobres, mas também os serviços jurídicos que lhe são prestados. Os processos de hierarquização e diferenciação estabelecem uma clivagem entre as/os pobres (necessitados), as/os profissionais das/os pobres (provedores), de um lado; e as/os clientes e profissionais do sistema de justiça, de outro.

3.3.1. Pobreza contagiosa: as escalas dominantes na ordenação das instituições de justiça

A história de construção de assistência jurídica, tanto no norte como no sul global, é uma história de emergência marginal da questão do acesso no processo de consolidação dos sistemas jurídicos modernos. Sistemas consolidados de forma excludente que através das medidas de exclusão e inclusão subordinada se mantêm estáveis. O acesso à justiça não integra as raízes mas uma das opções do moderno Estado de direito.

Esta realidade é flagrante quando se comparam os dados do investimento público no sistema de justiça. No Brasil, o segundo diagnóstico da defensoria pública demonstrou que, em média, enquanto o percentual de participação das defensorias públicas no Orçamento do Estado é de 0,24, o do Ministério Público calcula-se em 1,91 e o dos tribunais judiciais e administrativos, 5,27 (Secretária da Reforma do Judiciário, 2006).

Não surpreende, portanto, que os passos de evolução da assistência jurídica nas sociedades nacionais estejam condicionados por dinâmicas de competição de mercado da advocacia, bem como pela dinâmica de acomodação pacífica das/os profissionais de assistência abaixo das carreiras jurídicas mais consolidadas, nomeadamente o poder judiciário e o Ministério Público.

3.4. Monocultura produtivista: o valor económico da assistência jurídica

Num contexto que traça a política de justiça como política económica e a relevância dos esquemas de acesso à justiça como resultados de eficácia produtiva. É expectável tanto o estabelecimento de padrões a serem atingidos pelos profissionais para a credibilização do valor do seu trabalho, como expectativas profissionais de reconhecimento através de medidas económicas como a remuneração. Não sendo a assistência jurídica a escala dominante no estabelecimento das prioridades da política de justiça, a relação entre economia e reconhecimento produtivo dos serviços jurídicos de assistência regista-se como um campo de tensão permanente.

4. CONCLUSÃO

O exemplo das defensorias públicas demonstra que quanto maior a promessa de acesso à justiça mais se amplia a gestão dos défices e dos excessos (Santos, 2007b) da assistência jurídica. Os défices estão claros nos obstáculos encontrados no processo de melhoria contínua das defensorias: instabilidade no quadro de servidores, baixa cobertura dos serviços, perfis profissionais aquém das complexidades da missão institucional, etc. A administração dos excessos tem colocado a defensoria pública num verdadeiro campo de batalha pela afirmação da identidade profissional. São vários os flancos de ataque: questionamento da legitimidade para ação civil pública, gestão dos serviços de assistência jurídica, resistências ao modelo de fiscalização externa, disputas acerca da capacidade postulatória da/o defensor/a, entre outros.

É inegável que o processo de fortalecimento das defensorias públicas introduziu clivagens no campo jurídico. Primeiramente, trata-se de um processo de dinamização cuja reivindicação de oportunidades jurídicas tem os excluídos do direito como protagonistas. Num segundo aspecto, inaugura um conjunto de inovações institucionais que problematiza o modelo de serviços de assistência jurídica. Alguns aspectos de atuação fazem o trabalho aa defensoria pública dialogar com o tipo ideal que Zemans (1996) denominou modelo estratégico de serviços jurídicos: a previsão de núcleos especializados, a introdução de mecanismos de participação popular, a presença de um órgão de fiscalização externa, para além da própria diversificação dos atos típicos de defensor/a num conteúdo funcional abrangente que inclui funções judiciais, extrajudiciais, fiscalizadoras e pedagógicas.

Entendo que este quadro traz uma consequência interna e outra externa no que concerne ao desempenho e às relações institucionais das defensorias. Do ponto de vista externo, a presença da defensoria nos moldes previstos no Brasil desestabiliza um quadro de prestação de serviços jurídicos marcado pela presença dominante da advocacia e do Ministério Público. Do ponto de vista interno, é a própria instituição defensoria que se vê cindida, oscilando entre um papel de serviço, face à massificação dos litígios individuais, e um papel estratégico, com o qual a estrutura orgânica da instituição tenta dialogar.

BIBLIOGRAFIA

Bruce, J.W. *et al.* (2007). *Legal Empowerment of the Poor: From Concepts to Assessment.* Burlington, VT: ARD Inc. for USAID.

Comission on Legal Empowerment of the Poor – CLEP (s.d.). *Access to justice and the rule of law.* Nova York: Organizações das Nações Unidas.

De Soto, H (1989). *The Other Path: The Invisible Revolution in the Third World.* New York: Harper & Row.

De Soto, H. (2000). *The Mystery of Capital: Why Capitalism Triumphs in the West and Fails Everywhere Else.* New York: Basic Books and London: Bantam Press/Random House, London.

Escobar, Arturo (2005). "O lugar da natureza ou a natureza do lugar: globalização ou pós-desenvolvimento?" Lander, Edgardo (org.) *A colonialidade do saber: eurocentrismo e ciências sociais. Perspectivas latinoamericanas.* Colección Sur Sur, CLACSO, Ciudad Autónoma de Buenos Aires.

Escobar, Arturo (2007). *La invención del tercero mundo. Invención y reinvención del desarrollo.* Caracas: El perroy larana.

Golub, Stephen (2003). "Beyond the rule of law orthodoxy. The legal empowerment alternative". *Rule of Law Series Working Papers*, No. 41. Washington D.C.: Carnegie Endowment for International Peace.

Programa das Nações Unidas para o Desenvolvimento - PNUD (2004). *Access to Justice. Practice Note.* Nova York: PNUD.

Mohanty, Chandra (s.d.). *Under western eyes: feminist scholarship and colonial discourses.*

Rafare, Guilherme (2010). *Homo juridicus teorização sobre o conceito de indivíduo no âmbito do direito positivo brasileiro.* Tese de Mestrado. USP.

Santos, Boaventura de Sousa (2002). *A crítica da razão indolente. Contra o desperdício da experiência.* Porto: Afrontamento. 2.ª ed.

Santos, Boaventura de Sousa (2002b). "Para uma sociologia das ausências e das emergências". *Revista Crítica de Ciências Sociais*, 63: 237-280.

Santos, Boaventura de Sousa (2011). *Para uma revolução democrática da Justiça.* 3ª ed. São Paulo: Cortez.

Secretaria da Reforma do Judiciário (2006c). *II Diagnóstico da Defensoria Pública no Brasil.* Brasília: Secretaria da Reforma do Judiciário.

Sudarshan, R. (2009). *Avatars of Rule of Law and Access to Justice. Some Asian Aspects.* Disponível em: <http://www.snap-undp.org/lepknowledgebank/Public%20Document%20Library/Avatars%20of%20Rule%20of%20Law%20and%20Access%20to%20Justice->.

CAPÍTULO 15

Autonomia e Vulnerabilidade: da opressão ao empoderamento

Johny Fernandes Giffoni e
Marco Aurélio Vellozo Guterres

Não me lamento, porque canto;
Faço do canto, Manifesto:
Sequei as águas do meu pranto
Nos bronzes fortes do protesto.
Acuso a puta sociedade,
Com seus patrões, seus preconceitos:
O teto, o pão, a liberdade
Não são favores, são DIREITOS.

(O credo da Nova Escola Jurídica Brasileira,
de Noel Delamare, alter ego de Roberto Lyra Filho.)

Sumário: 1. Introdução; 2. A formação do povo brasileiro oprimido: recorte histórico no processo de Vulnerabilidade; 3. A vulnerabilidade na sociedade brasileira contemporânea; 4. O movimento social brasileiro e a construção do diálogo democrático – questionado o status quo de vulnerabilidade; 5. A Defensoria Pública como instrumento da Democracia Brasileira, superação da vulnerabilidade social e emancipação humana; 6. A necessária autonomia da Defensoria para empoderamento das pessoas em condição de vulnerabilidade; 7. Conclusão; 8. Referências

1. INTRODUÇÃO

O processo histórico de construção do povo brasileiro foi dotado pela opressão dos grupos marginalizados, excluídos dos processos decisórios e oprimidos pela exploração mercantil-rural-industrial da sociedade capitalista brasileira.

Neste sentido, o direito é utilizado como um dos instrumentos de opressão e de controle das manifestações de resistência e luta pela criação e efetivação de políticas públicas para os grupos vulneráveis. O reconhecimento de direitos desses grupos passa pelo respeito ao direito à cidadania de cada um dos indivíduos em condição de vulnerabilidade.

Aborda-se a relação existente entre a necessária autonomia da Defensoria Pública com o necessário caminho a ser percorrido para emancipação humana através do empoderamento dos grupos vulneráveis através de uma revolução democrática da justiça.

A história desse povo é feita de muito sofrimento, sangue e lágrimas, mas também de muita luta pela superação do modo vida explorador aqui imposto por uma elite dominante que se perpetua ao longo dos séculos na história brasileira. Os vulneráveis históricos brasileiros jamais se acovardaram diante da opressão imposta pelos grupos dominantes, sendo comum, ao longo do processo histórico brasileiro, as insurgências contra a ordem (im)posta.

A Carta Constitucional brasileira de 1988 trouxe uma nova ordem jurídica pautada no pluralismo, na paz e com a responsabilidade do Estado brasileiro com os grupos historicamente marginalizados.

Nesse contexto, a Defensoria Pública foi a instituição eleita pelo Constituinte originário e derivado pela efetivação dos direitos humanos e também a buscar os caminhos para o empoderamento popular dentro dessa nova Ordem Democrática.

No primeiro capítulo, traça-se o percurso histórico de formação do povo brasileiro, ressaltando as lutas pelo reconhecimento de direitos dos grupos vulneráveis, os tencionamentos causados por estas lutas e sua relação com o conceito de vulnerabilidade.

Pensar o conceito de vulnerabilidade na sociedade brasileira contemporânea é a tarefa lançada no segundo capítulo, onde a partir dos conceitos de cidadania, vulnerabilidade e invisibilidade, busca-se traçar em linhas gerais um pensamento que nos leve a entender como estes três conceitos se relacionam em um processo de negação de direitos e de opressão dos grupos vulneráveis, em um processo que leva esses grupos a não se sentirem contemplados pelo ordenamento jurídico.

No capítulo intitulado "O movimento social brasileiro e a construção do diálogo democrático – Questionando o status quo de vulnerabilidade", iremos buscar estabelecer premissas básicas construídas pelos movimentos sociais para construção de um diálogo com os demais atores sociais, a partir do conceito de democracia, na busca de um questionamento da ideia de que estar em condição de vulnerabilidade é algo permanente e não transitório.

Pensar a Defensoria Pública, inserida no sistema democrático, como instrumento para efetivação dos direitos das pessoas em condições de vulnerabilidade é tarefa árdua da Defensoria Pública, que só será possível lançando-se mão de uma "epistemologia jurídica" que contemple a concepção crítica do direito em que o mesmo deve ser um instrumento de emancipação dos grupos em condição de vulnerabilidade, sendo esta a tarefa do Capítulo 4.

Por fim, o Capítulo 5 terá como objetivo contextualizar o princípio da autonomia da Defensoria Pública, abordando sua necessidade para que o emponderamento dos grupos e pessoas em condição de vulnerabilidade.

2. A FORMAÇÃO DO POVO BRASILEIRO OPRIMIDO: RECORTE HISTÓRICO NO PROCESSO DE VULNERABILIDADE

> *"O mais forte nunca é bastante forte para ser sempre o senhor, se não transforma sua força em direito e a obediência em dever."* (ROUSSEAU, 2008, p.20).

Neste sentido Rousseau sintetizou ao falar do Direito do mais forte, do direito que domina pela força. Força não meramente física ou bélica, mas principalmente advinda do Direito como instrumento de opressão dos mais fracos, dos vulneráveis.

Assim foi a construção do povo brasileiro, conforme assinala Darcy Ribeiro, "surgimos da confluência, do entrechoque e do caldeamento do invasor português com índios silvícolas e campineiros e com negros africanos, uns e outros aliciados como escravos." (RIBEIRO, 2014, p. 17)

Ocorre que essa confluência em vez de ter resultado uma sociedade multiética, respeitosa e democrática, fez exatamente o contrário, pois, em que pese resultar na "fisionomia somática e no espírito dos brasileiros os signos de sua múltipla ancestralidade não se diferenciaram em antagônicas minorias raciais, culturais ou regionais, vinculadas a lealdades étnicas próprias e disputantes de autonomia frente à nação" (RIBEIRO, 2014, p.18).

A necessidade de crescimento econômico e a unidade política, utilizando o Direito como instrumento de Poder e alheio as realidades culturais, econômicas, sociais e políticas de cada região, fez nascer uma gama populacional multivulnerável excluída de todo e qualquer processo de poder, caracterizada por sua sedimentação em uma base rígida de estratificação social.

O uso da força física, inicialmente usada pelos invasores portugueses como instrumento de dominação social dos índios e brasilíndios, evolui no sentido dominatório do termo, para o uso da força do Direito, principalmente com o advento da Monarquia e o surgimento dos primeiros movimentos separatistas contestatórios do *status quo* dominatório.

Passa-se a legitimar no Direito a dominação política, econômica e social através desse processo de unificação nacional, como meio de castigar e eliminar qualquer movimento social-solidário-socialista contestatório dessa realidade. Sob o manto de uma unidade que posteriormente evolui para a necessidade de manutenção da Ordem e do Progresso, as lutas republicanas ou antioligárquicas passam a ser tratadas como movimentos separatistas violadores da identidade e unidade nacional.

Ocorre que essa identidade e unidade nacional nunca existiu no plano fático, isto posto ser o território brasileiro habitado por diversos grupos, com culturas, hábitos, cosmologias, realidades econômicas e identitárias das mais diversas.

Darcy Ribeiro destaca que o processo civilizatório brasileiro, de construção de um povo-nação não vem, no caso do Brasil da evolução de formas anteriores de sociabilidade, em que grupos antagônicos evoluem e forma um povo. No caso brasileiro, os grupos humanos se estruturaram em classes opostas, conjugando-se somente pela necessidade de sobrevivência e progresso, explorando uma força de trabalho escrava a fim de servir os interesses mercantis da classe dominante, por meio de um processo de violência e repressão que denotam um verdadeiro e continuado genocídio e etnocídio.

A necessidade de construção de um ideal nacional unificador, unitário e dominante somados a construção ideológica-cultural ufanista relegou a segundo plano qualquer discussão acerca dos invisíveis ao processo de cidadania brasileira imposta pela classe dominante. A vulnerabilidade dos oprimidos passa a ser discussão delicada dentro do processo de construção nacional liberal, qualquer movimento tendente

Cap. 15 • AUTONOMIA E VULNERABILIDADE: DA OPRESSÃO AO EMPODERAMENTO

a discuti-lo ou contra-majoritário ao *status quo* é reprimido como movimento separatista em meados do século XIX e comunista em meados do século XX.

Nesse contexto, é importante fazer o marco histórico de movimentos insurrecionais de resistência contrários ao ideal acima definido, contestadores da realidade local e do modo de vida em que os mais marginalizados eram explorados pela elite dominante: a Cabanagem, Balaiada e Canudos. Todas de conteúdo étnico, social e econômico. Palmares é outro exemplo que não foge a realidade contestadora inter-racial.

Tais movimentos nos possibilitam entender o papel do direito em um determinado período histórico, as tensões existentes dos processos de constituição jurídica, os quais tinham como objetivo conter os processos de reivindicações e lutas por direitos dos grupos em situação de vulnerabilidade.

À respeito da Guerra dos Cabanos[1], Darcy Ribeiro destaca:

> A guerra dos Cabanos, que assumiu tantas vezes o caráter de um genocídio, com o objetivo de trucidar as populações caboclas, é o exemplo mais claro de enfrentamento interétnico. Ali se digladiaram a população antiga da Amazônia, caracterizável como neobrasileira porque já não era indígena mas aspirava viver autonomamente para si mesma, e a estreita camada dominante, fundamentalmente luso-brasileira, formando um projeto de existência que correspondia à ocupação das outras áreas do país. Esse contingente civilizatório é que, ajudado por forças vindas de fora, enfrentou os cabanos, destruindo-os núcleo a núcleo. Os cabanos ganharam muitas batalhas, chegaram mesmo a assumir o poder central na região, ocupando Belém, Manaus e outras cidades, mas viviam o antiprivilégio dramático de não poder perder batalha alguma. Isso é o que finalmente sucedeu e eles foram dizimados. (RIBEIRO, 2014, p.157)

---

1. "A Cabanagem foi um movimento libertário profundamente nativista, que se originou em razão da grande distância que separava a Amazônia dos centros de decisão dos colonizadores e do Império, motivando o tratamento violento e explorador da população, sem o controle das autoridades maiores, sem qualquer acesso aos violentados e explorados. Talvez pela distância de milhares de quilômetros, o Pará e a Amazônia sempre estiveram à mercê de governantes arbitrários, sofrendo a cobiça e a interferência internacional e o completo descaso das autoridades coloniais e imperiais. [...] Talvez tenha sido nesse período que a população nativa do Pará, separada territorial, política, econômica e socialmente do novo Império, tenha-se motivado para as revoltas frequentes e para o movimento da Cabanagem, que o historiógrafo Domingos Raiol resolveu denominar restritamente de *Motins Políticos*. Na realidade, a Cabanagem foi uma consequência desses sentimentos de revolta contra a dominação e a exploração dos portugueses, mas foi também uma das maiores revoluções sociais do Brasil."(MONTEIRO, 2006, p. 111-112)

Outro levante popular de enorme importância no processo de formação do povo brasileiro oprimido foi a Balaiada[2], ocorrida no Maranhão, os balaios eram, em essência negros, e lutavam por uma ruptura da ordem social que os fazia escravos (NETTO, 2007, p.202).

Para mascarar qualquer movimento contrário a essa formação e empoderamento, cria-se o mito ideológico nacional de unidade, de povo. Povo que não foi construído ou formado, mas povo que foi idealizado, fundado, imaginário, replicado na história como representação de homogeneidade, identidade e indivisibilidade.

É o que Marilena Chauí chama de "Mito fundador":

> Insistimos na expressão mito fundador porque diferenciamos fundação e formação. Quando os historiadores falam em formação, referem-se não só às determinações econômicas, sociais e políticas que produzem um acontecimento histórico, mas também em transformação e, portanto, na continuidade ou na descontinuidade dos acontecimentos, percebidos como processos temporais. Numa palavra, o registro da formação é a história propriamente dita, aí incluídas suas representações, sejam aquelas que conhecem o processo histórico, sejam as que o ocultam (isto é, as ideologias). Diferentemente da formação, a fundação se refere a um momento passado imaginário, tido como instante originário que se mantém vivo e presente no curso do tempo, isto é, a fundação visa a algo tido como perene (quase eterno) que traveja e sustenta o curso temporal e lhe dá sentido. A fundação pretende situar-se além do tempo, fora da história, num presente que não cessa nunca sob a multiplicidade de formas ou aspectos que pode tomar. Não só isso. A marca peculiar da fundação é a maneira como ela põe a transcendência e a imanência do momento fundador: a fundação aparece como emanado da sociedade (em nosso caso, da nação) e, simultaneamente, como engendrando essa própria sociedade (ou a nação) da qual ela emana. É por isso que estamos nos referindo à fundação como mito. (CHAUÍ, 2001, p.5-6)

---

2. "No início do século XIX, a população maranhense era composta de escravos e de sertanejos miseráveis, enquanto o poder estava nas mãos de proprietários rurais e comerciantes. Tudo isso fez com que a revolta e a insatisfação popular se agravasse, principalmente depois que políticos conservadores tentaram aumentar os poderes dos prefeitos. A revolta popular transformou-se em um movimento que foi capaz de mobilizar a classe marginalizada da sociedade. O início da revolta foi no dia 13 de dezembro de 1838, quando um grupo de vaqueiros liderados por Raimundo Gomes invadiu a cadeia local para libertar alguns companheiros que tinham sido presos. Com o sucesso da invasão, os vaqueiros tomaram conta do lugarejo. A Balaiada representou a luta popular contra as desigualdades e injustiças da sociedade da época (sociedade escravista). Toda essa insatisfação e revolta uniram cada vez mais a classe marginalizada da sociedade".(GOMES, Cristiana. Balaiada. Em: <http://www.infoescola.com/historia/balaiada/>. Acesso em: 23 outubro 2016.)

Assim, o mito fundador, segundo Chauí, nada mais é que um repertório inicial de representações da realidade que em cada momento da formação histórica são reorganizados, como ideologias que se alimentam de representações produzidas pela fundação. (CHAUÍ, 2001, p.6).

> No período da conquista e colonização da América e do Brasil surgem os principais elementos para a construção de um mito fundador. O primeiro constituinte é, para usarmos a clássica expressão de Sérgio Buarque de Holanda, a "visão do paraíso" e o que chamaremos aqui de elaboração mítica do símbolo "Oriente". O segundo é oferecido, de um lado, pela história teológica providencial, elaborada pela ortodoxia teológica cristã, e, de outro, pela história profética herética cristã, ou seja, o milenarismo de Joaquim de Fiori. O terceiro é proveniente da elaboração jurídico-teocêntrica da figura do governante como rei pela graça de Deus, a partir da teoria medieval do direito natural objetivo e do direito natural subjetivo e de sua interpretação pelos teólogos e juristas de Coimbra para os fundamentos das monarquias absolutas ibéricas. Esses três componentes aparecem, nos séculos XVI e XVII, sob a forma das três operações divinas que, no mito fundador, respondem pelo Brasil: a obra de Deus, isto é, a Natureza, a palavra de Deus, isto é, a história, e a vontade de Deus, isto é, o Estado. Em suma, o mito fundador é construído sob a perspectiva do que o filósofo judeu-holandês Baruch Espinosa designa com o conceito de poder *teológico-político*. (CHAUÍ, 2001, p.58)

Darcy Ribeiro chama de "transfiguração étnica" o *"processo através do qual os povos, enquanto entidades culturais, nascem se transformam e morrem"* (RIBEIRO, 2014, p.234). Esse processo aliado a ideologia fundadora foram fundamentais para a apatia social dos marginalizados.

O processo de dominação mercantil-liberal brasileiro de matriz fortemente agrário-mercantil-industrial foi capaz de desafricanizar os negros, retirando-lhes qualquer autonomia étnica, extinguir os brasilíndios através do processo de aculturamento, assimilar a imigração estrangeira pobre europeia, transformando-a e integrando-a ao processo de produção capitalista aqui instalado.

O modo de vida capitalista imposto pelo processo de dominação aristrocrática, política e cultural cegou e retirou essa realidade desses povos que aqui formam o povo brasileiro. O processo etnocida pautado no preconceito e discriminação acelera esse processo de desfiguração étnica e social deletando os vulneráveis de qualquer papel de relevância no processo de construção social, à eles, somente a invisibilidade.

Os "invisíveis" aqui denominados são os "marginais" chamados por Darcy Ribeiro, integrantes das classes oprimidas. Para ele, a estratificação social brasileira é formada pelas classes: dominantes, no topo da estratificação, reduzidas ao *Patronato* (Oligárquico- composto por um Senhorial parasitário; e Moderno – composto por uma Elite Empresarial contratista), *Estatamento Gerencial Estrangeiro, Patriciado* (Civil -formado por Lideranças, Celebridades, Eminências; e Estatal – formado por políticos, militares e tecnocratas); pela intermediária, feita de pequenos oficiais, profissionais liberais, policiais, professores, o baixo-clero, pequenos empresários, funcionários e empregados civis e públicos; subalternas, formadas pelo campesinato, assalariados rurais, parceiros, minifundistas, operariado fabril e de serviços, pequenos proprietários; e, no fim dessa estratificação, os marginais, vejamos a definição de Darcy Ribeiro:

> Abaixo desses bolsões, formando a linha mais ampla do losango das classes sociais brasileiras, fica a grande massa de classes oprimidas dos chamados marginais, principalmente negros e mulatos, moradores das favelas e periferias da cidade. São os enxadeiros, os boias-frias, os empregados na limpeza, as empregadas domésticas, as pequenas prostitutas, quase todos analfabetos e incapazes de organizar-se para reivindicar. Seu desígnio histórico é entrar no sistema, o que sendo impraticável, os situa na condição da classe intrinsecamente oprimida, cuja luta terá de ser a de romper com a estrutura de classes. Desfazer a sociedade para refazê-la. (RIBEIRO, 2014, p.192)

Os marginalizados geralmente estão resignados com seus próprios destinos, apesar da miserabilidade em que vivem, e diante de sua incapacidade de organizar-se e luta. (RIBEIRO, 2014, p. 192)

Darcy Ribeiro defende que as classes sociais brasileiras não podem ser representadas por um triângulo, com um nível superior, um núcleo e uma base. As classes sociais configuram-se um losango, cujo ápice é finíssimo, de pouquíssimas pessoas, um pescoço que se alarga contendo os trabalhadores e consumidores do sistema econômico e um funil invertido, em que está a maior parte da população marginalizada do processo econômico e da sociedade, que não possuem empregos regulares e nem ganham o salário mínimo.

Esta realidade do funil invertido é variável e mudam de acordo com o perfil social (urbano e rural) de cada região do país, ora permitindo uma base mais ampla e uma ponta finíssima, ora reduzindo um pouco a base, ampliando o seu centro. À essa variação regional que os marginalizados comumente variam espacialmente de uma região para outra buscando melhor projeção nesse contexto social. Contudo, é importante ressaltar que a definição de melhor projeção social fica a cargo do processo histórico-regional de dominação mercantil-liberal que é mais opressor em determinadas regiões e menos em outras.

A democracia brasileira na República não foi capaz de romper essa estratificação social imutável. Sérgio Buarque de Holanda compreende essa impossibilidade como natural de uma democracia importada pela aristocracia rural brasileira e adaptada no nosso contexto social:

> Trouxemos de terras estranhas um sistema complexo e acabado de preceitos, sem saber até que ponto se ajustam às condições da vida brasileira e sem cogitar das mudanças que tais condições lhe imporiam. Na verdade, a ideologia impessoal do liberalismo democrático jamais se naturalizou entre nós. Só assimilamos efetivamente esses princípios até onde coincidiram com a negação pura e simples de uma autoridade incômoda, confirmando nosso instintivo horror às hierarquias e permitindo tratar com familiaridade os governantes. A democracia no Brasil sempre foi um lamentável mal-entendido. (HOLANDA, 1995, p.160)

Enquanto os padrões aristocráticos segregadores não forem rompidos, não haverá revolução que permita a mudança da realidade social dos mais oprimidos. Holanda cita as indagações Herbeth Smith a respeito da necessidade de revolução que a América do Sul necessita. A revolução não deveria ser horizontal, mas vertical. Uma revolução que trouxesse *"à tona elementos mais vigorosos, destruindo para sempre os velhos e incapazes".* (HOLANDA, 1995, 180-181).

3. A VULNERABILIDADE NA SOCIEDADE BRASILEIRA CONTEMPORÂNEA

A construção da categoria de vulnerabilidade dos grupos sociais, está ligada na maioria das vezes a questões de gênero, pertencimento a determinados grupos sociais, étnicos e culturais, ainda se relacionada às características físicas, territoriais e as condição de classe social.

Trata-se de um conceito que por si só coloca em xeque a ideia de cidadania. Comumente, vincula-se cidadania ao ato dos indivíduos de votar, de participar do processo político. Contudo, essa premissa inicial de cidadania não consegue aprofundar as diferenças históricas, sociais, de classe, de identidade e gênero dos indivíduos, que muitas das vezes, principalmente nos períodos totalitários, dificultam o acesso desses grupos aos seus direitos, bem como a formulação, execução e fiscalização de políticas públicas, que por outro lado, não levam em conta suas realidades sociais, culturais e históricas.

Luana Siqueira utilizando-se do conceito marshalliano afirma que a cidadania *"é concebida como conjunto de direitos que a caracterizam e particularizam. A existência de direitos (civis, políticos, sociais, econô-micos) expressa tipos de cidadania, enquanto a ausência de tais direitos caracterizam a não cidadania."* (SIQUEIRA, 2013, p.242).

Neste sentido tratamos dos grupos "juridicamente vulneráveis", sendo "entendidos como sendo a parcela da população despida dos di-reitos que socorrem suas principais necessidades ou do acesso à justiça que garanta efetividade aos poucos direitos legais por ela conquistados". (ALBERNAZ e MARQUES, 2012, p.56)

A formação do Estado brasileiro, bem como do ordenamento jurídi-co, se deu a partir de uma segregação e invisibilização de grupos sociais que não se adequaram às regras sociais estabelecidas pelas elites econô-micas, assim:

> Do mesmo modo, as legislações até o século XX não indiciavam qualquer anelo por consolidar um sentido de totalidade de interesse nacional e, assim, de maior equilíbrio nas relações sociais, o que se verificava pela vigência tardia (até 1916) das ordenações portuguesas a regular as re-lações civis no Brasil. Não se pode negar, porém, que as primeiras es-colas de Direito tinham como metas a elaboração de um código único e desvinculado da tutela colonial e a formação de uma elite intelectual autônoma em face da independência política brasileira, em 1822. Mas mesmo essas escolas eram elitistas, vinculadas ao Estado ou às ideias naturalistas europeias, e pouco afetas aos problemas da massa da po-pulação. (ALBERNAZ e MARQUES, 2012, p.59)

A partir década de 90, o tema vulnerabilidade ganha contornos que acabam por se distanciar da mera noção de pobreza. Passa-se a analisar o contexto social como norteador de políticas públicas determinantes para a sua superação. Como destaca Simone Rocha Monteiro:

> A emergência da temática da vulnerabilidade social se dá nos anos 90, a partir do esgotamento da matriz analítica da pobreza, que se reduzia a questões econômicas. Essa tendência vem sendo difundida, sobretu-do por organismos internacionais, entre estes destacam-se Organização das Nações Unidas-ONU, Banco Mundial e CEPAL. Portanto essas ideias vem sendo difundidas como pressupostos orientadores para a consoli-dação de políticas sociais. A temática estava mais voltada para o sentido de conhecer os setores mais desprovidos da sociedade (uma vez que se utilizava de indicadores de acesso ou de carências de satisfação das necessidades básicas) do que para compreender os determinantes do processo de empobrecimento. Com isso, foram delineados os grupos de risco na sociedade, com uma visão focalizada do indivíduo e não no contexto social que produziu a vulnerabilidade.(MONTEIRO, Simone Rocha. O marco conceitual da vulnerabilidade social. Em: <http://re-vistas.ucpel.edu.br/index.php/rsd/article/view/695/619>. Acesso em: 23 outubro 2016).

Vários fatores passam a ser determinantes para a vulnerabilidade. A vulnerabilidade passa a ser concebida como exposição à riscos de diferentes origens, como econômicos, sociais ou culturais. No mesmo sentido, a citada autora assevera:

> A vulnerabilidade passa a ser compreendida a partir da exposição a riscos de diferentes naturezas, sejam eles econômicos, culturais ou sociais, que colocam diferentes desafios para seu enfrentamento (VIGNOLI, 2001; CAMARANO; et al., 2004). Logo, a ideia corresponde a uma predisposição. Portanto,pressupõe a eliminação do risco e substituir a vulnerabilidade, por força ou por resistência. .(MONTEIRO, Simone Rocha. O marco conceitual da vulnerabilidade social. Em: <http://revistas.ucpel.edu.br/index.php/rsd/article/view/695/619>. Acesso em: 23 outubro 2016.)

Esta relação não é linear, a vulnerabilidade se constitui de uma complexidade multifacetada de fatores relacionadas:

> Nesse sentido, a vulnerabilidade social se constitui como construção social, enquanto produto das transformações societárias, assumindo diferentes formas de acordo com os condicionantes históricos. Essas transformações acabam por desencadear fundamentais mudanças na esfera da vida privada, acentuando fragilidades e contradições. Diante desses pressupostos, a compreensão de vulnerabilidade deve ser compreendida a partir da relação dialética entre externo e interno. O externo refere-se ao contexto de referência, já o interno pauta-se em características básicas de indivíduos, grupos lugares ou comunidades. Esses recursos internos são constituídos a partir do que o autor define como "ativos". Essa estrutura de possibilidade de enfrentamento é que irá determinar maior ou menor desvantagem ou debilidade no processo de mobilidade social (KASTSMEN, 1999; FIGUEIRA, 2001). (MONTEIRO, Simone Rocha. O marco conceitual da vulnerabilidade social. Em: <http://revistas.ucpel.edu.br/index.php/rsd/article/view/695/619>. Acesso em: 23 outubro 2016.)

Luana Siqueira, ao analisar a visão "multidimensional" da pobreza é assertiva ao asseverar:

> O caráter multidimensional da pobreza leva à necessidade de um indicador que leve em consideração a situação autoavaliada, ou seja, o indivíduo percebe sua própria situação social. Esta compreensão da pobreza a define segundo as capacidades dos indivíduos de exercerem suas liberdades bem como de fazerem respeitar seus direitos, e busca analisar as diferentes formas de distribuição e acesso aos recursos privados e coletivos. É, nesta perspectiva, importante enfatizar não apenas os direitos sociais, mas também os direitos civis e políticos (Sen, 2000). Esta abordagem se propõe como mais abrangente que as análises das necessidades básicas, pois inclui acesso dos indivíduos à educação, saúde, infraestrutura (acesso aos bens públicos em geral), além da possibilidade dos in-

divíduos exercerem sua cidadania e representatividade social. (SIQUEIRA, 2013, p.212)

A Política Nacional de Assistência Social (PNAS) define como "usuários" aqueles:

> (...) cidadãos e grupos que se encontram em situações de vulnerabilidade e riscos, tais como: famílias e indivíduos com perda ou fragilidade de vínculos de afetividade, pertencimento e sociabilidade; ciclos de vida; identidades estigmatizadas em termos étnico, cultural e sexual; desvantagem pessoal resultante de deficiências; exclusão pela pobreza e, ou, no acesso às demais políticas públicas; uso de substâncias psicoativas; diferentes formas de violência advinda do núcleo familiar, grupos e indivíduos; inserção precária ou não inserção no mercado de trabalho formal e informal; estratégias e alternativas diferenciadas de sobrevivência que podem representar risco pessoal e social (MINISTÉRIO, 2004, p.33)

Arrengui e Wanderley (2009, p. 156-7, apud SIQUEIRA, 2013, p.245) criticam a vinculação da vulnerabilidade com pobreza e sua associação com noções de debilidade, desvantagens e riscos:

> O grande problema dessa abordagem é identificar a vulnerabilidade social com pobreza *sem tecer as relações necessárias com a questão das desigualdades e da distribuição da riqueza.* Dessa forma, corre-se o risco de ficar engessado num discurso tecnocrata, *fazendo de conta que não existem questões estruturais que condicionam a questão social.* Descontextualizar pode levar, também, ao desvio da individualização dos problemas sociais e à desresponsabilização da coisa pública.
>
> Associar a pobreza com desvantagem debilidade e, principalmente, com risco (...) pode derivar na retomada de estigmas que associavam e associam pobres como classes perigosas, e, portanto, reforçar intervenções repressivas e tutelares.

Por sua vez, o conceito de vulnerabilidade, em seu aspecto jurídico, irá assumir os seguintes aspectos: 1) jurídico; 2) técnico; 3) ambiental; 4) político ou legislativo; 5) biológico ou psíquico; 6) económico e social. Segundo José Augusto Garcia, ao tratar da vulnerabilidade, sob o aspecto de que trata o Código de Defesa do Consumidor, instrumento normativo que integra o microssistema das tutelas coletivas, que:

> Pois bem, um dos princípios maiores do CDC, senão o maior, é o princípio do reconhecimento da vulnerabilidade do consumidor no mercado de consumo, expressamente positivado em seu art. 4º, I. Só que essa vulnerabilidade do consumidor não é exclusivamente econômica, muito pelo contrário. De fato, se o mais opulento empresário do país cis-

Cap. 15 • AUTONOMIA E VULNERABILIDADE: DA OPRESSÃO AO EMPODERAMENTO

mar em adquirir algum produto na quitanda do seu bairro, a ele não se poderá negar a condição de vulnerável, com todas as vantagens decorrentes do regime consumerista. Na verdade, a carência econômica é apenas uma das muitas vulnerabilidades do consumidor, e certamente não representa a mais importante. Mais, graves, por exemplo, são a vulnerabilidade ligada à carência de informações e a vulnerabilidade decorrente do fato de ser "o fornecedor que escolhe o que, quando e de que maneira produzir, de sorte que o consumidor está à mercê do que é produzido". Paulo Valério Dal Pai Moraes, que produziu ótima obra sobre o princípio da vulnerabilidade nas relações de consumo, chega a apontar seis tipos distintos de vulnerabilidade: técnica; jurídica; política ou legislativa; biológica ou psíquica; econômica ou social; e ambiental. (SOUSA, 2011, p.31)

O documento denominado "100 regras de Brasília para o Acesso à Justiça das Pessoas em condição de Vulnerabilidade", produzido no âmbito da Cumbre Judicial Iberoamericana[3], estabelece como sendo vulneráveis:

> Consideram-se em **condição de vulnerabilidade** aquelas pessoas que, por razão da sua idade, género, estado físico ou mental, ou por circunstâncias sociais, económicas, **étnicas** e/ou culturais, encontram especiais dificuldades em exercitar com plenitude perante o sistema de justiça os direitos reconhecidos pelo ordenamento jurídico. Poderão **constituir causas de vulnerabilidade, entre outras, as seguintes: a idade, a incapacidade, a pertença a comunidades indígenas ou a minorias, a vitimização, a migração e o deslocamento interno, a pobreza, o género e a privação de liberdade**. A concreta determinação das pessoas em condição de vulnerabilidade em cada país dependerá das suas características específicas, ou inclusive do seu nível de desenvolvimento social e económico. (**CUMBRE JUDICIAL.** RELATÓRIO GERAL SEMINÁRIO: Análise das 100 regras de Brasília por Instituições do Sistema de Justiça no Brasil, Argentina, Uruguai, Paraguai e Chile: o acesso à justiça de pessoas em condição de vulnerabilidade. Disponível em: <
>
> http://www.cumbrejudicial.org/c/document_library/get_file?p_l_id=7 7405&folderId=77959&name=DLFE-4618.pdf>)

Em que pese a polêmica e as diversas posições acerca da noção de vulnerabilidade, é necessária a sua compreensão como elemento determinante para a sua superação e empoderamento.

---

3. A Cumbre Iberoamericana, reúne os Presidentes dos Tribunais e Cortes Superiores de Justiça, Conselhos de Magistratura dos países iberoamericanos, sendo formados por Andorra, Honduras, Argentina, México, Bolívia, Nicarágua, Brasil, Panamá, Colômbia, Paraguai, COsta Rica, Peru, Cuba, Portugal, Chile, Porto Rico, Equador, República Dominicana, El Salvador, Uruguai, Espanha, Venezuela e Guatemala.

355

4. O MOVIMENTO SOCIAL BRASILEIRO E A CONSTRUÇÃO DO DIÁLOGO DEMOCRÁTICO – QUESTIONADO O STATUS QUO DE VULNERABILIDADE

A repreensão histórica aos movimentos contestatórios do *status quo* dominatório faz nascer no seio deste sistema movimentos sociais questionadores dessas contradições sociais e históricas, que tinham como objetivo a luta pela garantia de direitos, bem como quando garantidos que os grupos em condição de vulnerabilidade tivessem esses direitos respeitados, sejam os direitos de dimensão individual, sejam os de dimensão social e econômico.

François Houtart afirma que os movimentos surgem a partir da multiplicidade de atores coletivos:

> A história da humanidade caracteriza-se por uma multiplicidade de sujeitos coletivos, portadores de valores de justiça, de igualdade, de direitos e protagonistas de protestos e lutas. Recordemos por exemplo, a revolta dos escravos, as resistências contra as invasões na África e Ásia, as lutas camponesas da Idade Média na Europa, as numerosas resistências dos povos nativos da América, os movimentos religiosos de protesto social no Brasil, Sudão e China.(HOUTART, 2007, p.460)

O paradigma capitalista de produção contemporâneo colocou em xeque a consciência social e de classe, exigindo dos sujeitos coletivos um novo modelo de organização social.

Carlos Montaño e Maria Lúcia Duriguetto destacam:

> A consciência é determinada pela realidade social, e ela é condição para sua transformação. A objetividade (da realidade existente) e a subjetividade (dos sujeitos que dela fazem parte) unem-se num único processo. A mera vivência das pessoas sobre a(s) realidade(s) sociais determina um tipo de consciência, mas esta última pode se desenvolver de diversas formas e níveis, em função do tipo de inserção e apreensão na/da realidade, individual, grupal ou humano-genérica(MONTAÑO e DURIGUETTO, 2011, p.98)

Neste sentido, Houtart afirma que o capitalismo e as novas tecnologias dão um salto, exigindo dos atores sociais uma nova consciência da realidade social, uma construção popular e plural, por uma multiplicidade de atores:

> [...] o novo sujeito histórico se estende ao conjunto dos grupos sociais submetidos, tanto aqueles que formam parte da submissão real (representados pelos chamados "antigos movimentos sociais") como os que integrariam o grupo dos subsumidos formalmente ("novos movimentos sociais"). O novo sujeito histórico a ser construído será popular e plural, isto é, constituído por uma multiplicidade de atores e não pela "mul-

Cap. 15 • AUTONOMIA E VULNERABILIDADE: DA OPRESSÃO AO EMPODERAMENTO

tidão" da qual falam Michael Hardt e Antonio Negri. Conceito este tão vago como perigoso por suas conseqüências desmobilizadoras. (HOUTART, 2007, p.462-463)

Os movimentos sociais são frutos das contradições que se globalizaram (HOUTART, 2007, p.463), agora é necessário ter uma visão global do campo e da realidade social em que estão inseridos.

A pluralidade é de extrema valia para a luta, como instrumento democrático de diálogo com o todo, percebendo que a luta não é meramente restrita a um único objeto de atuação. A partir dessa noção, a capacidade de comunicação entre os movimentos é necessária para a permanente vinculação aos seus instrumentos de luta. Mais uma vez, valemo-nos de Houtart:

> Para que os movimentos sociais estejam em posição de construir o novo sujeito social há duas condições preliminares. Em primeiro lugar, ter a capacidade de uma crítica interna com o fim de institucionalizar as mudanças e assegurar uma referência permanente aos objetivos. Em segundo lugar, captar os desafios da globalização, que por sua vez são gerais e específicos ao campo de cada movimento: operário, camponês, de mulheres, populares, de povos nativos, de juventude, e em breve de todos os que são vítimas do neoliberalismo globalizado. Concorrem também outras exigências. Os movimentos sociais que se definem como a sociedade civil têm que precisar que se trata da sociedade civil de abaixo, recuperando assim o conceito do Antonio Gramsci que a considera como o lugar das lutas sociais. (HOUTART, 2007, p.462-463)

Essa concepção em relação aos objetivos de luta e de valores é fundamental dentro do contexto histórico que representam esses movimentos. A luta de hoje nada mais é que a continuação da luta dos antepassados que deram suas vidas pela construção de um caminho democrático e solidário.

Neste sentido a instituição Defensoria Pública passa a ter um papel importante, isto posto, ter a Constituição de 1988, garantido a instituição Defensoria Pública o "múnus público" de defesa dos grupos vulneráveis, sendo essa defesa uma faceta dos direitos humanos.

Perceber que os valores de luta vêm de baixo, da camada mais vulnerável (dos marginalizados) permite que estratégias sejam bem definidas e que canais de comunicação sejam mantidos com coerência e consciência de realidade social através de políticas democráticas.

François Houtart defende que esse novo sujeito histórico o dever de participar de um campo político renovado, sem medo para com os órgãos da política tradicional (HOUTART, 2007, p.464).

357

A constituição de sujeitos ativos que reconhecem os seus direitos e lutam por isso é a estratégia política que passa a ser desenvolvida por esse movimentos, que têm uma visão muito clara e ampliada de democracia. Montaño e Duriguetto destacam:

> Para esse campo teórico a ampliação da noção de democracia está presente na prática dos movimentos sociais urbanos, de mulheres, de lésbicas e homossexuais, negros, ecológicos, de direitos humanos e outros, na medida em que vêm levando ao espaço público novos temas e questões antes considerados como de âmbito privado e individual, para serem confrontados na sua dimensão coletiva e pública. Esses interesses e temáticas vêm sendo organizados e debatidos por meio de novas formas de participação e manifestação - fóruns temáticos de discussão, plenárias, conselhos gestores, conferências, ONGs, entidades profissionais e acadêmicas, entidades sindicais, assessorias, partidos e organizações de esquerda, igreja, universidades, mídia, setores estatais etc. A cidadania é pensada como estratégia política dos movimentos sociais a ser desenvolvida nessas esferas públicas governamentais e não governamentais, o que supõe a "constituição de sujeitos sociais ativos, definindo o que eles consideram ser os seus direitos e lutando pelo seu reconhecimento (Dagnino, 1994, p.109). O objetivo dos movimentos sociais é generalizar os interesses enquanto coletivos e instituí-los em direito, contribuindo, por essa via, para o aprofundamento da democracia. (MONTAÑO e DURIGUETTO, 2011, p.334-335)

A discussão da exclusão, marginalização e vulnerabilidade no contexto de cidadania e democracia passa a ser pauta dos mais diversos movimentos, fazendo com que temáticas afins sejam refletidas e pensadas numa perspectiva de direitos e liberdades civis e a desigualdade econômica a se manifestar e resolver-se através de uma linguagem popular, pluralista e multiculturalista de direitos.

O questionamento desse "*status quo*" ganha a partir desse novo paradigma coletivo uma necessária luta pela emancipação. Não se trata apenas da luta pela emancipação política que de acordo com a concepção marxista corresponde a cidadania (MONTAÑO e DURIGUETTO, 2011, p. 130), mas vai além, luta pela emancipação humana, que na concepção de Marx é a eliminação de toda forma de desigualdade, dominação e exploração.(MONTAÑO e DURIGUETTO, 2011, p. 131)

Neste sentido, devemos questionar se o direito, pode ser utilizado pelos grupos vulneráveis como um instrumento de transformação social, ou seja, se a luta pela garantia e efetivação de condições de sobrevivência desses grupos, pode ser travada pela via do direito, aqui entendido, não como o conjunto de regras as quais privilegiam a visão de mundo de um determinado grupo, que além de deter o poder econômico, tam-

Cap. 15 • AUTONOMIA E VULNERABILIDADE: DA OPRESSÃO AO EMPODERAMENTO

bém controla toda a estrutura social, em razão de sua posição cultural, de suas tradições, bem como de outros elementos tais como a raça, sexo, território, mas sim em uma perspectiva contra-hegemônica que privilegia as identidades culturais, étnico-raciais, territoriais dentre outras.

> A questão do papel do direito na busca da emancipação social é, actualmente, uma questão contra-hegemónica que deve preocupar todos quantos, um pouco por todo o sistema/mundo, lutam contra a globalização hegemônica neoliberal. Com efeito,se é certo que esta propagou por todo o globo o mesmo sistema de dominação e de exclusão, não é menos verdade que criou as condições para que forças, organizações e movimentos contra-hegemônicos localizados nas mais diversas partes do mundo se apercebessem da existência de interesses comuns nas próprias diferenças e para além das diferenças que há a separá-los, e que convergissem em combates contra-hegemônicos consubstanciadores de projetos sociais emancipatórios distintos mas relacionados entre si.(SANTOS, 2003, p.11)

A emancipação humana é necessária para superação da vulnerabilidade e fim da sociedade estratificada que massacra os marginalizados. Nesse contexto, a luta dos coletivos tem sido de fundamental importância para o debate democrático e questionamento do Direito posto como instrumento de dominação.

A emancipação política é importante, mas a mesma por si só não garante o fim da divisão social em classes e o fim da exploração. (MONTAÑO e DURIGUETTO, 2011, p. 132)

Estamos diante de um processo onde grupos vulneráveis organizados desenvolvem estratégias, saberes, formas de organização e de relações sociais, que acabam por si só desenvolvendo um direito o qual não reproduz o direito hegemônico dos grupos dominantes, que controlam a organização estatal. Esse direito é pautado em um conteúdo multicultural, sendo um direito plural, desta forma a luta desses grupos se expande, segundo Boaventura:

> (...) numa sociologia das emergências, o que implica interpretar de maneira expansiva as iniciativas, movimentos ou organizações que se mostram resistentes à globalização neoliberal e à exclusão social e que lhe contrapõem alternativas. As características das lutas são ampliadas e desenvolvidas de maneira a tornar visível e credível o potencial implícito ou escondido por detrás das acções contra-hegemónicas concretas. O alargamento simbólico gerado pela sociologia das emergências visa analisar as tendências ou possibilidades inscritas numa dada prática, experiência ou forma de conhecimento. Actua ao mesmo tempo sobre as possibilidades e sobre as capacidades. Identifica sinais, pistas, ou rastos de possibilidades futuras naquilo que existe. Uma tal abordagem permite-nos identificar qualidades e entidades

emergentes numa altura e num contexto em que estas se arriscam a ser facilmente descartadas como sendo desprovidas de um devir, insignificantes, ou até retrógradas. A abordagem corresponde, na análise prospectiva, ao método de caso alargado utilizado pela análise sociológica. (SANTOS, 2003, p. 35)

Este forte movimento de combate à marginalização ganha especial força com a institucionalização de mecanismos contramajoritários de luta democrática e defesa dos vulneráveis a fim de buscar dentro da democracia a emancipação humana: É a Defensoria Pública.

5. A DEFENSORIA PÚBLICA COMO INSTRUMENTO DA DEMOCRACIA BRASILEIRA, SUPERAÇÃO DA VULNERABILIDADE SOCIAL E EMANCIPAÇÃO HUMANA

Sob uma ótica histórica e ideológica, marcada por disputas sociais e políticas, o direito se constitui, através da perspectiva da vulnerabilidade, como instrumento de disputa e controle social.

Dentro desse contexto macro, é possível compreender o papel da Defensoria Pública, no que tange ao seu papel mais importante pós--Constituição de 1988, como instrumento de transformação social dos grupos em condição de vulnerabilidade na sociedade brasileira.

Assim estabelece a Constituição Cidadã, fruto de uma coalizão de forças após um grande período autoritário, onde os grupos vulneráveis, bem como toda a sociedade sofreram com a ausência de direitos, em seu art. 134 que compete à Defensoria Pública:

> Art. 134. A Defensoria Pública é instituição permanente, essencial à função jurisdicional do Estado, incumbindo-lhe, como expressão e instrumento do regime democrático, fundamentalmente, a orientação jurídica, a promoção dos direitos humanos e a defesa, em todos os graus, judicial e extrajudicial, dos direitos individuais e coletivos, de forma integral e gratuita, aos necessitados, na forma do

inciso LXXIV do art. 5º desta Constituição Federal. (Redação dada pela Emenda Constitucional nº 80, de 2014).

Desta forma, após a EC 80 a Defensoria Pública, além de garantir o acesso à justiça de pessoas hipossuficientes economicamente, assume um papel de "agente de transformação social", isto posto, ter o Constituinte Derivado entendido ser a Defensoria Pública instituição essencial para que o "Estado", dentro de suas contradições, fosse um "Estado" que realmente buscasse um ideal de "justiça" e de "democracia".

Neste sentido, será necessário lançarmos mão de um olhar crítico do direito e do seu papel dentro do Estado, em uma perspectiva crítica do direito a partir de uma "leitura ideológica do saber jurídico dominante", conforme nos mostra Alberto Liebling Kopittke, ao mencionar os ensinamentos do mestre Luis Alberto Warat. (KOPITTKE,2010,p.19)

> Inicialmente, é necessário assinalar os diversos sentidos emanados da expressão "crítica", termo que não deixa de ser ambíguo e amplo, pois representa inúmeros significados, sendo interpretado e utilizados de diversas formas no espaço e no tempo. De qualquer modo, a "crítica" surge como elaboração instrumental dinâmica que supera os limites tradicionais das teorias tradicionais, não se ajustando apenas a descrever o que está estabelecida ou olhar, de uma forma distante, os fenômenos sociais e reais. (WOLKMER,2013, p.4 - tradução livre)

A partir do sentido crítico do direito, considerando as manifestações de resistência e de contestação ao ordenamento jurídico, como instrumento de manutenção da "ordem social burguesa", a qual despreza as manifestações culturais, sociais, políticas e organizacionais, que não estejam inseridas dentro do que propõe o Estado, deve-se buscar um empoderamento das comunidades, passando a atores principais da luta de efetivação de seus direitos.

Superar o estado de vulnerabilidade em que determinados grupos estão inseridos, parte também em superar uma dogmática jurídica que esteja pautada na unidade da produção das normas, em sua interpretação e aplicação distante das diversas realidades sociais, culturais, étnicas e históricas.

Para Boaventura de Sousa Santos, citado por Alberto Kopittke, o "Direito dos oprimidos" consiste na pluralidade de normas criadas em razão das condições de vulnerabilidade e segregação dos diversos grupos sociais oprimidos pela estrutura jurídica estatal.

> Uma vez que a coesão ideológica duma sociedade classista é sobreposta a inconciliáveis conflitos de classe, constantemente gerados pelas relações de produção, as classes dominadas - ou grupos específicos dentro delas - tendem a desenvolver subculturas 'legais', que, em certas circunstâncias, podem associar-se a uma práxis institucional relativamente autônoma, com variáveis objetivos e níveis de organização. Reconhecer esta práxis como 'legal' e este direito como direito paralelo (isto é, caracterizar a situação como pluralismo 'legal') e adotar um ponto de vista teórico, julgando este direito como não inferior ao direito estatal - envolve uma opção científica e política: isto é, pressupõe a negociação do 'monopólio radical' de produção e circulação do direito pelo Estado moderno.(KOPITTKE,2010,p.30)

Amélia Rocha destaca que é necessário conhecer e compreender os processos de constituição das instituições e dos direitos, posto que, em que pese o cenário paradoxal dos direitos humanos, é preciso compreendê-lo na perspectiva daqueles que "vêm de baixo", dos marginalizados:

> É preciso conhecer e compreender os processos de construção das instituições e dos direitos, não apenas como forma de respeitá-los, mas também de aprimorá-los; pois não obstante o discurso dos direitos humanos atualmente só tenha *"paradoxos a oferecer"*, não se pode negar que *"direitos são instrumentos e estratégias para definir os significados e os poderes da humanidade"* e que *"a energia necessária para a proteção, a proliferação horizontal e a expansão vertical dos direitos humanos vem de baixo, vem daqueles cuja vida foi arruinada pela opressão ou pela exploração e a quem não foram oferecidos ou não aceitou os abrandamentos que acompanham a apatia política.*(ROCHA, 2013, p. 11-12)

A necessidade de proteção da pessoa em condição de vulnerabilidade possui reflexo em todo o sistema, uma vez que as agressões aos oprimidos refletem-se em mais diversos setores e estruturas de nossa sociedade.

> O respeito aos direitos humanos tem se revelado o *"único caminho para o enfrentamento da violência"*, principalmente ao se considerar a relação cada vez mais evidente entre a hiper-regulação penal e a hiporregulação econômica a propiciar índices crescentes de encarceramento e de violência , pois os **danos da pobreza transcendem a pessoa pobre (...)**.(ROCHA, 2013, p. 14)

A Defensoria Pública inicialmente nasce da perspectiva individualista e assistencial de promover o equilíbrio existente na dicotomia entre os mais pobres e os mais afortunados na tutela judicial de seus direitos.

Neste sentido, podemos trazer os ensinamentos do Professor e grande Defensor Público, José Augusto Garcia:

> Além de ser a entidade que presta advocacia aos pobres, consolida-se para a Defensoria Pública o papel de uma grande agência nacional, de promoção da cidadania e dos direitos humanos, voltada para quem mais necessita de cidadania e direitos humanos. Desmancha-se de vez o exacerbado individualismo que sempre acompanhou os caminhos da instituição, passando a prevalecer filosofia bem mais solidarista. (SOUSA, 2011, p.33)

Contudo, com o amadurecimento da instituição, com a reflexão do direito como instrumento de controle social, com o olhar cada vez mais profundo nas vulnerabilidade e suas razões históricas e sociais, a Defensoria Pública aperfeiçoa sua ótica social e passa a ter um perfil solidarista emancipatório.

Vale a ressalva de que o perfil mais coletivo e solidário da Defensoria não diminui o importantíssimo papel da instituição na defesa individual. Em absoluto. A maioria dos atendimentos da Defensoria será sempre de natureza individual. Isso não significa, porém, que deva ser eternamente imposta à Defensoria uma filosofia institucional individualista e anacrônica, sem qualquer conexão com o contexto em que está situada. O que saudamos aqui, portanto, é a superação definitiva da lógica individualista e anacrônica, sem qualquer conexão com o contexto em que está situada. O que saudamos aqui, portanto, é a superação definitiva da lógica individualista que durante muito tempo presidiu as funções institucionais, em favor de uma nova racionalidade.(SOUSA, 2011, p.34)

Ou seja, a Defensoria Pública, além de instituição que garante o acesso à justiça, a mesma passa a ser concebida como instrumento de transformação social, buscando-se a emancipação humana do sujeito.

Neste ponto, para ficar claro, valemo-nos de um simples exemplo: *O homem do campo necessita da terra para a sua sobrevivência. Contudo, o mesmo não tem condições de plantar e cultivar sem os instrumentos hábeis para isso. Necessita, por exemplo, da enxada. A enxada prepara a terra para o plantio. Sem ela, não há plantio e, por conseguinte, não há colheita e frutos.*

A relação entre Defensoria Pública e as pessoas em condição de vulnerabilidade se desenvolve sob a mesma lógica no campo do direito. A pessoa vulnerável, impedida de acessar seus direitos por conta de sua condição histórica e social, necessita de uma instituição que lhe sirva de instrumento para que possa se transformar e emancipar a fim de viver com dignidade.

O homem do campo é a pessoa vulnerável. A terra são os direitos. A enxada é a Defensoria Pública, instrumento sem o qual o cidadão não terá condições de superar a marginalidade que lhe é imposta.

Quanto melhor a enxada, mais frutos o homem do campo colherá com o máximo de proveito e o mínimo sacrifício. O mesmo se dá no acesso aos direitos. Quanto mais forte, autônoma e garantidora de direitos for a instituição Defensoria Pública, mais rapidamente a pessoa vulnerável superará tal condição e se emancipará, livrando-se das garras e algemas que historicamente lhe prendiam.

A Defensoria Pública é necessária nesse contexto de superação da marginalização e da opressão. Mais uma vez, valemo-nos das majestosas lições de Amélia Rocha:

> A luta pela abolição perdura diante de uma escravidão rebatizada, pois não se pode considerar livre quem não tem onde morar, não tem direito

ao registro de nascimento, não pode se expressar livremente, não teve um julgamento justo, não conhece seus direitos, não é ouvido em projetos que lhe atingem, sem esquecer do que se tem chamado de "criminalização dos movimentos sociais", entre muitos outros exemplos.

Nesse contexto de "nova escravidão", a Defensoria surge como NECESSIDADE da efetivação de direitos e não como uma deliberalidade do Governo: muitos lutaram para que os direitos humanos fossem reconhecidos e para que, como se vê nos anais da Assembleia Nacional Constituinte - ANC, se pudesse *"inserir na Justiça brasileira um dispositivo até aqui inexistente, a não ser em letras bisonhas e às vezes até inexpressivas, mas que represente a democratização e, por que não dizer, a socialização da própria Justiça"* que é a Defensoria Pública.

[...]

Portanto, se a escravidão foi rebatizada, os seus meios de alforria também o foram e a Defensoria Pública é um deles, tendo um papel importante na necessária *"substituição dos alicerces de nossa pátria"*. (ROCHA, 2013, p. 57-58 e 63)

A Democracia brasileira fundada nos valores da dignidade humana, solidarismo, pluralismo e com o objetivo, dentre outros, de combater a pobreza e a marginalização, reduzindo as desigualdades sociais, necessita de uma instituição autônoma responsável pela superação da opressão e afirmação do empoderamento dos tradicionalmente marginalizados: a Defensoria Pública.

Contudo, nesse caminho, a Defensoria Pública não pode e não deve ser uma ilha onde não há conexão e nenhum elo com o público alvo de seus serviços, os marginalizados. Deve haver total sintonia entre os marginalizados e o instrumento de superação, senão a enxada despreparada, quebrada, enferrujada ou cega, não terá condições de arar o solo em condições dignas de germinar o empoderamento do seu público.

Assim, dentre os caminhos possíveis para que esse campo de direitos floresça sem ervas daninhas e pragas, é necessário que haja o diálogo com os movimentos contramajoritários, populares e pluralistas.

A luta desses grupos é como água no plantio e cultivo desses direitos. A socialização da luta dos direitos dos marginais é a fotossíntese no crescimento e fortalecimento dos direitos.

O preparo do solo precisa de água. Se não for assim, a terra estará dura e imprestável para ser arada. A Defensoria Pública precisa desses movimentos. Para que o solo dos direitos esteja preparado para receber as sementes da educação em direitos e emancipação humana, a água

Cap. 15 • AUTONOMIA E VULNERABILIDADE: DA OPRESSÃO AO EMPODERAMENTO

(movimentos sociais) e a enxada (Defensoria Pública) são extremamente necessários para o campo (direito dos oprimidos) floresça e dêem frutos emancipatórios.

Desta forma, deve a Defensoria, através de seus órgãos de atuação-os defensores públicos, em sentido semelhante ao que nos ensina Boaventura de Sousa Santos no que tange ao papel da advocacia popular, compreender seu papel de "instrumento", e:

> (...) subverter os pressupostos de imparcialidade, neutralidade e despolitização das profissões jurídicas apostando na aproximação, autonomização, organização e mobilização política dos movimentos sociais e organizações populares. Trata-se de um circuito de aprendizagem recíproca em que a mobilização do direito atua a serviço da transformação social e a mobilização social transforma os pressupostos de atuação da prática jurídica. Na literatura jurídica internacional, esta permeabilidade entre a atuação jurídica e os interesses e necessidades de certos grupos, em especial das populações excluídas, discriminadas e marginalizadas, tem sido denominada *cause lawyering*. A utilização deste termo visa distinguir um estilo único de prática jurídica, marcado pela dedicação e identidade entre a ação profissional e determinadas causas. Neste contexto, a práxis jurídica vista como um conjunto de técnicas destituídas de valor ou comprometimento social e político é substituída por uma prática vista como um campo de defesa política e axiológico, onde interferem significativamente a crença dos operadores acerca de quais devem ser a organização, a resolução de conflitos e os valores morais a prevalecer na sociedade. (SANTOS, 2011, p.67-68)

O processo emancipatório necessita de tempo. De fato, desde a exploração humana colonizadora pelo europeu sob o índio-brasileiro, os processos emancipatórios vão se coordenando e reorganizando na medida em que são oprimidos e suprimidos. Assim ocorreu nos movimentos separatistas.

Contudo, observa-se que a ânsia emancipatória dos oprimidos nunca cessou e sempre se reordena de acordo com os fatores e conjunturas sociais apresentadas. Ou seja, trata-se de um processo de luta. Luta pela superação da opressão capitalista imposta pelo mais forte.

Na democracia, essa luta se dá através da "Revolução Democrática do Direito e da Justiça". O Direito para ser exercido democraticamente deve fundar-se numa cultura democrática.

Na busca do processo emancipatório dos grupos em condição de vulnerabilidade, no que tange ao papel da Defensoria Pública, trazemos a baila os ensinamentos de Boaventura de Sousa Santos:

365

> A revolução democrática da justiça exige a criação de uma outra cultura de consulta jurídica e de assistências e patrocínio judiciário, em que as defensorias públicas terão um papel muito relevante.
>
> (...)
>
> Tendo em conta a evolução dos mecanismos e concepções relativas ao acesso à justiça, a proposta de construção de uma defensoria pública, nos moldes como está prevista sua atuação no Brasil, acumula diferentes vantagens potenciais: universalização do acesso através da assistência prestada por profissionais formados e recrutados especialmente para esse fim; assistência jurídica especializada para a defesa de interesses coletivos e difusos; diversificação do atendimento e da consulta jurídica para além da resolução judicial dos litígios, através da conciliação e da resolução extrajudicial de conflitos e, ainda, atuação na educação para os direitos. (SANTOS, 2011, p.50-51)

Desta forma, devem os Defensores Públicos em seu mister diário, ter em mente a necessidade de desenvolver uma nova relação com aqueles que recorrem ao serviço da Defensoria Pública, bem como com os movimentos sociais. Devem os defensores públicos pautarem suas ações na ideia de desenvolver um pensamento crítico do Direito, o qual contemple uma leitura "insurgente", a partir da realidade de cada grupo social.

> O "novo direito" procura lutar, dentre outros pontos, pelo "questionamento dos valores", pela "fundamentação de uma ética política de práxis comunitária", pela "redescoberta de um novo sujeito histórico" e pelo "reconhecimento dos movimentos e práticas sociais como fontes do pluralismo jurídico" (Wolkmer, 1991:31). Tal ideia de pluralidade, constantemente em quase todos os textos jurídicos "alternativos", tem como matriz um estudo dos anos 1970 desenvolvido por Boaventura de Souza Santos no Brasil. Na ocasião, estudando uma comunidade brasileira, o autor observou forma de "legalidade alternativa", às quais denominou "direito de Pasárgada". Segundo Santos, tal direito representaria uma forma alternativa de resolução de conflitos que vigoravam paralelamente ao direito oficial. (GUANABARA,2011,p.249)

Essa "legalidade alternativa", decorre diretamente dos processos de insurgência, processos históricos os quais os grupos em condição de vulnerabilidade, buscaram ter reconhecidos seus direitos fundamentais, mesmo estando a margem do processo de "cidadania", que segundo Reinaldo Pontes "(...) se sustentava a categoria de cidadania em sua clássica formulação: *pertencimento a uma comunidade política, titularidade de direitos e usufruto de bens e serviços para o gozo de bem-estar".* (PONTES, 2013, p.48)

Neste sentido deve a Defensoria Pública, buscar trabalhar formas de emancipação e empoderamento dos grupos considerados vulneráveis, na perspectiva de ausência de cidadania, de percepção e entendimento do ordenamento jurídico Estatal, buscando o que Boaventura convencionou chamar de "sociologia das ausências"[4].

6. A NECESSÁRIA AUTONOMIA DA DEFENSORIA PARA EMPODE-RAMENTO DAS PESSOAS EM CONDIÇÃO DE VULNERABILIDADE

O empoderamento surge como solução alternativa de combate à pobreza e sua multidimensionalidade (múltiplas formas de discriminação e exclusão social). Esse discurso ganha força e dimensão à partir da década de 70, conforme os ensinamentos de Jorge Romano e Marta Antunes:

> A noção de empoderamento começa a ser utilizada na década dos 70, com os movimentos sociais e, posteriormente, passa a permear as práticas das ONGs. Nos últimos anos, o conceito e a abordagem foram gradualmente apropriados pelas agências de cooperação e organizações financeiras multilaterais (como o Banco Mundial). Nesta apropriação o conceito e a abordagem sofreram um processo de despolitização ou pasteurização ao ser enfatizada sua dimensão instrumental e metodológica. Assim, junto com conceitos como capital social e capacidades, o empoderamento passa a ser um termo em disputa no campo ideológico de desenvolvimento. Por sua vez, nos últimos anos, percebe-se que um número crescente de instituições da Sociedade Civil introduz em sua estratégia a abordagem baseada em direitos, a qual tem sua origem na luta pelo reconhecimento e promoção do conjunto de direitos humanos (civis, políticos, econômicos, culturais, etc.). As próprias agências de cooperação e organizações financeiras multilaterais vêm progressivamente adotando esta nova conceitualização na formulação de suas políticas e estratégias. Dessa forma a noção de direitos e a abordagem baseada em direitos passam também a ser motivo de debate e disputa no campo de desenvolvimento, tal como ocorre no caso de empoderamento. (ROMANO e ANTUNES, 2002, p. 5)

Para os citados autores, o fato do Brasil ser o país com maior desigualdade no mundo e que isso está relacionado diretamente com a exclusão social e pobreza, a superação da pobreza faz-se através da construção de um projeto crítico alternativo de desenvolvimento fundado no empoderamento do pobre. (ROMANO e ANTUNES,2002, p. 5)

De que maneira pode se estabelecer esse empoderamento? Como desenvolver esse processo? Vicente de Paula Faleiros aponta um caminho:

---

4. "Noutras palavras, cabe aos defensores públicos aplicar no seu cotidiano profissional a sociologia das ausências, reconhecendo e afirmando direitos dos cidadãos intimidados e impotentes, cuja procura por justiça e o conhecimentos do(s) direito(s) têm sido suprimidos e ativamente reproduzidos como não existentes". (SANTOS, 2011, p.51)

A emancipação humana implica, tanto o reconhecimento de direitos iguais, como a efetivação e garantia desses direitos e a possibilidade de reclamá-los, de gritar por eles, de constituir-se em atores políticos, de afirmar identidades, de aglutinar forças de protesto , de usar meios de pressão para forçar os dominantes a ceder.

Esta prática social supõe organização e enfrentamento em nível local, regional, nacional e global, pois a inclusão e a cidadania adquirem um dimensão de direitos internacionais com suas cortes de direitos humanos, pactos internacionais, organismos de controle, transparência, denúncia e pressão. A constituição de direitos de liberdade, de voto, de garantias sociais, culturais e econômicas de uma vida digna é um movimento emancipatório que vai tornando essas garantias indivisíveis como propõe a perspectiva dos direitos humanos. (FALEIROS, 2006, p. 12)

Parece-nos o mesmo caminho apontado por Boaventura de Sousa Santos contra a razão indolente[5] e hegemonia da regulação e emancipação. Propõe Boaventura a busca de uma razão contra-hegemônica que seja capaz de reinstituir a tensão entre regulação e emancipação.(SANTOS e CHAUÍ, 2013, p. 28)

A elaboração desse novo paradigma tem como base a distinção entre o que o pensador denomina uma *sociologia das ausências* e uma outra, designada por ele *sociologia das emergências*. A sociologia das ausência identifica as experiências desperdiçadas pela razão indolente e indaga sob que condições elas podem constituir-se como alternativas ao modelo hegemônico de sociabilidade - essa sociologia interroga o porvir propondo uma "expansão do futuro". Por seu turno, a sociologia das emergências interroga o presente, investiga em que medida essas alternativas podem ser inseridas num horizonte concreto e contemporâneo de possibilidades, operando uma "contração do futuro". (IDEM , p.28-29)

Boaventura entende uma globalização contra-hegemônica que se contraponha a atual globalização hegemônica e possua um caráter redistributivo com pilares no princípio da igualdade e no princípio do reconhecimento da diferença. (SANTOS e CHAUÍ, 2013, p. 30)

A conceituação de poder é um ponto importante a ser analisado. As relações de poder são determinantes para abordagem do empodera-

---

5.   Na concepção de Boaventura de Sousa Santos, conforme assinala Marilena Chauí,a *predominância da racionalidade cognitivo-instrumental em relação às demais formas de racionalidade fez com que o intelecto moderno se tornasse uma razão "metonímica" (toma "a parte"da cultura científica e filosófica do ocidente pelo "todo", concebendo-a como forma última da organização dos saberes) e "proléptica" (pretende possuir o conhecimento do futuro no presente, concebido como progresso sem limites). Porque pressupõe, assim, um destino melhor e inexorável para a humanidade, fundado no progresso científico e não abre campos de pensamento e de ação para o advento de formas diferentes de ser e de saber (...) Estamos, pois, diante da hegemonia de uma razão indolente, incapaz de pensar o presente (...) (SANTOS e CHAUÍ, 2013, p.27-28)*

Cap. 15 • AUTONOMIA E VULNERABILIDADE: DA OPRESSÃO AO EMPODERAMENTO

mento. O poder não pode ser visto como algo finito, um jogo de "soma zero". As relações de poder são mais complexas e não necessariamente estão ligadas numa relação "ganha perde".

> A segunda concepção, que tem origem na visão de Foucault, não considera o poder como uma substância finita e que pode ser alocada a pessoas e grupos. O poder é relacional; constituído numa rede de relações sociais entre pessoas que têm algum grau de liberdade; e somente existe quando se usa. O poder está presente em todas as relações. Sem poder as relações não existiriam. Nesta concepção a resistência é uma forma de poder: onde há poder há resistência (Iorio, 2002). A partir da visão foucaultiana, se amplia a noção de poder. O poder não é só poder sobre recursos (físicos, humanos, financeiros) e idéias, crenças, valores e atitudes. É possível, e necessário, diferenciar outros tipos de exercício do poder. Por exemplo, o poder para fazer uma coisa (um poder generativo que cria possibilidades e ações); o poder com (que envolve um sentido de que o todo é maior que as partes, especialmente quando um grupo enfrenta os problemas de maneira conjunta, por exemplo, homens e mulheres questionando as relações de gênero); e o poder de dentro, isto é, a força espiritual que reside em cada um de nós, base da auto-aceitação e do auto-respeito, e que significa o respeito e a aceitação dos outros como iguais. Estes últimos tipos de poder poder para, poder com e poder de dentro não são finitos, podem crescer com o seu exercício (Iorio, 2002). Um grupo exercendo estes poderes não necessariamente reduz o poder dos outros, porém, de toda forma esse desenvolvimento implica mudanças nas relações. (ROMANO e ANTUNES, 2002, p. 14)

Assim, o empoderamento é tido como uma abordagem que coloca as pessoas e o poder no centro dos processos de desenvolvimento em que *"pessoas, as organizações, as comunidades assumem o controle de seus próprios assuntos, de sua própria vida e tomam consciência da sua habilidade e competência para produzir, criar e gerir."* (ROMANO e ANTUNES, 2002, p.17)

No combate à pobreza e das desigualdades, nos processo de desenvolvimento, não basta o desenvolvimento apenas de habilidades, mas sobretudo capacidades, conforme doutrina de Amarthya Sen citada por ROMANO:

> No combate à pobreza, a abordagem de empoderamento implica no desenvolvimento das capacidades (capabilities) das pessoas pobres e excluídas e de suas organizações para transformar as relações de poder que limitam o acesso e as relações em geral com o Estado, o mercado e a sociedade civil. Assim, através do empoderamento visa-se a que essas pessoas pobres e excluídas venham a superar as principais fontes de privação das liberdades, possam construir e escolher novas opções, possam implementar suas escolhas e se beneficiar delas. As capacidades (capabilities) são poderes para fazer ou deixar de fazer coisas. Assim, o conceito

de capacidades não significa só as habilidades (abilities) das pessoas, mas também as oportunidades reais que essas pessoas têm de fazer o que querem fazer (Sen A, 1992)(ROMANO e ANTUNES, 2002, p. 18)

A "ecologia dos saberes"[6] possui papel importante neste processo de emancipação e empoderamento dos oprimidos. O controle, consciência das suas habilidades, com capacidade para transformar as relações de poder, dentro do processo emancipatório do saber está associado à ideia de autonomia, desenvolvimento humano, justiça social e autorrealização fundamentais para cidadania.

Neste sentido, temos o entendimento de Domingos Barroso da Costa e Arion Escorsin de Godoy acerca da importância da Defensoria Pública na educação em direitos e difusão da consciência cidadã:

> Para difundir a cidadania é necessário, primeiramente, que se garantam condições ao sujeito de conscientizar-se de sua função nos mecanismos relacionais do poder estabelecido, orientando-o quanto à necessidade de uma postura responsável relativamente às suas possibilidades de reger-se a si mesmo e, pelas vias legítimas, protagonizar transformações em suas relações e na sociedade que integra. Noutros termos, apropriando-nos de valiosas lições de Paulo Freire (2013), podemos afirmar que a ascensão à cidadania implica, necessariamente, a conscientização do sujeito acerca de sua condição humana de ser inacabado - dizendo-se-, aqui, de uma *falta* radical, ontológica, impassível de ser satisfeita pelo que se faça consumível -, destinado à transcendência (ao *Ser Mais* freirano), a uma busca incessante por *saber-se* e *falar-se* no mundo em que interage com os outros, livres e iguais; o seu mundo, em que deve atuar como agente transformador, para assim inscrever-se na história, pela ação e discurso (ARENDT, 2010, p. 219-220), voltando-se ao passado e projetando-se para o futuro, de modo a rompre com a servidão em que também é mantido através dos circuitos de consumo. (COSTA e GODOY, 2014, p. 90)

É nessa perspectiva que a Defensoria Pública passa a ter fundamental importância para autonomia do oprimido através de um processo de reconhecimento e empoderamento. A Defensoria Pública através de suas missões institucionais possui os instrumentos hábeis e eficazes de possibilitar às pessoas vulneráveis a participação delas no processo emancipatório.

---

6. "Numa palavra, a *ecologia dos saberes* funda-se na independência complexa entre os diferentes saberes que constituem o sistema aberto do conhecimento em processo constante da criação e renovação. Anti-hegemônico, antimoderno, anti-instrumental, o saber crítico emancipatório é interconhecimento, reconhecimento e autoconhecimento."(SANTOS e CHAUÍ, 2013, p. 33)

Cap. 15 • AUTONOMIA E VULNERABILIDADE: DA OPRESSÃO AO EMPODERAMENTO

Além de garantir o acesso à justiça (aqui na noção de direito imposto), a Defensoria Pública possibilita a revolução democrática da justiça por meio da educação em direitos como processo de transformação política, social e subjetiva.

Se faz necessário, portanto, no processo de empoderamento dos diversos grupos sociais, romper com as práticas tradicionais de acesso à justiça, as quais muitas das vezes não contemplam a realidade de cada grupo social, desta forma devemos buscar uma capacitação jurídica do cidadão.

> É preciso que os cidadãos se capacitem juridicamente, porque o direito, apesar de ser um bem que está na sabedoria do povo, é manejado e apresentado pelas profissões jurídicas através do controle de uma linguagem técnica ininteligível para o cidadão comum. Com a capacitação jurídica, o direito converte-se de um instrumento hegemônico de alienação das partes e despolitização dos conflitos a uma ferramenta contra-hegemônica apropriada de baixo para cima como estratégia de luta. (SANTOS, 2011, p.69)

A Defensoria Pública tem papel de relevância nesse contexto porque serve como *"mediadora da inserção legítima do sujeito nos sistemas de poder, que se expressam pela linguagem do Direito".* (COSTA e GODOY, 2014, p.90) A educação neste ponto não deve ser levada de forma vertical, mas horizontal. Dentro de um sistema em que os sujeitos construam e reconstruam o saber ensinado ao lado do educador, que é igualmente sujeito do processo. (FREIRE, 2013, p.28 apud COSTA e GODOY, 2014, p.94)

Outro ponto de atuação defensorial de extrema relevância relacionada com a emancipação dos seus assistidos é o dever de buscar a solução extrajudicial de conflitos. Neste ponto, urge destacar que o papel da Defensoria Pública é possibilitar que o assistido reassuma o seu litígio na condição de cidadão autônomo e emancipado.

Há muito tempo já se discute que o Judiciário não possui condições de lidar com os mais diversos litígios do cotidiano. O caminho da solução extrajudicial de conflitos permite que os contendores vivifiquem os processos de educação em direitos e difusão de cidadania. (COSTA e GODOY, 2014, p.97)

A emancipação dentro do litígio só é possível se aos litigantes é possibilitado a real e efetiva participação na busca pela solução do litígio. Neste caminho, temos o ideal restaurativo da justiça para os cidadãos.

371

> (...) entende-se que a solução extrajudicial de conflitos se apresenta não só como uma via de desafogo do Judiciário, mas especialmente como instrumento fundamental de ampliação da cidadania, uma vez que insere o sujeito vulnerável nos meios de institucionalizados de resolução de conflitos - assegura-lhe acesso à justiça -, além de valorizar sua opinião, ideais, aptidões e experiências nos processos decisórios. (GODOY, 2015, p. 140)

A prática da mediação por parte da Defensoria Pública que passa a agir como terceira parte imparcial a facilitar o processo em que os próprios litigantes busquem suas próprias soluções obedece a um padrão dialógico, horizontal e participativo (FOLEY, 2010, p.81).

> As soluções construídas pelas partes envolvidas no conflito podem ser talhadas além da lei. Quando os protagonistas do conflito inventam seus próprios remédios, em geral, não se apoiam na letra da lei porque seu pronunciamento é por demais genérico para observar a particularidade dos casos concretos. Há, pois, a liberdade de criar soluções sem as amarras dos resultados impostos pelo ordenamento jurídico. (...) Por tais razões, (...), a estrutura da mediação pode veicular, em sua gênese, um potencial emancipatório, na medida em que sua lógica subverte o padrão adversarial do sistema oficial(FOLEY, 2010, p. 82)

A partir do todo exposto, a autonomia da Defensoria Pública é medida necessária a fim de assegurar a sua importância como instituição que permite que os seus assistidos (marginalizados e oprimidos) possam superar tais condições e participar de forma efetiva do processo decisório, transformando a realidade social ao qual estão inseridos através de um processo de conscientização e cidadania.

Amélia Rocha destaca que sem independência, a defesa do pobre é formal e legitimadora da condição de desigualdade. Essa posição é conveniente para alguns espaços de poder. Citando Nabuco, afirma que a verdadeira defesa tem reflexos nos alicerces da pátria, alterando o *status quo*, o que obviamente não interessa para os detentores desses espaços de poder. (ROCHA, 2013, p. 97).

Assim, como instrumento emancipatório da revolução democrática da justiça, é condição necessária que a Defensoria Pública seja dotada de autonomia, pois só assim estará protegida constitucionalmente contra as ingerências dos poderes externos a ela e possibilitará a real e necessária emancipação humana, empoderando os cidadãos, fazendo com que todos possam participar coletivamente do processo democrático.

Este cenário, em que pese inicialmente parecer utópico, somente poderá ser visualizado com o fortalecimento da Defensoria Pública.

Cap. 15 • AUTONOMIA E VULNERABILIDADE: DA OPRESSÃO AO EMPODERAMENTO

Também importa destacar que a mesma tem importante missão (que se não for buscada, frustra seu papel emancipatório e sua razão de existir) em buscar a educação em direitos dentro da ótica da ecologia dos saberes e a mediação através da solução extrajudicial de conflitos.

7. CONCLUSÃO

A sociedade brasileira é marcada por desigualdades profundas, que numa complexa estrutura estratificada, os marginais são durante oprimidos, com os seus direitos fundamentais sempre restringidos e duras limitações de participação da realidade política, social, cultural e econômica.

Em um processo histórico, esses grupos em condição de vulnerabilidade sempre ofereceram lutas de resistências às violações de seus direitos, ora fora da legalidade, ora utilizando instrumentos legítimos e legais de luta, contudo na maioria dos momentos tendo a estrutura do sistema de justiça e o sistema jurídico sendo utilizado para criminalizar e segregar suas lutas.

Com o fortalecimento dos movimentos sociais e sua legitimidade junto aos vulneráveis, essa realidade vem mudando. O advento da Constituição Federal de 1988 com o pluralismo político e jurídico, o solidarismo e o dever de reduzir a pobreza, consagrou a Defensoria Pública como instituição democrática capaz de cumprir essa importante agenda de direitos fundamentais.

À Defensoria Pública cabe esse diálogo com o grupo vulnerável, servindo de instrumento para que, no contexto revolucionário do direito, viabilize a ampla participação dos grupos historicamente vulneráveis no processo de construção diário da democracia brasileira.

Porém para que a Defensoria Pública desempenhe seu papel com efetividade, deve também se deixar influenciar estruturalmente por seu papel, deixando de lado o paradigma do individualismo jurídico, bem como seus "agentes políticos" – os defensores públicos, devem assumir esse papel de "instrumento de transformação social", se aproximando das grandes lutas dos grupos em condição de vulnerabilidade.

Essa luta, embora pacífica (já que se supera o paradigma das armas historicamente usada pelos opressores e oprimidos), é intensa no campo das garantias dos direitos fundamentais. Contudo, isso por si só não é o bastante para a emancipação.

373

É necessário um processo contínuo e permanente de educação em direitos e mediação, como um dos caminhos facilitadores do empoderamento popular e busca da emancipação, sendo necessário também, por parte dos movimentos sociais e de instituições como a Defensoria Pública uma reinvenção do direito, em que ele passe a ser visto e aplicado sob uma perspectiva crítica.

Isso só é possível no contexto da autonomia da Defensoria Pública, pois somente assim estará livre das ingerências externas do *status quo* estabelecido fazendo com que todos possam participar ativamente e coletivamente do processo democrático.

A autonomia da Defensoria Pública deve ser entendida como a possibilidade da instituição solidificar sua verdadeira identidade, como instrumento jurídico de efetivação dos direitos das populações em condição de vulnerabilidade dentre os avanços de políticas públicas que por si só violam direitos, e se constituem em um pensamento ora hegemônico do direito.

Assim a Defensoria Pública figura como uma instituição Estatal capaz de contribuir para a produção de uma interpretação do direito que o retorne ao caráter democrático, possibilitando ao direito seu caráter emancipatório.

8. REFERÊNCIAS

ALBERNAZ, Renata Ovenhausen; **MARQUES,** Camila Salgueiro Purificação. Os grupos juridicamente vulneráveis e a formação da legalidade e do judiciário brasileiro: histórico e tendências do acesso aos direitos e à justiça no Brasil. Revista Emancipação, Ponta Grossa, 12(1): 55-70, 2012. Disponível em <http://www.revistas2.uepg.br/index.php/emancipacao>, acessado em 19 de outubro de 2016.

CHAUÍ, Marilena. Brasil mito fundador e sociedade autoritária. São Paulo: Fundação Perseu Abramo, 2000.

COSTA, Domingos Barroso da; **GODOY,** Arion Escorsin de. Educação em direitos e Defensoria Pública: cidadania, democracia e atuação nos processos de transformação política, social e subjetiva. Curitiba: Juruá, 2014.

CUMBRE JUDICIAL. RELATÓRIO GERAL SEMINÁRIO: Análise das 100 regras de Brasília por Instituições do Sistema de Justiça no Brasil, Argentina, Uruguai, Paraguai e Chile: o acesso à justiça de pessoas em condição de vulnerabilidade. Disponível em: <http://www.cumbrejudicial.org/c/document_library/get_file?p_l_id=77405&folderId=77959&name=DLFE-4618.pdf>. Acesso em 31 de julho de 2014.

FALEIROS, Vicente de Paula. Inclusão social e cidadania. Em: <http://www.icsw.org/images/docs/Events/2006_Brazil/17_07_PDF/vicente_faleiros.pdf>. Acesso em: 24 outubro 2016.

Cap. 15 • AUTONOMIA E VULNERABILIDADE: DA OPRESSÃO AO EMPODERAMENTO

FOLEY, Gláucia Falsarella. Justiça comunitária: por uma justiça da emancipação. Belo Horizonte: Fórum, 2010.

GOMES, Cristiana. Balaiada. Em: <http://www.infoescola.com/historia/balaiada/>. Acesso em: 23 outubro 2016.

GODOY, Arion Escorsin de. Conflitos habitacionais urbanos: atuação e mediação jurídico-política da Defensoria Pública. Curitiba: Juruá, 2015.

GUANABARA, Ricardo. A Crítica ao direito no Brasil: Considerações sobre o direito alternativo. In: **FERREIRA,** Lier Pire; **GUANABARA,** Ricardo e **JORGE,** Vladimyr Lombardo (org). Curso de Sociologia Jurídica. - Rio de Janeiro: Elsevier, 2011.

HOLANDA, Sérgio Buarque de. Raízes do Brasil. 26 ed. São Paulo: Companhia das Letras, 1995.

HOUTART, François. Os movimentos sociais a construção de um novo sujeito histórico. IN: **BORON,** Atilio A.; **JAVIER,** Amadeo; **GONZÁLEZ,** Sabrina [ORG]. A teoria marxista hoje problemas e perspectivas. Buenos Aires: Clacso, 2007.

KOPITTKE, Alberto Libling. Introdução à teoria e a prática dialética do direito brasileiro: A experiência da Renap. - 1.ed. - São Paulo: Expressão Popular, 2010.

MINISTÉRIO. Política Nacional de Assistência Social - Norma Operacional Básica/Sistema Único de Assistência Social. Ministério do Desenvolvimento Social e Combate à Fome - Secretaria Nacional de Assistência Social. Brasília, 2004. Disponível em: <http://www.mds.gov.br/webarquivos/publicacao/assistencia_social/Normativas/PNAS2004.pdf> Acesso em: out.2016.

MONTAÑO, Carlos; **DURIGUETTO,** Maria Lúcia. Estado, Classe e Movimento Social. 3ª edição. São Paulo: Cortez, 2011.

MONTEIRO, Benedicto. História do Pará. Belém: Amazônia, 2006.

MONTEIRO, Simone Rocha. O marco conceitual da vulnerabilidade social. Em: <http://revistas.ucpel.edu.br/index.php/rsd/article/view/695/619>. Acesso em: 23 outubro 2016

NETTO, Sebastião Leal Ferreira Vargas. A mística da resistência: culturas, histórias e imaginários rebeldes nos movimentos sociais latino-americanos. Dissertação (Doutorado em História Social) - Faculdade de Filosofia, Letras e Ciências Humanas, Universidade de São Paulo, São Paulo, 2007.

PONTES, Reinaldo Nobre. Cidadania X pobreza a dialética dos conceitos nas políticas sociais na era FHC. - 1.ed. -Curitiba: Appris, 2013.

RIBEIRO, Darcy. O povo brasileiro. São Paulo: Companhia das Letras, 2006.

ROCHA, Amélia Soares da. Defensoria Pública: fundamentos, organização e funcionamento.São Paulo: Atlas, 2013.

ROMANO, Jorge O. Empoderamento: recuperando a questão do poder no combate à pobreza. In: **ROMANO,** Jorge O.;**ANTUNES,** Marta.(org). Empoderamento e direitos no combate à pobreza. - Rio de Janeiro: Actio Aid Brasil, 2002.

ROMANO, Jorge O.;**ANTUNES,** Marta. Introdução ao debate sobre empoderamento e direitos no combate à pobreza. In: **ROMANO,** Jorge O.;**ANTUNES,** Marta.(org). Empoderamento e direitos no combate à pobreza. - Rio de Janeiro: Actio Aid Brasil, 2002.

ROUSSEAU, Jean-Jacques. O contrato social ou princípios do direito político. 2ª ed. São Paulo: Escala, 2008.

375

SANTOS, Boaventura de Sousa. Para uma revolução democrática da justiça. - 3.ed. - São Paulo: Cortez, 2011.

SANTOS, Boaventura de Sousa. Poderá o direito ser emancipatório? Revista Crítica de Ciências Sociais, nº 65, Maio, 2003. Disponível em:< ttp://www.boaventuradesousasantos.pt/media/pdfs/podera_o_direito_ser_emancipatorio_RCCS65.PDF>. acessado em 19 de outubro de 2016.

SANTOS, Boaventura de Sousa. **CHAUÍ**, Marilena. Direitos humanos, democracia e desenvolvimento. São Paulo: Cortez, 2014.

SIQUEIRA, Luana. Pobreza e serviço social: diferentes concepções e compromissos políticos. São Paulo: Cortez, 2013.

SOUSA, José Augusto Garcia de. O destino de Gaia e as funções constitucionais da Defensoria Pública: ainda faz sentido – sobretudo após a edição da Lei Complementar 132/09 – a visão individualista a respeito da instituição? In: SOUSA, José Augusto Garcia de (Org). Uma nova defensoria pública pede passagem: reflexões sobre a Lei Complementar 132/90. 1º. ed. Rio de Janeiro: Lumen Juris, 2011.

WOLKMER, Antonio Carlos. La función de la crítica en la filosofía jurídica Latinoamericana. CENEJUS: 2003. Disponível em: <

http://bibliotecavirtual.clacso.org.ar/clacso/otros/20111021095817/wolk2.pdf>, acessado em 19 de outubro de 2016.

CAPÍTULO 16

Parecer: Autonomia da DPU e Limites ao Poder de Reforma da Constituição

Daniel Sarmento

Sumário: 1. A Consulta; 2. Igualdade, acesso à justiça e garantias institucionais da Defensoria Pública; 3. A inexistência de iniciativa privativa no processo legislativo das emendas à Constituição Federal; 4. Algumas distinções relevantes entre os limites ao poder constituinte decorrente dos Estados e ao poder de reforma da Constituição Federal; 5. A ausência de violação à cláusula pétrea da separação de poderes; 6. Conclusão

1. A CONSULTA

Consulta-me a Associação Nacional dos Defensores Públicos Federais - ANADEF, através do seu Presidente, Dr. Dinarte da Páscoa Freitas, a respeito da constitucionalidade do processo legislativo que resultou na promulgação da Emenda Constitucional nº 74/2013, que alterou o art. 134 da Constituição Federal, para estender à Defensoria Pública da União *"a autonomia funcional e administrativa e a iniciativa de sua proposta orçamentária"*, que já eram asseguradas às defensorias públicas estaduais pelo texto constitucional[1].

A Consulta se deve ao ajuizamento, pela Presidente da República, da ADI nº 5.296 contra a referida EC nº 74/2013, fundada na alegação de que o referido ato normativo padeceria de inconstitucionalidade, em razão da suposta inobservância da reserva de iniciativa do Chefe do Poder Executivo para a edição de normas sobre a matéria, que estaria, sob a sua ótica, consagrada no art. 61, § 1º, inciso II, alínea "c", da Constituição.

---

1. A EC 74/2013 também aludiu à Defensoria Pública do Distrito Federal. Porém, a expressa extensão a esta das garantias institucionais atribuídas às defensorias estaduais pela EC 45/04 já tinha sido anteriormente assegurada pelo art. 2º da EC 69/2012.

377

Na petição inicial, a Requerente aduziu que, como a reserva de iniciativa se liga ao princípio da separação de poderes, o pretenso vício ofenderia, também, a cláusula pétrea correspondente (art. 60, § 4º, inciso III, CF).

Antes de passar ao exame da questão da validade do processo legislativo que resultou na EC nº 74/2013, é relevante salientar o pano de fundo fático-normativo da questão, o que se fará no próximo item.

2. IGUALDADE, ACESSO À JUSTIÇA E GARANTIAS INSTITUCIONAIS DA DEFENSORIA PÚBLICA

Nosso país, infelizmente, se caracteriza pela dramática desigualdade social. Embora o Brasil não seja uma nação pobre, os recursos sociais existentes estão distribuídos de forma extremamente desigualitária.

A Constituição proclama a igualdade de todos (art. 5º, *caput* e inciso II), mas, na prática, o acesso real aos direitos continua profundamente assimétrico. Os excluídos estão muito mais expostos, por exemplo, ao arbítrio das autoridades públicas. São invariavelmente os pobres que ficam presos mais tempo do que deveriam nas nossas "masmorras medievais", esquecidos pela Justiça e pelas autoridades prisionais. São quase sempre os excluídos que sofrem afrontas à sua inviolabilidade de domicílio, perpetradas pela polícia. São eles que padecem nas filas do SUS à espera de tratamentos e medicamentos; que são penalizados pela falta de vagas e de professores nas creches e escolas públicas; são eles as vítimas da tortura e do trabalho escravo.

Incrustrados nas malhas do nosso Estado Democrático de Direito, subsistem verdadeiros bolsões de estado de exceção, em que os direitos dificilmente penetram.[2] A população destes bolsões, esta "ralé"[3] que tem fome de justiça, é a clientela, por excelência, da Defensoria Pública.

A Constituição de 88 quis remediar este quadro, não se contentando em reconhecer simbolicamente os direitos fundamentais. Ao contrário, o constituinte de 87/88 preocupou-se em assegurá-los no mundo real, de forma a transpor o abismo que ainda separa as promessas generosas do texto magno da vida real das camadas excluídas da população. Para

---

2. Veja-se, a propósito, Oscar Vilhena Vieira. "A Desigualdade e a Subversão do Estado de Direito". *In:* Daniel Sarmento, Daniela Ikawa e Flávia Piovesan (Orgs.). *Igualdade, Diferença e Direitos Humanos*. Rio de Janeiro: Lumen Juris, 2008, pp. 191-216.

3. Cf. Jessé de Souza (Org.) *A Ralé Brasileira: quem é e como vive*. Belo Horizonte: Editora UFMG, 2009.

isso, apostou no *acesso à justiça*. Sem efetivo acesso à justiça, os direitos, proclamados com pompa e circunstância nos documentos jurídicos, tornam-se pouco mais do que floreios retóricos em folhas de papel, desprovidos de qualquer eficácia social.[4] Como consignaram Mauro Cappelletti e Bryant Garth em obra clássica sobre o tema, *"a titularidade de direitos é destituída de sentido na ausência de mecanismos para a sua efetiva reivindicação"*.[5]

Mais do que qualquer outra, a Defensoria Pública é a instituição vocacionada para assegurar o acesso à justiça, e, por seu intermédio, o gozo de todos os demais direitos fundamentais pelos excluídos.[6] O art. 5º, inciso LXXIV, da Constituição estabelece que o *"Estado prestará assistência jurídica integral e gratuita aos que comprovarem insuficiência de recursos"*. E o art. 134 da Carta, por sua vez, dispõe que a Defensoria Pública é *"instituição permanente, essencial à função jurisdicional do Estado, incumbindo-lhe, como expressão e instrumento do regime democrático, fundamentalmente, a orientação jurídica, a promoção dos direitos humanos e a defesa, em todos os graus, judicial e extrajudicial, dos direitos individuais e coletivos, de forma integral e gratuita, aos necessitados, na forma do inciso LXXIV do art. 5º desta Constituição Federal"*.

É por isso que, sem uma Defensoria Pública forte, bem estruturada, com recursos materiais e humanos adequados para o desempenho da sua missão constitucional, fica comprometido o gozo de todos os direitos fundamentais dos indivíduos e grupos hipossuficientes e vulneráveis. Foi o que ressaltou o Ministro Celso de Mello, em memorável decisão:

> *"Cumpre, desse modo, ao Poder Público dotar-se de uma organização formal e material que lhe permita realizar, na expressão concreta de sua atuação, a obrigação constitucional mencionada, proporcionando, efetivamente, aos necessitados plena orientação jurídica e integral assistência judiciária, para que os direitos e as liberdades das pessoas atingidas pelo injusto estigma da exclusão social não se convertam em proclamações inúteis nem se transformem em expectativas vãs. A questão da Defensoria Pública, portanto, não pode (e não deve) ser tratada de maneira inconse-*

---

4. Por essa razão, Ana Paula de Barcellos afirmou que a garantia do acesso à justiça integra o *mínimo existencial,* compondo o conteúdo nuclear do princípio da dignidade da pessoa humana. Cf. Ana Paula de Barcellos. *A Eficácia Jurídica dos Princípios Constitucionais.* O Princípio da Dignidade da Pessoa Humana. Rio de Janeiro: Renovar, 2002, pp. 293-301.

5. Mauro Cappelletti e Bryant Gath. *Acesso à Justiça.* Trad. Ellen Gracie Northfleet. Porto Alegre: Sérgio Antonio Fabris, 2002, p. 12.

6. Veja-se, a propósito, Cleber Francisco Alves. *Justiça para Todos!* Assistência Jurídica Gratuita nos Estados Unidos, na França e no Brasil. Rio de Janeiro: Lumen Juris, 2006.

quente, porque de sua adequada organização e efetiva institucionalização depende a proteção jurisdicional de milhões de pessoas – carentes e desassistidas – que sofrem inaceitável processo de exclusão que as coloca, injustamente, à margem das grandes conquistas jurídicas e sociais".[7]

Assim, é fundamental dotar a Defensoria Pública de um arcabouço institucional adequado[8], para evitar que, nas palavras da Ministra Carmen Lúcia, a *"inanição administrativa"* faça *"definhar não só a Defensoria Pública, mas o próprio quadro de desvalia social dos mais carentes"*[9]. Esta conclusão não resulta da especulação teórica abstrata, mas da análise de dados concretos da realidade.

É que, apesar do seu inequívoco relevo constitucional, e de sua importância crucial para a edificação de uma sociedade democrática e inclusiva, a Defensoria vem sendo tratada, ao longo dos anos, como uma espécie de "prima pobre" das demais instituições do sistema brasileiro de justiça. Número insuficiente de defensores, falta de estrutura material e de condições adequadas de trabalho, remuneração dos seus membros inferior à das outras carreiras jurídicas são algumas das mazelas que historicamente vêm lhe afligindo. Este "desprestígio", francamente incompatível com os valores da Constituição, se deve, basicamente, a duas causas: o descaso em relação à clientela da Defensoria, composta pelas camadas mais desprivilegiadas da população; e o fato de que a atuação eficiente da instituição tende a gerar despesa pública, e não receita.

Não há dúvida de que o fortalecimento da Defensoria corresponde a um relevantíssimo interesse público primário da sociedade. Nada obstante, há uma perversa tendência dos governantes – infelizmente, até daqueles que apregoam supostos compromissos com os direitos dos excluídos – de preterir a Defensoria, no momento de definição das suas prioridades administrativas e financeiras. Esta foi a razão que levou o poder constituinte reformador a outorgar autonomia funcional e administrativa, além de poder de iniciativa de proposta orçamentária, à Defensoria: a constatação de que, sem estas garantias, a instituição tende a ser sistematicamente negligenciada nas escolhas do Poder Executivo, o que compromete gravemente o desempenho eficiente da sua missão de

---

7. Ag. Inst. 598212 ED, 2ª Turma, Rel. Min. Celso Mello, julg. 25.03.2014.

8. Nesse mesmo sentido, a Organização dos Estados Americanos – OEA aprovou, em junho de 2014, a Resolução nº 2821, em que recomendou aos Estados que concedam aos defensores públicos independência e autonomia funcional, financeira e/ou orçamentária e técnica (item 5).

9. Voto proferido na ADI 4163, Rel. Min. Cezar Peluso, julg. 29.02.2012.

proteção dos direitos dos hipossuficientes, perpetuando um triste cenário de exclusão e injustiça social.

Em um primeiro momento, tais garantias foram explicitamente conferidas apenas às defensorias públicas estaduais, por meio da Emenda Constitucional nº 45/2004, que inseriu no texto maior o § 2º do art. 134. Tão arbitrária e injustificada foi a exclusão da Defensoria Pública da União, que a Consulente ajuizou a ADI nº 4282, sob o patrocínio do hoje Ministro Luís Roberto Barroso, buscando obter interpretação conforme a Constituição do referido preceito, de molde a estender as garantias institucionais lá contempladas à Defensoria Pública da União.

Antes, porém, que a ação fosse julgada pelo STF, o poder constituinte reformador atuou no sentido de estender expressamente as garantias institucionais do art. 134, § 2º, da Constituição, à Defensoria Pública da União, por meio da EC nº 74/2013, que foi aprovada de modo praticamente unânime no Congresso Nacional,[10] com o apoio, inclusive, de toda a bancada do governo.

Lamentavelmente, o disposto na referida emenda constitucional já vem sendo descumprido pelo governo federal. Com efeito, a Presidente da República deixou de incorporar a proposta orçamentária da Defensoria Pública da União ao projeto de lei orçamentária de 2015, fato que motivou a impetração do Mandado de Segurança nº 33.193 perante o STF, contra o ato de S. Exa. Felizmente, a Suprema Corte não ficou inerte diante da ofensa clara à Constituição. A Ministra Rosa Weber, na qualidade de Relatora do feito, proferiu corajosa decisão liminar,[11] para assegurar a apreciação pelo Congresso Nacional da proposta orçamentária elaborada pela DPU, como parte integrante do projeto de lei orçamentária anual de 2015.

Não bastasse, a Presidente também se insurgiu contra a EC 74/2013, ajuizando a ADI 5.296, sob o frágil argumento de que a reforma constitucional seria inconstitucional, por suposto vício de iniciativa. Mais uma vez, o interesse público secundário na economia de recursos foi posto na frente da proteção dos direitos fundamentais dos hipossuficientes.

---

10. No Senado, a EC 74 foi aprovada, em primeiro turno, por 62 votos favoráveis, um voto contrário e uma abstenção. No segundo turno, houve 65 votos favoráveis, nenhum voto contrário e nenhuma abstenção. Na Câmara dos Deputados, no primeiro turno houve 408 votos favoráveis, 3 votos contrários e uma abstenção. No segundo turno, foram 388 votos favoráveis, um voto contrário e uma abstenção.

11. MS 33.193 MC, Rel. Min. Rosa Weber, julg. 30.10.2014.

Os dados disponíveis sobre a Defensoria Pública da União revelam a urgência da efetiva implementação das garantias institucionais que o governo federal quer agora amputar. De acordo com informações oficiais,[12] em março de 2014 a instituição cobria apenas 64 seções judiciárias da Justiça Federal, o que correspondia a apenas 24% das existentes no país, que à época totalizavam 271. Portanto, em mais de 3/4 das nossas seções judiciárias, os jurisdicionados pobres simplesmente não podiam contar com a DPU.

Apesar da sua clara atribuição constitucional, a Defensoria Pública da União, por falta de pessoal e carência de recursos, simplesmente *não* atua na Justiça do Trabalho, afora em um "projeto piloto" no âmbito do Distrito Federal. Isto apesar da presença maciça de pessoas carentes nos conflitos laborais.

A instituição contava, em março de 2014, com apenas 555 defensores públicos federais em seus quadros, que deveriam atuar perante nada menos que 8.175 magistrados(!): 1714 juízes federais, 3.250 juízes do trabalho, 3.178 juízes eleitorais, 33 juízes militares federais togados e 82 ministros de tribunais superiores[13]. Implantada de forma "emergencial e provisória" pela Lei 9.020/95, a Defensoria Pública da União, 20 anos depois, continua atuando sem contar com carreiras administrativas próprias.

Estes dados revelam deficiências crônicas da DPU, e apontam a importância, sob o prisma dos valores constitucionais, de se dotar tal instituição com a autonomia necessária para se estruturar de modo adequado ao desempenho da sua missão constitucional. Sem isso, não bastará o trabalho abnegado e competente dos defensores. Nem o seu esforço hercúleo será suficiente para assegurar que as funções da DPU - tão essenciais à justiça e à inclusão – sejam prestadas de forma minimamente adequada. Os prejudicados não serão apenas os defensores. Muito mais do que eles, os perdedores serão os pobres, a "ralé", as camadas mais vulneráveis da população brasileira.

3. A INEXISTÊNCIA DE INICIATIVA PRIVATIVA NO PROCESSO LEGISLATIVO DAS EMENDAS À CONSTITUIÇÃO FEDERAL

As regras sobre iniciativa privativa não se aplicam à reforma da Constituição Federal. Elas estão inseridas no art. 61 do texto magno, que

---

12. Cf. Defensoria Pública da União. *Assistência Jurídica Integral e Gratuita no Brasil: Um panorama da atuação da Defensoria Pública da União*, 2014.

13. A DPU também atua em instâncias administrativas, como ocorre perante o Tribunal Marítimo.

trata do processo legislativo das *leis ordinárias e complementares*. A norma que disciplina o poder de iniciativa na reforma constitucional é o art. 60, *caput*, que estabeleceu hipótese de iniciativa comum, como se depreende claramente do seu texto:

> "Art. 60. A Constituição poderá ser emendada mediante proposta:
>
> de um terço, no mínimo, dos membros da Câmara dos Deputados ou do Senado Federal;
>
> do Presidente da República;
>
> de mais da metade das Assembleias Legislativas das unidades da Federação, manifestando-se cada uma delas pela maioria relativa dos seus membros."

Não cabe ao intérprete estabelecer restrições onde não as quis o constituinte. Se desejasse estender as regras sobre iniciativa privativa de leis ordinárias e complementares às emendas à Constituição Federal, o constituinte tê-lo-ia feito expressamente. A hipótese não é de lacuna, a ser suprida pela via analógica, mas de silêncio eloquente. Por isso, em obra doutrinária já consignei: *"Diferentemente do que ocorre com as leis ordinárias e complementares, não há casos de iniciativa privativa para a reforma constitucional".*[14]

Nesse mesmo sentido, a doutrina constitucional alude à titularidade do poder de iniciativa das emendas constitucionais – compartilhado pelas entidades acima listadas -, sem fazer qualquer alusão à aplicação, à hipótese, das regras sobre iniciativa privativa, previstas na Constituição apenas para as leis ordinárias e complementares.[15]

Por outro lado – e este ponto é fundamental - **nenhum dos precedentes do STF invocados na petição inicial** diz respeito a emendas à Constituição Federal. Como se verá no próximo item, todos eles foram relativos ao **controle das mudanças das constituições estaduais**, e se relacionam à aplicação do *princípio da simetria*, no plano do proces-

---

14. Daniel Sarmento e Cláudio Pereira de Souza Neto. *Direito Constitucional:* teoria, história e métodos de trabalho. Belo Horizonte: Fórum, 2012, p. 287.

15. Neste sentido, veja-se, dentre outros, Luís Roberto Barroso. *Curso de Direito Constitucional Contemporâneo*. São Paulo: Saraiva, 2009; Ingo Wolfgang Sarlet, Luiz Guilherme Marinoni e Daniel Mittidiero. *Curso de Direito Constitucional*. São Paulo: RT, 2012, p. 115; José Afonso da Silva. *Comentário Contextual à Constituição*. São Paulo: Malheiros, 2005; p.440; Gilmar Ferreira Mendes e Paulo Gustavo Gonet Branco. *Curso de Direito Constitucional*. São Paulo: Saraiva, 9ª ed, 2013, p. 119; Ingo Wolfgang Sarlet e Rodrigo Brandão. "Art. 60". *In:* J. J. Gomes Canotilho, Gilmar Ferreira Mendes, Ingo Wolfgang Sarlet e Lênio Luiz Streck. *Comentários à Constituição do Brasil.* São Paulo: Saraiva, p. 1128.

so legislativo estadual, que não tem qualquer pertinência em relação à reforma da Constituição Federal. Assim, ao contrário do que afirmou a Requerente, a jurisprudência do STF **não** tem precedentes no sentido de que as regras sobre iniciativa referentes ao processo legislativo ordinário também se estendem ao poder de reforma da Constituição Federal.[16]

A inexistência de iniciativa privativa do Poder Executivo no processo de emenda à Constituição também é decorrente da interpretação teleológica e sistemática da Carta. O poder constituinte originário não quis atribuir hegemonia à Presidência da República no processo de alteração da Constituição, em sintonia, neste ponto, com a tendência existente na matéria no Direito Constitucional Comparado.[17] Por isso, **não conferiu** ao Chefe do Executivo o poder de veto em relação às emendas. Estas, como se sabe, são promulgadas pelas Mesas da Câmara dos Deputados e do Senado Federal (art. 60, § 3º), sem prévia submissão à fase de sanção e veto, presente no processo legislativo ordinário.

Ora, seria profundamente incongruente negar o direito de veto, e, ao mesmo tempo, atribuir a iniciativa privativa de matérias importantes ao Presidente da República no campo da reforma constitucional. Afinal, a iniciativa privativa configura mecanismo de bloqueio deliberativo *ainda mais poderoso* do que o veto, já que este é superável pelo Congresso, enquanto aquela não o é.

Não bastasse, existe um argumento adicional contrário à afirmação da iniciativa privativa da Presidente da República, que se relaciona à natureza do tema versado na EC nº 74/2013. É que toda a argumentação que lastreia a suposta iniciativa privativa de um poder do Estado para edição de emendas constitucionais sobre certos temas se liga à preservação da sua autonomia.

Ocorre que, por diversas razões já explicitadas anteriormente, o funcionamento da Defensoria Pública *não* é matéria concernente à autono-

---

16. Por honestidade intelectual, cumpre ressaltar que, na linha da argumentação aduzida na ADI 5.296, há apenas uma polêmica decisão monocrática, proferida pelo Ministro Joaquim Barbosa, que suspendeu a aplicação da EC 73/2013, que criara novos tribunais regionais federais, sob a alegação de que se teria ofendido, na hipótese, a iniciativa privativa do Judiciário no processo legislativo (ADI 5.016/MC, decisão proferida em 17/06/2013). Para uma bem elaborada crítica a esta decisão, veja-se Clèmerson Merlin Clève. "Parecer. Criação de Tribunais Regionais por Emenda Constitucional. Possibilidade", acessível em www.cleveadvogados.com.br.

17. Veja-se, a propósito. Dawn Oliver e Carlo Fusaro. *How Constitutions Change:* A Comparative Study. Oxford: Hart Publishing, 2011.

mia do Poder Executivo. Pelo contrário, trata-se de tema afeto aos interesses da sociedade civil, especialmente dos seus segmentos mais vulneráveis, cujos direitos não podem ficar à mercê da vontade monocrática da Presidente da República. A adoção da tese advogada na ADI 5.296 geraria um problema constitucional e social insolúvel: a subordinação da DPU ao governo tem ensejado a insuficiência da sua atuação em favor dos direitos dos hipossuficientes, mas o problema só poderia ser corrigido com a concordância de quem o causou - o próprio Poder Executivo, através da sua Chefe. Em termos coloquiais, atribuir à Presidente da República o poder absoluto de decidir sobre a possibilidade de deliberação congressual a propósito da autonomia da DPU, mesmo em sede de emenda constitucional, tem implicações similares a aceitar que "a raposa se torne a única vigia do galinheiro". Adotada a tese, só uma ruptura com a ordem vigente, com novo exercício do poder constituinte originário, poderia superar a recalcitrância do Poder Executivo em promover uma mudança essencial à garantia dos direitos fundamentais dos pobres.

Saliente-se, por fim, que inúmeras emendas constitucionais já foram aprovadas sem observância das regras sobre iniciativa privativa inseridas na disciplina das leis ordinárias e complementares. Neste sentido, por exemplo, a EC 45/2004, que resultou de proposta apresentada por deputados federais, realizou a reforma do Judiciário, instituindo o CNJ, mudando a composição das cortes trabalhistas e extinguindo os tribunais de alçada, dentre outras medidas. No âmbito do processo legislativo infraconstitucional, a iniciativa deste tipo de matéria caberia ao Supremo Tribunal Federal, nos termos do art. 96, inciso II, da Constituição. Se prevalecesse a argumentação formulada na ADI 5.296, ter-se-ia que concluir no sentido também da inconstitucionalidade da EC 45/04, tão importante para o país. Todavia, o STF, no julgamento da ADI 3.367,[18] considerou constitucional a referida emenda.[19]

Por todas estas razões, não se aplicam ao processo de reforma constitucional as regras sobre iniciativa legislativa privativa contidas no art. 61, §1º, da Constituição. No próximo item, pretendo demonstrar que

---

18.   ADI 3.367, Rel. Min. Cezar Peluso, DJ 25.04.2005.

19.   O tema da suposta inconstitucionalidade formal, por vício de iniciativa, da EC 45/04, não foi examinado na ocasião. Contudo, se considerasse inconstitucional a referida emenda por este fundamento, o STF reconheceria o pretenso vício, ainda que o mesmo não tivesse sido suscitado na inicial da ADI 3.367. É que, no âmbito da jurisdição constitucional abstrata, vigora o princípio da *causa petendi* aberta, que enseja a possibilidade da invalidação de atos normativos por motivos diversos daqueles aduzidos pelo requerente.

385

a hipótese difere significativamente daquela que envolve emendas às constituições estaduais, que é a examinada nos precedentes do STF colacionados na inicial da ADI 5.296.

4. ALGUMAS DISTINÇÕES RELEVANTES ENTRE OS LIMITES AO PODER CONSTITUINTE DECORRENTE DOS ESTADOS E AO PODER DE REFORMA DA CONSTITUIÇÃO FEDERAL

Toda a argumentação contida na petição inicial da ADI 5.296 se assenta em uma grande confusão entre os limites impostos ao poder de reforma da Constituição Federal, e aqueles incidentes sobre o poder de elaboração e alteração das constituições estaduais – conhecido como *poder constituinte decorrente.* As decisões citadas pela Requerente, que aduziram que as alterações constitucionais também devem respeitar as regras sobre iniciativa privativa são, todas elas, relativas a emendas a constituições estaduais, e invocam argumentos inaplicáveis ao processo de reforma da Lei Maior.

É que, na leitura do STF, o poder constituinte decorrente sofre uma ampla gama de limitações,[20] tão extensas que Luís Roberto Barroso chegou a registrar: *"as Constituições estaduais são um artificialismo importado, seu espaço legítimo de atuação é mínimo e desimportante e, a despeito do discurso dogmático laudatório, não passam de leis orgânicas".*[21] Já em relação ao poder de reforma da Constituição Federal, impera uma postura de maior comedimento, justificada pelas legítimas preocupações de se evitar o *engessamento excessivo* da Constituição e de se proteger o *autogoverno democrático* de cada geração,[22] como se verá no próximo item.

Uma das limitações impostas ao poder constituinte decorrente consiste no *princípio da simetria,* que postula que, em sua auto-organização,

---

20. Veja-se, a propósito, Sérgio Ferrari. *Constituição Estadual e Federação.* Rio de Janeiro: Lumen Juris, 2003; Marcelo Labanca Corrêa de Araújo. *Jurisdição Constitucional e Federação:* O princípio da simetria na jurisprudência do STF. Rio de Janeiro: Elsevier Editora, 2009; e Daniel Sarmento e Cláudio Pereira de Souza Neto. *Direito Constitucional:* teoria, história e métodos de trabalho. *Op. cit.,* pp. 327-339.

21. Luís Roberto Barroso. Texto da contracapa do livro de Sérgio Ferrari. *Constituição Estadual e Federação. Op. cit.*

22. Sobre o tema, que será aprofundado no próximo item, veja-se Oscar Vilhena Vieira. *A Constituição e sua Reserva de Justiça.:* um ensaio sobre os limites materiais ao poder de reforma. São Paulo: Malheiros, 1999; Rodrigo Brandão. *Direitos Fundamentais, democracia e cláusulas pétreas.* Rio de Janeiro: Renovar, 2008; e Daniel Sarmento e Cláudio Pereira de Souza Neto. *Direito Constitucional:* teoria, história e métodos de trabalho. *Op. cit.,* pp. 281-326.

Cap. 16 • PARECER: AUTONOMIA DA DPU E LIMITES AO PODER DE REFORMA DA CONSTITUIÇÃO

os demais entes federativos devem observar as normas gerais impostas pela Constituição à União Federal[23]. A jurisprudência do STF extraiu desse princípio a exigência de que as regras do processo legislativo estadual espelhem, na medida do possível, aquelas que a Constituição instituiu para a edição das normas federais. E foi além disso, para também impor às assembleias legislativas que não se utilizem de emendas constitucionais para promover modificações no ordenamento que não poderiam ser introduzidas, no âmbito do processo legislativo ordinário ou complementar, sem a iniciativa do governador de Estado.[24]

Nessa matéria, entendeu o STF que o modelo de separação de poderes da Constituição Federal deve ser seguido pelos Estados, e que o mesmo engloba as regras sobre iniciativa privativa. Para a Corte, permitir que uma emenda constitucional estadual proposta por parlamentares trate de tema que, no processo legislativo ordinário ou complementar, é de iniciativa reservada ao governador, equivaleria a coonestar uma *fraude* às regras que são de observância compulsória pelos Estados.

Esta *ratio* ficou claramente registrada no julgamento da ADI 3930[25], cuja ementa destaca a origem da vinculação das emendas à constituição estadual às regras sobre iniciativa privativa – o princípio da simetria:

> *"I- À luz do princípio da simetria, a jurisprudência desta Suprema Corte é pacífica ao afirmar que, no tocante ao regime jurídico dos servidores militares estaduais, a iniciativa de lei é reservada ao Chefe do Poder Executivo local por força do art. 61, § 1º, II, f, da Constituição.*
>
> *II- O vício formal não é superado pelo fato de a iniciativa legislativa ostentar hierarquia constitucional.*
>
> *III Ação direta julgada procedente para declarar a inconstitucionalidade do artigo 148-A da Constituição do Estado de Rondônia e do artigo 45 das*

---

23. Para uma crítica do princípio da simetria, veja-se, Daniel Sarmento e Cláudio Pereira de Souza Neto. *Direito Constitucional:* teoria, história e métodos de trabalho. *Op. cit.,* pp. 335-337; e Leonardo Marins. "Limites ao Princípio da Simetria Constitucional". *In:* Cláudio Pereira de Souza Neto, Daniel Sarmento e Gustavo Binenbojm (Orgs). *Vinte Anos da Constituição Federal de 1988*. Rio de Janeiro: Lumen Juris, 2009, pp. 689-710.

24. Inicialmente, o STF adotava esta orientação inclusive para a elaboração da própria Constituição estadual. Nesse sentido, chegou a decidir que *"as regras de processo legislativo previstas na Carta Federal aplicam-se aos Estados-membros, inclusive para criar ou revisar as respectivas Constituições"* (ADI 1.353, Rel. Min. Maurício Corrêa, julg. 20.03.2003). Mais recentemente, a Corte parece ter revisto a sua jurisprudência neste ponto, ao afirmar que *"a regra do Diploma Maior quanto à iniciativa do chefe do Poder Executivo para projeto a respeito de certas matérias não suplanta o tratamento destas últimas pela vez primeira na Carta do próprio Estado"* (ADI 2581, Rel. Min. Marco Aurélio, julg. 16.08.2007).

25. ADI 3930, Rel. Min. Ricardo Lewandowski, julg. 16.09.2009.

387

Disposições Constitucionais Transitórias da Carta local, ambos acrescidos por meio da Emenda Constitucional nº 56, de 30 de maio de 2007" (grifei).

Nesse julgamento, afirmou-se que o objetivo da extensão das regras de iniciativa privativa à reforma das cartas estaduais é impedir que, pela via da emenda, possa o legislativo estadual *burlar* o princípio da simetria, que lhe impõe a observância das referidas normas. É o que se lê no voto proferido pelo Ministro Marco Aurélio:

> *"Presidente, a novidade é que não houve apresentação de um projeto de lei, mas de emenda constitucional. Acontece que esta via não serve ao drible da reserva de iniciativa.*
>
> *Por isso, acompanho o relator."*

Daí se percebem duas razões adicionais para a evidente inaplicabilidade das regras sobre iniciativa privativa ao processo de reforma da Constituição Federal: (*i*) este processo, por óbvio, *não* se sujeita ao princípio da simetria, que está ligado à auto-organização dos entes federados, e não à alteração da Constituição Federal; e (*ii*) ainda que assim não fosse, não seria possível cogitar, na hipótese, de *drible* à iniciativa privativa de lei do Chefe do Executivo, já que não se pode tratar do tema da EC 74/2013 por meio de lei, mas tão somente por intermédio de emenda constitucional.

Primeiro ponto. A simetria, como já assinalado, não guarda *nenhuma relação* com a elaboração das emendas à Constituição Federal. Estas, como será analisado no próximo item, têm de respeitar, no seu *conteúdo*, o núcleo essencial do princípio da separação de poderes, mas este *não* se relaciona com o *procedimento* de elaboração das emendas, já que consiste em *limite material*, e não em *limite formal* ao poder de reforma da Constituição.

Segundo ponto. Uma lei não poderia assegurar autonomia funcional ou administrativa à Defensoria Pública da União, nem muito menos atribuir a esta o poder de iniciativa das respectivas propostas orçamentárias. Tais matérias só podem ser veiculadas em *sede constitucional*, pois modificam institutos que a própria Constituição consagra. Assim, seria absurdo conceber a edição da EC 74/2013 como tentativa de burla à iniciativa privativa do Poder Executivo em leis ordinárias e complementares, por uma simples razão: tais espécies normativas *não poderiam*, sequer em tese, tratar do assunto versado pela referida emenda.

Todas estas razões demonstram que não houve qualquer vício de iniciativa na elaboração da EC 74/2013. No próximo item, comprovar-se-á que tampouco existe inconstitucionalidade material no referido ato normativo.

Cap. 16 • PARECER: AUTONOMIA DA DPU E LIMITES AO PODER DE REFORMA DA CONSTITUIÇÃO

5. A AUSÊNCIA DE VIOLAÇÃO À CLÁUSULA PÉTREA DA SEPARAÇÃO DE PODERES

O princípio da separação de poderes, consagrado no art. 2º da Constituição, representa cláusula pétrea, nos termos do art. 60, § 4º, inciso II, da Lei Maior. As cláusulas pétreas, como se sabe, traduzem *limites materiais* ao poder de reforma da Constituição. Tais limites, como a sua própria designação já indica, dizem respeito ao *conteúdo* da emenda constitucional, e não ao respectivo procedimento. Portanto, as cláusulas pétreas não especificam o modo como as emendas devem ser elaboradas, não tendo por isso *qualquer relação* com o poder de iniciativa do processo de reforma.

As cláusulas pétreas subtraem certas decisões fundamentais do constituinte originário da alçada do poder reformador. Elas representam o máximo grau de entrincheiramento de normas jurídicas, que são retiradas até mesmo do alcance das maiorias qualificadas necessárias à aprovação das emendas constitucionais. Reverter alguma decisão salvaguardada por uma cláusula pétrea, de acordo com a ortodoxia constitucional, só é possível por meio de uma ruptura institucional, com nova convocação do poder constituinte originário.

Diversas razões justificam que se adote uma interpretação parcimoniosa e não excessivamente abrangente das cláusulas pétreas. Em primeiro lugar, destaque-se a necessidade de prover a Constituição de mecanismos para que possa se ajustar às novas visões e necessidades que surgem com a evolução da sociedade. O excessivo enrijecimento da Lei Maior, por meio de uma interpretação muito elástica dos limites materiais ao poder de reforma, poderia ocasionar a sua "esclerose precoce". Ou então provocar demandas de ruptura institucional, com o que um instrumento vocacionado para a garantia da estabilidade da ordem constitucional acabaria, paradoxalmente, se convertendo em fonte de instabilidade.[26] Foi o que registrou com sabedoria o Ministro Gilmar Mendes, ao consignar que *"a aplicação ortodoxa das cláusulas pétreas, ao invés de assegurar a continuidade do sistema constitucional, pode antecipar a sua ruptura".*[27]

---

26. Neste sentido, cf. Ingo Wolfgang Sarlet e Rodrigo Brandão. "Art. 60". *In:* J. J. Gomes Canotilho, Gilmar Ferreira Mendes, Ingo Wolfgang Sarlet e Lênio Luiz Streck. *Comentários à Constituição do Brasil.* São Paulo: Saraiva, p. 1131; Daniel Sarmento. "Direito Adquirido, Emenda Constitucional, Democracia e Justiça Social". *In: Livres e Iguais:* Estudos de Direito Constitucional. Rio de Janeiro: Lumen Juris, 2010, pp. 3-31.

27. ADI 2.395, Rel. Min. Gilmar Mendes, julg. 09.05.2007. Na mesma linha, assentou o Min. Sepúlveda Pertence: *"Convém não olvidar que, no ponto, uma interpretação radical e expansiva*

Não bastasse, a banalização dos limites ao poder de reforma, por meio de uma interpretação muito ampla das cláusulas pétreas, também não se concilia com o princípio democrático, que postula o direito de cada geração de se autogovernar.[28] Afinal, o entrincheiramento de uma decisão, sob o manto de uma cláusula pétrea, implica vedar ao povo, em cada momento de sua história, a possibilidade de deliberar sobre aquele assunto.[29]

Isto não significa que as cláusulas pétreas sejam ilegítimas, ou que devam ser objeto de uma interpretação necessariamente restritiva. Pelo contrário, elas são fundamentais para a preservação dos valores e princípios básicos de uma comunidade política, prestando-se, na feliz expressão de Oscar Vilhena Vieira, à salvaguarda da *"reserva de justiça"*[30] do sistema jurídico. Significa, isto sim, que é necessário interpretar com equilíbrio e moderação tais limites materiais, de modo, de um lado, a não expor à erosão os princípios básicos da ordem constitucional, mas também, do outro, a não bloquear a deliberação democrática legítima nem impedir o ajuste da Constituição às novas necessidades e anseios sociais. Foi o que registrou Luís Roberto Barroso, em bela passagem:

> *"A locução 'tendente a abolir' deve ser interpretada com equilíbrio. Por um lado, ela deve servir para que se impeça a erosão do conteúdo substantivo das cláusulas protegidas. De outra parte, não deve prestar-se a ser uma inútil muralha contra os ventos da história, petrificando determinado status quo. A Constituição não pode abdicar da salvaguarda de sua própria identidade, assim como da preservação e promoção de valores e direitos fundamentais; mas não deve ter a pretensão de suprimir a deliberação majoritária legítima dos órgãos de representação popular, juridicizando além da conta o espaço próprio da política. O juiz constitu-*

---

das normas de intangibilidade da Constituição, antes de assegurar a estabilidade institucional, é a que arrisca legitimar rupturas revolucionárias ou dar pretexto à fácil tentação de golpes de Estado" (MS 23.047, Rel. Min. Sepúlveda Pertence, *DJU* 14.11.2003).

28. Cf. J. J. Gomes Canotilho. *Direito Constitucional e Teoria da Constituição*. Coimbra: Almedina, 1998, p. 943.

29. Por esta razão, o art. 28 da Declaração dos Direitos do Homem e do Cidadão contida na Constituição francesa de 1793, afirmou: *"um povo tem sempre o direito de rever, de reformar e de mudar a sua constituição. Uma geração não pode sujeitar às suas leis as gerações futuras"*. Também por esse motivo, Thomas Jefferson, durante os debates que cercaram a elaboração da Constituição norte-americana, defendeu a realização de uma nova convenção constitucional a cada 19 anos, a fim de evitar que a Constituição se convertesse num instrumento de *"governo dos mortos sobre os vivos"*. Sobre este debate, na filosofia política, veja-se Jon Elster. *Ulisses and Sirens*. Cambridge: Cambridge University Press, 1979.

30. Oscar Vilhena Vieira. *A Constituição e sua Reserva de Justiça.*: um ensaio sobre os limites materiais ao poder de reforma. *Op. cit.*

Cap. 16 • PARECER: AUTONOMIA DA DPU E LIMITES AO PODER DE REFORMA DA CONSTITUIÇÃO

cional não deve ser o prisioneiro do passado, mas militante do presente e passageiro do futuro."[31]

Por esta razão, a melhor doutrina e a jurisprudência do STF interpretam o art. 60, § 4º, da Constituição, não como uma proibição absoluta de que haja qualquer tipo de alteração nos preceitos e institutos relacionados às cláusulas pétreas, mas sim como interdição de mudanças que afetem o *núcleo essencial* dos princípios e bens jurídicos protegidos.[32] Como ressaltou a Corte, pela voz do Ministro Sepúlveda Pertence, *"as limitações materiais ao poder constituinte de reforma, que o art. 60, § 4º, da Lei Fundamental enumera, não significam a intangibilidade literal da respectiva disciplina na Constituição originária, mas apenas a proteção do núcleo essencial dos princípios e institutos cuja preservação nelas se protege".*[33]

Assentada esta premissa, cabe analisar a forma como ela se aplica à cláusula pétrea da separação de poderes, a fim de aferir se esta foi ou não afrontada pela EC 74/2013.

O princípio da separação de poderes, como se sabe, foi concebido pelo constitucionalismo liberal visando a assegurar a moderação no exercício do poder e a proteger a liberdade dos governados. A ideia essencial, difundida por Montesquieu,[34] é a de que a atribuição de funções estatais a órgão e pessoas diferentes evita a concentração excessiva de poder nas mãos de qualquer autoridade, contendo o despotismo. Outra contribuição fundamental ao desenvolvimento do princípio se deu por influência do constitucionalismo norte-americano,[35] que articulou a necessidade de instituição de mecanismos de "freios e contrapesos" (*checks and balances)*, que permitissem controles recíprocos entre os poderes, de forma a evitar que qualquer deles pudesse atuar abusivamente no âmbito das respectivas competências.

No cenário contemporâneo, a significativa mudança no papel do Estado, que passou a intervir mais fortemente no âmbito das relações

---

31. Luís Roberto Barroso. *Curso de Direito Constitucional Contemporâneo:* os conceitos fundamentais e a construção do novo modelo. São Paulo: Saraiva, 2009, p. 168.

32. Cf, e.g., Luís Roberto Barroso. *Curso de Direito Constitucional Contemporâneo:* os conceitos fundamentais e a construção do novo modelo. *Op. cit.,* pp. 168-171; Ingo Wolfgang Sarlet. *Eficácia dos Direitos Fundamentais.* 11ª ed., Porto Alegre: Livraria do Advogado, 2012, pp. 437-440; Rodrigo Brandão. *Direitos Fundamentais, Democracia e Cláusulas Pétreas. Op. cit.,* pp. 285 ss.

33. ADI-MC 2.024, Rel. Min. Sepúlveda Pertence, julg. 27.10.1999.

34. Charles Louis de Secondat Montesquieu. *O Espírito das Leis.* Trad. Fernando Henrique Cardoso e Leôncio Martins Rodrigues. Brasília: Editora UnB, 1995.

35. Cf. James Madison, Alexander Hamilton e John Jay. *O Federalista.* Trad. Hiltomar Martins Oliveira. Belo Horizonte: Líder, 2003.

sociais, ensejou uma releitura do princípio em questão. Por um lado, não há mais tanta ortodoxia no que concerne à divisão das funções estatais: admite-se, por exemplo, uma participação maior do Executivo e mesmo no Poder Judiciário no processo de produção do Direito. Por outro, a separação de poderes passou a ser mais diretamente associada a preocupações com outros objetivos, especialmente a legitimação democrática da atuação estatal, a sua eficiência e profissionalismo, e a proteção efetiva dos direitos fundamentais[36]. Nesse contexto, como registrei em obra doutrinária, "*a cláusula pétrea da separação de poderes deve ser pensada sem fetichismos institucionais que inibam qualquer possibilidade de experimentalismo democrático na busca de arranjos estruturais mais adequados aos desafios do Estado contemporâneo*"[37].

Portanto, a cláusula pétrea da separação de poderes não visa a congelar os exatos delineamentos do arranjo institucional definido pelo poder constituinte originário.[38] Ela objetiva, isto sim, impedir concentrações excessivas de poder que recaiam sobre qualquer dos órgãos da soberania, ou práticas que ponham sob grave risco os valores liberais e democráticos salvaguardados pelo referido princípio. Ela almeja, em síntese, impedir que "*se verifique, de forma direta ou oblíqua (...) um fortalecimento ou enfraquecimento desmedido de 'um poder', criando-se uma relação de subordinação entre os poderes onde deveria haver vínculo de coordenação harmônica*".[39]

---

36. Veja-se, a propósito, Bruce Ackerman. *A Nova Separação de Poderes.* Trad. Isabelle Maria Campos Vasconcellos e Eliana Valadares Santos. Rio de Janeiro: Lumen Juris, 2009.

37. Daniel Sarmento e Cláudio Pereira de Souza Neto. *Direito Constitucional:* teoria, história e métodos de trabalho. *Op. cit.,* p. 306.

38. Tal orientação também se infere da jurisprudência do STF, que, no julgamento da ADI 3.367, refutou a alegação de ofensa à cláusula pétrea da separação de poderes na instituição do CNJ pela EC 45/2004, apesar de a referida emenda ter tocado, em alguma medida, na conformação do Poder Judiciário e na sua relação com os demais poderes estatais. No referido julgamento, consignou-se: "*a incorporação privilegiada do princípio da separação na ordem constitucional não significa de modo algum que a distribuição primária de funções típicas e a independência formal dos Poderes excluam regras doutro teor, que suposto excepcionais na aparência, tendem, no fundo, a reafirmar a natureza unitária das funções estatais, a cuja repartição orgânica é imanente a vocação conjunta de instrumentos da liberdade e da cidadania. Tal arrumação normativa está longe de fraturar ou empobrecer o núcleo político e jurídico do sistema, que só estará mortalmente ferido lá onde se caracterizar, à luz de sua inspiração primordial, usurpação de funções típicas ou aniquilamento prático da autonomia de cada Poder.*" (ADI 3.367, Rel. Min. Cezar Peluso, DJ 17.03.2006).

39. Ingo Wolfgang Sarlet e Rodrigo Brandão. "Art. 60".*Op. cit.,* p. 1134. Em sentido semelhante, Luís Roberto Barroso. *Curso de Direito Constitucional Contemporâneo:* os conceitos fundamentais e a construção do novo modelo. *Op. cit.,* pp. 174-175.

Cap. 16 • PARECER: AUTONOMIA DA DPU E LIMITES AO PODER DE REFORMA DA CONSTITUIÇÃO

No caso da EC 74/2013, é evidente que não ocorreu a afronta à cláusula pétrea. A emenda operou um ajuste pontual na engenharia institucional do Estado brasileiro, visando a tornar mais efetiva a atuação da Defensoria Pública da União, e, com isso, a aprimorar a proteção aos direitos fundamentais dos excluídos. Não houve subtração desmedida das atribuições e poderes do Executivo, mas alteração singela, conquanto indispensável para a concretização dos objetivos fundamentais alentados pela própria Constituição.

Diante do exposto, pode-se concluir que a cláusula pétrea da separação de poderes (art. 60, § 4º, III, CF), encarnando limite material – e não formal – ao poder de reforma, não tem qualquer relação com o poder de iniciativa das emendas constitucionais. Por outro lado, a EC 74/2013 não afrontou, em seu conteúdo, a referida cláusula pétrea, pois sequer tangenciou o núcleo essencial do princípio da separação de poderes.

6. CONCLUSÃO

Diante do que foi exposto, conclui-se que a Emenda Constitucional nº 74/2013 **não viola** qualquer limite ao poder de reforma da Constituição. Ela **não** padece de vício de iniciativa, porque as regras sobre iniciativa privativa, previstas no art. 61, §1º, da Constituição, não se estendem às emendas à Constituição Federal. Ela tampouco ofende, em seu conteúdo, a cláusula pétrea da separação de poderes, pois está longe de atingir o núcleo essencial do princípio.

A atribuição de autonomia funcional e administrativa e de iniciativa de proposta orçamentária à Defensoria Pública da União se afigura essencial para que tal instituição possa cumprir adequadamente a sua missão constitucional, e atuar de forma mais efetiva na garantia dos direitos dos excluídos. Por isso, a EC nº 74/2013, mais do que compatível com a Constituição, é medida indispensável para a promoção de objetivos fundamentais da ordem constitucional, ligados à construção de uma sociedade mais livre, justa e solidária, em que os direitos dos pobres sejam mais do que promessas vazias em "pedaços de papel".

É o parecer[40].

Rio de Janeiro, 14 de abril de 2015.

---

40. Este parecer foi escrito em 14 de abril de 2015.

Posfácio

Escrever sobre uma obra é se permitir fazer parte de sua história. É por isso que fiquei imensamente honrado com o convite para elaborar o posfácio do livro "Autonomia & Defensoria Pública", com o posfácio que aqui se delineia, sei que estou diante de algo grandioso, e tal certeza advém do fato de se tratar de obra importantíssima do ponto de vista acadêmico, prático e social.

No que se refere ao viés acadêmico, é preciso mencionar a notoriedade dos seus autores, seja em virtude da qualidade acadêmica, seja pela vivência em relação à instituição cerne da discussão, isto é, a Defensoria Pública. Sua relevância prática resvala no óbvio: o conhecimento de quem redigiu é conceitual e empírico, unindo um cuidado de pesquisa ao inevitável conhecimento prático, ou seja, a receita considerada ideal para um livro que se propõe útil em todas as esferas da vida jurídica.

Nesse posfácio, todavia, o foco será a relevância social deste livro, haja vista que, além de preencher uma lacuna científica mediante sistematização, plural e consistente da funcionalidade da Defensoria Pública, a obra tem uma importância sem tamanho porque confere dignidade institucional à Defensoria Pública, corroborando assim, o *status* jurídico que nossa Constituição lhe atribuiu.

Como é cediço, a Constituição Federal imputou ao Estado o dever fundamental de prestação de assistência jurídica integral e gratuita àqueles que, comprovadamente, não possuam recursos suficientes (art. 5º, inciso LXXIV). A gratuidade dos serviços de assistência jurídica é condição *sine qua non* para a garantia do acesso à justiça a todos, também consagrado no rol o art. 5º (inciso XXXV).

A despeito disso, é notável que o Brasil é um país marcado por histórica desigualdade social. Logo, não bastaria assegurar direitos materiais ou processuais (acesso à justiça) em tese quando boa parte da população não possui condições práticas para lhes dar efetividade. É nesse sentido que a existência de uma assistência jurídica gratuita é essencial para que o resguardo de todos os outros direitos fundamentais não dependa da capacidade econômica do lesado.

Em termos práticos, a assistência jurídica gratuita como desdobramento do acesso à justiça[1] é um pressuposto para efetivação da Constituição propriamente dita. Nessa perspectiva, a Defensoria Pública deve ser vislumbrada como agente imprescindível para assegurar a força normativa da Constituição: fazendo valer o que determina como direito fundamental.

Ademais, para Estado Social Democrático, implantado no Brasil após a CF/88, é inadmissível que haja consequências discriminatórias de qualquer ordem, inclusive, social e econômica. A todos, independentemente da condição material que usufruem, deve ser assegurado o acesso à justiça, a qual garanta a proteção dos demais direitos eventualmente vilipendiados pelo comportamento individual ou estatal. Conforme Mauro Cappelletti e Bryant Garth versam: *"o acesso à justiça pode, portanto, ser encarado como o requisito fundamental – o mais básico dos direitos humanos – de um sistema jurídico moderno e igualitário que pretenda garantir, e não apenas proclamar os direitos de todos".*[2]

Cabe destacar que o processo possui um alto custo para os litigantes. Não bastassem as taxas judiciárias, os honorários advocatícios são impensáveis para a população carente. É por isso que, além da gratuidade da justiça, fora necessário projetar mecanismos de assistência jurídica gratuita propriamente dita.

Pensando nisso, a Constituição Federal vigente instituiu, para esse fim, a Defensoria Pública enquanto órgão próprio e especializado para o cumprimento desta tarefa. Não é possível tratar do acesso à justiça sem aludir à Defensoria Pública, cuja função institucional é a prestação de orientação jurídica e efetivação dos direitos individuais e coletivos, gratuitamente, aos que não tenham condições acudir à advocacia privada.

É por isso que a Defensoria Pública constitui um verdadeiro pilar do acesso à justiça, porquanto combate um dos obstáculos mais perniciosos a esse acesso: a hipossuficiência socioeconômica da maioria dos brasileiros. Se a defensoria é, portanto, um dos pilares que sustenta a Constituição, o livro ora posfaciado pode ser projetado como parte da argamassa que corrobora o que há de mais essencial para a vivência plena da democracia, o acesso pleno de todo cidadão aos seus direitos.

---

1. Georges Abboud e Nelson Nery Junior. *Direito Constitucional Brasileiro: curso completo*, São Paulo: Revista dos Tribunais, 2017. p. 132.

2. Mauro Capelletti e Bryant Garth. *Acesso à justiça.*Porto Alegre: Sergio Antonio Fabris, 2002.p.12.

POSFÁCIO

Com o advento da Emenda Constitucional nº 80 de 2014, o regulamento da Defensoria pública, outrora tratado em conjunto com a advocacia, foi destacado para uma seção própria e ao órgão foi atribuída missão institucional e constitucional de destaque e importância[3]. A Constituição reconhece a Defensoria enquanto órgão incumbido de realização de função essencial à justiça, ao lado do Ministério Público e da advocacia propriamente dita.

Nos termos da Lei de Ação Civil Pública, a Defensoria está, inclusive, legitimada a, independentemente do direito material em disputa, promover o ajuizamento da ACP para a defesa dos direitos metaindividuais coletivos e individuais homogêneos em prol dos necessitados (art. 5º, II).

Nesse contexto, a obra, cuja honra de posfaciar me foi atribuída, é de extrema relevância, na medida em que lança diversos fundamentos teórico-normativos para fortalecer a autonomia da Defensoria Pública o que, por consequência, possibilita o aumento e a melhoria da atuação dessa instituição em benefício da parcela mais carente de todo tipo de recursos de nossa população. É a Defensoria uma das principais instituições aptas a assegurar que os direitos fundamentais sejam efetivamente *trunfos contra a maioria* e assim, assegurar, em última instância a função contramajoritária do Judiciário que é ínsita à democracia constitucional, desde que seja utilizada para resguardar e concretizar direitos fundamentais ou proteção de minorias.

Desse modo, a atuação da Defensoria, dentro dos limites delineados pela Constituição Federal, é um fator relevantíssimo para a condução do Brasil em direção a uma sociedade justa, livre e solidária (inc. I do art. 5.º da CF). Aqui, partilha-se da mesma convicção de Norbert Elias, para o qual "*as pessoas só podem conviver harmoniosamente como sociedades quando suas necessidades e metas socialmente formadas, na condição de indivíduos, conseguem chegar a um alto nível de realização[4]*".

Enfim, uma Defensoria forte, autônoma, vinculada à CF, não corporativista, plural são requisitos imprescindíveis para que essa nobre e necessária instituição atinja seu mister, mediante a redução das desigualdades sociais assegurando a todos aqueles que não possuem recursos, o acesso formal e material à justiça.

---

3. Nelson Nery Junior e Rosa Maria de Andrade Nery. *Constituição Federal comentada e legislação constitucional.*5ª ed. São Paulo: Revista dos Tribunais, 2014. p. 829.

4. Norbert Elias. *A Sociedade dos Indivíduos.* Rio de Janeiro: Jorge Zahar Editor, 1994, p.122.

397

Nesse cenário, podemos sonhar com um futuro menos desigual e segregacionista em que nós ,juristas, parafraseando Rilke, passamos *a observar a vida menos distante das pessoas que das coisas.*

Nesse sonhado futuro, não tão díspare, podemos ter a esperança de que a leitura dos versos aqui transcritos não nos faça enxergar e pensar na tão presente desigualdade social brasileira, mas num passado que se distancia. Sonhamos ainda, que ao lermos tais versos, não concluamos que no Brasil, a pobreza seja a constante condição de prisão das mãos humanas. Assim, a Defensoria pode e deve contribuir para abrir as trancas de ferro para os mais necessitados, a fim de que diversas conquistas constitucionais de nosso processo civilizatório possam ser estendidas à parte da sociedade, histórica e materialmente negligenciada.

Georges Abboud*

"E quando à noite vagueio
fora de meu jardim, imerso em tédio,
sei que os caminhos todos que se estendem
levam ao arsenal de coisas não vividas
Não há arvore ali, como se a terra se guardasse
e como ao redor da prisão ergue-se o muro,
sem janela alguma, em seu sétuplo anel.
E seus portões, de trancas de ferro,
que repelem os que querem passar,
têm suas grades todas feitas por mãos humanas.

Rainer Maria Rilke

---

*. Advogado. Professor de processo civil da PUC-SP. Pontifícia Universidade Católica de São Paulo. Professor do programa de mestrado do IDP – Instituto Brasiliense de Direito Público.

Impressão e Acabamento
Bartira
Gráfica
(011) 4393-2911